Allitera Verlag

SEPP DÜRR, Dr. phil., geboren 1953 in München, verstorben 2023 in Germering, war langjähriger Fraktionsvorsitzender der Grünen im Bayerischen Landtag. Als engagierter Politiker prägte er über zwei Jahrzehnte, von 1998 bis 2018, die Politik Bayerns und setzte sich insbesondere für eine moderne Definition von Heimat ein, die fernab von klischeehaften Symbolen wie Heino und Lederhosen stand. Dürr, der seit Jahrzehnten als Biobauer tätig war, hatte den elterlichen Hof in Germering auf ökologische Landwirtschaft umgestellt und verband seine landwirtschaftlichen Wurzeln geschickt mit seiner politischen Arbeit. Er war bekannt für seine pointierten Reden und scharfen Analysen, die ihm Respekt auch über Parteigrenzen hinweg verschafften. Politische Weggefährten würdigten ihn als leidenschaftlichen Demokraten und Streiter für politische Ideale. Sein Einsatz für die Grünen und seine Heimat Bayern wird von vielen als prägend für die moderne bayerische Politik angesehen.
Das vorliegende Buch wird herausgegeben von seiner Tochter Karolin Pförtsch und basiert im Wesentlichen auf Dürrs Blog Germering1960.wordpress.de.

SEPP DÜRR

EIN DORF WIE JEDES ANDERE

GERMERING UM 1960

HERAUSGEGEBEN VON KAROLIN PFÖRTSCH

Allitera Verlag

Die Drucklegung wurde unterstützt vom Bezirk Oberbayern

bezirk oberbayern

Allitera Verlag
Ein Verlag der Buch&media GmbH, München

Layout & Satz: Mona Königbauer
Gesetzt aus der Ottomat und der Sabon
Umschlaggestaltung unter Verwendung von Privatfotos der Familie Pförtsch
Printed in Germany · ISBN 978-3-96233-452-9

Allitera Verlag
Merianstraße 24 · 80637 München
Fon 089 13 92 90 46 · Fax 089 13 92 90 65

Weitere Publikationen aus unserem Programm finden Sie auf www.allitera.de
Kontakt und Bestellungen unter info@allitera.de

INHALT

STATT EINES VORWORTS

Lieber Papa,

es erfüllt mich mit Stolz und großer Freude, Dir endlich Deinen letzten Wunsch an mich zu erfüllen. Uns beiden wäre es lieber gewesen, Du hättest Dein Buch noch selbst veröffentlichen können, aber was nutzt es jetzt zu wuisln … Ich mach das Beste draus – wie Du es mir beigebracht hast – und freu mich, dass Du nicht nur für immer in unseren Herzen bist, sondern jetzt ein Stückweit unsterblicher wirst!

In ewiger Liebe,

Karo

Lieber Basti, lieber Felix, lieber Lorenz,

danke, dass Ihr immer meine Felsen in der Brandung seid, Ihr seid das Beste, was mir je passiert ist!

Liebe Mama, lieber Sevi, lieber Martin,

danke, dass Ihr mir in allen Entscheidungen freie Hand lasst, ich weiß Euer Vertrauen zu schätzen!

Danke, liebe Agnes, für Deine grandiose Unterstützung und Deinen Zuspruch, wann immer ich einen Durchhänger hatte, ohne Dich hätte ich es nicht geschafft!

Danke, lieber Herr Strathern, für Ihr Entgegenkommen und Verständnis, das hat es mir unglaublich erleichtert, mich an dieses Projekt zu wagen!

Liebe Leserin, lieber Leser,

wie viele vermutlich bereits wissen, ist mein lieber Papa am 26. Januar 2023 gestorben und konnte sein letztes Projekt nicht mehr selbst beenden.
Drei Tage vor seinem Tod hat er mich gebeten, diese Aufgabe für ihn zu übernehmen.
Jetzt endlich ist es soweit.
Leider können wir ihn jedoch nicht mehr zu allen Zitaten befragen. Deshalb bitten wir um Nachsicht, dass wir nicht in der Lage waren sämtliche Zitate mit Quellennachweisen zu belegen, die Nacharbeit wäre unmöglich gewesen.
In seinem Exposé, das Sie nachfolgend finden, sind diverse Verweise auf seine Quellen. Und im Text selbst finden sich auch diverse Hinweise auf seine Quellen. Mehr Informationen stehen uns leider nicht zur Verfügung.

im April 2024 *Karolin Pförtsch*

EXPOSÉ VON SEPP DÜRR

In 56 Kapiteln versuche ich abwechselnd einerseits an das dörfliche Alltagsleben und das Lebensgefühl von damals zu erinnern, andererseits die folgende dramatische Entwicklung von Dorf und Landwirtschaft nachzuvollziehen: Wie in den Industrieländern mit unerhörtem Material- und Energieeinsatz einerseits der materielle Lebensstandard enorm erhöht, andererseits die ökologischen Probleme produziert wurden, die das Wohlergehen der Menschheit global bedrohen. In beidem, in Alltagsleben und nachfolgender Entwicklung, ist unser Dorf beispielhaft für das Leben auf dem Lande.

Mein Text erzählt von dieser Zeit des Vorgesterns, als unsere Gemeinde schon mitten drin war, von Grund auf verändert zu werden, aber sich der alte Ortsteil selber noch als Bauerndorf sah. Dorf und Stadt waren damals weiter voneinander entfernt als manche Kontinente heute. Mein Erzählen zielt einerseits auf eine Art Bestandsaufnahme des damaligen Alltagslebens, wie ich es als Kind von 5 bis 10 Jahren auf meinen Rundgängen durch diese kleine dörfliche Welt wahrgenommen habe. Andererseits stütze ich mich auf Unterlagen des Germeringer Stadtarchivs, eigene Recherchen und jahrzehntelange Berufserfahrung als Biobauer und Agrarpolitiker.

Vor sechzig Jahren herrschte Mangel an allem, aber der wurde meist nicht als solcher erfahren, sondern als Knappheit und Kostbarkeit bestimmter Güter oder Möglichkeiten. Zeit wurde nicht linear, sondern zyklisch erlebt; überhaupt war Wiederholung ein vorherrschendes Mittel zur Selbstvergewisserung, im gemeinschaftlichen Kalender, im alltäglichen Handeln und in Redewendungen, Geschichten und Sprüchen. Man war nicht auf Neues aus, sondern auf den Erhalt des Bekannten und vermeintlich Bewährten.

Seit der Zeit des sogenannten »Wirtschaftswunders« und des explosionsartig gesteigerten Einsatzes fossiler Energien haben sich praktisch alle Orte Bayerns dramatisch verändert. Auch darin ist Germering ein

Dorf wie andere. Vieles ist besser geworden, aber auch von dem, was schon gut war, ist nur wenig übriggeblieben. Wachstum und Wohlstand zogen mit rasender Geschwindigkeit und alles umwälzend in das dörfliche Leben ein und schufen eine scheinbar gänzlich neue Welt: Eine tiefgreifende Umformung, deren nicht nur positive Auswirkungen und Langzeitfolgen wir heute zu spüren bekommen und die uns in vielerlei Hinsicht zum Nachdenken und Umdenken zwingt.

Mit dem sogenannten »Wirtschaftswunder« und seinem rapiden Wachstum änderten sich Möglichkeiten und Gewohnheiten auf radikale Weise: Aus Mangelwirtschaft und Kult der Sparsamkeit entstand im Laufe der Jahre genau das Gegenteil. Auch darin ist Germering natürlich nur ein Dorf wie jedes andere. Der Ethnologe Marc Augé nennt die Zeit, in der wir heute leben, »Übermoderne«. Ihr wichtigstes Merkmal sei »das Übermaß«, gekennzeichnet von einer »Überfülle der Ereignisse«; einer »räumlichen Überfülle« und einer »Individualisierung des Verhaltens«.

Aus einer anderen Perspektive kommt der Soziologe Philipp Staab in seiner Studie zu »Markt und Herrschaft in der Ökonomie der Unknappheit« zu einem ähnlichen Ergebnis. Unser Wirtschaftssystem sei in eine neue Phase eingetreten, die besondere, marktfremde Charakteristika kennzeichneten: »Den digitalen Kapitalismus darf man nicht vom Problem der Knappheit er denken, sondern aus einer Logik der Unknappheit.« Heute stünden die Produzenten vor der »Herausforderung, Güter, die eigentlich im Überfluss vorhanden sind, in kapitalistisch handelbare Waren zu verwandeln«: »Ziel ist nicht die maximale Produktion, sondern die Kapitalisierung eigentlich unknapper Güter.«

In nur einer Generation, nämlich meiner, ist die Diktatur der Knappheit in die Dominanz des Überflusses umgeschlagen. Wo früher geknausert und gespart wurde und werden musste, wird heute das Füllhorn ausgeschüttet, in einer Art Verschwendungs- und Wachstumszwang.

Die sprichwörtliche Gleichzeitigkeit des Ungleichzeitigen oder Parallelwelten sind ja keine Erfindung der Gegenwart. Dorf und Großstadt waren damals weiter voneinander entfernt als so manche Kontinente heute. »Provinz«, behauptet Joachim Riedl in seinem Buch über »Heimat. Auf der Suche nach der verlorenen Identität«, sei »kein geographischer, sondern in aller Regel ein zeitlicher Begriff: Er besagt Ungleichzeitigkeit.« Aber er ist gleichzeitig auch ein sozialer Begriff, der eine Wertung transportiert und ein hierarchisches Gefälle konstruiert, natürlich von oben, aus der Sprecherperspektive hinab zu dem, was so tituliert wird.

Es scheint so, als wäre das städtische Lebensgefühl – abgesehen von dem Bewusstsein der eigenen Überlegenheit – schon seit mindestens einem Jahrhundert in wesentlichen Punkten von dem bestimmt, was es auch heute ausmacht. Darauf deuten jedenfalls die Zeugnisse hin, die uns in Hochglanzmagazinen, im Großstadtroman oder Film erhalten blieben: Individualität von der Stange, Mode und Marketing, Massenversammlungen und Massenmedien, Metro und Mietskasernen, Tempo und Taktvorgaben.

Wer »Manhattan Transfer« von John Dos Passos liest, fühlt sich bereits durch die von ihm beschriebenen, atemberaubend beschleunigenden Fahrzeuge, rasenden Fuhrwerke und ratternden Pferdebahnen überrollt. Auch Bert Brecht hat sich und sein Publikum in einen Geschwindigkeitsrausch versetzt, mit Flieger- oder Rennfahrerhelm und Lederjacke, genauso wie die italienischen Futuristen vor und nach dem Ersten Weltkrieg. Den »armen B.B.« hatte es bereits »in die Asphaltstädte verschlagen«, schon seinerzeit konnte man sich »im Dickicht der Städte« verlieren.

Auf dem Land dagegen hat sich die unerbittliche Logik von Stress und Hetze, Zeitmesser, Zeitfresser und Zeitraffer erst im letzten Viertel des 20. Jahrhunderts durchgesetzt und alle Lebensbereiche ergriffen und unterworfen. Die langen Jahrhunderte davor war das Zeitmaß faktisch vorgegeben. Davon zeugen beispielsweise die Angaben für die Fläche von Feldern, so etwa das »Tagwerk« bei uns und anderswo »der Morgen«: Mehr konnten Mensch und Tier ohne übermäßigen, vorzeitigen Verschleiß nicht leisten. Beim Menschen ist das nicht gewiss.

Da sind, wie sich immer wieder gezeigt hat, die Grenzen fließend. Aber bei den wertvollen Arbeitstieren, bei Pferd, Ochs oder Kuh, achtete man sehr darauf, sie nicht über Gebühr zu beanspruchen. Es machte da wenig Sinn, sich bei der Arbeit besonders zu beeilen. Auf Dauer war es eben eher schädlich.

Ein Lieblingsspruch meines systematisch arbeitenden Vaters lautete deshalb: »Wenn's pressiert, musst langsam tun.« Die Arbeit lief einem nicht davon. Das galt selbst noch für die ersten Jahrzehnte der bäuerlichen Eigenmechanisierung, also solange die Bauern noch in Zahl und Bedeutung das dörfliche Leben prägten. Als jeder Bauer seinen eigenen Bulldog kaufte und auch die meisten Arbeitsgeräte und Maschinen für sich allein, selbst wenn er nicht den ganz großen Betrieb besaß. In dieser Zeit war die Zeit noch reichlich vorhanden und nicht permanent zu knapp bemessen.

Als ich in den frühen 80er-Jahren selbst Bauer wurde, war es noch selbstverständlich, dass die Kollegen ihre Schlepper anhielten, wenn sie sich auf Flur- und Feldwegen begegneten, und mitten auf der Straße und in Seelenruhe die neuesten Nachrichten austauschten – gerne auch bei laufendem Motor. Andere zum Ratschen aufhalten, das traut sich heute keiner mehr. Das würde als Wegelagerei gelten, als Zeitdiebstahl.

Aber die Gefahr, von anderen aufgehalten zu werden, ist allein schon deshalb nicht mehr groß, weil man, abgesehen von ganz wenigen Tagen im Jahr mit hohen Arbeitsspitzen, an denen die Bulldogs und Erntemaschinen nur so vorbeirasen, kaum noch jemanden auf dem Weg zum Acker oder gar zum Futterholen oder Heumachen antrifft, keinen Bauer und schon gar keine Bäuerin und erst recht keinen Knecht. »Landwirt zu sein wurde ein einsamer Beruf«, schreibt Geert Mak in seiner Studie über den »Untergang des Dorfes in Europa«.

1 EIN HOF AN DER DORFSTRASSE

Unser Haus war nicht direkt vorn an der Dorfstraß. Da war bloß die Misthaufenmauer. Wer groß genug war, um über die Mauer zu schauen, hat das Hofgebäude sehen können. Die Mauer war selber ein Blickfang: verziert und verschnörkelt; der Misthaufen wiederum gleichfalls gut in Form gebracht, an den Seiten fein säuberlich aufgeschichtet, der ganze Stolz meines Vaters. Ein schöner Misthaufen machte schon was her. Das war ein Anblick, an dem man sich erfreuen konnte. Auch später, als statt seiner das neu gebaute Wohnhaus weiter vorne an der Straße stand und der Misthaufen im hintersten Eck, durfte man den Mist nicht irgendwie auf den Haufen kippen.

Er wurde ordentlich geschichtet, festgetreten und regelgerecht gemauert. Besonders entscheidend war das Festtreten: Dabei setzte man einen Stiefel möglichst nahtlos neben den anderen und machte systematisch die Runde, bis man die ganze Fläche festgestampft hatte und überall die Luft heraußen war. Dann wurde der Mist heiß genug und gärte gründlich. Wenn er gut in Schuss war, vergärte er restlos alles, was in ihm vergraben wurde, sogar kleinere Tiere, wenn etwa ein Huhn verreckt oder vom Fuchs zerfleddert war oder wenn eine Kuh verworfen hatte. Erst ein gut vergorener, fetter Mist war der Dünger, den man so dringend brauchte. Mein Papa stapelte den Mist also nicht deshalb so sauber, um andern zu imponieren, sondern weil er Freude hatte an guter Facharbeit.

Den Kiesweg zwischen diesem imposanten Bauwerk und dem Bachhäusl musste man hinauf, wenn man zu uns ins Haus wollte. Denn das Hofgebäude selber lag ein gutes Stück weit vom Gartentürl weg, leicht oberhalb, und es schaute mit seiner ganzen Breite nach Südosten, auf die Straße runter. Vor und neben dem Bachhäusl lag noch ein abgetrenntes Gartl, also ein Gemüsegarten. Darin standen eine kaputte Wasserpumpe, die nur noch leer ging, mit rostigem, quietschendem Pumpenschwengel, ein bisschen Gemüse wie Kopfsalat, Kohlrabi, Gurken, Gelbe Rüben oder Weißkraut, Wirsing, Johannis- und Stachelbeeren und allerhand Rhabarber. Das Gartl war nicht mein Lieblingsplatz; und erst recht nicht, nachdem ich groß genug war, dass ich zum Gießen eingeteilt werden konnte. Von allem, was meine Mutter da anbaute, mochte ich nur rohe Kohlrabi ganz gern; aber wirklich scharf war ich bloß auf die Erdbeeren: Gleich so von der Hand in den Mund oder als frische Erdbeermilch. Das war der Gipfel aller Genüsse.

Das »Bachhäusl« hieß zwar weiter so, diente aber längst nicht mehr zum Brotbacken, sondern bloß noch als Werkstatt und als Werkzeuglager. An seiner Rückwand, zum Haus hin, lag irgendwann ein Haufen Sand, einer meiner liebsten Spielplätze. Von der früheren Backstube war nichts mehr übrig. Vielleicht stammte von der auch der alte Hausname »Bäcker«, den bei uns aber niemand mehr benutzte. »Beim Bäcker« sagte keiner. Der Mann, von dem meine Eltern den Hof in Leibrente übernommen hatten, hieß im Dorf »Kohl Martl«, obwohl er in Wirklichkeit Gilg hieß. Wie meine Oma früher, bevor sie meinen Opa heiratete.

Später hab ich mal dicke, weiße Säcke gefunden, so groß, dass leicht zwei Zentner Getreide reingegangen wären. Aber wer hätte die tragen sollen? Also waren die wohl eher für Kleie oder andere leichte Ware, vielleicht sogar für Hopfen, der angeblich in Germering mal angebaut wurde. Auf den Säcken war der Name »Georg Kohl« aufgedruckt. Der Kohl selber aber hat nie in seinem Leben auf unserer Hofstelle gewohnt; er war bloß der Vorfahre vom Martl; könnt sein: sein Großvater, und der frühere Besitzer vom Hof neben dem unseren.

Erst sein Nachfolger, also der Vater vom Martl, der aus Alling eingeheiratet hatte, hat mit dem Nachbarn den Hof getauscht und den Namen seines Schwiegervaters als eine Art Hausnamen mitgenommen.

Alle Bauern im Dorf hatten nicht nur einen Familiennamen, den sie bei Behörden und Ämtern angeben mussten, sondern sie hatten auch einen sogenannten Hausnamen, mit dem sie von den Leuten gerufen und genannt wurden. Hofstellen wurden in den vergangenen Jahrhunderten in Germering häufig gewechselt, immer wenn sich ein Bauer oder eine Familie von hinten nach vorne an die Hauptstraße gewirtschaftet hatte oder einen größeren Hof erwerben konnte: wenn es also von unten nach oben ging, und manchmal auch umgekehrt.

Gerade das Nach-unten-Wirtschaften ging recht einfach. Da brauchte es nur eine Krankheit oder einen Todesfall in der Familie. Wenn dann eine Arbeitskraft ausfiel, bekam die ganze Familie schnell finanzielle

Schwierigkeiten und musste einen Grund verkaufen – oder eben mit jemand die Hofstelle tauschen, dem es besser ging.

Der neue Besitzer hat dann beim Umzug nicht nur sein Vieh und seine Möbel, sondern auch seinen alten Hausnamen mitgebracht. Bei uns gehört ein Hausname, scheint's, nicht einem Haus oder einem Hof, sondern seinen Bewohnern. Er müsste also besser Häuslername heißen. Wenn es stimmt, was ich neulich gelesen hab, dass beim Hof vom Waschlsepp früher der Branntweiner drauf war, der seinen Hausnamen mitgenommen hat, als er den Nachbarhof übernahm, und dass dann erst die Familie, die vorher in der Augsburger gewohnt hat und »Beim Waschlsepp« hieß, in die Dorfstraße umgezogen ist und ihren Hausnamen mitgebracht hat, dann frag ich mich, wie das Haus und der Hof vom Waschlsepp eigentlich mit Haus- und Hofnamen heißen. Der Name vom Waschlsepp, der in Wirklichkeit Wagner hieß, war sein alter Hausname, also der Name vom Hof in der Augsburger Straße. Aber wie ist dann der Hausname vom Hof in der Dorfstraße? Und was macht der Hof in der Augsburger ohne seinen Hausnamen?

So ist das in Germering mit den Bauernhöfen und ihren Bewohnern. Keine tausend Jahre Tradition wie anderswo, kein Sitzen auf der immer selben Scholle, sondern ein Auf und Ab und ein Hin und Her und ein Ausnutzen bei der nächstbesten Gelegenheit. Ein richtiger Durcheinand.

Ein Durcheinand herrschte damals auch in unserem Haus. Darin lebten außer mir meine Eltern, später auch meine Schwester, der Martl und gelegentlich seine Frau Resl, außerdem eine Flüchtlingsfamilie mit zwei Kindern. Die Flüchtling waren zwengs dem Krieg einquartiert worden. Der Krieg war schon lange vorbei. Aber die Flüchtling waren immer noch da. Irgendwann zogen sie dann in eine Gemeindewohnung. Mit dem Bub und dem Madl, ungefähr in meinem Alter, hab ich viel und gern gespielt, aber nach dem Umzug haben wir uns aus den Augen verloren.

Ihr Papa hatte einen großen Buckel, die Mama saß im Rollstuhl. Oder umgekehrt. Alles weiß ich nun wirklich nicht mehr. Keine Ahnung, wie die das immer geschafft haben die schmale Treppe nauf, in die zwei kleinen Zimmer, die sie oben neben unserem Schlafzimmer bewohnt haben. Kinderlähmung vermutlich. Bei allem hieß es früher immer: Kinderlähmung. An den Würfelzucker der Schluckimpfung später in der Schule kann ich mich noch gut erinnern. Hat gewirkt. Danach hat man von der Kinderlähmung nicht mehr viel gehört.

Unser Bauernhof war nach allen Seiten eingezäunt, schon wegen der Hühner, die frei rumgelaufen sind und überall gescharrt und hingemacht haben, aber erst recht wegen der Tiere der Nachbarn. Da sollte sich keines bei uns was krampfeln können. Also was stehlen. Es wurde genau darauf geachtet, was »dein war und was mein«. Und auch Tiere mussten sich an die strengen Eigentumsrechte halten. Dem Nachbarn seine Hühner beispielsweise sind jeden Tag durch den löchrigen Zaun in unseren großen Garten zum Scharren und Fressen gekommen. Was meine Mama recht geärgert hat. Bis sie dem Lippe mal zu verstehen gab, dass sie immer so viel Eier finden würde. Danach war Ruhe.

Futter war knapp. Alles war knapp. Besonders knapp war Bargeld. Aber Schulden machte man nicht. Davor hatte man große Angst: dass man sich hätte verschulden können und mittellos werden. Statt Schuldenmachen war Sparen angesagt. Man hat zuerst gespart, und erst dann, wenn man genug beinander hatte, hat man sich das gekauft, worauf man lange hingefiebert hatte.

Wir Kinder haben das nicht nur von den Eltern beigebracht bekommen, sondern auch in der Schule hat man uns ans Sparen gewöhnt, mit Sparkassen-Werbung, Weltspartag und Spardosen mit Schlitz mit Zacken und mit einem Schloss. Gespart wurde an allem. Man warf nichts weg. Alles konnte man brauchen. Früher oder später.

Was irgendwie ging, wurde repariert. Manchmal halt nur notdürftig. Wenn's nicht anders ging, hat mein Papa gern mal was mit einem Bandel oder einem Strick zusammengebunden, seltener mit Draht. Draht, Nägel, Schrauben und Muttern waren rar. Halt alles, was aus Metall war. Auch an Worten wurde während der Arbeit gespart. Da hat man keins zu viel verloren. Außer wenn wer vorbeikam, ein Nachbar, ein Bekannter von früher, meine Tanten, ein Besuch. Da gab es dann immer viel zu ratschen und Neuigkeiten auszutauschen. Neuigkeiten waren auch knapp.

Das Hauptgebäude unseres Hofes thronte auf einer leichten Anhöhe; da blieb der Fuß trocken selbst bei dem ortsüblichen hohen Grundwasserstand; aber wegen dem war es auch nicht unterkellert. Trotzdem oder deshalb war das Mauerwerk stets kalt und ein bisschen feucht. Einen kleinen Außenkeller gab es im Stadl; der war zur Hälfte aus der Erde herausgemauert, einigermaßen vor Grundwasser und Frost sicher, zum Einlagern von Speise-, Saat- und Futterkartoffeln und -rüben. Futterkartoffeln für den Winter wurden außerdem im Garten eingemietet: frostfrei aufbewahrt in aufgeschütteten, mit Stroh gedämmten Erdlagern, aus denen »Kamine« ragten, also Rohre zum Auslassen von Abwärme.

Es fand längst nicht alles und jedes im Hofgebäude selber Platz, obwohl es ursprünglich als ein »Einfirsthof« angelegt war. Wohnen und arbeiten, Haus, Stall und Scheune, alles unter einem Dach. So war das gedacht. Der Bau war noch nicht alt, keine 50 Jahre, aber schon lange zu klein. Weil der Raum in Haus, Stall und Scheune hint und vorn nicht langte, waren im Laufe der Jahrzehnte noch allerhand Anbauten dazugekommen: kleine Schuppen, Ställe und eine zweite Scheune, für Hühner, Schweine, Kälber, Stroh, Maschinen, Bau- und Brennholz. Und trotzdem musste noch hinten im Garten ein Strohhaufen aufgeschichtet und mit großen Lastwagenplanen abgedeckt und gelegentlich auch noch auf einem Acker eine Miete für Futterkartoffeln ausgehoben werden.

Im Haus selber konnte man vom Gang, also dem Flur des Wohntraktes, der im Treppenhaus von vorn nach hinten durchlief, in den Kuhstall rübergehen, und von dort weiter in den Stadl, also die Scheune. Über dem Kuhstall und auch links wie rechts von einer ebenfalls durchgehenden, mit Dielen ausgelegten Tenne war der Heuboden. Das Heu wurde mithilfe eines Greifers eingelagert, den ein Elektromotor antrieb. Auf dem Dachboden des Wohnhauses war das Getreidelager, der »Troadbodn«, den man vom Gang aus erreichte. Zum Einlagern mussten die schweren Säcke über zwei Stockwerke und auf einer engen Holztreppe nach oben getragen werden.

Angeblich ist mal in einem Sommer ein Kugelblitz hinten bei der offenen Gangtür rein und vorn bei der Haustür wieder 'naus: ein rundes, rollendes, bläuliches Schimmerlicht. Das hat man jedenfalls in der Familie erzählt. Wenn das stimmt, war das immer noch besser als beim Rathaus neben uns. Das sitzt an der tiefsten Stelle im Dorf, wo früher das Hirthaus war und auch der große Brunnen. Das soll eine Zeitlang »Wasserschloss« geheißen haben, weil bei Starkregen die Flut vorne, von der Dorfstraße her, reinlief und hinten bei der Tür zur Schmiedstraße wieder 'naus.

Wir hatten in Germering lang keinen See und später nicht mal mehr einen Bach im Ort oder einen Löschteich, aber immer genug Wasser. Der hohe Grundwasserstand und die gut zu bearbeitenden, völlig unterschiedlichen Bodenarten und -qualitäten erklären die vielen Jahrhunderte Siedlungsgeschichte in Germering. Haben wir in Heimatkunde gelernt.

Aber grad das viele Wasser war immer wieder mal auch ein großes Problem. Jedenfalls früher. Denn schon die Entwässerungsgräben in den Fluren, vor allem aber die flächendeckende Kanalisation im Ort wirkten wie eine Drainage und haben mit Flut- und Hochwassergeschichten aufgeräumt.

Auf der Hinterseite des Hofes lag ein großer Obstgarten mit alten Birn- und Apfelbäumen und Beerensträuchern. Direkt ans Gebäude grenzten die Odelgrube an und das Außenklo. In die Odelgrube floss die Jauche, also die flüssigen Ausscheidungen der Kühe. Die wurden von der sogenannten Soachrinne, also von der Jaucherinne, aufgefangen, die am Ende des leicht abschüssigen Kuhstandes in die Odelgrube lief. Die beiden Gruben gingen ineinander über. Und in jede dieser Gruben konnte leicht was fallen. Das kann ich bezeugen. Ich war dabei, wie mal einer gesagt hat.

Wenn ich als Kind aufs Klo musste, saß ich da erst mal eine Weile allein, unter mir das tiefe dunkle, nicht gerade vertrauenerweckende Loch. Mein Ruf nach Erlösung, »Mama, ferti bin i!«, muss weit in der Nachbarschaft zu hören gewesen sein. Sonst hätte ihn ja auch meine Mutter nicht hören können, wenn sie im Kuhstall nebenan molk oder in der Küche kochte.

Ohnehin musste ich ihn oft genug mehrfach lautstark wiederholen. Wenn's dann draußen schon dunkel war, war's im Klo noch dunkler. Nur aus den kleinen Stallfenstern warfen die Lampen ein bisschen Licht. Nicht gerade heimelig.

Immerhin bin ich selber nie reingeplumpst. Aber mein Bärli, mein Schmusetier und Flaschenwärmer mit Reißverschluss. Der landete mal da drin. Das gab Tränen. Mein Papa hat ihn zwar gerettet mit dem Odelschapfer, aber auch nach dem Waschen war mein Bärli nie mehr so wie vorher. Der hellbraune Stoff hatte doch arg gelitten. Vielleicht war er auch rosa. Vorher.

Was die Jauchegrube angeht, die musste ja auch mal entleert werden. Die war eine ummauerte, auch oben zubetonierte Grube; nur ein Viereck war ausgespart, in das eine Pumpe hinabgelassen werden konnte. Dicke, dunkelgrüne, weil vermooste Vierkant-Bohlen deckten die Öffnung ab. Hinterm Haus, im Garten, war auch der Hauptauslauf unserer Hühner. Lang bevor die alten Hennen in die Suppe kamen, holten wir erst mal neue Biberl beim Hühnerzüchter, irgendwo in einer Nachbargemeinde. Diese kleinen gelben Vögelchen haben wir selber großgezogen. Einen Teil des Tages durften sie hinten draußen in einem kleinen Käfig aus Drahtzaun an die Luft. Der stand zum Teil auch auf den Bohlen. Jetzt waren die aber nicht ganz dicht und die Biberl anfangs so klein. Also sollte ich die ersten Tage aufpassen, dass keines durch die Ritzen hinunterfiel. Den Rest könnt ihr euch denken.

Wieder musste der Odelschapfer geholt werden. Wieder gab es Tränen. Aber diesmal wegen eines so lautstarken wie tatkräftigen Tadels. Erst als Erwachsener ist mir eingefallen, dass man die Ritzen ja auch mit irgendwas, einem Brettl zum Beispiel, hätte abdecken können. Aber damals ist da keiner draufgekommen. Billige Arbeitskraft war offenbar leichter verfügbar als Know-how oder gar Technologie.

2 ALS UNSER DORF NOCH KEINE VORSTADT WAR

Unser Dorf hat sich während meiner Lebenszeit fast völlig verändert. Das ist allen Orten so gegangen und außerdem ist bei uns vieles besser geworden; aber leider ist auch von dem, was schon gut war, nur wenig übriggeblieben. Zu unserem Glück hat man die alte Kirche nicht abgerissen. Aber sie wurde bloß noch selten genutzt und ist erst mal still verfallen. Etliche hundert Meter weg hat man 1967 einen Betonbau hingestellt und genauso genannt. Wir haben also jetzt zwei Sankt Martin.

Da hat die alte Dorfkirche noch Glück gehabt. Sie hat noch nicht mal ihren Namen verloren. Praktisch alle anderen Bauten aus früheren Jahrhunderten wurden in den letzten fünf, sechs Jahrzehnten abgerissen. Auch die alte Kirche sollte eigentlich abgerissen werden. Aber dann haben Zugezogene einen Schutzverein gegründet und schließlich sogar den Denkmalschutz eingeschaltet, was sonst leider zu spät oder gar nicht passiert ist.

Ich hab in den 1990er-Jahren mal einen Volkshochschulkurs gehalten, mit dem ich Neuzugezogenen und weniger Ortskundigen verborgene Seiten von Germering zeigen wollte. Unter anderem hab ich eine Stadtrundfahrt gemacht. Die ging vor allem zu Plätzen, auf denen nichts mehr stand, wo man aber noch die Leerstelle und sogar die Umrisse von dem sehen konnte, was da vorher war. Beispielsweise gab es lange Zeit mitten in der Schmiedstraße ein merkwürdiges, freies Rechteck: Das war der Ort, wo bis 1985 das Trosthammerhäusl gestanden ist. Wer ein historisches Foto der sogenannten Hinterschmiede sehen will, muss bloß ein Flaschl vom Germeringer Brauhaus in die Hand nehmen.

Die alte Schmiede hatte seit der Zeit des Dreißigjährigen Krieges alle Widrigkeiten, Feuersbrünste, Brandschatzungen, Plünderungen und selbst die Betonierungs- und Modernisierungswellen der 60er- und 70er-Jahre überstanden. Dann hat der Gemeinderat mehrheitlich den Abriss beschlossen, nachdem der damalige CSU-Fraktionssprecher seinen legendären Urteilsspruch losgelassen hat: »Haut'sas weg, des Glump!« Schon am nächsten Tag hat der Radlader des Bauhofs das einzig wirklich alte Haus in Germering über den Haufen geschoben.

Weiter hinten in der Schmiedstraße ist es auch, wo der Fußweg plötzlich einen komischen Haken schlägt und auf einmal ein paar Bäume scheinbar sinnlos in der Gegend rumstehen: Da verlief früher das Bachbett vom Moosbach, bis man die Straße neu und schön ausgebaut und den Bach verrohrt und vergraben hat. Am anderen Ende des Altdorfs, wo die Dorfstraße eine große Kurve macht, gegenüber vom heutigen Hotel Regerhof, gab es bis vor Kurzem ein großes freies Karree vor einem hässlichen Kasten mit Fenstern aus Glasbausteinen. Da konnte, wer sich erinnerte, noch das ehemalige Anfahrtsrondell vom Hartlwirt erkennen: Als das alte Wirtshaus noch stand, fuhren die Gespanne und später die Laster direkt vor die Wirtschaft und ohne umzuspannen oder umzudrehen vorwärts wieder raus.

Solche Stellen, an denen früher was Bemerkenswertes zu sehen war und heute nichts oder nur was Belangloses, gibt es etliche in Germering. Die Stadtarchäologie, mit Bodendenkmälern, Ausgrabungen und Hinweistafeln auf Gräber, Brunnen und Bauten früherer Jahrtausende, ist bei uns eine blühende Branche. Überall im Ort finden sich Siedlungsreste aus der Jungsteinzeit, Bronzezeit, Urnenfelderzeit, Hallstattzeit und Latènezeit ebenso wie von den Römern und aus dem Mittelalter. Was wir von diesen vor- und frühgeschichtlichen Zeiten haben, sind allerdings nur noch ein paar Überbleibsel: Fragmente von Fibeln, Glasperlen, Reibschalen, Terra-Sigillata- und Keramikscherben, verrostete Eisennägel und Pfeilspitzen aus Silex. Es gibt in Bayern nicht viele Orte, die schon so viele Jahrtausende und offenbar ohne große Unterbrechungen besiedelt sind, in denen aber trotzdem bloß so wenig bis nix an Bauwerken oder wenigstens ein paar Landschaftselementen übrig ist, wie in unserer Stadt.

Marc Augé beschreibt in seiner Kritik der »Nicht-Orte« die damit verbundenen Probleme: »Wenn Bulldozer das Gelände einebnen und […] sich ›Allochthone‹ niederlassen, dann verlöschen hier im konkretesten, nämlich im räumlichen Verstande mit den Merkzeichen des Territoriums auch die der Identität.« Insofern kämpfen Orte wie der unsere einen schweren Kampf gegen Geschichts- und Gesichtslosigkeit, das Verschwinden der eigenen Identität und jeglichen Selbstwertgefühls. Andererseits haben sich hier bei uns immer schon »Allochthone« niedergelassen und sich wenig später schon als »Autochthone« gefühlt und geriert und ihre »Identität« gegen alle neuen Zumutungen verteidigt. Wir haben da also eine gewisse Übung, fast schon so was wie eine – vergessene – Tradition.

Über unsere Gemeinde ist die Weltgeschichte regelmäßig mit voller Wucht hinweggefegt und hat immer wieder ein Trumm mitgerissen. Das gilt erst recht für das Germering der Nachkriegszeit. Radikalen gesellschaftlichen Wandel, der die bisherigen Verhältnisse auf den Kopf stellt, haben viele Generationen erleben müssen, in den verschiedensten Orten und Ländern dieser Welt und zu unterschiedlichsten Zeiten. Aber meine Generation ist, auf jeden Fall wenn sie auf dem Land aufwuchs, diejenige, der in kürzester Zeit die extremsten Veränderungen des ganz alltäglichen Lebens widerfuhren, die sie aber trotz der großen Geschwindigkeit gar nicht richtig bemerkte. Denn wir haben diesen Wandel Tag für Tag gelebt, gleichzeitig mit unserem eigenen Erwachsenwerden: Wir wurden von dieser Entwicklung nicht überrollt, sondern sind selber synchron mit ihr gewachsen.

Meine Generation ist vielleicht die letzte in Europa, die eine vormoderne, quasi archaische Alltagskultur erlebt hat: eine Kultur mit ihrem eigenen, gemächlichen, nicht von maschinellem Takt und Tempo, sondern von Mensch und Nutztier, von Jahreszeit und Tageszeit geprägten Verlauf. Wir kennen nicht bloß den Vergleich zwischen Vormoderne und Postmoderne, wir sind der lebendige Vergleich: Die Differenzen sind in uns eingeschrieben.

Mit dem sogenannten »Wirtschaftswunder« und seinem rapiden Wachstum änderten sich Möglichkeiten und Gewohnheiten auf radikale Weise: Aus Mangelwirtschaft und Kult der Sparsamkeit entstand im Laufe der Jahre genau das Gegenteil. Auch darin ist Germering natürlich nur ein Dorf wie jedes andere. Der Ethnologe Marc Augé nennt die Zeit, in der wir heute leben, »Übermoderne«. Ihr wichtigstes Merkmal sei »das Übermaß«, gekennzeichnet von einer »Überfülle der Ereignisse«; einer »räumlichen Überfülle« und einer »Individualisierung des Verhaltens«.

Aus einer anderen Perspektive kommt der Soziologe Philipp Staab in seiner Studie zu »Markt und Herrschaft in der Ökonomie der Unknappheit« zu einem ähnlichen Ergebnis. Unser Wirtschaftssystem sei in eine neue Phase eingetreten, die besondere, marktfremde Charakteristika kennzeichneten: »Den digitalen Kapitalismus darf man nicht vom Problem der Knappheit her denken, sondern aus einer Logik der Unknappheit.« Heute stünden die Produzenten vor der »Herausforderung, Güter, die eigentlich im Überfluss vorhanden sind, in kapitalistisch handelbare Waren zu verwandeln«: »Ziel ist nicht die maximale Produktion, sondern die Kapitalisierung eigentlich unknapper Güter.«

In nur einer Generation, nämlich meiner, ist die Diktatur der Knappheit in die Dominanz des Überflusses umgeschlagen. Wo früher geknausert und gespart wurde und werden musste, wird heute das Füllhorn ausgeschüttet, in einer Art Verschwendungs- und Wachstumszwang.

Die sprichwörtliche Gleichzeitigkeit des Ungleichzeitigen oder Parallelwelten sind ja keine Erfindung der Gegenwart. Dorf und Großstadt waren damals weiter voneinander entfernt als so manche Kontinente heute. »Provinz«, behauptet Joachim Riedl in seinem Buch über »Heimat. Auf der Suche nach der verlorenen Identität«, sei »kein geographischer, sondern in aller Regel ein zeitlicher Begriff: Er besagt Ungleichzeitigkeit.« Aber er ist gleichzeitig auch ein sozialer Begriff, der eine Wertung transportiert und ein hierarchisches Gefälle konstruiert, natürlich von oben, aus der Sprecherperspektive hinab zu dem, was so tituliert wird.

Es scheint so, als wäre das städtische Lebensgefühl – abgesehen von dem Bewusstsein der eigenen Überlegenheit – schon seit mindestens einem Jahrhundert in wesentlichen Punkten von dem bestimmt, was es auch heute ausmacht. Darauf deuten jedenfalls die Zeugnisse hin, die uns in Hochglanzmagazinen, im Großstadtroman oder Film erhalten blieben: Individualität von der Stange, Mode und Marketing, Massenversammlungen und Massenmedien, Metro und Mietskasernen, Tempo und Taktvorgaben.

Wer »Manhattan Transfer« von John Dos Passos liest, fühlt sich bereits durch die von ihm beschriebenen atemberaubend beschleunigenden Fahrzeugen, rasenden Fuhrwerken und ratternden Pferdebahnen überrollt. Auch Bert Brecht hat sich und sein Publikum in einen Geschwindigkeitsrausch versetzt, mit Flieger- oder Rennfahrerhelm und Lederjacke, genauso wie die italienischen Futuristen vor und nach dem Ersten Weltkrieg. Den »armen B.B.« bereits hatte es »in die Asphaltstädte verschlagen«, schon seinerzeit konnte man sich »Im Dickicht der Städte« verlieren.

Auf dem Land dagegen hat sich die unerbittliche Logik von Stress und Hetze, Zeitmesser, Zeitfresser und Zeitraffer erst im letzten Viertel des 20. Jahrhunderts durchgesetzt und alle Lebensbereiche ergriffen und unterworfen. Die langen Jahrhunderte davor war das Zeitmaß faktisch vorgegeben. Davon zeugen beispielsweise die Angaben für die Fläche von Feldern, so etwa das »Tagwerk« bei uns und anderswo »der Morgen«: Mehr konnten Mensch und Tier ohne übermäßigen, vorzeitigen Verschleiß nicht leisten. Beim Menschen ist das nicht gewiss. Da sind, wie sich immer wieder gezeigt hat, die Grenzen fließend. Aber bei den wertvollen Arbeitstieren, bei Pferd, Ochs oder Kuh, achtete man sehr darauf, sie nicht über Gebühr zu beanspruchen. Es machte da wenig Sinn, sich bei der Arbeit besonders zu beeilen. Auf Dauer war es eben eher schädlich.

Ein Lieblingsspruch meines systematisch arbeitenden Vaters lautete deshalb: »Wenn's pressiert, musst langsam tun.« Die Arbeit lief einem nicht davon. Das galt selbst noch für die ersten Jahrzehnte der bäuerlichen Eigenmechanisierung, also solange die Bauern noch in Zahl und Bedeutung das dörfliche Leben prägten. Als jeder Bauer seinen eigenen Bulldog kaufte und auch die meisten Arbeitsgeräte und Maschinen für sich allein, selbst wenn er nicht den ganz großen Betrieb besaß. In dieser Zeit war die Zeit noch reichlich vorhanden und nicht permanent zu knapp bemessen.

Als ich in den frühen 80er-Jahren selber Bauer wurde, war es noch selbstverständlich, dass die Kollegen ihre Schlepper anhielten, wenn sie sich auf Flur- und Feldwegen begegneten, und mitten auf der Straße und in Seelenruhe die neuesten Nachrichten austauschten – gerne auch bei laufendem Motor. Andere zum Ratschen aufhalten, das traut sich heute keiner mehr. Das würde als Wegelagerei gelten, als Zeitdiebstahl.

Aber die Gefahr, von anderen aufgehalten zu werden, ist allein schon deshalb nicht mehr groß, weil man, abgesehen von ganz wenigen Tagen im Jahr mit hohen Arbeitsspitzen, an denen die Bulldogs und Erntemaschinen nur so vorbeirasen, kaum noch wen auf dem Weg zum Acker oder gar zum Futterholen oder Heumachen antrifft, keinen Bauer und schon gar keine Bäuerin und erst recht keinen Knecht. »Landwirt zu sein wurde ein einsamer Beruf«, schreibt Geert Mak in seiner Studie über den »Untergang des Dorfes in Europa«.

Das Freilichtmuseum des Bezirks Oberbayern an der Glentleiten hat sich zur Aufgabe gesetzt, »regionale Geschichte, die Tradition und den historischen Wandel der Gesellschaft von der frühen Neuzeit bis zur Gegenwart« zu vermitteln und »den ländlichen Alltag der Menschen Oberbayerns begreifbar« zu machen. Dazu hat man u.a. der Fotografin Erika Groth-Schmachtenberger eine Ausstellung gewidmet, weil sie »Bilder einer Zeit, die war«, bewusst erfasst und Alltagsszenen »als Beispiel für im Verschwinden begriffene ländliche Lebensformen« habe abbilden können: »Sie stellte die Veränderungen fest, die sich in den Dörfern und Städten vollzogen. Wir sehen auf ihren Bildern, wie sich die Straßen und Plätze entvölkern.«

Groth-Schmachtenberger sah sich als Dokumentarin einer untergehenden Zeit: »Den Leuten konnte ich sagen: Bleiben S' mal da stehen! Aber der Zeit habe ich das halt nicht sagen können.« Ich meinerseits will vom Lebensgefühl dieser Zeit des Vorgestern erzählen, als Germering schon mittendrin war, sich von Grund auf zu verändern, aber der alte Ortsteil noch nicht wusste, dass er kein Bauerndorf mehr war. In dieser völlig anderen Welt des fundamentalen Wandels habe ich gewiss gelebt, aber ich kann mancher Erinnerung trotzdem kaum noch glauben. Denn was damals war, Ende der 50er-Jahre, scheint schon seit Langem vergangen und gar nicht mehr wahr.

3 D'FLÜCHTLING

Keine Ahnung, wie das auf den anderen Höfen war mit den Flüchtlingen. Aber auch wenn ich mich nicht daran erinnern kann, müssten doch in einigen Häusern welche gewohnt haben. Und das war gewiss nicht zu übersehen oder zu überhören, denn es hat bestimmt immer mal wieder Streit gegeben zwischen Einquartierten und den Einheimischen. Wer immer auch zugezogen war, musste sich seinen Platz erst erkämpfen. Rudi Bay, unser früherer Bürgermeister, wuchs in Unterpfaffenhofen auf, weil sein Vater der Wifo wegen aus Olching eingewandert war, also für die Eingeborenen offenbar ebenfalls von weither. Er erzählte gelegentlich, dass sich die Siedler- und Flüchtlingsjugend, darunter auch er, heftige, blutige Kämpfe mit der Dorfjugend geliefert hätte. Von daher rührten wohl auch seine unverbrüchliche Zuneigung zum Boxen genauso wie sein Lokalpatriotismus: »Das Schönste an Germering ist der Blick vom Rathaus auf Unterpfaffenhofen«, spottete er gerne.

Selbst wenn es auch in Germering vergleichbare Platz- und Rangkämpfe gegeben haben muss, an mir sind all diese Integrationsmaßnahmen spurlos vorübergegangen. Vermutlich hatte ich ja mit meiner eigenen Eingemeindung genug zu tun. Jedenfalls kann die Stimmung im Lande auch Jahre nach Krieg und Vertreibung noch nicht gut gewesen sein. Denn »1950 machten Flüchtlinge 26,3 Prozent der Wohnbevölkerung des Freistaats aus«, schreibt Jaromír Balcar in »Politik auf dem Land«, aber der verfügbare Wohnraum war kaum angewachsen. Erst nach und nach fanden die meisten Flüchtlinge und Vertriebenen Arbeit und irgendwann auch eine Wohnung: »Durch massive Bautätigkeit wurden die Konflikte zwischen den Alteingesessenen und den Neuankömmlingen entschärft, denn schließlich war die Einquartierung von Flüchtlingsfamilien in den Häusern der Einheimischen eine der Hauptursachen für die permanenten Spannungen gewesen.« Aber von »Normalisierung« konnte trotzdem noch lange keine Rede sein.

Auch ohne die vielen Flüchtlinge, ohne Zuwanderung und Zuzug, wäre Wohnraum wegen der verheerenden Bombardierungen gerade in den größeren Städten schon äußerst knapp gewesen. Deshalb gerieten die kleineren Städte und Dörfer in den Blick. Darauf weist auch der Band »Bauern in Bayern« hin: »Aus dem Osten kamen immer mehr Flüchtlinge und schließlich Vertriebene – nach Bayern über 2 Millionen – vor allem auf das Land, wo sie zwangsweise einquartiert wurden.« Damit setzten praktisch eine Bevölkerungsexplosion und rasante Veränderung ihrer Zusammensetzung ein: »Die letzten Kriegsmonate sowie die unmittelbaren Nachkriegsjahre führten zu einer starken Zunahme der dörflichen Bevölkerung«, heißt es weiter: »Evakuierte, Ausgebombte, Flüchtlinge und Vertriebene erhöhten die Bevölkerungszahl vieler bayerischer Dörfer beträchtlich. Insgesamt nahmen die bayerischen Gemeinden rund drei Viertel aller Flüchtlinge in Bayern auf.«

Da hatte man natürlich auch nicht gerade auf sie gewartet. Aber die Einquartierungen wurden einfach angeordnet, was blieb den Behörden auch anderes übrig. »Die Wohnungszuweisungen erfolgten auf der Grundlage des Art. VIII Absatz II des Kontrollratsgesetzes Nr. 18 (Wohnungsgesetz) vom März 1948: Gegen die Einquartierung konnte binnen einer Woche Einspruch erhoben werden«, heißt es in der Selbstdarstellung »Der Landkreis Fürstenfeldbruck«.

Natürlich haben die Betroffenen diese Möglichkeit fleißig genutzt, sozusagen im passiven Widerstand: »Falsche Angaben an die Wohnungsbehörde über vorhandene Zimmer und zweckentfremdete Nutzung von Räumlichkeiten hatten zwar selten Erfolg, verzögerten aber die Zuweisung.« Einquartierungen »von Fremden in den privaten Bereich der eigenen Wohnung wurde in den wenigsten Fällen verstanden und akzeptiert, in der Regel aber entschieden abgelehnt«, heißt es weiter: »Darüber hinaus mußten sich die Flüchtlinge nach der Verteilung auf Privatquartiere nicht selten als ›Zigeuner‹, ›Vogelfreie‹ und ›Flüchtlings-Habe-Nichts‹ beschimpfen lassen.«

Weil die Einquartierung in Privaträume immer problematisch war, ergriffen die Behörden jede Gelegenheit, die Flüchtlinge anderswo unterzubringen, vorzugsweise etwa in ehemaligen Zwangsarbeiter-, Kriegsgefangenen- oder KZ-Außenlagern. In den meisten Dörfern war es laut Jaromír Balcar normal, dass viele Flüchtlinge noch in den Fünfzigerjahren in Notunterkünften und Baracken hausen mussten.

Bei uns gab es davon mehrere solcher Lager, die jeweils auf dem Gelände größerer Firmen unter NS-Regie eingerichtet worden waren: auf dem Stöhr-, dem Wifo- und dem Dorniergelände. Diese, heißt es in »Der Landkreis Fürstenfeldbruck«, wurden jetzt anderweitig genutzt: »Im November 1946 setzte der starke Zuzug von Vertriebenen in die Baracken ein. In den folgenden Monaten erhielt das Dornierlager hauptsächlich Zuwachs im Zusammenhang mit der Auflösung der Unterkünfte in den Wirtshaussälen [...], aber auch in Schulräumen, die ebenfalls kurzfristig mit Flüchtlingen belegt waren.« Von einem Provisorium ins nächste.

Diese Unterbringungen konnten natürlich auch nicht von Dauer sein. »Um die kritischen Wohnverhältnisse zu beseitigen«, heißt es weiter, hat die Gemeinde 1949 auf dem Dornier-Gelände acht Wohnungen errichtet: »Allerdings nutzte die Gemeinde am Ende die zusätzlich gewonnenen Unterkünfte nicht zur Auflockerung des Lagers. Stattdessen wurden die Bauern entlastet, die für den Umbau finanziell aufgekommen waren. Der Germeringer Bürgermeister begründete diesen Schritt damit, daß die Landwirte Holz und andere Baumaterialien zur Verfügung gestellt hätten, woraus er das Recht ableitete, die bei ihnen wohnenden Flüchtlinge umzuquartieren.«

Offenbar war der bäuerliche Druck immer noch deutlich stärker als Not und Einfluss der Neubürgerinnen und Neubürger. Vielleicht erklärt diese Maßnahme auch, dass ich mich nicht an Einquartierungen bei anderen Bauern erinnern kann. Denn diese hatten die sich ergebenden Möglichkeiten, die Flüchtlinge schnell wieder loszuwerden, scheint's besser genutzt als unser Martl.

Anfang der Fünfzigerjahre war etwa ein Viertel der Germeringer Einwohner, nämlich 723, Flüchtlinge. Im September 1958 stellt die Rechtsaufsicht fest: »Seit Kriegsende wurden in der Gemeinde ca. 400 neue Wohnungen gebaut, davon 9 durch die Gemeinde selbst. 20 Personen sind noch als Wohnungssuchende gemeldet.« Die Lage blieb angespannt, auch weil in den Notunterkünften wie etwa auf dem Wifo-Gelände die Situation extrem beengt und sanitär völlig unzureichend war: »Die Lagerbewohner versorgten sich, um die kargen Zuteilungsraten aufzubessern, darüber hinaus selbst mit Lebensmitteln. Sie hielten sich Hühner, Schweine und Ziegen, die nicht gerade zur Hygiene im Lager beitrugen und Ratten anlockten.«

Trotz dieser unhaltbaren Zustände blieben die Lager praktisch voll belegt: »[I]m Sommer 1950 lebten nach wie vor 247 Menschen im Dornierlager.« Fünf Jahre später waren immer noch »bei einer Belegungsfähigkeit von 250 Personen 230 Menschen, davon 70 Kinder, in acht Baracken« untergebracht. Bis es zu wirklichen Verbesserungen für die dort Untergebrachten kommen sollte, dauerte es: »Noch 1959 waren die sanitären Verhältnisse im Dornierlager sehr schlecht (keine regelmäßige Leerung der Kläranlage und der Versitzgrube durch die Gemeinde, keine Abfalltonnen)«, hält die Rechtsaufsicht fest.

Das ging so im Dornierlager bis 1966. Aber auch auf dem Bauhof der Firma Stöhr, in der heutigen Ortsmitte Germerings, lebten »im Jahre 1955 bei einer maximalen Belegungsfähigkeit von 100 Menschen noch immer 127 Personen in fünf Holzbaracken. Alle Unterkünfte befanden sich in einem miserablen Zustand.« Was anderes konnten sich die Bewohner halt nicht leisten und solange es halbwegs funktionierte, sahen sich die Behörden auch nicht zu weiterem Handeln gezwungen.

Die Flüchtlinge und Vertriebenen sprengten die früher so geschlossene dörfliche Hierarchie, was Raphael Gerhardt so beschreibt: »Innerhalb der Dorfgemeinschaft stellten die Landwirte bis dahin unangefochten die soziale Elite dar, wobei die Schichtzugehörigkeit nach der Besitzgröße klassifiziert wurde und die größeren Vollerwerbsbauern vor den kleineren Höfen und Kleingütlern mit handwerklichem Zuerwerb rangierten. Diese dörfliche Oberschicht besetzte vielerorts über Generationen hinweg die politischen und gesellschaftlichen Spitzenämter, grenzte sich in ihrem Sozial- und Heiratsverhalten von den Nichtlandwirten ab und sah sich gegenüber den in abhängiger Arbeit Tätigen als deutlich überlegen an.« Dank der vielen Zugezogenen »löste sich diese dominierende Stellung während der Nachkriegsjahrzehnte ebenso auf wie die Landwirtschaft ihre Bedeutung als wichtigsten Wirtschaftssektor einbüßte«.

Die Flüchtlinge trugen damit ihren Teil zu den rasanten Veränderungsprozessen auf dem Land sowie in Bayern insgesamt bei und beschleunigten diese: »So waren bis dahin vergleichsweise homogene und festgefügte Dorfgesellschaften im Laufe des Zweiten Weltkrieges und während der ersten Nachkriegsjahre durch die Einquartierung von Evakuierten und Zwangsarbeitern sowie den Zuzug von Flüchtlingen und Heimatvertriebenen mit anderen kulturellen, konfessionellen und beruflichen Hintergründen bereits erheblich in Bewegung geraten.«

»Die lange Zeit räumlich relativ überschaubare Lebens- und Erfahrungswelt vieler Dörfer öffnete sich mit dem wirtschaftlichen Boom ab den 1950er Jahren weiter, als immer mehr Dorfbewohner zu ihren außerhalb des Dorfes gelegenen Arbeitsstätten pendelten«, meint Gerhardt weiter. Dazu kamen politische Entscheidungen, neue Technologien und gesellschaftliche Trends: »Verstärkt wurde diese Entwicklung durch die Erschließung des Landes mit Verkehrsverbindungen und weiterführenden Schulen ebenso wie durch Internationalisierungsprozesse und Verbreitung des Fernsehens.«

Die radikal veränderte Zusammensetzung der Bevölkerung verwandelte natürlich auch das dörfliche Leben: Das, was dort passierte beziehungsweise nicht mehr passierte und was nunmehr wichtig schien, änderte sich von Grund auf. Flüchtlinge, Vertriebene sowie die Akteure inner- und außerdeutscher Umzugs- und Wanderungsbewegungen brachten ihre eigenen Werte und Interessen mit. Sie wurden zur Auseinandersetzung und zum Austausch mit dem gezwungen, auf das sie trafen, und bewirkten umgekehrt auch einen Wandel bei den Einheimischen. Der enorme Sog auf dem außerlandwirtschaftlichen Arbeitsmarkt tat ein Übriges: »[N]icht nur die veränderten Lebenswelten der angestammten Dorfbewohner wirkten in diesem Prozess, sondern auch die Entwicklung zahlreicher Dörfer im Umfeld von Ballungszentren und mittelgroßen Städten zu Wohn- und Schlaforten einer ehemals städtischen Bevölkerung trug zur ›Entbäuerlichung‹ des Dorfes bei«, folgert Gerhardt. Die Straßen, Höfe und Felder leerten sich tagsüber, das dörfliche Leben verstummte.

4 SPIEL- UND SCHONRÄUME

Besonders auffällig ist im Vergleich zu früher, wie abwesend Kinder im öffentlichen Raum sind. Darauf weist auch Albert Kapfhammer vom Verein »Kultur und Spielraum« in einem SZ-Interview hin: »Wenn Sie heute durch die Stadt laufen, treffen Sie unter der Woche nachmittags auf nur noch wenige sozusagen freilaufende Kinder. Das war früher anders. Kindern und Jugendlichen wird heutzutage viel zugemutet und wenig zugetraut.« Natürlich können wir die Uhr nicht einfach zurückdrehen. Und diese Freilandhaltung hatte auch ihre Kehrseiten, manches Mal handelte es sich schlicht und einfach um Vernachlässigung und Verwahrlosung. Trotzdem fehlen unseren Kindern und Enkeln zeitgemäße Möglichkeiten und Gelegenheiten, die ihnen die Chance geben, zu reifen und eigenständig zu werden.

Auch wenn die Angst der Eltern um ihre Kinder nur zu verständlich ist, hält es Kapfhammer für »notwendig, dass sich Kinder und Jugendliche ihre Stadt selbständig aneignen können. Und dazu müssen sie sich frei bewegen können. Wenn sie so stark in verpflichtenden Strukturen und extra für sie gestalteten Schonräumen aufwachsen, mag das zum Teil notwendig sein, aber es ist nicht angemessen. Unser System ist wesentlich mehr vom Elternwillen als vom Kinderwillen geprägt.« Das zeigt sich auch daran, dass wir gerne als Erziehungsziel die Selbstständigkeit und Eigenständigkeit unsere Kinder formulieren. Aber wenn sie dann mal nicht sofort klein bei geben, sondern hartnäckig an ihrem eigenen Willen festhalten, heißt es gern, sie »bocken« oder, schlimmer noch, »sind in der Trotzphase«.

5 STRAWANZEN

Hinten draußen war unser Hofgelände eben, aber vorn'naus ging's ziemlich bergab. Die Hangneigung war zu spüren, wenn man etwas Schweres hinaufschieben musste oder ziehen, in einem kleinen Karren oder einem Wagerl. Oder wenn das Wasser bei Sturzregen beim Hoftor 'nauslief. Das war nicht das Einzige, was immer wieder 'nauslief. Wenn ich zum Gartentürl raus bin, gab es draußen nur wenig Verkehr, Autos sowieso kaum und auch andere Fahrzeuge nur gelegentlich. So gut wie alle, die da vorbeifuhren, ob mit Bulldog, Unimog, Radl oder Ochsengespann, kannte man. Und man grüßte sie. Wir wurden streng zum Grüßen angehalten. Bei uns herrschte strikter Grüßbefehl.

Wehe, wir hätten wen nicht gegrüßt. Da hätte es Beschwerden gehagelt. Und anderes. Also grüßten wir ausnahmslos alle, die wir trafen, Bekannte wie Fremde. Damit sollten wir eigentlich unseren Respekt bezeugen. Aber einmal, als ich von der Schule heimging, bog mein Vater mit dem Fuhrwerk in die Dorfstraße ein. Er fuhr vom Futterholen heim. Da hab ich ihn überschwänglich gegrüßt, um nicht zu sagen: demonstrativ freundlich. Als wäre er ein Fremder oder Euer Hochwohlgeboren. Dabei grüßte man wen, den man schon mal gesehen hatte, doch ohnehin nicht noch mal am selben Tag. Diese Grüßerei war also höchst merkwürdig, auch für mich. Aber er hat sich richtig aufgeregt, als ich daheim ankam.

Auch Tiere liefen immer wieder mal aus ihrem heimischen Hof, auf die Dorfstraße: Katzen, Hunde, Hühner, Enten, Gänse. Seltener auch mal Kälber oder Pferde. Kühe praktisch nie. Die waren immer eingesperrt und angekettet. Dagegen waren Hahn und Hühner nicht leicht zu bändigen. Meine Mutter hat sich immer empört, weil sie noch so oft schrubben konnte; trotzdem war das Hausstaffel, also der Steinsockel vor der Eingangstüre, immer verdreckt.

Hühner sind, stand neulich in der Zeitung, das »heißeste Statussymbol« im Silicon Valley. Sie haben »handgenähte Hühner-Windeln, damit die Tiere ihre Besitzer auch mal im Haus besuchen können«.

Wenn's die schon gegeben hätte, hätt' sich meine Mama vielleicht doch noch mit den Viechern angefreundet und die Eierproduktion nicht so abrupt beendet mit dem neuen Haus. Nur auf einen Besuch hätte sie sich trotzdem nie eingelassen. Windeln hin oder her.

Bei unserm rückwärtigen Nachbarn, dem Lippe bzw. Huislbaur in der Schmiedstraße, hat es das nicht gebraucht. Den haben die Hühner noch lang, bis in die Neunzigerjahre, in seiner Küche besucht. Ganz ohne handgenähte Windeln. Und sie sind sogar, wofür wir Kinder heftig ausgeschimpft worden wären, auf dem Tisch rumgehüpft.

Mit einem Huhn und seinem scharfen Schnabel war ich nicht gern auf Augenhöhe. Überhaupt waren all diese Tiere erstaunlich groß und respekteinflößend. Die liebste von allen war mir unsere Katze, die Musch. Im Radio liefen die Geschichten vom sprechenden Kater Musch.

Der Kater Musch war sozusagen unser Pumuckl. Jahre vor den Geschichten vom kleinen Kobold hat Ellis Kaut uns Kindern von ihm erzählt. Den Pumuckl hab ich erst spät kennengelernt, als ich selber Kinder hatte. Dafür hatten wir den Kater Musch. Wie dieser medientaugliche Kater war auch unsere Katze schwarz und in mancherlei Hinsicht sprechend.

Dass sie eine Katze war und kein Kater, hat die Namensgebung nicht behindert. Wir hatten später noch viele Katzen, und von jeder Einzelnen könnte ich allerhand Geschichten erzählen. Aber keine war mir mehr so lieb wie unsere Musch.

Meine Welt war eine Welt voller Tiere. Überall waren Tiere. Gefährliche Tiere. Auch böse Tiere. Vor denen musste man sich in Acht nehmen. Unser Gockel zum Beispiel. Der war recht angriffslustig. Besonders gern ging er auf unseren Postboten los. Fliegerangriff. Stukamäßig. Schuld war bestimmt die Uniform. Nun waren Uniformen nicht mehr ganz so populär wie noch vor wenigen Jahren. Aber damit machte sich unser Hahn natürlich trotzdem nicht beliebt. Ich war ihm immer schon misstrauisch begegnet, weil er ein verschlagener Charakter war. Aber jetzt trieb er's zu weit. Die Post war eben wichtiger. So wurde aus einem Gockel ein Göckerl.

Mindestens so gefährlich waren die Gänse vom Lenzbaur, die konnten dich mit ihrem schweren Flügel schlagen und mit ihrem scharfen Schnabel sauber zwicken. Meiner Mama sind die mal hinterher, als sie auf dem Radl vorbeifuhr; die haben sie in die Haxen gezwickt und ihre guten Strümpfe zerrissen. Aber meine Mama war schon groß. Was hätten die erst mit mir gemacht, wenn sie mich mal derwischt hätten? Genauso wenig traute ich den Bigockeln beim Bichebaur, den Loasn, also den Säuen, vom Schaber, und dem sein Saubärn, also dem riesigen Dorf-Eber. Ganz abgesehen von so manchem bissigen Hund. Vor allem wenn die sonst an der Kette hingen und einmal Freigang hatten. Da hieß es: Obacht!

Ich bin gern und oft zum Gartentürl 'naus. Furt. Dort gab es so viel zu entdecken. Die Dorfstraße, die Schmied- und die Augsburger Straße: Das war schon fast die ganze damalige bewohnte Welt. Natürlich fuhren wir immer mal wieder in alle Himmelsrichtungen raus aus dem Dorf, auf die überall verstreuten Felder oder noch weiter weg; immer mal wieder zu Onkel und Tanten; zu seltenen Gelegenheiten nach Bruck und noch seltener »in die Stadt«, und das hieß meist nur nach Pasing. Ich wusste also, dass es eine Welt gab außerhalb der meinigen. Aber zunächst mal hat mich meine kleine Welt beschäftigt. Ich hab sie systematisch erkundet.

»Warst schon wieder strawanzen?« Diese Frage konnte schon auch mal richtigen Ärger ankündigen, vor allem wenn ich für irgendeine Arbeit gebraucht worden wäre. Und zur Arbeit konnten einen die praktisch immer brauchen. Aber trotz des beständigen und lästigen Abnutzungskampfs war spürbar, dass mein Herumstromern niemandem wirklich Sorgen machte. Der Spaß war erst vorbei, und auch das nur vorübergehend, als ich den Radius meiner Erkundungstouren immer weiter und am Ende allzu weit ausdehnte – und das auch noch aufkam. Weil zur damaligen Zeit ja praktisch immer alles aufkam. Immer konnte irgendjemand Zeugnis ablegen und tat das auch. Es gab eine andauernde und überall fühlbare Verhaltens- und Sozialkontrolle.

An vermeintlich noch so entlegenen Orten war ein Nachbar oder eine Nachbarin, der oder die dich beobachtete, deinem Treiben Einhalt gebot und im Zweifel damit drohte, bei den Eltern Rapport zu erstatten. Dabei war ja eigentlich schon beunruhigend genug, dass Gott, wie einem immer wieder eingeschärft wurde, alles sah, und dass dem Himmlischen Vater nix, aber auch gar nix entging. Da hätte es doch die irdische Allgegenwart von Aufsicht und Kontrolle wirklich nicht mehr gebraucht. Wie im Himmel, so auf Erden.

Ich war ja eh so brav. Von Mama gut erzogen, freundlich, fröhlich und offenherzig. Aber ich war auch neugierig. Nicht dass mir meine kleine Welt zu klein geworden wäre, aber Wege waren schließlich dazu da, um einen irgendwo hinzuführen. Und wenn der Parsberg am nahen Horizont greifbar in Sichtweite lag, konnte es ja nicht allzu lange dauern, dort hinzukommen. Und wo kam der Moosbach eigentlich her? Und wo, vor allem, lief er hin?

Die schönen Schlüsselblumen! Da könnt ich der Mama doch ein paar brocken. Und wenn ich jetzt schon so weit gekommen bin, auf der Suche nach noch mehr Schlüsselblumen, wo ich jetzt schon fast in Puchheim bin, kann es doch eigentlich auch nach Eichenau nicht mehr weit sein. Denn da fuhren wir ja so gut wie jeden Sonntag hin, und ich hatte mir den Weg genau gemerkt.

Dort wohnten die Lieblingstante und mein Cousin. Mit dem zu spielen, das war nur zu verlockend. Auch wenn sich der Weg hinzog. Denn nach Puchheim kam nun doch nicht gleich Eichenau. Das war vielleicht weit! Und auf der Straße war dann doch allerhand Verkehr. Und jetzt musste ich auch noch zwischen diesen beiden ehemaligen Kiesgruben durch. Die reinen Müllabladeplätze. Wohnte da nicht ein Lumpensammler? Hatte der nicht einen bissigen Hund, an einer ganz langen Kette? Da war mir wirklich mulmig zumute. Nur schnell vorbei. Dann war ich endlich bei den ersten Häusern von Puchheim Bahnhof. Aber bis hinein nach Eichenau war immer noch ein ordentliches Stück Wegs. Aber dann hab ich es doch noch geschafft! Meine Tante war so erstaunt wie begeistert. Gerade mal fünf und schon so unternehmungslustig! Und wie du dich das ’traut hast! Sie hat mich freudig heimgefahren.

Daheim war die Freude schnell vorbei. Statt Lob für meinen Entdeckergeist gab es eine Tracht Prügel. Wahrscheinlich eher so aus Erleichterung, weil alles gut gegangen ist. Auch wenn du dir irgendwo wehgetan hast, hast erst mal eine gefangen. Weil du hättest ja besser aufpassen sollen. Die elterliche Sorge hat sich damals seltsame Ausdrucksmöglichkeiten gesucht. Nach Eichenau bin ich jedenfalls zu Fuß so schnell nicht mehr gegangen. Denn offenbar war das Zeitalter großer Forschungsreisen in fremde Regionen endgültig passé.

6 VIEHZÄHLUNG

Ende Dezember 1960 herrschte in den Germeringer Ställen noch die alte Zeit vor: Laut staatlicher Viehzählung gab es noch zehn Pferdehalter mit insgesamt 13 Rössern. 44 Betriebe hielten 562 Rindviecher, darunter 402 Milchkühe und zwei Kühe »zur Milchgewinnung und Arbeit«, zwei Zuchtbullen, sechs »Zugochsen u. Zugstiere«. Beim Schmied wurden damals nicht nur Pferde beschlagen, sondern gelegentlich auch mal ein Ochse. Selbst wenn einige der Pferdebesitzer diese sicher bloß noch aus Anhänglichkeit oder Renommee behalten haben, weil man früher im Dorf nur wer war, wenn man Pferde einspannen konnte, bedeutete das, dass mindestens eine Handvoll Bauern weiter Tiere vorgespannt haben: Denn immerhin acht Rinder mussten noch Zugdienste leisten, obwohl selbst wir schon seit Jahren einen Bulldog hatten.

Das Brucker »Heimatbuch« von 1963 findet es »bedauerlich, daß das Pferd als treuestes und edelstes Haustier des Bauern seine Bedeutung als Zugtier fast vollkommen verliert und nur noch wenige Betriebe aus Passion Pferde halten oder züchten«. Doch für Betriebe wie dem unseren hatte dieses »edelste Haustier« ohnehin nie eine Bedeutung, weil zu teuer im Unterhalt. Wenn die Fläche nicht ausreichte, um Futter für Pferde oder Ochsen zu erzeugen, musstest du halt Milchkühe einspannen, wie meine Oma früher in Alling. Mitfühlende Nachbarn, die sahen, wie sich die Milchkühe abmühten, wenn meine Mama oder meine Tante mit ihnen Mist führten oder Futter holten, sagten zueinander: »Die werden auf d'Nacht recht viel Milli geben!« Aber ihre Pferde haben überhaupt keine Milli gegeben. Immerhin galt ihr Mitgefühl nicht nur den Kühen, sondern sie sahen auch, wieviel die Madln arbeiten mussten. Ging es da schon ziemlich eng zu, ging's trotzdem noch ein paar Stufen ärmer: Gerade unter dem »fahrenden Volk« waren früher einige, die auch Kleintiere einspannten, einen Hund oder eine Ziege, also die sprichwörtliche Schneidergoaß. »Schneider, Schneider, meck, meck, meck«, riefen wir als Kinder spöttisch und machten dabei eine meckernde Ziege nach – auch wenn wir solche Gespanne nur noch aus Bilder- und Märchenbüchern kannten.

Abgesehen von solchen Raritäten wie Zugtieren waren die Tierbestände überhaupt recht vielfältig. Immerhin 36 Schweinehalter hielten noch Schweine, insgesamt jedoch bloß 191 Stück. Da werden viele nicht für den Verkauf, sondern zu Hausschlachtung und Selbstversorgung gemästet worden sein. Selbst 15 Zuchtsauen gab es noch im Dorf, das heißt, dass einige Bauern Ferkel erzeugt und verkauft haben. Aber Eber wurde Ende 1960 keiner mehr verzeichnet. Doch mindestens im Jahr davor hab ich noch einen gesehen, nämlich beim Schaber auf der Weide und im Stall hinter seinem Bretterverschlag. Die Angst, die mir da zur Gaudi eingejagt wurde, vergisst du nicht so leicht.

Schafe hielt in diesen Jahren niemand, nur im Herbst kam der Wanderschäfer mit seiner Herde durch. Dafür hatten drei Ziegenhalter insgesamt sieben weibliche Ziegen, die sprichwörtliche Kuh des kleinen Mannes. Hühner gab es praktisch auf jedem Hof: Auf 42 Betrieben tummelten sich 1004 Hühner; davon waren die Hälfte Legehennen, sprich: Da gab es Eier, gegebenenfalls auch zum Verkauf. 39 Hühner oder Hähne wurden gemästet, vermutlich ausschließlich zum Eigenverzehr, und der große Rest war Nachzucht, also Biberl oder Hennen unter einem Jahr.

Außerdem wurde gerade mal ein Truthahn gezählt. Nachdem die Angaben Ende Dezember notiert wurden, kann sein, dass die andern Puten schon ihr Schicksal als Weihnachtsbraten erlitten hatten. Enten oder Gänse hatte zu diesem Zeitpunkt ebenfalls schon niemand mehr, jedenfalls im Moment der Viehzählung. Daran kann genauso Weihnachten oder davor Martini schuld sein. Denn wie gesagt, an die Bigockl vom Bichebaur und die Gänse vom Lenzbaurn hab ich ebenfalls eine äußerst lebhafte Erinnerung.

Immerhin sind noch 108 Bienenvölker aufgeführt. In Summe bedeutet das, dass bis dato die meisten Nutztierarten die rasanten Veränderungen der Fünfzigerjahre überlebt hatten. Aber nun ging es ja erst richtig los mit der Spezialisierung: Jeder Betrieb konzentrierte sich, wie das die staatliche Landwirtschaftsberatung empfahl und mittels Fördermitteln beeinflusste, allenfalls noch auf einzelne Haltungsformen: Die meisten kleinen Tierhalter gaben den Betrieb ganz auf und damit auch jede Viehhaltung; selbst Hühner und Bienen, für die bereits ein größerer Garten ausgereicht hatte, wurden jetzt abgeschafft.

Die großen Bauern, sofern sie weitermachten, gaben als Erste die

Milchviehhaltung auf und hielten nur noch Mastrinder oder wirtschafteten gleich viehlos. Ab da wurden dann immer größere Bestände von immer weniger Arten von immer weniger Betrieben aufgestockt. Allerdings trieb es die Germeringer Viehbestände nie in diese Größenordnungen, die sonst überall üblich wurden. Denn Landwirtschaft ist für unsere Bauern längst nicht mehr die einzige Einnahmequelle.

7 DER HUND DER ERINNERUNG

Nicht alle Höfe und Häuser sind bei mir gleichermaßen beliebt gewesen und vermutlich auch umgekehrt. Aber wenn alles gleich beliebt wär', es also direkt hintereinander immer nur Höhepunkte oder, wie es heute heißt, Highlights gabat, dann gabat's ja keine Höhepunkte mehr. Weil dann wär jeder von denen nichts Besonderes und genauso bedeutungslos wie die ewige Begeisterung über die ganzen Großartigkeiten in den heutigen sozialen Medien. Das aber war die allergeringste Gefahr damals. Da brauchte man wirklich keine Angst haben. So was wie Facebook oder Instagram und Likes und Smileys und Emojis hat sich keiner vorstellen können. Und schon gar nicht, dass man wen grundlos lobte. Nur um sich beliebt zu machen. Es war eh schon nicht normal, dass man überhaupt wen lobte, aber als völlig pervers hätte gegolten, sich beliebt machen zu wollen.

Das heißt aber nicht, dass alle Leute, zu denen mir heute nichts einfällt, damals unfreundlich oder uninteressant gewesen wären. Das liegt nicht an den Leuten, sondern bloß an mir. »Die Erinnerung ist wie ein Hund, der sich hinlegt, wo er will«, hat der holländische Autor Cees Nooteboom mal gesagt. Und weil die Erinnerung ein Hund ist, kann einen das Gedächtnis halt leicht tratzen, also einen Streich spielen. Man kann das auch poetischer ausdrücken, wie Kerstin Ekman, die Schriftstellerin aus Schweden, die sagt: »Das Gedächtnis ist kein Registrator, es dichtet und träumt.« Jedenfalls ist es so: Weil man der Erinnerung nicht immer trauen kann und wir von vornherein schon unterschiedliche Blickwinkel haben, kann's leicht sein, dass ich mal was anders oder »nicht richtig« gesehen oder abgespeichert hab und dass sich andere ganz anders erinnern. Da können wir dann gern einmal darüber reden.

Da, wo die Dorfstraße anfangt, also wo sie von der Augsburger abgeht, da war der Trager. Eigentlich war es der Fehrmann und erst später der Trager. Der Name Fehrmann hatte bei uns daheim einen besonderen Klang. Von ihm haben der Martl und mein Vater immer mit Respekt gesprochen. Auch später noch, als er gar nichts mehr gearbeitet und bloß noch gelebt hat. Davor hatte der Fehrmann eine Dreschmaschine. Mit der fuhr er im Winter zum Lohndreschen auf die Bauernhöfe.

Ich könnte nicht beschwören, dass ich die Dreschmaschine mal in echt gesehen habe, bei der Arbeit, mit all dem Krach und Staub, und nicht bloß im Kino. Aber es muss eigentlich so sein. Wie sonst hätten wir unser Getreide gedroschen? Denn an den Binder und die Arbeit mit dieser Getreidemähmaschine kann ich mich noch genau erinnern. Aber den Binder hab ich ja auch nie in einem Film gesehen. Da konnte ich nichts durcheinanderbringen. Und den Nachfolger des Binders, also einen gezogenen Mähdrescher, bekamen wir erst Mitte der Sechzigerjahre, mit dem großen Eicher, der nicht bloß 16, wie der alte, sondern schon 32 PS und vor allem auch Hydraulikanschlüsse hatte.

Irgendwo lagen auf unserem Hof übrigens sogar noch Dreschflegel rum, auch wenn man die schon lang nicht mehr gebraucht hat: schwere kegelförmige Hölzer, mit Lederriemen an Stielen befestigt. Das Holz war wurmstichig und das Leder zerschlissen. Die Harthölzer des Dreschwagens dagegen und die blassrosa Bretter mit dem Firmennamen Fehrmann drauf haben noch viele Jahre später fast wie neu ausgesehen. Auf die ist man hinten draußen immer wieder mal gestoßen, wenn man in unseren Holzstapeln ein Brett suchte. Denn man suchte oft ein Brett, ein passendes. Das musste genau passen. Lieber suchte man dreimal, bevor man ein zu langes Brett umsonst abgeschnitten hätte. Das hätte einen gereut.

Zurück zum Trager. Ich mein, dass der Trager eine Zeitlang auch Landmaschinen verkauft hat. Also der Schwiegersohn vom Fehrmann. Er hat, mein ich, Fahr verkauft. Könnt sein, dass er Vertragshändler war für denen ihre Traktoren und Landmaschinen. Jedenfalls kann ich mich noch an rote Bulldogs und rote Kreiselheuer erinnern, im Hof und in der Werkstatt vom Trager. Aber dass es Fahr waren, bin ich mir nicht sicher. Fahr oder Fendt, Cormick oder Porsche, Lanz, Deutz oder Schlüter, das war mir Jacke wie Hose, also wurscht. Für mich gab es bloß Eicher-Blau.

Was dem Trager seine Werkstatt angeht: Bulldogs, Landmaschinen oder dergleichen haben wir eh nie bei ihm reparieren lassen und schon gar nicht gekauft. Wenn wir was gebraucht haben, sind wir in die Werkstatt vom Onkel Otto nach Türkenfeld. Statt zum Trager sind wir zum Trautner. Denn wenn man was in der Familie bekommen konnte, dann hat man das in der Familie besorgt. Da war kein Weg zu weit. Sonst wäre die Verwandtschaft schnell beleidigt und ewig zerstritten gewesen.

Lang, kommt mir vor, kann es eh nicht geblüht haben, das Landmaschinengewerbe. Denn irgendwann hatte der Trager dann bloß noch ein Werkzeug- und Haushaltswarengeschäft – und hinten, mit dem Eingang schon in der Siegfriedstraße, eine Werkstatt für, keine Ahnung: Rasenmäher? Uns ist das nichts angegangen. Wir hatten nie einen Rasenmäher. Wir hatten auch keinen Rasen, sondern Wiesen. Ich bin zum Trager bloß, wenn ich im Laden eine Schraube oder eine Handvoll Nägel kaufen musste; vor allem aber: zwengs dem Wagge.

Der war der jüngste der Trager-Buben, der Wagge. Ich glaub, dass er »nach der Schreibe«, wie man gesagt hat, eigentlich Alfred geheißen hat, wie sein Opa. »Wagge« hat er, mein ich, geheißen, weil er, wo er noch kleiner war, den Namen seines großen Bruders Sebastian nicht richtig aussprechen konnte. Jedenfalls haben mir zwei meistens sowieso lieber bei mir daheim gespielt, weil mir da eher unsere Ruhe und mehr Platz hatten. Zum Beispiel in dem großen Sandhaufen beim Bachhäusl. Cowboy und Indianer. Oder Ritter. Die hatte ich aus sogenannten Überraschungstüten, wo auch gut schmeckende, bissfeste, schaumgummiähnliche Guttis drin waren.

Überraschungstüten hab ich mir ab und zu beim Kathrein kaufen dürfen, weil ich nicht nur die aufgetragenen Einkäufe, sondern auch das Wechselgeld zuverlässig heimbrachte. Aber wie hätte man auch ein paar Pfennig abzweigen sollen, wo einem doch dauernd der Herrgott auf die Finger geschaut hat? Und Mama erst, wenn die was gemerkt hätte, die wär' furchtbar enttäuscht gewesen. Rechnen konnte sie schließlich auch. Da hat sich kein Risiko rentiert.

Der Wagge hat mal den Martl geschockt, weil er »nein« gesagt hat. Er dürfe, hat er gesagt, die Getreidereinigung nicht ankurbeln. So eine schwere Arbeit hat ihm der Arzt verboten, weil er ein zu kleines Herz hat. Das hat den Martl jahrelang beschäftigt, jedes Mal wieder, wenn er den Wagge geseh'n hat, wie jemand ein zu kleines Herz haben kann. Wie man das überhaupt wissen kann. Und dass ausgerechnet dieses Grischperl das wissen soll. Da hat er immer hart und zweifelnd aufgelacht.

Neben dem Trager fing die Siegfriedstraße an. Siegfriedstraße, so hieß die Quirin-Wörl-Straße ja noch jahrelang, weil der Wörl noch überhaupt nicht tot war, sondern der Bürgermeister und quicklebendig. Ich mein, »Siegfried«, das war auch so ein Nazi-Name, weil ein Held wie der bei denen beliebt war wie sonst nur Wotan oder Wessel. Aber recht viel Straße war das eh nicht, weil da waren bloß ein paar Häuser. Jedenfalls bin ich da entlang, wenn ich einkaufen ging, zum Zengerle zum Beispiel, oder in die Kirche. Und wenn ich zum Bader musste, zum Haareschneiden. Wegen Schlimmerem sind alle im Dorf längst nicht mehr zum Bader, sondern schon zum richtigen Arzt. Unser Doktor war der Doktor Neumeyer. Und wo meine Schwester auf die Welt gekommen ist, musste meine Mama zur Hebamme nach Gilching. Das hat gar nicht lang gedauert. Vormittags hat sie dem Martl noch beim Mistauflegen geholfen. Dann war sie kurz weg. Und schon ist sie zu zweit wiedergekommen.

Beim Bader dagegen hat es mir eher zu lang gedauert. Mir hat es da nie gut gefallen, schon die ganzen Gerüche nicht, dann die berufstypische Umeinandergschaftelei und die geschäftsmäßige Freundlichkeit des Friseurs. Die reine Scheinheiligkeit. Außerdem war ich für ihn, zwengs Wichtigkeit, nun wirklich nicht an erster Stelle. Weil wenn da mehrere warten mussten, dann war ja wohl ich der mit der meisten Zeit. Einem kleinen Buben wie mir konnte es doch wirklich nicht pressieren.

Und wenn ich dann nicht mehr warten musste, sollte ich auf diesen hohen, rot gepolsterten Stuhl klettern; wie bei einem Delinquenten wurde einem so eine Art Halskrause umgelegt, ganz enganliegend; richtig hingerichtet wurde man, hierhin gedreht und da her, und dann ging es los mit Schnippschnapp und Zackzack. Da hab ich immer Angst um meine Ohren gehabt. Ich könnt schwören, dass mir der Bader mal mit seiner schnellen, eher stumpfen als scharfen Schere in ein Ohr gezwickt hat. Könnt' wetten, dass es geblutet hat. Aber kann auch sein, dass es nur die Angst davor war, die mir das so lebhaft vor Augen geführt und mich mein Leben lang als vage Erinnerung bei jedem Friseurbesuch heimgesucht hat.

Kein Wunder, dass ich dann mit fünfzehn ein Langhaariger wurde und jahrelang blieb, trotz dem ganzen Gezeter und Geschrei. Weil meine Mama hat jeden Tag gesagt: »Geh doch endlich zum Friseur!«, und ab und zu auch: »Ich schneid sie dir in der Nacht ab, wenn'st schlafst!«, oder: »Was sollen denn die Leute sagen!« Aber ich wusst' ja eh, was die Leute sagen. Denn sie haben es mir ja dauernd gesagt. Der Martl und alle anderen, auch »die Leute«, haben gesagt: »Bist du vielleicht ein Mädchen?« Aber ich war kein Mädchen, und deswegen konnte ich auch nicht weich werden und nachgeben. Ich hätt schon Jahre früher zum Friseur gehen wollen, wenn sie nicht jeden Tag gebengst hätten, die Leute, die Mama, der Papa und erst recht der Martl. Obwohl der den Friseur auch nicht besonders mochte. Persönlich.

Die Käberle Rosl hatte Martl besonders dick. Frag mich nicht. Er hat nie gesagt, warum. Da muss mal was gewesen sein. Vielleicht – aber das kann ich höchstens aus den leisen Untertönen schließen, die mitschwangen, wenn der Martl sie getroffen hat oder von ihr redete – hat sie ihn mal verschmäht. Das kommt mir so vor. Im Nachhinein. Das ist also bloß meine heutige Deutung für allerhand unverstandene Gefühlsregungen, unverstanden nicht nur von mir, sondern, glaub ich, auch vom Martl. Vielleicht war er ihr zu gering mit seiner Behinderung und seinem bissl Sach. Der Hof war halt nicht groß genug.

Martl ging am Stock, war »bresthaft«, wie man das nannte. Kinderlähmung. Möglicherweise. Weil meist lag es an Kinderlähmung. Oder am Krieg. Vielleicht war es auch was anderes. Denn im Krieg war der Martl nicht. Weil er das schon vorher hatte, wurde er nicht eingezogen. Jedenfalls hatte er eine steife Hüfte, sodass er, wenn er auf einen Sitzplatz wollte, egal ob auf den Küchenstuhl oder auf den Bulldogsitz, sich mit seinem Stock nach hinten abstützen und in der ganzen Länge in Schräglage bringen musste, um rüberzurutschen. Er konnte sich nicht einfach so hinsetzen wie unsereins. Dafür und fürs Gehen hat er halt schon länger gebraucht. So fleißig hätt er also gar nicht sein können, dass seine Behinderung bei der Arbeit keine Rolle gespielt hätte. Und der Hof hätte eine zusätzliche Hilfe kaum ernährt, sodass die ganze Arbeit an seiner Frau hängen geblieben wär, also in dem Fall an der Rosl. Aber das sind alles nur so meine Einfälle. Das kann alles auch ganz anders gewesen sein.

Irgendwie hatte die Käberle Rosl mit Martls Schwester Rosl was gemein, und zwar nicht bloß den Vornamen. Deren Mann war auch schon lang tot. Zwei alleinerziehende Witwen. Für Kinder hatte Martl ohnehin nicht viel übrig. Das wusste ich aus eigener Erfahrung. Hacklstecka und so. Bloß meine kleine Schwester fiel aus Martls Kinderkategorie. Weiß der Teufel, warum. Sie hatte nie nicht Angst vor ihm. Während ich da schon eher vorsichtig war und aus guten Gründen und um Erfahrungen älter im Zweifel einen großen Bogen um ihn schlug und um seinen Hacklstecka. Den konnte er übrigens nicht nur immer wieder überraschend weit ausfahren zum Angeln oder Hauen, sondern, wenn das nicht langte, auch noch werfen. Und wenn er nicht traf, wollte er auch noch, dass man ihm den Steckn zurückbrachte. Ja sonst noch was.

Vielleicht kam ihr gutes Verhältnis auch daher, dass meine Schwester die erste Zeit überhaupt nichts von ihm wollte und nur so allgemein plärrte, aber nicht nach ihm. Die Rosls dagegen wollten immer was. Denn sie brauchten immer was. Sie mussten sich, eine jede für sich, mehr schlecht als recht durchfretten. Aber beide versauten sich jedes Mitgefühl, weil sie scheinbar auch vor unsauberen Mitteln und schäbigen Taten nicht immer zurückschreckten. Deshalb musste man auf die zwei immer ein Auge haben. Die waren immer auf irgendwas aus. Jedenfalls war das der Eindruck, den der Martl vermittelt hat.

Die Tochter von seiner Schwester Rosl, die Traudl, war ein Ami-Flietscherl. So einen Ausdruck durfte man im Hause meiner Mama nicht benutzen. Aber Martl hat das Wort trotzdem irgendwie rausgezischt, sodass ich es grad noch hören konnte. Allerdings war's ein bisserl in den Wind gesprochen. Denn ich hab mir da ja nichts Genaues darunter vorstellen können. Nur die anzüglichen, abfälligen Untertöne, die hab ich schon gehört. Traudl war auch selber mal da, ein oder zweimal, vor oder nach oder während ihrer Zeit als Amerikanerin. Da wirkte sie bei uns prompt völlig deplatziert, aber nicht deswegen. Sondern weil sie aussah wie aus einem Ei gepellt. Aber das Ei kannte bei uns keiner. Und sie bewegte sich, als sei sie herabgestiegen. Von woher auch immer. Mir war'n jedenfalls unten. Des war klar.

Der anderen Rosl sein stiller Bruder, der Käberle Hans, dagegen genoss durchaus den Respekt vom Martl. Der bewirtschaftete mit ihr den kleinen Hof neben dem Trager, auf der anderen Seite vom Eingang zur Siegfriedstraße. Hans ging in die Arbeit. Aber das bloße Überleben kann für die Käberles trotzdem nicht leicht gewesen sein. Für eine Mechanisierung des Betriebs jedenfalls hat der Grund auf keinen Fall gelangt. Und drum hat man den Käberle Hans noch bis in die Sechzigerjahre hinein mit seinem Ochsengespann durch die Dorfstraße fahren sehen. Und zwar bloß mit einem Ochsen, wohlgemerkt.

Besser ging es den Käberles erst, als sie mit der Landwirtschaft aufhörten – so wie den vielen kleinen und mittleren Bauern in der Münchner Schotterebene: In dem Maße, indem sie keine Bauern mehr waren, je weniger Bauern sie waren, weil sie ihren Grund nach und nach verkauft haben, desto besser ging es ihnen. Die Käberles schreibt man übrigens Kö-ber-le und sie sind, so steht es im Buch über die Germeringer Höfe, erst ein paar Jahre früher von der gegenüberliegenden Seite der Dorfstraße herübergezogen.

Nebenan liegt das Raiffeisen-Lagerhaus. Den Zweck dieses Holzbaus erkennt man heute noch an dem verbreiterten, einen Buckel machenden Trottoir und der hohen Eingangstür. Das ist ein ähnliches Konstrukt wie vor der Molkerei: Das hat die Anlieferung und das Abholen mit dem Anhänger erleichtert. Im Lagerhaus war meistens Betrieb, wenn man dran vorbeiging. Oft stand der Lugge in der offenen Tür und schaute raus, während drinnen die Saatgutreinigung lief. Die Reinigung bekam jede Getreideart sauber. Weil ein sogenannter »Trieur«, ein sich drehendes, rundes, rohrförmiges Sieb, selbst kleine Steine und beim Roggen sogar das Mutterkorn rausgesiebt hat.

Aber das war längst nicht mehr die Hauptarbeit im Lagerhaus. Denn zum einen gab es ja jetzt das große Lager in der Unteren Bahnhofstraße. Und zum anderen haben die meisten Bauern ihr Saatgetreide bereits jetzt jedes Jahr zugekauft, auch wenn immer noch viele aus Kostengründen nicht ganz auf den Nachbau der alten Ernte verzichten wollten. Aber dafür hatten viele Höfe noch eine eigene kleine, handbetriebene Saatgutreinigung.

Fast überall setzte sich jetzt auch das Beizen durch, das heißt, dass das Saatkorn mit einem Gift gegen Krankheiten gebeizt, also geschützt wurde. Das vor allem musste Lugge jetzt machen, mit einem roten Pulver. Das legte sich als leicht schmieriger Staub überall nieder, nicht nur auf den Körnern. Es roch nicht gut, eher gefährlich. Aber da dachte man sich damals nichts dabei. Heftig roch auch das Hühnerfutter, braune kleine Pellets: Fischmehl, vermutlich mit Vitaminen angereichert; wahrscheinlich haben die den starken, fast betörenden, aromatischen und doch irgendwie künstlichen Duft abgegeben. Aber ich hab ihn trotzdem gern gerochen, wenn wir im Lagerhaus drin waren.

Da haben wir öfters reingeschaut, weil Papa mit Lugge gut auskam. Was man von mir bald nicht mehr sagen konnte. Da war ich aber schon in der Schule. Wenn mir mittags heimgingen, mussten mir am Lagerhaus vorbei; zum Beispiel auch der Moosbaurn Hanse und der Schaber Bernhard. Wo der Lugge gerade heraußen stand, haben die zwei, wahrscheinlich war es eher nicht der stille Hanse, sondern bloß der vorwitzige Bernhard, ihn gehänselt. Irgendwas Kindisches nach ihm gerufen. Und wo er reagiert hat, sind sie schnell abgehauen. Ich nicht. Ich bin stehen geblieben. Weil ich hab ja nix gesagt und nix getan. Da hab halt dann ich die Pretschn vom Lugge gekriegt.

Das hab ich mir gemerkt, für später. Im Zweifel immer erst davonlaufen. Dann erst schauen. Da hätte ich die konstruktive, handfeste Kritik daheim gar nicht mehr gebraucht. Weil wenn du irgendwo, egal warum, eine Pretschn gekriegt hast, dann gab es daheim noch mal eine extra. Weil umsonst hat dir ja wohl nie einer eine runtergehauen. Eine Pretschn war auch immer so eine Art Erinnerungshilfe. Trotzdem hab ich blöde Sprüch wie »Mitgefangen, mitgehangen« nie verstanden. Von wegen Schuldnachweis und Gerechtigkeit und so. Aber dieses prinzipielle Unverständnis hat mich danach nie mehr am Davonlaufen gehindert.

8 LAUTER GENOSSEN

Die Raiffeisenbank Germering wurde 1904 als »Darlehenskassenverein« gegründet, und zwar von 30 Bauern, drei Handwerkern, einem Kaufmann und dem Pfarrer. Im Gründerverzeichnis war die Größenklassifizierung bei der bäuerlichen Berufsbezeichnung offenbar eine unverzichtbare Information: Es handelte sich demnach um einen »Gutsbesitzer« und drei »Ökonomen«, die übrigen firmierten als »Gütler«. Sogar eine Frau war unter den Gründungsmitgliedern, nämlich Anna Strobl, mit der noch nicht gegenderten, aber Ansprüche geltend machenden Berufsbezeichnung »Gütlermeister«. »Gutsbesitzer« war im Übrigen der Wirt: Johann Huber in der Augsburger Straße.

Man startete ein Jahr später mit einer Bilanzsumme von 380,73 Mark. Es blieb nicht beim bloßen Darlehens- und Sparkassengeschäft. Man konnte sich gegenseitig ja auch bei Anbau, Einkauf und Vermarktung helfen. 1927/28 wurde das Lagerhaus mit Viehwaage und Saatgutreinigung an der Dorfstraße gebaut. 1943 hatte der Verein 90 Mitglieder. Ein paar Jahre nach dem Krieg professionalisierte sich die nunmehrige »Raiffeisenkasse Germering«: Es wurden ein hauptamtlicher Geschäftsführer eingestellt und ein neues Lagerhaus zusammen mit einem modernen Bankgebäude an der Unteren Bahnhofstraße, Ecke Landsberger Straße gebaut: saubere Bank und staubiges Warenlager noch unter einem Dach und bloß durch eine schwere Eisentür getrennt.

Der nächste Schritt war die Expansion über die Gemeindegrenzen hinaus: Nachdem 1953 die Raiffeisenkasse Puchheim einverleibt wurde, hatte die Genossenschaft 136 Mitglieder. Auch Warenannahme und -verkauf wuchsen weiter: In den nächsten zehn Jahren kam ein Getreidesilo dazu, das Lagerhaus wurde erweitert und ein Brennstofflager errichtet. Der Höhepunkt des Warenhandels – und, wie sich bald rausstellte, schon der Wendepunkt – war 1969 der Bau einer Getreidehalle an der Dornierstraße. Die späten Sechzigerjahre waren eine Zeit raschen Wachstums in der Landwirtschaft, in der es schien, als würde es immer nur aufwärts gehen – jedenfalls für die überlebenden Betriebe.

Dabei war die Bedeutung der Bauern zu dem Zeitpunkt längst schon geschrumpft bzw. sie hat sich grundlegend gewandelt: Für die Leitung der Raiffeisenbank waren sie längst nicht mehr als Nahrungsmittelproduzenten, sondern in erster Linie als Kapital- und Grundstückseigner interessant. Das machen die Geschäftszahlen mehr als deutlich: Während der Warenumsatz bis Mitte der 60er-Jahre zuverlässig anstieg, nämlich von zunächst 10 000 DM 1949 über 716 000 DM im Jahr 1955 auf 1,763 Millionen DM 1965, sank er danach sogar vorübergehend und pendelte sich Ende der 70er-Jahre bei 2,6 Millionen DM ein. Ein ganz anderes Bild zeigt die Entwicklung der Jahresumsätze. Sie stiegen nach dem Krieg von Jahr zu Jahr ununterbrochen und rasant an: die Bilanz von 40 000 im Jahr 1949 auf 70 Millionen DM Mitte der 70er-Jahre und der Umsatz von 280 000 auf dann 800 Millionen DM.

Demnach hat sich das Geschäft mit den Landwirten längst vom Waren- auf den Kapital- und Immobilienmarkt verlagert; dabei sind diese für die Bank eher noch wichtiger geworden. Aber gleichzeitig hängen Identität und Selbstbewusstsein der Landwirte selber – im Grunde bis heute – an dem alten, längst überholten Berufsbild. Sie verstehen sich als Bauern, nicht als Grundstücksbesitzer. Dementsprechend leistete sich die Raiffeisenbank zur Kundenbindung auch dann noch Warenhandel, Lagerhaus und Getreideannahme, nachdem diese sich für sich genommen schon lang nicht mehr rentierten. Denn die Bauern waren zu der Zeit in der Genossenschaft noch deutlich zu einflussreich und auch in allen Entscheidungsgremien bei Weitem überrepräsentiert.

Spätestens Ende der 70er-Jahre spielten sie allerdings auch im Geld- und Immobiliengeschäft nur noch eine Nebenrolle, sowohl finanziell als auch zahlenmäßig: Denn nur ein paar Jahre später, nämlich 1978, betrug die Bilanz der Raiffeisenbank Germering bereits 114 Millionen DM. Auch die Zahl der Genossen stieg rasch: Im Jahr darauf hatte sie schon 2430 Mitglieder. Entsprechend ist seit 1975 Aufsichtsratsvorsitzender nicht länger ein Bauer, sondern ein örtlicher Bauunternehmer, der zumindest auch aus einem Hof im Altdorf stammt. Vorstandsvorsitzender bleibt trotzdem nach wie vor ein Landwirt.

Lagerhaus und Getreidesilo blieben also noch lange in Betrieb, viel länger als es rein betriebswirtschaftlich, nur aufs Warengeschäft bezogen, zu verantworten war. Aber man dachte halt daran, die Bauern als Landwirte zu binden, um sie weiter dank einer Art Quersubventionierung für die lukrativen Finanz-, Kredit- und Immobiliengeschäfte im Haus zu halten und nicht an die Sparkasse oder eine andere, neu in Germering vertretene Bank zu verlieren. Erst 20 Jahre später, Ende 1996, wurde das längst nicht mehr lukrative Warengeschäft aufgegeben. Ab da war »die Raiffeisen« nur noch eine Bank wie alle anderen. »Die Landwirte müssen ihr Getreide nun nach Argelsried, Gilching oder Fürstenfeldbruck bringen«, schrieben die Fürstenfeldbrucker Neuesten Nachrichten am 29. Januar 1997.

Aus Anlass des Betriebsschlusses gibt die Süddeutsche Zeitung auch einen kleinen Rückblick auf die Blütezeit des Warengeschäfts. So erzählt Albert Metz, ein Puchheimer Nebenerwerbslandwirt, der von 1963 bis zur Schließung am 31. Januar 1997 bei der Warenausgabe arbeitete, von der guten alten Zeit: »Wenn die Bauern früher ihr Getreide anlieferten, dann mußten sie oftmals bis zum Rathaus zurück Schlange stehen und warten, bis sie an die Reihe kamen. ›Manche hatten dann schon zehn bis zwölf Bier getrunken‹, erzählen Weinzierl und Metz. Da sei es dann manchmal bis Mitternacht sehr lustig zugegangen, gelegentlich gab es aber auch Streit um die Frage, wer mehr und besser gedroschen hatte.«

Über Ludwig – Lugge – Weinzierl wiederum hieß es in derselben Ausgabe, er sei von 1954 bis 1985 in der Warenausgabe beschäftigt gewesen. Lugge berichtete, wie sehr die neue Abfüllanlage, die im »neuen« Lagerhaus bereits 1957 eingebaut wurde, ihm die Arbeit erleichtert habe. Ab da musste er die Getreide- oder Futtersäcke nicht mehr schleppen, sondern das Schüttgut nur noch abfüllen. Die FNN schreiben dazu: »[D]ie schwere Handarbeit, die ihm später zwei künstliche Hüftgelenke bescherte, wurde dann leichter, wenngleich immer viel Staub zu schlucken war.« Davon, dass er auch danach noch tageweise im alten Lagerhaus gearbeitet hat, und von der lehrreichen Pretschn, die er mir dort gegeben hat, stand allerdings nichts in der Zeitung.

9 DIE KARTOFFELLEGMASCHINE

Mein Liebe zum Kartoffel war früher längst nicht so ungetrübt wie heute. Gegessen hab ich ihn allweil schon gern. Besonders beliebt waren bei mir frische Frühkartoffeln mit Quark und Schnittlauch oder Butter und Salz im Frühsommer und im Spätherbst die verbrannten, heißen Klumpen aus dem Kartoffelfeuer, mit nix. Die einfachsten Gerichte sind manchmal die besten. Aber alles andere am Kartoffel hab ich, man kann ruhig und ohne Übertreibung sagen: gehasst. Kartoffelarbeit war Sklavenarbeit. Und ich war nicht der Chef von den Sklaven, der Sklaventreiber; ich war der Sklave.

Das ging bereits mit dem Legen los. Ganz früher, in der grauen Vorzeit, hat man eine Furche gepflügt, mit der Gabel Mist reingeschmissen und dann die Kartoffeln reingelegt. Ich kann mich vage erinnern, dass ich da auch noch dabei war. Zum Beispiel am Grünen Weg, also links am Hang Richtung Schusterhäusl. Da wo in einem Herbst mal beinahe alles hin war, weggefault, versuppt und verrottet, und es so gut wie nichts zu ernten gab wegen der Krautfäule. Den fauligen Geruch hab ich heute noch in der Nase, wenn ich nicht aufpass', beim Drandenken. Auch später hab ich ihn noch gelegentlich getroffen, diesen greisligen Gestank, nicht nur in Kartoffelkellern, sondern einmal auch draußen in einer Wiese am Waldrand, bei einem Reh, das schon eine geraume Zeit tot war. Auch wenn ich nicht wusste, warum es tot war, hat es doch fürchterlich gestunken.

Die Legmaschine hat Papa zusammen mit ein paar anderen Bauern gekauft und abwechselnd hergenommen. Die neue Maschine konnten sie sich leisten, weil es Ende der Fünfzigerjahre nicht nur mit der Landwirtschaft insgesamt, sondern auch mit unserem Betrieb aufwärts ging. Und die Zugmaschine hatten wir ja schon. Ein Bulldog wie unser kleiner 16er Eicher, ein luftgekühlter Traktor mit 16 PS und hoher Leistung, war sehr vielseitig: Er konnte nicht bloß Anhänger oder Maschinen ziehen, sondern auch Geräte selber antreiben. Er hatte nämlich eine Riemenscheibe, mit der er auch als stationärer Motor genutzt werden konnte, zum Beispiel beim Antrieb der Kreissäge. Vor allem aber hatte er sogar einen Stecker für eine Zapfwelle. Die Zapfwelle war ganz was Neues. Damit ließen sich eigenständig Geräte antreiben, die wie ein Wägelchen auf eigenen Rädern hinterherliefen, wie der Kreiselheuer oder der Aufleger.

Zum Anhängen verfügte unser Bulldog nicht nur über ein Zugmaul, also das Gegenstück einer Anhängerdeichsel, sondern auch über eine sogenannte Ackerschiene. Die war starr und gab angehängten Maschinen wie der Legmaschine eine gewisse Stabilität. Aber so eine Maschine lief noch lange nicht von allein oder automatisch. Um sie zu bedienen, brauchtest du noch einen zweiten Mann: Einer saß vorn auf dem Bulldog und gab das Tempo vor, und einer hinten auf der angekuppelten Maschine, der musste schauen, dass er mitkam. All diese Maschinen mussten immer noch, wie in der Zeit vorher, als Tiere vorgespannt wurden, von Hand und mit einem Hebel in Betrieb gesetzt und am Anfang und Ende des Feldes, also des Arbeitsvorgangs, mechanisch jeweils abgelassen und wieder ausgehoben werden.

Zapfwellen werden anders als Treibriemen heute noch gebraucht. Die Riemen-Technologie ist dir nicht nur daheim begegnet, sondern auch in der Mühle, im Lagerhaus und im Sägewerk. Und jedes Mal wurdest du gewarnt, nur ja nicht zu nah hinzugehen, weil leicht was hängen bleiben konnte an dem schnell laufenden, schwingenden, papperten Riemen, deine Haare zum Beispiel oder dein Gewand. Und dann wärst du nicht der Erste gewesen, den es irgendwo hineingezogen hätte, und ich will nicht wissen, wie du dann wieder herausgekommen wärst. Bei uns in Germering, wo es, anders als in Alling oder Puchheim, keine Wasserkraft gab, mangels gescheitem Bach oder richtigem Fluss, hatte man wenigstens schon stationäre Elektromotoren, mit denen man Werkzeuge und Geräte betreiben konnte, wie etwa unseren Greifer. Dank dem musste man nicht jedes Fuder Heu mit der Hand ableeren und wer weiß wie hoch hinaufspitzen.

Das ging so: Der Martl kletterte mühsam über die Leiter oben rauf auf den Anhänger, der in der Scheunendurchfahrt stand. Droben haute er dann die vier großen Greiferzinken in die Ladung auf dem Wagen, und dann ging's ab in den Heustock: jeweils riesige Batzen oder besser Haufen Heu. Da, bis hinauf, ganz unters Dach, dirigierte mein Vater den Greifer und verteilte die Ladungen, zusammen mit meiner Mutter. Wichtig war jetzt, dass beständig und rechtzeitig »Reama-Fett« auf den antreibenden Lederriemen draufgeschmiert wurde – eine klebrige, pechartige, harzig duftende Masse –, damit der nicht trocken und heiß lief, zu weit an den Rand des Antriebsrades tanzte und gar darüber hinaus und so von den Antriebswellen runterrutschte. Wenn es aber, meist mitten in der größten Arbeit, unvermeidlich und vermutlich auch wegen Überlastung passierte, lief der Motor leer. Er bekam plötzlich einen hohen, leichten Ton und mein Vater einen lautstarken Wutanfall.

Zurück zur Legmaschine. Hellblau war sie. Ein rechteckiger, blecherner Trichter, den man leicht auf- und abbauen konnte und in den Pflanzkartoffeln geschüttet wurden. Der hatte zwei Ausbuchtungen. Dort lief je ein Förderband, das die Kartoffeln entnommen hat: also zwei für zwei Bifi (heißt: Bifang, also: Kartoffelreihen oder -dämme). Aus Aussparungen im Trichter fiel das Pflanzgut in kleine schalenförmige, auf die Bänder aufgeschraubte »Schäuferl«. Über Umlaufketten wurden sie ungefähr eineinhalb Meter nach oben transportiert und verschwanden schließlich in einer röhrenähnlichen Verschalung. An deren unterem Ende sind die Kartoffeln in den Damm gefallen, den fast gleichzeitig ein Schar geöffnet hat. Dann strichen je zwei rollende Eisenscheiben die Furche von links und rechts wieder zu und der Kartoffel war gelegt.

Mitten auf der Maschine, zwischen den zwei Ausbuchtungen des Trichters, musste eine Person auf einer eisernen, gelochten Sitzschale sitzen. Wer da saß, sollte die geordnete Aufnahme der Kartoffel durch die Schäufelchen kontrollieren und einen reibungslosen Vorgang gewährleisten. Denn nur allzu leicht klemmten sich bei Übergrößen einzelne, bei zu kleinen auch mehrere Kartoffeln in verschiedene Schlitze und Ritzen und Zwischenräume und stoppten die Bänder. Weil aber der Antrieb weiterlief, verbogen sich die Schäuferln oder brachen ab oder die Ketten rissen, jedenfalls gab es Verzögerungen, Reparaturbedarf und jede Menge Ärger.

Gequetschte rohe Kartoffeln haben einen ganz speziellen Geruch, nicht abstoßend, aber auch nicht wirklich appetitanregend. Vor allem aber haben sie ein ausgeprägtes Beharrungsvermögen, wenn sie da so zwischen zwei Blechen eingeklemmt sind. Wenn du die da wieder rausreißen sollst, während das Band weiterläuft, kannst du dir leicht selber den einen oder anderen Finger quetschen oder blutig aufreißen. Und wie das dann riecht, das wisst ihr sicher alle selber.

Für den Job auf dem Mittelsitz brauchst jetzt nicht wirklich hohe

Qualifikationen. Du musst halt schauen, dass möglichst nur ein Kartoffel in jedem Schälchen liegt, nicht zwei oder gar drei; zwengs Sparsamkeit, aber auch zwengs erwähnter Einquetschgefahr. Deshalb darf aus den Schäuferln nicht zu viel überstehen. Zu große Kartoffeln legt man vorerst auf die Seite. Die weitaus meisten Übergrößen wurden ja schon beim Sortieren ausgesiebt und dann von Hand auseinandergeschnitten. Kartoffeln auseinanderschneiden und dann legen, haut hin, wenn auf jedem Teil noch ein paar »Augen«, also Triebansätze, bleiben. Dann treiben und vermehren sie sich trotzdem.

Aber ab und zu rutscht halt doch ein zu großer Kartoffel durch. Zwiewüchsige kann man sogar auf der Maschine schnell noch auseinanderreißen und teilen, wenn man sie früh genug sieht und die Zeit reicht. Denn das Band läuft immer weiter, wie in »Modern Times« von Charly Chaplin. Und wenn du bei dieser Kontrollarbeit versagt hast, was bei der Geschwindigkeit und der Vielzahl der Schäuferln und dem einen Band links und dem andern Band rechts praktisch unvermeidlich ist, und wenn das Laufband dann klemmt und die Schäuferl verbogen sind, dann kannst du »Halt« schreien, einen Anschiss kassieren und möglichst schnell dafür sorgen, dass der Laden wieder läuft.

Nicht allzu anspruchsvoll, wie gesagt. Deshalb fährt der Bauer, also mein Papa, der ja eh als Ex-Fernfahrer und Berufskraftfahrer beim Fahren von Fahrzeugen ein Experte ist, vorn den Bulldog. Und der Martl, der ja gern und fleißig mitarbeitet, aber eben im Radius etwas beschränkt ist, und ich, des Alters wegen auch nur beschränkt einsatzfähig, wir beide, der eine in der Mitte sitzend, der andere auf dem Rahmen an der Seite stehend, bedienen die Maschine. Weil miteinander können wir die Arbeit schaffen. Weil irgendwie ergeben zwei Halbe dann auch einen Ganzen. Da hat sich dann jeder eh nur um eine Seite kümmern müssen. Das war ja wohl nicht zu viel verlangt. So klein war ich ja nun wohl auch nicht mehr.

Die Legmaschine gehörte, wie gesagt, mehreren Kleinbauern miteinander. Ich glaub, dass der Adam mit dabei war, und vielleicht der Schorsch. Aber die haben sie bald nicht mehr gebraucht, weil erst keine Kartoffeln, dann überhaupt kein Bauernhof mehr. Der Lippi, also der »Huislbaur«, war bestimmt dabei, so wie auch beim Kunstdungerstreuer, einer Art Sarg auf Rädern. Der war grün lackiert und unten rieselte, wenn die Räder rollten, der Kali raus oder der Kalk oder irgendein anderer Kunstdünger.

Wir haben stickstoffhaltigen Kunstdünger lang auch mit dem Kunschtdungert-Wandl ausgebracht, also Papa und Martl haben ihn per Hand gestreut. Vielleicht wegen der Sparsamkeit. Die Wandl aus stabilem, ich meine verzinktem Blech hat man sich mit einem breiten Band über eine Schulter gehängt; sie waren eher nierenförmig, sodass für den Bauch, wenn er nicht zu groß war, eine Aussparung im Wandl war, und die andere Seite war vorgewölbt, damit der Platzverlust auf der einen Seite auf der anderen ausgeglichen wurde. Daher die Nierenform. So oder so waren sie sauschwer. Genauso hat man übrigens auch den Klee eingesät, in das noch junge, niedrige Getreide.

Gemeinschaftseigentum, privat oder genossenschaftlich, gab es – in den Zeiten vor dem Maschinenring beziehungsweise der konsequenten Kapitalisierung der Landwirtschaft – häufig. So gehörten die Wiesenwalze und der Viehanhänger einer der dörflichen Genossenschaften. Den Viehanhänger haben wir ganz selten gebraucht, weil bei uns der Metzger selber die Schweine oder Stiere zum Schlachten abholte. Viele Aufgaben wurden bäuerlich selbstorganisiert erledigt, zum Beispiel die Jagdverpachtung, die Instandhaltung der Bäche und Entwässerungsgräben sowie der Feldwege. Für die Wege und Gräben musste »Schor-Arbeit« geleistet werden, also Spann- oder Schaufeldienste; d. h., man musste ein Fuhrwerk stellen oder mit der Schaufel Hand anlegen. Je nach dem, was man beitragen konnte. Da hab ich meinem Papa auch mal eine Brotzeit rausgebracht, als er mitgeholfen hat, den Weg am Mittern zu teeren. Wahrscheinlich war er da mit dem Gemeindeunimog dabei und der Teermaschine.

Wenn man Mitglied in der Jagdgenossenschaft war, und das waren ja automatisch alle Grundbesitzer in einem Revier, brachte einem das außerdem einen Einsatz als Treiber ein und danach ein jährliches Rehessen. Treibjagd hieß fürs Fußvolk: in enger Kette durchs Unterholz, mit Stöcken schlagen, möglichst viel Krach machen und sich nicht erschießen lassen. Da haben die Bauern sich ihr Essen redlich verdient. Deshalb gab es auch noch die Jagdpacht. Davon hat der Jagdvorstand gemeinschaftlich nutzbare Maschinen angeschafft, jedenfalls so lange genügend Grundbesitzer noch Bauern waren und sie nutzen konnten. Außerdem und davon unabhängig gab es die Molkereigenossenschaft mit der Molkerei, in die auch Unterpfaffenhofener und Puchheimer Milch angeliefert haben. Und dann existiert noch der eigenständige Wasserbeschaffungsverband, der bis heute bloß das Germeringer Altdorf versorgt.

Mit der Kartoffellegmaschine konnte man nicht nur Kartoffeln pflanzen, sondern sie war gleichzeitig auch die Kartoffel-Pfleg-Maschine. Sie wurde, wenn alle mit dem Legen fertig waren, zum Aufackern der Bifange und Hacken umgebaut. Dazu wurden der Trichter und die Förderbänder abgehoben und Häufelkörper und Hackgeräte angebaut. Dieses Gerät hat mein Leben begleitet, also mich verfolgt, bis zu seinem Ende: all die Jahre, ja Jahrzehnte, so lange mein Papa Kartoffeln anbaute.

Weil die Legmaschine nur teilmechanisiert war, brauchte sie, wie gesagt, wie die anderen nachgezogenen Geräte wen, der sie am Anfang des Feldes ein- und am Ende, vor dem Umdrehen, wieder ausschaltete. Dafür stellte sich jemand, anfangs der Martl, in späteren Jahren, als ich stark genug war, ich, auf die Ackerschiene und drückte einen langen, von einer Feder gespannten Hebel runter, der vorne in der Mitte der Legmaschine vorstand. Wenn man eine Verriegelung löste, konnte man verschiedene Höhenstufen wählen. Alles unter großer Anspannung, weil Gewicht und Federdruck. Einmal, da hab ich, als Student schon, wieder mal beim Kartoffellegen ausgeholfen. Da ist mir der Hebel nicht richtig eingerastet, sondern gleich wieder rausgerutscht und nach oben gesaust – mitten auf meinen Unterkiefer. Der Hebel hat mir einen Zahn ausgeschlagen und den Kiefer gebrochen.

In der Zahnklinik hat man in Ober- und Unterkiefer viele Haken eingezogen. Das hat ordentlich geblutet. Davor haben sie mir Spritzen gegeben, damit es nicht so weh tut. Aber wie die erst wehgetan haben! Das glaubst du nicht! Wenn die dir in den Gaumen gestochen wurden, das hat dir erst mal gereicht. Dann haben sie die Haken oben und die unten mit starken Gummis zusammengespannt. Da blieb die Klappe zu. Jedes Gähnen haben die Gummis mit Gewalt unterdrückt. Vier Wochen lang gab es nur Flüssignahrung, mit dem Strohhalm durch die Zahnlücke gesaugt: von kurz gekochtem Flüssigei bis allerlei Süppchen. Ich weiß noch, wie gut, wenn ich am Sonntag heimgekommen bin, die Schweinsbratensoße geschmeckt hat. Das werd ich mein Lebtag nicht vergessen. Trotzdem hab ich, als sich Schweinemast und Speisekartoffelanbau nicht mehr lohnten und die Legmaschine kurz darauf verschrottet wurde, ihr keine Träne nachgeweint.

10 EIN BAUERNDORF

Ein Bauerndorf entwickelt unter Veränderungsdruck ähnlich hartnäckig Beharrungskräfte wie die Bauern selber. Deshalb bleiben bäuerliche Kultur und Dorfcharakter noch lange dominant, auch wenn Bedeutung und Anteil der Bauern an Bevölkerung und Wirtschaftskraft relativ oder absolut längst geschrumpft sind. Das gilt für Dörfer wie das unsere und genauso für Bayern insgesamt. So hat sich die Wirtschaftsstruktur in Germering nach dem Krieg zunächst sehr langsam und nur teilweise geändert. Von Kriegsbeginn 1939 bis weit nach dessen Ende um 1950 stagnierte beispielsweise das produzierende Gewerbe laut Statistischem Landesamt jeweils bei etwas mehr als einem Drittel der Erwerbstätigkeit, während der Anteil der Landwirtschaft von einem Viertel lediglich auf 18 Prozent sank.

Gut zehn Jahre später, nämlich 1961, war der Anteil des Gewerbes in Germering auf genau die Hälfte angestiegen, der der in der Landwirtschaft Beschäftigten aber schon auf 6 Prozent gesunken; in Unterpfaffenhofen waren es sogar nur noch 2,7 Prozent. Noch drei Jahre davor, im September 1958, schätzte die Rechtsaufsicht diesen Anteil bei der routinemäßigen Ortsbesichtigung deutlich höher ein: »Die Landwirtschaft beträgt ca. 10 % der Gesamtwirtschaft im Gemeindegebiet. Die übrigen Einwohner sind hauptsächlich Arbeitnehmer. An Industriebetreiben weist die Gemeinde auf: Bauhof der Fa. Stöhr, Strickerei Bürgler (70 Angestellte), Fa. Semtner, landwirtschaftl. Maschinen, Raiffeisenkasse mit Silo, u. a.« Stöhr war eine kriegsbedingte Auslagerung aus München, um den zunehmenden Bombardements aus dem Weg zu gehen, die andern beiden Firmen sind von Flüchtlingen gegründet worden.

Mitten im ersten großen Entwicklungsschub, 1967, als Germering fast 14.000 Einwohner hatte, gab es immerhin noch 28 Bauern »im Vollerwerb«, davon 25 mit 15 bis 25 ha und drei »Großbetriebe«. Dazu kamen »einige Nebenerwerbsbetriebe«. Wir hatten also immer noch vergleichsweise viele Landwirte, für die der Grund bereits extrem knapp wurde. Wer weiter wirtschaften wollte, musste sich zusätzliches Land außerhalb besorgen. Denn zum einen galt schon die Devise »Wachse oder weiche!«. Zum anderen war das rasante Einwohnerwachstum der vermehrten Ausweisung von Wohngebieten zu verdanken: »Etwa ein Drittel der landwirtschaftlichen Nutzfläche wurde als Bauland bereitgestellt.« Das ist eine harmlose Formulierung für dramatische Veränderungen in der Landwirtschaftsstruktur und erhebliche finanzielle Verschiebungen von Landbewirtschaftung zu Grundbesitz und Grundstücksgeschäften.

Auch wegen dieser Verschiebungen schwand die ökonomische Bedeutung der Landwirtschaft offenbar unvermeidlich dahin. Damit waren erkennbar auch Statusverluste für die Bauern in der Gemeinde verbunden. Das hatte einschneidende Konsequenzen. Als die bäuerliche Welt noch in Ordnung schien, waren das Wohl und Wehe der Landwirtschaft selbstverständlicher Gegenstand der Lokalpolitik.

So befassten sich zum Beispiel noch am 31. März 1955 Bürgermeister Keller und der Gemeinderat unter anderem mit dem Beratungsgegenstand »Gemeindliche Bullenhaltungsverträge«. Scheinbar ganz natürlich, ohne jede Erläuterung, also ohne jeden Erklärungsbedarf, notiert das Protokoll: »Die beiden Bullen der Gemeinde werden von den Landwirten Wagner Johann und Fruth Simon betreut und versorgt«. Für diesen wertvollen Dienst an der Gemeinde erhielt jeder Stierhalter 550 DM.

Aber gut zehn Jahre später hat sich das Blatt bereits grundlegend gewendet. Denn in der Sitzung vom 11. Januar 1967, jetzt unter Bürgermeister Kistler, fand auch diese lokale Bauerngeschichte ihr Ende: Man beschloss, die »Zuchtbullenhaltung der Gemeinde Germering« auslaufen zu lassen. Als der letzte Bulle – vermutlich routinemäßig, da er sein Werk vollbracht hatte – verkauft war, beschloss der Gemeinderat, keinen neuen mehr anzuschaffen, »da die Haltung durch die eingeführte künstliche Besamung unrentabel geworden ist«. Der technische Fortschritt ließ sich halt nicht aufhalten.

Aber gar so leicht verabschiedet sich niemand von einem Statussymbol. Deshalb sah sich der größte Bauer des Ortes, der auch 2. Bürgermeister war, veranlasst, »weitere Aufklärungen zum Sachverhalt« zu geben. Er tat das so überzeugend, dass sich der Gemeinderat in der Folge per Beschluss bereit erklärte, »im Falle der Notwendigkeit, in späteren Jahren, wieder einen solchen zu kaufen«, sprich im Notfall einen neuen Zuchtbullen anzuschaffen. Anders als erwartet hat sich diese Notwendigkeit aber bis heute nicht mehr ergeben.

Der Grundstücksmarkt war wohl den größten Veränderungen unterworfen. Im Jahr 1984 waren von den 2159 ha Gemeindegebiet noch 883 ha landwirtschaftlich genutzt, also etwa 40 Prozent. Außerdem gab es 587 ha Wald. Die Waldfläche blieb im Laufe der Jahrzehnte faktisch unangetastet, d. h., der gesamte Flächenbedarf der neu zugezogenen Bevölkerung und des sich entwickelnden Gewerbes ging zulasten der Landwirtschaft.

Wie zugespitzt die Lage gerade in Germering war und ist, zeigt der Vergleich zum Landkreisdurchschnitt: Dort waren nach dreißig Jahren »Wirtschaftswunder« immerhin noch knapp zwei Drittel der Fläche Ackerland oder Wiesen. Dabei hatten auch im Landkreis insgesamt Flächenbedarf und Zuzug erheblich zugenommen, aber eben nicht so massiv wie bei uns: Während im Landkreis nun 17 Prozent der Fläche bebaut waren, kam Germering auf doppelt so viel.

Für die Bauern, zumindest für die ein, zwei Handvoll tonangebender Familien, war es sicher schmerzhaft, im Austausch für den rasant wachsenden Wohlstand die absolute Dominanz in Politik und Wirtschaftsleben abgeben zu müssen. Freilich wurde der Abschied mit ordentlich Schmerzensgeld abgegolten. Selbst kleinere Bauern wie wir verdienten finanziell am wachsenden Flächenbedarf zulasten der Landbewirtschaftung. Die größeren Bauern profitierten natürlich mehr, die kleineren weniger; denn sie hatten ja auch von Haus aus nicht bloß die kleineren, sondern auch die ortsferneren Grundstücke.

Wenn Bauern wie wir Land verkaufen, dann nicht bloß, weil sie das Geld gut brauchen können, gerade in Zeiten mit großem wirtschaftlichem Druck und starken Wachstums- und Investitionszwängen. Zugleich wird auch in Gemeinden, die so sehr auf Wachstum gesetzt haben wie die unsere, ein großer politischer Druck auf sie ausgeübt, »Bauland« freizugeben. Schließlich bleibt es nicht nur bei Flächen für neue Wohnungen oder Gewerbe, sondern jede Neuausweisung eines Baugebiets zieht weiteren Flächenbedarf nach sich, für öffentliche Infrastruktur wie Schulen oder Straßen, und zwar langfristig nicht nur im Gebiet selber, sondern in der gesamten Gemeinde. Gerade der Straßenbau frisst nach wie vor viel Fläche. Der neue bäuerliche Wohlstand war und ist folglich so teuer erkauft wie bezahlt.

In der Folge blieben viele aktive sowie ehemalige Bauernfamilien weiter überproportional einflussreich. Deshalb gestaltete sich der Ablösungsprozess in Sachen Status und Bedeutung zäh und zögerlich. Das war nicht nur bei uns so, sondern in ganz Bayern. Entsprechend bestätigt Raphael Gerhardt in seiner Studie zur »Agrarmodernisierung«: »Zahlreiche Landwirte im Umfeld größerer Ortschaften gelangten durch den Verkauf von Bauland zu Wohlstand und kaum ein Gemeinderat kam bei öffentlichen Bauvorhaben am Einverständnis der Landwirte als Grundeigentümer vorbei, denen dadurch eine mächtige Vetoposition zukam – und bis heute zukommt.«

Damit behielten sie weiterhin »über die Ressource Boden eine ungebrochen hohe ökonomische Bedeutung«. Diese wirtschaftliche Macht schlägt sich auch politisch nieder: Nicht zuletzt waren (und sind) bäuerliche Vertreter bei uns und anderswo unter politischen wie gemeinwirtschaftlichen Vertreterinnen und Vertretern weit überproportional aktiv, in dörflichen Gremien, Genossenschaften und Vereinen.

Das zeigt beispielsweise ein Blick auf unseren Gemeinderat: Während im Nachkriegsgemeinderat von 1945/46 unter neun Mitgliedern einschließlich des Bürgermeisters vier Großbauern saßen, waren zwei Jahre danach sechs von elf Mitgliedern Bauern, 1956 bis 1960 waren es immerhin noch fünf von 16. Zwanzig Jahre nach Kriegsende stammte weiterhin ein Drittel, nämlich sieben von 20 Ratsmitgliedern aus Bauernhöfen.

Selbst der Bürgermeister, der die enormen Veränderungen in Germering gezielt und mit Elan vorantrieb, Josef Kistler, hatte einen einschlägigen Hintergrund. So heißt es im »Heimatbuch für den Landkreis Fürstenfeldbruck« über ihn: »Der Bürgermeister ist von Beruf Rechtsanwalt und ausübender Landwirt. Damit vereinbart er scheinbar gegensätzliche Berufe in einer Person.« Und dann wird es lyrisch: »Herz und Verstand geben eine gute Mischung für den Beruf des Bürgermeisters.«

Es gab jedoch einen Haken. Denn er selber schränkte laut Brucker Nachrichten, die auch den Eintrag im Heimatbuch zitiert haben, ein, er sei nur ein »Amateur-Landwirt«. Noch kritischer vielleicht: Er hatte zwar als Rechtsanwalt in Germering gearbeitet, aber Landwirt war er in Puchheim. Mit einem Bauern als Bürgermeister lag Germering voll im Landestrend. Raphael Gerhardt zufolge »waren noch im Jahr 1966, als der landwirtschaftliche Strukturwandel in vollem Gange war und nur mehr etwa 15 Prozent der Erwerbstätigen im primären Sektor tätig waren, immer noch 64 Prozent der bayerischen Bürgermeister Landwirte«, sechs Jahre später noch 45 Prozent.

Auch im Hinblick auf diese starke bäuerliche politische Präsenz war Germering ein Dorf wie viele andere. Jaromír Balcar schreibt in seiner Untersuchung über die »Politik auf dem Land«: »Kommunalpolitik war traditionell die Domäne der besitzenden Schichten. In der agrarisch geprägten Gesellschaft übten vor allem Bauern, in geringerem Umfang aber auch selbständige Dorfhandwerker und Gastwirte politische Ämter aus. Die Verfügungsgewalt über Grund und Boden galt als die entscheidende Voraussetzung für den Eintritt in die Kommunalpolitik.« Alles hing an der »Herkunft: In aller Regel stammten Bürgermeister und Gemeinderäte aus angesehenen, alteingesessenen Familien, und nicht selten hatten ihre Vorfahren bereits kommunalpolitische Ämter innegehabt.« Balcar spricht deshalb von einer »Vorherrschaft der Bauern« bis hinein in die Nachkriegszeit.

Sogar wenn, wie bei uns in der Münchner Vorstadt, die bäuerliche Prägung die Dorfentwicklung längst nicht mehr so ausschließlich beherrschte, waren manche Sessel doch gleichsam mit ihren Inhabern verwachsen. Wenn es gar nicht mehr anders ging, half die nächste Generation aus: Viele Ratssitze wurden in manchen Bauernfamilien quasi vererbt – ein Phänomen, das sich sogar heute noch gelegentlich zeigt. Spätere Wahlen brachten vorübergehend deutlich weniger Bauern in unsere kommunale Vertretung; in einer Art Normalisierung sozusagen.

So waren 1990, als ich erstmals gewählt wurde, im 40 Mitglieder großen Gemeinderat die nunmehr beiden Altdörfer bloß noch mit fünf Abkömmlingen der alten Höfe vertreten, zwei aus Unterpfaffenhofen und drei aus Germering. Dafür erleben wir derzeit im Stadtrat wieder eine Art bäuerliches Revival. Denn der Einfluss der Landwirte unseres Ortsteils und unseres Altdorfs generell in der Stadtpolitik ist heutzutage wieder außergewöhnlich hoch. Nach der Kommunalwahl 2020 berichtete der Münchner Merkur »von zukünftig fünf Landwirten im neuen Stadtrat« – alle aus dem Germeringer Dorfteil, wohlgemerkt. Und dazu kommen noch drei weitere Stadträte, die von Höfen im Germeringer Altdorf kommen (und außerdem ein weiterer aus Unterpfaffenhofen). Zumindest im Stadtrat lebt unser Bauerndorf also weiter.

11 BEIM SCHMIED

Die Schmiedstraße heißt so, weil da, wo sie anfängt, die Schmiede vom Gaßner ist, und weiter hinten früher die Hinterschmiede war. Die soll da mindestens seit dem Dreißigjährigen Krieg gewesen sein. Heißt's. Aber die Hinterschmiede hieß längst nicht mehr so und war schon ewig keine Schmiede mehr. Das war das Trosthammerhäusl, und in dem wohnte die Trosthammerin. Sie lebte ganz allein, ein altes Weiberl mit einem abgenutzten Kopftuch und einem verhuschten Gang. Von was die Trosthammerin sonst lebte, weiß ich nicht. Aber auf jeden Fall hat sie als Leichenfrau gearbeitet. Wo immer es in der Gemeinde einen Todesfall gab, hat sie geholfen, den Verstorbenen in seinem Haus aufzubahren.

Ein weiterer Gemeindemitarbeiter war der Köpf. Er war Gmoadeiner, also Gemeindediener. Der wohnte auch in der Schmiedstraße und kam zum »Einsagen«. Denn bei uns wurden damals Neuigkeiten nicht öffentlich ausgerufen, sondern die Nachricht ging, in Person vom Köpf, buchstäblich von Haus zu Haus. Weil die Höfe so weit auseinander und oft auch von der Straße weg waren. Das hätte kein Ausrufer derplärrt.

Der Bauhof der Gemeinde bestand damals aus einem fest angestellten Arbeiter, dem Kandler Michi; und dann gab es noch den Totengräber, den Krebs. Der war eher still und zurückhaltend, aber mein Papa war mit ihm gut bekannt, weil er ja schließlich den Unimog der Gemeinde fuhr.

Der Kandler, der Krebs, der Köpf, die Trosthammerin und mein Papa, das, war glaube ich, schon das gesamte Gemeindepersonal, außer denen, die im Rathaus saßen: also der Sekretärin und dem Amtsleiter.

Sicher weiß ich, dass auch die Trosthammerin eingesagt hat, aber nur wenn wer gestorben war und beerdigt werden sollte. Ihr leiernder Singsang ist mir bis heute in Erinnerung, wie sie vor der Haustür stand und ihr Sprüchlein aufsagte: »Margn um halba zehne …« Ich glaube, sie hatte einen auswärtigen Akzent. Von irgendwo weiter westlich. Das hieß halt, dass am nächsten Tag wer beerdigt wurde. Sie war immer schwarz angezogen, von Kopf bis Fuß, sogar ihr Kopftuch war schwarz. Und sie hatte einen kleinen Schnurrbart. Der war weiß. Sonst weiß ich von der Trosthammerin nix.

Früher hab ich immer gedacht, dass ihr Name mit dem Wortteil »Trost« irgendetwas mit dem zu tun hat, was du brauchen kannst, wenn jemand bei dir in der Familie gestorben ist, deine Oma zum Beispiel. Wie das aber mit dem »Hammer« dazupasst, ob das mit dem Blitzschlag zu tun hat, mit dem der Tod einschlägt, oder vielleicht heißen soll: jetzt ham ma den Trost, weil die Trosthammerin da war – darauf konnte ich mir keinen Reim machen, so sehr ich es auch versuchte. Jedenfalls waren das sowieso alles Überlegungen für umsonst, weil anscheinend schon ihr Mann so geheißen hat: »Trosthammer«, und der hatte überhaupt nichts zu tun mit dem Tod- und Trost- und Beerdigungsgewerbe.

Ihr Häusl war, wie der Name schon sagt, klein. Irgendwie war es immer dunkel. Auch wenn ich im Winter nach früh einbrechender Dunkelheit vom Schlittenfahren heimging, sah ich bei ihr nie ein Licht brennen. Vielleicht waren aber auch nur ihre Fensterläden ungewöhnlich dicht. Später jedenfalls waren dann jahrelang die Fenster mit Brettern verschlagen. Aber da hat sie schon nicht mehr drin gewohnt, weil nicht mehr gelebt. Ich meine, dass ich sogar mal im Häusl war, jedenfalls im vorderen Raum. Ich kann mich da an so ein Halbdunkel erinnern. Es gab ja praktisch kein Haus, in dem ich als Kleiner nicht mal drin gewesen wäre, wenigstens zum Grüß-Gott-Sagen. Aber bei manchen halt kein zweites Mal.

Als ich dann als Erwachsener das historische Foto der sogenannten »Hinterschmiede« gesehen hab, das Foto, das jetzt auch das Germeringer Brauhaus für die Bierflaschenetiketten nimmt, war ich perplex. Denn das war genau umgekehrt wie sonst. Da meinst, Wunder wie groß was war, früher, und wenn du später wiederkommst, ist es drastisch geschrumpft. Aber bei dem Bild war das praktisch umgekehrt: Die alte Hinterschmiede schien mir auf dem Foto ungleich größer als das Trosthammerhaus, das ich kannte.

So große und so viele Menschen, die da in diesem kleinen Häusl Platz gehabt haben, die darin gearbeitet, geschmiedet und scheinbar auch noch gewohnt haben sollen, und dann auch noch nachts das ganze Zeugs einlagern mussten, das da draußen, vermutlich für den Fotografen, ausgestellt war. Das war so ganz und gar das Gegenteil von dem

Eindruck, den ich vom Trosthammerhäusl und von der Trosthammerin hatte. Die leere, trostlose, verlassene sogenannte Hinterschmiede, die ich kannte, hatte so gar nichts mit der abfotografierten, lebendigen, lauten, heißen, nach Kohle und Eisen riechenden, rußenden, stickigen, dampfenden, dunstigen Schmiede zu tun.

Das aber hatte die Gaßnerschmiede. Dem Gaßner seine Schmiede war in vollem Betrieb, voller Leben. Mit Lehrbuben und Gesellen, es müssen mehrere gewesen sein; da waren immer viele Leute. Die Schmiede selber waren tiefschwarz: ganz dunkel und fest und rau die Manchester-Hosen und -Blusen, schwarz die Gesichter, schwarz das Hütchen aus schwerem Stoff, praktisch eine Pillbox, also rund wie eine umgedrehte Hutschachtel, das Haar darunter schwarz, und verrußt auch schon der Schaber, also die Lederschürze. Überall roch es nicht nur nach Ruß und Ross, nach warmem Eisen und verbranntem Horn. Immer war jemand da, zum Beschlagen seines Pferdes oder zum Reparieren einer Egge oder eines anderen eisernen Werkzeugs. Gaßner hat geschmiedet und repariert.

Oben an der Fassade des Wohnhauses stand und steht der Spruch geschrieben:

> »Schön ist es auf dieser Welt.
> Tod und Teufel nimmt kein Geld,
> sonst müsst' manch' armer Gsöll
> für'n Reichen fahr'n in die Höll.«

Lesen konnte ich das erst Jahre später. Bis ich es verstanden hab, hat's noch länger gedauert. Allein schon wegen der merkwürdigen Schreibe. Aber da war die Schmiede schon lang nicht mehr mein Terrain. Wahrscheinlich, weil meine wichtigsten Ansprechpartner nicht mehr da gewohnt haben. Weil ich bin nicht nur gern zum Gaßner, weil in der Schmiede immer was los war, sondern vor allem wegen der drei halbwüchsigen bzw. fast erwachsenen Töchter des Hauses. Die sah man nie in der Schmiede. Wenn ich mich richtig entsinne, war zwischen Wohn- und Arbeitsgebäude nicht bloß der Hausgang, wie bei uns, sondern es gab eine regelrechte Schmutzschleuse zwischen beiden getrennten Bereichen.

So schwarz die Schmiede, so sauber die Küche. Und die Madeln. Mir waren die nicht zu alt. Und ich war denen scheinbar nicht zu jung. Zum Mensch-ärgere-dich-nicht-Spielen. Die Gaßnerin selber hat stets auf ihr Äußeres geachtet. Die Tür zur Schmiede hat sie nur geöffnet, um ihren Mann zum Essen zu rufen. Mir haben beide scharf getrennten Welten der Gaßnerschmiede ausnehmend gut gefallen. Ich hab nur nie verstanden, wie der so verrußte Schmied in den so sauberen Vier-Frauen-Haushalt passte. Das überstieg meine Vorstellungskraft: eine Vereinigung beider Welten.

12 DAS DORF IN DER GROSSSTADT

Germering ist so schnell und stark gewachsen, und zwar vor allem um die Ost-West-Hauptachsen Landsberger Straße und S-Bahn-Trasse, dass das Altdorf in raschem Tempo buchstäblich an den Rand gedrängt wurde. Auch wenn ich mich hier auf Germering konzentriere, gilt das natürlich für beide ehemaligen Dörfer, aus denen die heutige Stadt besteht, also auch für Unterpfaffenhofen. Schon flächen- und zahlenmäßig ist die Verschiebung der Gewichte von den alten zu den neuen Ortsteilen nicht zu übersehen. Darin unterscheiden sich Dörfer wie unseres, die im Ballungsraum aus dem Leim gehen, ganz deutlich von Gemeinden in der ländlichen Peripherie. Denn in vielen von ihnen schwindet mit dem bäuerlichen Leben auch jegliche Wirtschaftskraft, und in manchen Kommunen rührt sich nun überhaupt nichts mehr.

Der Niederländer Geert Mak schreibt über den »Untergang des Dorfes in Europa«: »Solange es das Dorf gab, war die Landwirtschaft das Fundament gewesen, auf dem die örtliche Wirtschaft ruhte, aber seit den siebziger Jahren hatte die Zahl der Bauern abgenommen. Sie waren nun nicht mehr die zentrale Kraft, um die sich alles drehte, und ihr Status war dementsprechend gesunken.« Wenn nun aber keine neuen Kräfte an die Stelle der alten schwindenden treten, blutet das Land weiter aus. Selbst unsere Gemeinde, in der es ja jederzeit ein üppiges Vereins-, Sport- und Kulturleben gab und gibt, musste sich ab den Sechzigerjahren gegen den Vorwurf wehren, nur eine »Schlafstadt« zu sein. Das lag lange daran, dass der Wohnungsbau die Gewerbeansiedlungen bei Weitem dominierte.

Dennoch ist die von Mak beschriebene Art des europäischen Dorfs anders als die Sorte, in der wir leben. Denn diese auch heute noch ländlichen Dörfer abseits der Ballungsräume sind an bebauter Fläche, Bevölkerungszahlen oder Bedeutung kaum gewachsen beziehungsweise oft sogar geschrumpft, während unsere Zahlen im »Speckgürtel« regelrecht explodiert sind. Während zahlreiche ehemalige Bauerndörfer im Münchner Einzugsgebiet, wie das unsere, zu einer meist gesichtslosen Masse aufgedunsen sind, wirken die Dörfer des peripheren Raumes in ihren Zentren entleert und entkernt und fasern allenfalls an ihren Rändern in Eigenheim- und Reihenhaussiedlungen noch aus.

Auch wenn bei uns, wie in allen anderen Dörfern, das wirtschaftliche, politische und soziale Gewicht der Landwirte nicht nur relativ, sondern absolut zurückging, blieb die alte bäuerliche Dominanz trotzdem noch lange spürbar – und zwar nicht nur im hohen Anteil an Gemeinderäten oder im Geschäftsgebaren der Raiffeisen-Bank. Die Kontinuität der alten dörflichen und bäuerlichen Hegemonie zeigt sich in vielem auch in Kultur, Gewohnheiten und sozialen Regeln. Lustigerweise trifft das nicht bloß auf frühere Bauerndörfer wie das unsere zu, sondern sogar auf die größeren und älteren bayerischen Städte und im Grunde auf das ganze Land.

Beispielsweise sind in Bayern der Blick auf und das Urteil über den bäuerlichen Berufsstand meist gleichsam schizophren gespalten, in Verachtung und Bewunderung, die nicht selten im selben Atemzug auftreten können. Beide Versionen von Vorurteilen haben nicht unbedingt etwas mit den tatsächlichen Realitäten zu tun, sondern orientieren sich an gegensätzlichen, gleichzeitig präsenten Klischees. Denn einerseits herrscht natürlich auch bei der bayerischen Stadtbevölkerung gerne mal die überhebliche Neigung vor, auf die ländliche Bevölkerung herabzublicken, genauso wie die bereitwillige Fähigkeit, diese auch demonstrativ zu zeigen. Diese Tendenz ist offenbar ein globales Phänomen, und es existiert, seit Städte existieren, egal ob im frühen Mesopotamien, in der römischen Antike, bei den Inkas oder in den uralten chinesischen Reichen. Nicht umsonst wurde unsereinem im Gymnasium und auf der Universität der »bäuerliche« Dialekt genauso systematisch ausgetrieben wie schon vielen Generationen von Buben vom Land vor uns.

Gleichzeitig zu dieser Diskriminierung ländlicher Überbleibsel existiert in vielen städtischen Milieus ein beharrliches Verklären des bäuerlichen Berufsbilds, eine hartnäckige Sozialromantik, die dir schnell begegnet, wenn du mit deiner Herkunft verbal nicht hinterm Berg hältst. Nicht nur, dass Menschen, deren Sprache ebenfalls systematisch von Dialekt gesäubert wurde, schnell wieder in scheinbar längst vergessene sprachliche Muster zurückfallen. Sprich: Dialektsprechen wirkt ansteckend. Auch ansonsten wirst du leicht mal von einer überraschenden Solidarisierungswelle überrollt. Selbst Führungskräfte beriefen sich bei

Begegnungen, und ohne dass sie von mir dazu aufgefordert wurden, aber offenbar unter Rechtfertigungsdruck, auf ihre bäuerliche Abstammung. Ich habe nie ganz verstanden, warum. Scheint's, geht es darum, zu zeigen, dass man »nicht abgehoben«, sondern »bodenständig« ist.

»Bodenständigkeit« ist in Bayern ein wichtiges Kriterium. Es spielt im persönlichen Umgang genauso eine Rolle wie erst recht in der Berufspolitik. Der größte politische Vorzug der bei den Städtern vorherrschenden Sozialromantik ist natürlich, dass unsereins wegen der Berufsbezeichnung auf Kandidatenlisten, ob Landwirt oder Biobäuerin, bei allen Wahlen, bei denen kumuliert werden kann, also etwa Landtags- und Kommunalwahlen, gerne mal nach vorn gehäufelt wird – und zwar bei allen Parteien, nicht nur bei uns Grünen. Auch wenn das Phänomen bei uns seit unserer Gründung wohl am ausgeprägtesten ist: Wir hatten schon mal eine Landtagsfraktion, die aus neun Frauen, drei Biobauern und einem sonstigen Abgeordneten bestand.

Zumindest in der Zusammensetzung unseres Führungspersonals wirkten wir gelegentlich wie die letzte Bauernpartei in Europa. In solchen Momenten sind wir bayerischen Grünen vielleicht stärker als anderswo im Lokalkolorit eingefärbt. Auch wenn wir angeblich eine städtische Partei sind, stammten unsere Aktiven bisher doch wesentlich aus den Regionen abseits der Metropolregionen: vom Land.

Wie sehr Bayern geprägt ist von Resten einer bäuerlichen Kultur, zeigt sich beispielsweise nicht zuletzt im sozialen Umgang miteinander: Eine vom Dorf bekannte, unermüdliche Aufmerksamkeit für das, was die andern tun, und Bestände gespeicherten Wissens, das über Generationen zurückreicht, bestimmen das Zusammenleben auch in den größeren Kommunen. Das hat viel Gutes, aber auch eine »Kehrseite der Medaille: All die Solidarität, Fürsorglichkeit und Nachbarschaftshilfe enthielt unvermeidlich ein hohes Maß an sozialer Kontrolle«. So beschreibt Geert Mak die alte dörfliche Sozialkontrolle: »[Ü]ber jedem Dorf schwebte fortwährend ein großes dreieckiges Auge: Wir, das Dorf, sehen alles«. Eine solch starke Sozialkontrolle senkt natürlich jede Kriminalitätsrate. Wenn du jederzeit damit rechnen musst, nicht nur erwischt, sondern auch sozial sanktioniert zu werden, dämpft das kleinkriminelle Versuchungen.

Überbleibsel dieser dörflich-bäuerlichen Spezialität haben sich sogar in der Landeshauptstadt gehalten. Nicht umsonst ist ihre Kriminalitätsrate bei Vergleichen mit schöner Regelmäßigkeit und großem Abstand am niedrigsten. »Warum München so sicher ist«, unter diesem Titel fragt sich die Süddeutsche Zeitung (28.4.18), als könne sie das nicht glauben: »Rein statistisch kommt hier ein Polizist auf 265 Bürger – das ist der schlechteste Wert aller Millionenstädte in Deutschland. Dennoch gibt es hier deutlich weniger Straftaten als in Hamburg, Berlin, Köln oder auch Frankfurt. Woran liegt das?« Sie führt das u. a. auf die »Reaktionsschnelligkeit und die Sichtbarkeit der Polizeikräfte auf den Straßen« zurück, also auf »öffentliche Präsenz der Beamten in Uniform«. Als weitere Gründe nennt die SZ eine höhere soziale und ethnische Integration und Durchmischung als anderswo. Letztlich entscheidend aber ist, dass das nur scheinbar allzeit präsente Auge des Gesetzes die nachlassende Allgegenwart Gottes und die unermüdliche der Nachbarn bloß ergänzt.

Das alles hört sich nicht direkt nach Anonymität und Großstadtdschungel an. In München wird, wie die Süddeutsche Zeitung berichtet, schon mal die Polizei gerufen, wenn ein Kleinkind keine Mütze auf hat: Am zugegeben kalten 24. Januar 2019 »machten mehrere Reisende und auch Bahnmitarbeiter die Beamten der Bundespolizei am Ostbahnhof darauf aufmerksam, dass dort ein Mann mit einem Kleinkind ohne Mütze unterwegs sei. Die Polizisten machten den 55-jährigen wenig später in einem Fastfood-Restaurant ausfindig. Der Münchner sei ›rechtmäßig mit dem Mädchen unterwegs‹ gewesen, heißt es im täglichen Polizeibericht. Das habe ein Datenabgleich ergeben. Auch habe sich das vier Wochen alte Kind ›in warmer Umgebung‹ befunden. Kalte Ohren? Fehlanzeige.« Das ist nicht nur für das Kind erfreulich, sondern auch für uns, die wir hier leben. Denn es zeigt, dass sich nicht nur die zivilen Mitmenschen – manchmal über Gebühr – um das gegenseitige Wohlbefinden kümmern, sondern sogar die in Polizei-Uniform.

Dass das Bedürfnis nach Sozialkontrolle selbst in der Großen Kreisstadt Germering immer noch sehr stark ist und im Zweifel für den Einzelnen höchst unangenehm werden kann, hat im Jahr 2020 ein laut Polizeiangaben »völlig unbescholtener« Mann zu spüren bekommen. Er war ins Visier intensiver Ermittlungen geraten, nachdem in einer Woche drei Vorfälle angezeigt worden waren, bei denen, so schrieb die Brucker

Lokalausgabe der SZ am 20. September 2020, ein Unbekannter »sich in verdächtiger Art und Weise Kindern und Jugendlichen genähert beziehungsweise sie beobachtet haben soll. Unter anderem kam es einigen jungen Leuten komisch vor, dass der Mann so viele Personen grüßte.«

Darüber haben die sich dann – ganz der dörflichen Tradition des Leut-Ausrichtens, Tratschens und Hetzens verpflichtet – »in den sozialen Medien in diversen Chatgruppen« ausgetauscht. Und wie das halt so ist und auf dem Dorf immer war, hat sich, wie es im Polizeibericht heißt, »durchaus eine gewisse Eigendynamik entwickelt, die zum Teil weit über den Inhalt der betreffenden Anzeigen hinausging«.

Das betrifft nicht zuletzt die Polizei selber: Erst als Ergebnis aufwendiger Recherchen in Schulen und Kindergärten und häufiger Streifengänge in Uniform und Zivil konnte sie schließlich »einen 71-jährigen Mann ausfindig machen, der zu den Beschreibungen der Kinder und Jugendlichen passte«. Mit den Vorfällen konfrontiert, konnte er aber »laut Polizei glaubhaft machen, dass von ihm keine Gefahr ausgeht und er die Kinder nicht verfolgt oder beobachtet hat. Er sei vielmehr im ganzen Viertel bekannt, weil er dort wohne und arbeite. Daher grüße er viele Leute. Die Beamten wiesen den Mann darauf hin, seine vielleicht missverständlichen Verhaltensweisen in Zukunft zu überdenken.« Anders als das dörfliche Leut-Ausrichten ist der ländliche Grüßzwang inzwischen offenbar aus der Zeit gefallen. Es ist gut, dass wir immer noch aufeinander achten. Zu unserem wirklichen Glück aber ist nicht nur die selbsternannte »Weltstadt« München, sondern an den meisten Tagen des Jahres und in der Mehrzahl aller Fälle selbst eine kleinere Stadt wie Germering inzwischen so groß und anonym genug, dass man nicht mehr an Sozialkontrolle erstickt.

Insofern bekommen wir jetzt in unserer Gemeinde Stadt und Land sozusagen aus einer Hand, während andere ihren jeweiligen Vorzügen aufwendig hinterherlaufen müssen. Unter dem Titel »Bitte wenden« schwärmt Gerhard Matzig in der Süddeutschen Zeitung von Jan Brandts Doppelband »Ein Haus auf dem Land/Eine Wohnung in der Stadt«. Es sei »ein fulminantes Buch über das Leben in der Stadt und auf dem Land […] und eine große Erzählung über die Sehnsucht nach Heimat«. Brandt beschreibt darin einen Selbstversuch, bei dem er ausprobierte, die Vorteile beider Lebensformen zu vereinen: »Ich hoffte, dass es eine Alternative gäbe, dass ich mich nicht für das Dorf oder die Großstadt entscheiden müsste, dass ein Leben in beiden Welten möglich wäre.« Er wohnt also einmal hier und einmal da, auf der beständigen Suche nach Heimat. »Kann man ein Leben in der vermeintlichen Sicherheit des Dorfes leben, das zugleich eines in der vermeintlichen Freiheit der Stadt wäre?«, fragt Gerhard Matzig in seiner bewundernden Besprechung. Aber während Brandt auf der Jagd nach Freiheit und Sicherheit beständig zwischen einem ostfriesischen Dorf und der Metropole Berlin, also zwei scheinbar völlig getrennten Welten, hin- und herhüpfen muss, reicht unsereins dafür einzig und allein: Germering.

13 RUND UMS RATHAUS

Am Eck zur Schmiedstraße grenzt das Rathaus direkt an unseren Hof an. Alle Ämter hatten damals unter einem Dach Platz: unten das Gemeindeamt, oben die Polizei, ganz oben die Polizistenfamilie P.; in der eingebauten Garage das Feuerhaus. Dort parkten aber schon die Polizeifahrzeuge, ein Motorrad mit Beiwagen und ein VW-Käfer. Die Löschfahrzeuge der Feuerwehr, nämlich Unimog mit Pumpenwagen, hatte man in die Kirchenstraße auslagern müssen.

»Das erste Fahrzeug bekam die Feuerwehr erst 1957: einen Unimog mit Holzbrettern auf der Ladefläche, auf der die Männer saßen«, heißt es in der Germeringer Ortschronik. Das war gleichzeitig das Arbeitsfahrzeug der Gemeinde Germering. Diesen Unimog hat mein Papa gefahren. Denn er hatte, im Dorf damals eine Seltenheit, einen Lastwagenführerschein und zunächst auch noch etwas Zeit. Auf jeden Fall konnte er die Arbeit gut brauchen, oder zumindest das Geld dafür.

Das Rathaus war für mich die nächste Anlaufstation. Da gab es einiges zu sehen und zu hören, aber am wichtigsten war der Bub vom P. Der war ein paar Jahre älter als wir und damit, wenn er mit uns spielte, automatisch Anführer unserer kleinen Gruppe.

Die Dörzbach Buben waren da dabei, der Moosbaurn Hanse und der Schaber Bernhard, und dann gab es noch ein paar kleinere Kinder. Mit allen, die sonst noch mitliefen, haben wir hinter der Molkerei Cowboy und Indianer gespielt oder beim Dörzbach im großen Garten Iglu gebaut, aber das nur im Winter. Im Sommer haben wir unter den niedrigen Obstbäumen sogar ab und zu so was wie Fußball gespielt. Meist hatten wir schon keinen gescheiten Ball. Und wenn, dann ist er oft schnell kaputt gegangen. Der Fußball heißt im Bairischen Wörterbuch nicht umsonst »Saublodern«, also »Harnblase des Schweines«. Aber es war nicht nur ein Materialproblem, es war ein kulturelles. Fußball war im Dorf nicht angesagt.

Mein Papa hat sich überhaupt nicht dafür interessiert und auch sonst kein Erwachsener, den ich kannte. Anders mein Onkel Otto. Onkel Otto war ein »Roter«. Da wusste ich noch gar nicht, dass man auch ein

»Blauer« hätte sein können, geschweige denn wie ein Fußballspiel aussah, da war über mein Schicksal schon entschieden. Wenn ich mich bemühe, meine heute so unerklärliche Vorliebe für einen unausstehlichen Verein begreiflich zu machen, fällt mir nur Konrad Lorenz' Graugans ein: der Verhaltensforscher hat behauptet, dass aus dem Ei schlüpfende Graugänse das erste Wesen, das sich bewegt, als »Mutter« »adoptieren«. Er nennt das »Prägung«.

Mich hat eben Onkel Otto geprägt, in Sachen Fußballverein. Der Trautner, hieß es, war ein richtiger Fanatiker. Der hat mir schon eine Anstecknadel und einen Wimpel vom FC Bayern geschenkt, da wusste ich noch lange nicht, wie ein Fußballplatz aussieht. Auch der FC Bayern war da noch weit entfernt vom heutigen Glanz oder Grauen, er war gerade mal Pokalsieger geworden. Sport war überhaupt nichts, was irgendwer machte bei uns im Altdorf. Körperliche Bewegung ging einem ja nicht wirklich ab. Leibesübungen waren schon allein deshalb nicht populär, und vielleicht sogar noch politisch vorbelastet. Und so was wie eine Turnhalle oder ein Sportplatz fand sich im Dorf auch nirgends.

In der Polizistenfamilie P. gab es nicht bloß den Ulli, sondern die hatten auch eine Tochter, die war ein Jahr älter als ich. Der bin ich lieber aus dem Weg gegangen. Die war nicht nur älter, sondern auch stärker und hat mich das gelegentlich spüren lassen. Von einem Mädchen gehauen zu werden, war nicht nur schmerzhaft, sondern auch ein bisschen ehrenrührig. Andererseits war ein Mädchen zu hauen auch ehrenrührig. Das war sozusagen eine Loose-loose-Situation. Um so ein Dilemma macht man besser einen Bogen.

Es gab noch einen triftigen Grund, lieber einen großen Bogen zu machen, wenn man am Rathaus vorbei in die Schmiedstraße gehen wollte. Denn hinten im Garten war der Polizeihundezwinger. In diesem Käfig hinter der hohen Gartenmauer hauste ein großes, kräftiges Prachtexemplar von deutschem Schäferhund. Für diesen Diensthund war der P. zuständig. Er war der Hundeführer der Brucker Polizei. Bub und Hund wurden von P. gleichermaßen rumkommandiert und angeblafft und ausgeschimpft. Aber wenn ich mich hätte entscheiden müssen, wär ich beim P. lieber Hund als Bub gewesen. Denn der Hund wurde gelegentlich auch mal gelobt.

Dabei war der Hund ein ekelhafter Kerl. Wenn ich zu nah an der Gartenmauer des Rathauses vorbeiging, bellte er wütend los und warf sich immer wieder wie ein Narrischer gegen das Gitter seines Zwingers. Das hat jedes Mal vibriert und gewackelt und bedrohlich gescheppert. Da wollte man sich, wenn's drauf angekommen wäre, lieber nicht zu sehr auf die Stabilität guter deutscher Wertarbeit verlassen. Denn der Hund hat sich da mit aller Wucht gegen die Maschen geworfen. Und er hatte sehr viel Wucht. Ich musste also entweder ganz leise, unterhalb der Mauer und außerhalb seiner Sichtweite, vorbeischleichen oder großräumig ausweichen. Denn wenn ich auf der anderen Seite der Schmidstraße vorbei bin, hat mir sein blindwütiger Terror deutlich weniger Angst gemacht. Aber jedes Mal einen Umweg machen, bloß wegen so einem blöden Hund?

Er wurde von seinem Hundeführer abgerichtet und »scharf« gemacht, wie das geheißen hat. Da war ich einmal mit dabei, in der Hundeschule, auf dem Brucker Hundesportplatz. Da sind wir mit dem VW-Käfer der Polizei hingefahren, hinten hinter Gittern der Hund, vorn wir drei. Auf dem Exerzierplatz hat dann der P. so getan, als ob er ein bösartiger Einbrecher wär oder sonst ein Verbrecher. Er hat immer wieder mit dem Stock ausgeholt und dem Hund gedroht und ihm den anderen Arm hingehalten, der in einen ganz dicken Ärmel gewickelt war. In den hat der Hund sich mit seinen großen Hauern verbissen und wollte ihn lang nicht auslassen. Der Ärmel war danach ganz zerbissen und zerfetzt. Das hat mein Vertrauen in den Hund auch nicht grad gestärkt und eine Zeitlang hab ich danach wieder einen größeren Bogen um den Hundezwinger und das Rathaus gemacht.

14 EHRE DEM POLIZEIHUND

In einer traditionellen Dorfgemeinschaft hatte ein jeglicher seinen Platz, auch wenn der nicht für alle gleich komfortabel sein mochte. Selbst ein so ekelhafter Kerl wie der Polizeihund konnte offensichtlich anerkanntes und damit sorgebedürftiges Mitglied der Dorfgemeinschaft sein. Laut Protokoll bat der »Polizei- und Schutzhundeverein« den Gemeinderat nicht vergeblich »um die Stiftung eines Ehrenpreises für die am 25. und 26.7.1959 stattfindende Kreisausscheidung für Gebrauchshunde. Einstimmig wird Bürgermeister Wörl ermächtigt, einen entsprechenden Ehrenpreis zu kaufen«, obwohl ein Zusammenhang mit der kommunalen Daseinsvorsorge nicht für jedermann auf Anhieb erkennbar war. Vielleicht wollte man ja auch nur dem Hundeführer eine Freude machen oder dem Polizeiposten Anerkennung zollen und kannte – anders als ich – wahrscheinlich den Hund persönlich überhaupt nicht.

Ob unser Hund selber dann damals in Bruck was gewonnen hat, ist nicht bekannt.

15 EINE HANDVOLL GEMEINDEPERSONAL

Aus der Zeit Ende der Fünfzigerjahre existiert ein Foto von einem gemeindlichen Betriebsausflug. Man machte offenbar eine Dampferfahrt an einem unserer schönen Seen, vermutlich dem Ammersee, weil man da mit der Bahn hinfahren konnte.

Darauf sind zu sehen: Bürgermeister Wörl, Inspektor Schindler, eine Angestellte, wohl Frau Moser, mit Hündchen, die Arbeiter Krebs und Kandler und mein Vater, insgesamt also sechs Personen. Die drei Arbeiter haben standesgemäß den Hut auf, das modische Hündchen springt an Frau Moser hoch.

16 LOHNDRUSCH UND MÄHMASCHINE

Die industrielle Revolution kam auf dem Lande eher im Schneckentempo daher. Nur die wenigen Großbauern und Gutsherren verfügten über das notwendige Kapital, die zunächst sehr teuren Maschinen zu kaufen, und über Flächen, die groß genug waren, dass sich solche Investitionen lohnten. Außerdem war Arbeitskraft noch lange sehr billig und reichlich vorhanden – nicht zuletzt in den großen, kinderreichen, aber kapitalarmen kleinbäuerlichen Familien.

Aber manche der neuen Methoden und Maschinen konnten auch Kleinbauern brauchen: »Die Landwirtschaft des späten 19. und frühen 20. Jahrhunderts war geprägt durch die Anfänge der Mineraldüngung, neue Formen des Fruchtwechsels, in die auch zuvor nicht angebaute Kulturpflanzen einbezogen waren, die Anfänge der Mechanisierung, etwa durch neue Pflüge und Selbstbinder, mit denen Getreide geerntet wurde«, schreibt Hansjörg Küster in seiner »anderen Geschichte der Menschheit«.

Eine weitere wesentliche Erleichterung brachte die Erfindung der Dreschmaschine. Jetzt entstand das moderne Gewerbe des Lohnunternehmers, der mit ihr von Bauer zu Bauer fuhr und so die teure Großmaschine ausreichend auslasten und rentabel einsetzen konnte. »Mit Einführung der Dampfdreschsätze in den letzten Jahrzehnten des 19. Jahrhunderts wurde das Handdreschen abgeschafft. In weitem Abstand folgte die Einführung der Mähmaschine als der wichtigsten Arbeitserleichterung auf dem Grünland. Erst in unserm Jahrhundert gewannen die Sämaschine und die Düngerstreumaschine größere Verbreitung«, heißt es in »Der Landkreis Fürstenfeldbruck«. Das war auf den kleinen Höfen Stand der Technik noch etliche Jahre nach dem Krieg.

Immerhin wurden, wie auch Wikipedia weiß, in unserem Landkreis viele Gemeinden verhältnismäßig früh elektrifiziert: »Im Jahr 1892 nahm das nach den Plänen Oskar von Millers errichtete Wasserkraftwerk in Schöngeising seinen Betrieb auf und versorgte die nahegelegene Kreisstadt Fürstenfeldbruck als eine der ersten Städte in Bayern mit Strom für eine elektrische Straßenbeleuchtung«. Weil dieser Strom bald auch in den meisten Dörfer des Landkreises floss, konnten selbst kleinere und kleinste Betriebe die neuen, von stationären Motoren angetriebene Maschinen und Geräte in Haus und Hof einsetzen, wie zum Beispiel Greifer, Schrotmühle oder Kreissäge. Zudem kamen jede Menge mechanisch angetriebene Werkzeuge neu auf den Markt, die Arbeitsvorgänge beschleunigten und Arbeit und damit auch Arbeitskräfte sparen halfen.

Viele davon lohnten sich auch für Kleinbauern. Deshalb stellt das Bayerische Statistische Landesamt schon im Jahr 1933 im Hinblick auf Betriebe unter 2 ha fest: »Am meisten verbreitet sind also die kleinen Maschinen, die auch in den Parzellen- und kleinbäuerlichen Betrieben verwendet werden können, insbesondere Häckselmaschinen, Milchzentrifugen, Elektromotoren, ferner Dreschmaschinen, Mähmaschinen, Sämaschinen, Schrotmühlen, Kreissägen; Heuwender.« All diese von stationären Elektromotoren oder mechanisch durch Zugkraft angetriebenen Maschinen waren bei uns schon vor dem Krieg üblich und auch in den Jahren danach noch im Einsatz.

Die erste mobile motorisierte Maschine, die man praktisch überall auf dem Lande kennen und schätzen lernte, war demnach die Dampfdreschmaschine. »Zum Dreschen kam ein sogenannter ›Lohndrescher‹, zusammen mit einem Maschinisten [...], der damit von Hof zu Hof zog«, berichten die »Erinnerungen einer Magd aus dem Rupertiwinkel«, die das Fränkische Freilandmuseum herausgegeben hat. Auf den größeren Höfen wurden an diesen Druschtagen dann auch zusätzliche Arbeitskräfte gebraucht. Für solche Hilfsarbeiten gab es in jedem Dorf genügend Mädel und Burschen aus Kleinbauernfamilien, wie beispielsweise meine Mutter und ihre Schwester, die für den Lebensunterhalt ihrer großen Familie immer etwas dazu verdienen und sich in ihrer Jugend für solche Saisonarbeiten verdingen mussten.

Die Dreschmaschine gab den Rhythmus vor, mit dem sich die neuen Technologien nach und nach durchsetzten: »Die Mechanisierung der Landwirtschaft setzte zunächst in Großbetrieben ein, um von da aus eine Betriebsgrößenklasse nach der anderen zu erfassen« (»Der Landkreis Fürstenfeldbruck«). Die Großbauern fingen an, die Kleinbauern folgten stets mit Verzögerung. Die Monografie des Freilichtmuseums Glentleiten »Im Fokus« notiert, »dass 1939 nur zwei Prozent der landwirtschaftlichen Betriebe mit Schleppern, Motormähern oder -fräsen arbeiteten. Zehn Jahre später waren es immerhin schon fünf Prozent.« Aber die Mehrheit blieb vorerst unmotorisiert.

»Für die vielfältigen Zugarbeiten setzten die bayerischen Bauern bis weit in die Nachkriegszeit Tiergespanne ein. Traktoren waren eine Seltenheit. Als Zugtiere fanden Ochsen, Kühe und Pferde Verwendung, wobei das Pferd in der bäuerlichen Werteskala einen ungleich höheren Rang hatte als das Rind. Allerdings waren die kleinbäuerlichen Betriebe aus Rentabilitätsgründen häufig nicht in der Lage, mit Pferden als Spanntieren zu arbeiten. In vielen Gebieten Bayerns wurde außer dem Ochsen auch die Kuh eingespannt, trotz ihrer geringeren Zugleistung«, heißt es in »Bauern in Bayern«. Das änderte sich jetzt, denn »in der Nachkriegszeit wurde der Traktor auch für kleinere Betriebe interessant«. Sie verfügten inzwischen selber über mehr Fläche, weil viele kleine und kleinste Höfe aufgegeben und ihre Felder verpachtet hatten. Einen entsprechenden Schub gab auch die zunehmende staatliche Förderung.

Dank Wachstum und Förderung machten sich viele Bauern große Hoffnungen. »Zwischen 1955 und 1965 fanden umfassende Strukturveränderungen in der Landwirtschaft Bayerns statt. Innerhalb dieser kurzen Zeitspanne setzte sich auf den meisten bäuerlichen Betrieben der Motor als Zugkraft durch und löste das bisher eingesetzte Zugvieh ab«, so »Bauern in Bayern« weiter. Nun folgt eine explosionsartige, flächendeckende Expansion. Das beschreibt auch Raphael Gerhardt in seiner Studie zur »Agrarmodernisierung«: »Beginnend mit der massenhaften Verwendung von Ackerschleppern ab etwa 1950, denen ab 1954 der Mähdrescher und später die Melkmaschine folgten, motorisierte und mechanisierte sich die bayerische Landwirtschaft bis circa 1970 vollständig«. Das ging so weit, »dass sich die Landwirtschaft im 20. Jahrhundert zu einem der kapitalintensivsten Wirtschaftszweige entwickelte«, während sie davor eine der Branchen mit dem höchsten Arbeitskräfte- und geringstem Kapitalbedarf gewesen war.

Jetzt setzte die zweite Stufe der Land-Mechanisierung ein. In der ersten Stufe hatte, wer sich das leisten konnte, Pferde, Ochsen oder Kühe vor die neuen nachgezogenen Maschinen gespannt. Diese halbautomatischen Werkzeuge wurden über die Räder und damit verbundene Ketten und Zahnräder angetrieben, wie zum Beispiel der Binder, der Gabelwender, der Schwadenrechen oder der Kartoffelroder. Diese konnten fast unverändert an den Bulldog angehängt werden. Allerdings waren wie früher bei den tierischen Gespannen bei dieser Maschinengeneration noch mindestens zwei Arbeitskräfte nötig: der Fahrzeugführer und der Maschinenführer. Nun gab es eine neue Art von Maschinen und Geräten, die vom Bulldog aus gesteuert und über eine Zapfwelle angetrieben wurden, mit gleichmäßiger Antriebsgeschwindigkeit und völlig neuen Arbeitsvorgängen.

»Allein zwischen 1946 und 1960 erhöhte sich die Zahl der Traktoren in Bayern um weit über 200.000«, stellt »Bauern in Bayern« fest. Mit dem Bulldog als zentralem und mobilem Motor veränderte sich auf dem Dorf praktisch das gesamte Arbeits- und Alltagsleben. Man begann, so immer noch »Bauern in Bayern«, »in sogenannten Arbeitsketten zu denken, worunter eine Mechanisierung zahlreicher Arbeitsgänge zu verstehen ist«. Die Landwirtschaft ließ sich also jetzt nicht bloß Maschinen, sondern auch Methoden von der Industrie liefern.

In der Folge »sank der Bedarf an landwirtschaftlichen Arbeitskräften beträchtlich. Mit dem allmählichen Verschwinden des Gesindes änderte sich die bisherige bäuerliche Lebens- und Arbeitsgemeinschaft entscheidend«, heißt es weiter: »Die Durchsetzung moderner landwirtschaftlicher Technik war eine wesentliche Voraussetzung für die Produktionssteigerung in der Nachkriegszeit. Gleichzeitig führte die damit einhergehende Einsparung an Arbeitskräften zur Herausbildung des modernen bäuerlichen Familienbetriebs.« Arbeitskräfte stellte nunmehr fast ausschließlich die Kleinfamilie.

Dazu kam noch eine Folge der Mechanisierung: »Moderne Technik und ihr überbetrieblicher Einsatz haben der Außenwirtschaft die früher ausgeprägten Arbeitsspitzen genommen. Die Getreideernte, einst die Hauptlast in der Arbeitserledigung, benötigt mit dem Mähdrescher einschließlich der Folgearbeiten nur noch drei bis fünf Arbeitskraftstunden pro Hektar. Vor 30 Jahren mußten dafür mit Mähbinder und Scheunendrusch etwa 160 bis 180 Stunden aufgewendet werden«, rechnet »Der Landkreis Fürstenfeldbruck« vor. Die technischen Entwicklungen bei Getreideanbau, Ernte und Drusch waren und blieben auch während der folgenden Phasen das Vorbild der Mechanisierung für die Landtechnik insgesamt.

Bei der technologischen Entwicklung des Getreidedrusches zeigte sich gleich auch der neue Rhythmus, mit dem sich die revolutionären industriellen Erneuerungen nun durchsetzten: Fast genau in dem Moment, in dem sie sich als neue Technologie flächendeckend etabliert hatte, wurde die Dreschmaschine durch die nächste technologische Stufe ersetzt. »Sie musste angesichts des rasanten Umschwungs in der Landwirtschaft, der mit dem Mähdrescher kam, wenige Jahre später schon als veraltet gelten«, weiß die Monografie »Im Fokus«: »Denn statistisch betrachtet lösten diese leistungsstarken, technisch völlig neuen Geräte die mit externen Motoren betriebenen Dreschwägen ab 1960 sehr schnell ab.« Jeder Bauer, der es sich halbwegs leisten konnte, wollte jetzt einen eigenen Mähdrescher: erst einen vom Schlepper gezogenen Dreschwagen, kurz darauf einen »Selbstfahrer«.

Kleinere Bauern wie wir kauften bald die schnell technisch veralteten, gebrauchten, aber immer noch leistungsfähigen Dreschwägen von den großen Bauern; die wiederum legten sich die ersten, noch kleinen, moderneren »Selbstfahrer« zu. Als die Trendsetter dann, der weiteren Entwicklung folgend, die neuen, größeren und perfekteren Mähdrescher erwarben, konnten wir kleinere Bauern uns die gebrauchten Selbstfahrer der ersten Generation leisten. Jedoch blieb der betriebseigene Mähdrescher ebenfalls nur eine vorübergehende Erscheinung. Mit zunehmender technologischer Reife und Perfektion und dem damit verbundenen massiv erhöhten Kapitaleinsatz lohnte sich die jeweils neue Mähdreschergeneration bei den bei uns üblichen Betriebsgrößen nur noch im überbetrieblichen Einsatz. Erneut setzte sich das Lohndreschen durch, diesmal allerdings mit automobilen Dreschmaschinen.

Dazu ergänzt die Monografie »Der Landkreis Fürstenfeldbruck«: »Es liegt in der Natur der landwirtschaftlichen Produktion, daß sich Maschinen sehr schlecht auslasten lassen und damit einen übergroßen Teil des Betriebserfolges verschlingen. Diese Erkenntnis hat schon 1960 durch Vorbereitung des Landwirtschaftsamtes und mit Unterstützung der Kreis- und Stadtsparkasse zur Gründung des Maschinenringes geführt, der ersten Gründung auf Landkreisebene in Bayern«. Mithilfe des Maschinenringes verrichteten Bauern Arbeiten für andere Bauern mit den jeweils modernen, kostspieligen Maschinen, die einer allein nicht mehr auslasten konnte. Je leistungsfähiger und teurer die neuen Entwicklungen wurden, desto umfassender breitete sich der überbetriebliche Einsatz von Maschinen aus, ob nun durch Lohnunternehmer oder Maschinenring.

Ein immer stärkerer Intensivierungs- und Perfektionierungsprozess, der mit dem wachsenden Kapital- wie Mitteleinsatz verbundenen war, ergriff nach und nach alle Betriebsbereiche. Davon blieb auch der Bauer selbst nicht unberührt. Laut Hansjörg Küster kam es nach dem Krieg generell »zu einer Professionalisierung in der Landwirtschaft«. So machten die meisten Bauern eine Berufsausbildung, also »mindestens eine landwirtschaftliche Lehre«. »Außerdem gibt es zahlreiche professionelle landwirtschaftliche Berater, die die Bauern besuchen. Darunter sind Experten für Sortenwahl, Pflanzenschutz und Tiergenetik.« Küster zählt zusätzlich noch »Fortschritte bei der Agrartechnik, in der landwirtschaftlichen Betriebslehre«, bei Züchtungen, Düngung und Pflanzenschutz und in der Tierhaltung auf.

Der Trend zu Intensivierung und Rationalisierung umfasst schließlich alle Bereiche und beschleunigt sich bis heute: »Immer noch werden Agrarflächen zu größeren zusammengelegt, Hecken werden beseitigt, die Düngung der Flächen wird intensiviert.« Das hat negative Folgen für Natur, Artenvielfalt und Landschaft. So können sich beispielsweise Pflanzen mit einer längeren Entwicklungsdauer nicht mehr entfalten. »Daher kann man heute kaum noch einen bunten Wiesenstrauß pflücken wie noch vor ein paar Jahrzehnten: Salbei, Margerite oder Wiesenplatterbse, ehemals häufige Grünlandgewächse, sind selten geworden«, klagt Küster.

Auch das schöne Bayernland bleibt dabei nicht unversehrt. Im Jahr 1957 lag laut Raphael Gerhardt »der durchschnittliche Düngemitteleinsatz pro Flächeneinheit in Bayern am niedrigsten im ganzen Bundesgebiet«. Demnach »wirtschaftete ein großer Teil der bayerischen Betriebe doch immer noch nach überkommenen, kaum mehr als subsistenzwirtschaftlichen Methoden. Gleichzeitig war die Maschinisierung der Landwirtschaft beinahe abgeschlossen, sodass zahlreiche Betriebe sich zwar für die Anschaffung teurer Traktoren verschuldet hatten, diese bei der vorherrschenden Betriebsorganisation aber nicht wirtschaftlich einsetzen konnten.« Zu den Traktoren wurden natürlich auch noch verschiedene Maschinen, entsprechende Anhänger, Anbaugeräte etc. gebraucht und angeschafft.

All diese enormen wirtschaftlichen Anstrengungen brachten noch einmal einen gewaltigen Investitions- und Technologieschub für die Landmaschinenhersteller und einen Auftrieb an Kapital und Umsatz für die Banken. Aber die damit erhöhten Standards setzten alle Landwirte unter gewaltigen Wettbewerbsdruck und viele davon großen wirtschaftlichen Problemen aus. Am Ende kam es dadurch zu einer ungeheuren Kapitalvernichtung in den ländlichen Regionen. Denn nicht ausgelastete Maschinen blieben unwirtschaftlich, in ihnen steckte faktisch vernichtetes Kapital. Sehr viel Geld wurde damals mit großen Hoffnungen, aber letztlich sinnlos ausgegeben.

Erst recht galt das natürlich, wenn landwirtschaftliche Betriebe, die kurz vorher noch versucht hatten, im technologischen Wettbewerb mitzuhalten und alle dafür nötigen Maschinen zu erwerben, wenig später zugemacht wurden. Dieses überschüssige, in überdimensionierte oder überflüssige Maschinen umgewandelte Kapital rostet heute aber nicht komplett vor sich hin, sondern wird musealisiert oder bei regelmäßig abgehaltenen Oldtimer-Treffen ausgestellt und bewundert. Zumindest die erste, in den Nachkriegsjahren eingesetzte Maschinengeneration führt, soweit sie nicht verschrottet wurde, ein weitgehend zweckfreies, ganz der technischen Schönheit gewidmetes, tendenziell ewiges Leben.

17 DIE SCHMIEDSTRASSE

Ganz am Schluss der Schmiedstraße, als Ende der Bebauung und schon halb in Puchheim, lag dem Moosbaur sein Hof. An den Moosbaurn selber kann ich mich eigentlich bloß für zwei Sachen erinnern. Weil ich bin ja nicht wegen dem Moosbaur und schon gar nicht zwengs der Moosbäurin bis dahinter, sondern hauptsächlich weil der Moosbaurnhanse da daheim war. Der war später mit mir in der Schule, aber auch schon vorher waren wir miteinander unterwegs, mit und ohne Schaber Bernhard oder der ganzen Blos'n. Der Hanse war eher ein sehr, sehr Ruhiger. Die Moosbäurin war auch eine recht Ruhige, Freundliche. Am ruhigsten aber war der große schwarze Hund vom Moosbaur.

Wenn ich dann daheim wieder bei der Tür reingekommen bin, hat mein Papa zuverlässig kurz darauf ausgerufen: »Warst wieder beim Moosbaur! Weil den Floh hab ich schon!« Mein Papa war von früher her Experte für Flöhe. Weil er war ja zuerst als Rossbub bei fremden Bauern und später als Muli-Führer im Krieg. Daher war er auch Experte für andere etliche so kleine Tiere, die die Menschen lieben, aber nicht umgekehrt. Wenn die Sprache auf diese hartnäckigen Menschenfreunde kam, hat meine Mama jedes Mal einen kleinen Kreischer losgelassen; es hat sie regelrecht geschüttelt und sie hat, wie sie lauthals verkündete, »gleich eine Ganshaut gekriegt«. Schon beim bloßen Reden von so kleinen Tieren hat sie gleich eine Ganshaut gekriegt. Aber die Tiere selber hat sie eigentlich nie gekriegt. Die landeten immer bloß beim Papa.

Hundeflöhe waren die Aufregung gar nicht wert. Die sind eh prompt wieder weiter. Wie eben von mir ungebremst zum Papa. Mir haben die gar nix gewollt. Die andere Sach, die mir einfällt, wenn es um den Moosbaurn geht, war die gezuckerte Milli, die er im Winter gern gegessen hat. Am späten Nachmittag, da war es schon finster, vor dem Stall, also bevor sie ihre Viecher gefüttert, gemolken und ausgemistet haben, gab es so was wie eine Teepause.

Kann sein, einen roten Tee. Hagebutte, möglicherweise. Aber wirklich besonders war eben die süße Milli, in die der Moosbaur altes Brot einbrockte. Eine Art Brotsuppe, aber eben mit warmer, gezuckerter

Milch, die er genüsslich ausgelöffelt hat. Ich hab sie probieren dürfen, und die war wahrhaftig sauber süß.

Mein Papa war auch ein Spezialist für ausgesuchte Milchprodukte, etwa mit seiner Vorliebe für gestöckelte Milli oder g'stinkerten Käs. Den hat er jeden Freitagabend gegessen, aber der musste schon nachmittags neben dem Ofen und später, im neuen Haus, auf der Heizung liegen, damit er warm wurde und auch richtig stank. Und jedes Mal, wenn er dran vorbeigekommen ist und ihn gerochen hat, musste er seiner Vorfreude auf das Abendmahl laut Ausdruck verleihen. Wir haben ihn auch gerochen, jedoch mit praktisch keiner Freude. Aber was die süße Milli anging, da war selbst mein Papa mehr als skeptisch. Eine solche Speise, hat er wenig begeistert bemerkt, habe es bei manchen Bauern früher öfter gegeben. Das klang für mich nicht, als ob er Millisuppn für ein immaterielles Weltkulturerbe gehalten hätte.

Die sonst so stille Moosbäurin übrigens, die meist überhaupt nicht aufgefallen ist, wenn sie in der Stube war, hat mal eine dramatische Hauptrolle gespielt. Also genauer gesagt, eher eine Opferrolle. Weil sie ist am Bach vor der Haustür von einem Bisamratz gebissen worden. Da war ich zwar selber nicht dabei und sie hat es mir auch nicht persönlich erzählt, aber das hab ich sofort geglaubt, als ich es gehört hab. Weil ich hab die gar nicht so süßen Tierchen flitzen gesehen im Moosbach und die großen Löcher, die sie in die Bachflanken gewühlt haben. Und vor allem die scharfen Schneidezähne. Da hab ich genau aufgepasst, dass ich mich andauernd und lautstark bemerkbar machte, bevor ich näher an oder gar in den Moosbach bin oder den Holzbach, zum Dammbau zum Beispiel oder zum Schifferl-fahren-lassen. Mit so einem Bisam-Biss hätt ich mich bloß nicht heim trauen brauchen.

Man glaubt gar nicht, wie lang so eine kurze Straße sein kann, wenn man sie genau erforscht.

Trotzdem haben nicht alle Häuser einen längeren Aufenthalt gelohnt oder einen häufigeren Besuch. Bei manchen war auch ich nicht wirklich willkommen, auch wenn dir nicht leicht wer so deutlich gesagt hätte, dass du dich schleichen sollst. Aber gespürt hast es halt doch. Weil bei denen war es fad, oder eben wenig einladend. Diese Häuser will ich gar nicht aufzählen, weil das lohnt sich nicht und zum Schluss ist wer beleidigt, nur weil seine Eltern oder irgendwelche anderen Verwandten vor

60 Jahren fad waren. Oder weil ich kleiner Bub geglaubt hab, dass sie fad waren. Da nenn ich lieber keine Namen.

Beim Kleiber war zumindest die Wagner-Werkstatt noch ganz interessant, so lang sie noch wenigstens ein bisschen genutzt wurde. Wo der alte Kleiber noch drin gewerkelt hat. Wenn mich nicht alles täuscht, hab ich da mal einen Drachen zum Steigenlassen im Herbst gebaut – bekommen. Aber das kann auch beim Hartl-Schreiner in der Dorfstraße gewesen sein, und den Drachen hab ich bloß auf der Wiese hinterm Kleiber fliegen lassen. Oder, was mir noch wahrscheinlicher vorkommt: Ich hab bei beiden Drachen gebaut, aber halt nicht im selben Jahr. Weil's dann den einen schon nicht mehr gegeben hat, und seine Schreinerei, hab ich mir im nächsten Jahr den anderen suchen müssen. Oder umgekehrt.

Mit dünnen Leisten aus hellem, leichtem Holz und aus Pergamentpapier haben wir den zusammengepappt. Die Leisten haben wir davor in der Werkstatt zugeschnitten. Also er hat zugeschnitten, ich hab zugeschaut. Und das bunte Papier hab ich dann im Schreibwarenladen ein paar Häuser weiter gekauft, und den Spogat, also die Schnur, zum Festhalten. Damit der Drachen nicht einfach davonfliegen kann.

Eine Schwester vom Kleiber, die Liesl, hat daneben in einem kleinen Häusl gewohnt. Aber das war schon nicht mehr in der Schmiedstraße, sondern hinten in der Triebstraße, hinter der Werkstatt und dem Trafohäusl. Die Liesl war echt nett, aber halt meist, wenn man sie besuchen wollte, nicht daheim, weil sie in die Arbeit gegangen ist. Wo immer das auch gewesen ist. »In die Arbeit gehen«, darunter konnte ich mir gar nichts vorstellen. Aber besonders schön konnte der Ort nicht sein, zwengs dem Gesichtsausdruck, den die Leute gezogen haben, wenn sie davon gesprochen haben. Und warum musste man überhaupt wo hingehen, wenn wir doch daheim schon mehr als genug Arbeit hatten?

Das bei Weitem Wichtigste am Kleiber aber war das Kleiber Bergerl: eine recht sanfte Anhöhe, die im Sommer gar nicht aufgefallen ist. Da hat kaum einer gemerkt, beim Vorbeigehen, dass sich in dem kleinen Buckel so ein gewaltiger Höhenunterschied versteckt hat. Aber im Winter! Da ging's obi! Da wenn Schnee lag, da hat man sich mutig und wild und bäuchlings auf dem Schlitten hinunterstürzen können und lauthals rufen: »Aus der Bo, aus der Bo, hinten hängt der Deife dro!« Und dann ist man mit Karacho fast in den Holzzaun vom Schaber gerast, auf der anderen Straßenseite. Ungebremst.

Die Straße hat selbstverständlich auch zu unserer Schlittenbahn gehört. Zwecks Auslauf. Das war ja jetzt nicht direkt eine Hauptverkehrsstraße. Außer uns Kindern war da so gut wie kein Betrieb. Im Winter erst recht nicht. Und natürlich, das muss man für die Heutigen ausdrücklich dazu sagen, waren da weit und breit keine Eltern, die auf uns aufgepasst hätten. Oder gar auf dem Schlitten mitgefahren wären. Das wär nie keinem eingefallen und sowieso schon rein technisch gar nicht gegangen. Denn so stark war das Gefälle vom Kleiber Bergerl nun auch wieder nicht.

In späteren Wintern musste ich dann wegen wachsenden Eigengewichts und größeren Bedarfs an Gefälle den weiten Weg zum Parsberg laufen. Wenn ich da hinausmarschiert bin, hab ich den Schlitten fröhlich zuckelnd hinterhergezogen, im strahlenden Sonnenschein. Abends ging es dann nass und frierend und abgekämpft, mit feuchten Wollhandschuhen, durchgeweichten Schuhen und nassen Socken, im Dunkeln wieder zurück; wo der Schlitten schon schwer wurde, genauso wie die klammen Klamotten, und die Kufen an dem schon anziehenden eisigen Schnee auf der Triebstraße klebten, sobald man nur eine kurze Verschnaufpause machte. Und geh mal den ganzen Weg ohne eine kurze Verschnaufpause! Aber danach musstest du dann die Kufen wieder mit einem kurzen Ruck losreißen. Kein Mensch weit und breit. Und spätestens in der Schmiedstraße, beim stockfinsteren Trosthammerhäusl, hab ich gemerkt, wie durchgefroren ich schon war – und allweil noch nicht daheim.

Gegenüber vom Kleiber Bergerl war, wie gesagt, der Schaber. Wie da der Bernhard genealogisch, also abstammungsmäßig hineingepasst hat, wie er warum mit wem vom Schaber verwandt war, das hab ich nie ganz verstanden. Wenn man irgendwo hinkam, wo man noch nicht wirklich bekannt war, hieß die Standardfrage, mit der du eingeortet wurdest: »Wem g'herst' n du?« Nicht: Wer bist du? Woher kommst du? Oder wenigstens: Wohin gehörst du? Nein: Wem gehörst du? Beim Bernhard war insofern immerhin klar, wer auch seine Eltern sein mochten: Er hat dem Schaber gehört.

Der Bernhard war schon ein anderes Kaliber als der Hanse und ich. Er hatte einen Erfahrungshintergrund, der nicht unbedingt weiter war als unserer, aber erkennbar anders eng. Abgesehen vom Bernhard war auch sonst immer was los beim Schaber. Da gab es die großen Loasna und den Saubärn. Der Saubär, das war der Dorfeber. Der hat in einem bedrohlich finsteren Stall gehaust, wo es immer sehr glaubwürdig geheißen hat: »Wenn ihr jetz kei Ruah gebt, na sperrn mir euch in den Saustall nei.« Wenn man dann noch keine Ruh geben wollte, dann hat man das lieber anderswo getan, aber nimmer beim Schaber.

Den Saubärn haben sie auch draußen auf der Woad rumlaufen lassen, eingezäunt natürlich. Weswegen die Straße, die da heute durchführt, wo diese Wiese früher war, Bärenweg heißt. Also eigentlich müsst' sie ja Saubärenweg heißen. Aber das wollte man dann doch so nicht sagen, im Gemeinderat. Weil sonst ziehen die Leute da völlig ahnungslos hin. Und dann sind sie beleidigt. Wenn sie im Saubärenweg wohnen. Sollen sie vielleicht sagen, wenn sie nach der Adresse gefragt werden: Ich wohne im Saubärnweg. Da klingt doch Bärenweg deutlich edler und geheimnisvoller.

Außerdem war die Schaber-Küche meist voller Tanten und irgendwelcher anderen Frauen. Einmal, da war ich gerade mal fünf, da wurde mir schon gelegentlich aufgetragen, auf meine kleine Schwester aufzupassen. Die war noch gar nicht lange auf der Welt. Und jetzt sollte ich sie auf einmal, statt wie bisher allein loszuziehen, im Kinderwagen rumkutschieren. Da hab ich ja darauf gewartet!

Lang hat das dann eh nicht hingehauen. Aber einmal, wo sie noch gemeint haben, das wäre meine neue Aufgabe, hab ich sie halt mitgenommen auf Tour. Und dann bin ich mal mit ihr zum Schaber hinter. Was war da die Aufregung in der Küche groß! Ui und ah und oh! Und: mei nett! Und was weiß ich noch was. Immer alle nur um den Kinderwagen rum und ein Gewese um das liebe Wutzerl und süße Butzerl.

Bis es mir zu viel wurde. Hat man hinterher bei mir daheim erzählt. Verklampert, hieß das, wenn man bei strafenden Autoritäten hingehängt wurde. Ich hätte ihnen, haben sie gesagt, den Kinderwagen hingeschoben mit den Worten: »Da, da habt's as.« Und schon sei ich draußen gewesen bei der Tür. Das hat man mir noch jahrelang vorgehalten. Aber, was keiner gesagt hat, und zwar nie: Dass ich sie später wieder abgeholt hab und sicher heimgebracht. Weil sie halt nicht dem Schaber gehört hat, sondern dem Dirr.

18 WACHSTUM ALLERORTEN

Germering ist, wie gesagt, in vielerlei Hinsicht ein Dorf wie jedes andere. Im Hinblick auf die Entwicklungsphase bis zum Beginn des 20. Jahrhunderts heißt es im vom Haus der Bayerischen Geschichte herausgegebenen Band »Bauern in Bayern« über Dörfer wie unseres: »Abgesetzt von der neugotisierten Kirche ist jetzt ein weltliches Dorfzentrum entstanden. Zu ihm gehören das Gemeindehaus, ein Feuerwehrhäusl und das aufgestockte Schulhaus. Gleich daneben wurde das Kriegerdenkmal errichtet, das an den deutsch-französischen Krieg 1870/71 erinnert. An bestimmten Festtagen versammelt sich davor die Dorfbevölkerung mit ihren Vereinen. Um vor allem die Brachen auszunützen, wurden neue Felder angelegt. Durch die Landschaft ziehen sich nun die Gleise der Eisenbahn, eine wichtige Neuerung. Der Bahnhof steht aber außerhalb des Dorfes.« Abgesehen davon, dass unser altes Straßendorf ohne ausgeprägtes Zentrum auskommen musste, hat sich diese typische Entwicklung bei uns bis ins kleinste Detail wiederholt.

Wir könnten eine Art Musterdorf abgeben. Denn auch die weiteren Bausteine einer ersten dörflichen Modernisierung finden sich in Germering: »Entscheidende Kredite gewährten die Darlehenskassen, die sich – ausgehend von den Gedanken Raiffeisens – seit den späten 70er Jahren in Bayern verbreiteten. Zu diesen Kreditgenossenschaften gesellten sich Waren- und Produktionsgenossenschaften.« Im Großen und Ganzen sieht die Struktur des Altdorfs selbst noch 50 Jahre später so aus, am Ende des Zweiten Weltkriegs. Allerdings muss man dazu die ersten Verflechtungen mit den langsam wachsenden, zusätzlichen Ortsteilen in Neugermering, um den Bahnhof herum und erst recht mit Unterpfaffenhofen ausblenden.

Vor allem im Entstehen und Anwachsen neuer Ortsteile spürte unsere Gemeinde schon seit der vorletzten Jahrhundertwende neben dem Einfluss der Gründerzeit auch den speziellen Sog der Landeshauptstadt. Die Bevölkerung wächst zuerst sehr behutsam, wohl vor allem aus eigener Kraft und dank verbesserter Ernährungs- und Gesundheitslage, von 420 Einwohner 1871 auf 500 um 1900. Trotz aller neuzeitlichen Veränderungen hatte Germering selbst vor hundert Jahren, noch Mitte der 1920er-Jahre, lediglich um die 800 Einwohner.

Erst mit den Nazis und ihren Kriegsvorbereitungen ging es zumindest zahlenmäßig richtig aufwärts: Zu Kriegsbeginn 1939 hatte sich die Einwohnerzahl mit 1608 bereits verdoppelt. Diese Entwicklung verstärkte sich nach dem verlorenen Krieg: Anfang 1950 wohnten 2730 Menschen hier, darunter etwa ein Viertel Flüchtlinge. Dann entwickelte sich die Gemeinde geradezu rasant: Bei der Volkszählung Mitte 1961 wurden immerhin 4949 Menschen gezählt; Ende 1964 waren es fast doppelt so viele, nämlich 9447. Die Einwohnerzunahme betrug zwischen 1950 und 1984 laut »Statistischem Infodienst« 453 Prozent.

Wo kamen die vielen Menschen her? Laut Statistischem Landesamt zogen zwischen 1.10.1963 und 15.11.1964, also in etwas mehr als einem Jahr, fast 3000 Neubürgerinnen und Neubürger zu. Davon kamen 1023 aus Bayern (ohne München), außerdem allein aus der Landeshauptstadt 1305. Der geringere Teil der »Zugreisten«, nämlich weitere 638 Personen, kam aus Orten außerhalb Bayerns. Bloß 182 der neuen Einwohnerinnen und Einwohner waren »Ausländer«.

In den nächsten sechs Jahren verdoppelte sich die Zahl der Germeringer*innen erneut: Zur Olympiade 1972 in München lebten längst 18 830 Menschen bei uns in der Vorstadt. Jedes weitere Jahr zogen ungefähr 1000 Neubürger*innen zu, sodass es für eine weitere Verdoppelung dann noch mal 20 Jahre dauerte. Den Höhepunkt brachte das Jahr 1990, in dem Germering laut städtischer Strukturdaten schon mehr als 36.000 Einwohnerinnen und Einwohner hatte. Danach flachte die Wachstumskurve stark ab: Noch mal 20 Jahre später, 2019, wohnten »bloß« 15 Prozent mehr Menschen in unserer Stadt, nämlich gut 41.000.

Dieses Bevölkerungswachstum war Ausdruck und gleichzeitig auch wieder Ursache eines rasanten wirtschaftlichen Wachstums. In seinen »Studien zur bayerischen Provinz 1945 bis 1972« beschreibt Jaromír Balcar am Beispiel einzelner Gemeinden und Landkreise, wie sehr »die fünfziger, sechziger und frühen siebziger Jahre eine Phase beschleunigter wirtschaftlicher und sozialer Veränderungen waren«. Diese Entwicklung lief im Prinzip in ganz Europa ab, aber sie hatte in Bayern, sagt Balcar, »ein besonders hohes Tempo: Das ehedem rückständige

Agrarland gewann in diesen Jahren Anschluss an die Moderne bzw. an die Entwicklung im Bund.« Bayern und seine Kommunen machten also einen besonders großen Sprung nach vorne, vorausgesetzt, wir und unsere heutigen Verhältnisse sind vorne.

Die rasante Geschwindigkeit, mit der unsere Bevölkerung wuchs und sich veränderte, lässt sich auch daran ablesen, dass der Germeringer Friedhof mehrmals und in zunehmend kürzeren Abständen erweitert werden musste, nämlich erstmals 1920, dann 1970 und erst recht in späteren Jahren. Denn obwohl anfangs vor allem junge Familien zuzogen, gingen mit der Zeit natürlich die Altersstrukturen nach oben, und damit steigt eben auch die Zahl der Sterbefälle.

Angesichts dieses Wachstums und infolge veränderter Gewohnheiten wollten nun auch die Leichenträger am Aufschwung teilhaben: Sie, so steht es im Sitzungsprotokoll vom 10. Oktober 1958, »haben beantragt, dass sie künftig für ihre Leichendienste eine Entschädigung von DM 10,00 haben wollen«. Das genehmigte der Gemeinderat einstimmig.

Im alten Leichenhaus, das 1920 gebaut und eingeweiht wurde, gab es eine Dienstwohnung für den Totengräber. Ich kann mich auch vage erinnern, dass wir, mein Vater und ich, beim Krebs dort mal vorbeigeschaut haben. Das war eine ziemlich finstere Bruchbude, ohne fließendes Wasser und Sanitäranlagen. Der Totengräber wohnte da unter erbärmlichen Bedingungen. Deshalb hieß es 1962 bei der Beratung nötiger Baumaßnahmen im Gemeinderat, man könne nicht »die bisherige Wohnung in die Erweiterung einbeziehen«. Schon bei der Besichtigung 1958 hatte die Rechtsaufsicht heftige Kritik geübt: Der »Zustand des Leichenhauses ist völlig ungenügend. Ein Sektionsraum ist einzurichten. Außerdem muß unbedingt ein Wasseranschluß hergestellt werden. Die Abortanlage ist völlig unzulänglich.« Man musste sich halt jahrzehntelang irgendwie behelfen, wenn man mal musste.

Als Ende der Fünfzigerjahre bei der gemeindlichen Infrastruktur erste Wachstumsschmerzen auftraten, forderte die Rechtsaufsicht, ein »neuer Müllabladeplatz sollte bereitgestellt werden«. Weiter monierte man: »Die Verwaltung ist zu schwach besetzt.« Der Personalstand der Gemeinde Germering spiegelte selbstverständlich den rasanten Anstieg der

Bevölkerungszahlen und damit auch der kommunalen Aufgaben, allerdings mit ein paar Jahren Verzögerung.

1956 gab es einen Beamten, zwei Angestellte und einen Lehrling sowie einen Arbeiter. Zwei Jahre später, im September 1958, wurde bei der routinemäßigen Gemeindebesichtigung durch die Rechtsaufsicht folgendes Personal aufgezählt: »Insp. Schindler; Angest. Helga Moser; Rudolf Schober Angest.; Angest. Lehrling Ingrid Wöhrl; Gemeindediener Georg Köpf, Angest.; 3 Arbeiter nach freier Vereinbarung (Stundenlohn)«. Einer dieser drei Arbeiter nach Vereinbarung war mein Papa. Er fuhr bei Bedarf den neu angeschafften Unimog, der als Laster und Zugmaschine für Gemeindearbeiten und als Feuerwehrauto gleichermaßen herhalten musste.

Ein paar Jahre später, nämlich 1962, hatte sich das Personal faktisch verdoppelt: Es wurden ein Beamter, sechs Angestellte und sechs Arbeiter gemeldet, dazu drei in Teilzeit. 15 Jahre später, nämlich 1977, gab es einschließlich des Bürgermeisters vier Beamte, 13 Angestellte und 20 Arbeiter. Über den Personalstand heute wollen wir gar nicht reden.

19 MITTENDRIN DIE MOLKEREI

Etliche Höfe existierten auch damals schon nur noch als leere Hüllen einer wenig glorreichen Vergangenheit. Bei vielen kleinen Betrieben, wie beim Buchenberger, aber auch ein paar mittleren, wie beim Süaß und beim Leserer, und sogar bei einem Großen, beim Hofbauer, brauchte man gar nicht mehr vorbeischauen. Da war nix mehr los. Uns schräg gegenüber der Bichebaur, mit seinen bereits erwähnten Bigockeln, der hatte ebenfalls bald keine Landwirtschaft mehr. Aber immerhin hatte er selbst noch Jahre später Stall, Heuboden und Scheune weder abgerissen noch umgebaut. Deswegen konnten wir, als unser eigenes, längst zu kleines altes Hofgebäude weggeschoben wurde, den größten Teil unserer Tiere und ihres Futters bei ihm unterbringen, bis unser Neubau fertig war.

War es schon merkwürdig genug, daheim die vertrauten Räumlichkeiten ruiniert und stattdessen nur noch große Baugruben zu sehen, haben wir dort im fremden Stall die gewohnten Tätigkeiten – füttern, misten, melken – in ungewohnter Umgebung gemacht. Alltagsroutine im Ausnahmezustand. Aber nach dem Neubau war ohnehin nichts mehr wie vorher, und zwar nicht bloß bei uns. Mitte der Sechzigerjahre zog in ganz Germering die neue Zeit ein und die alten Gewohnheiten und Gewissheiten waren auf einmal unbekannt verzogen. Aber erst mal hat die ja ohnehin keiner vermisst. Man hat lang gar nicht gemerkt, dass sie nimmer da waren.

Doch bevor es so weit war, hab ich noch etliche Höfe abgeklappert. In der Rückschau war es so ähnlich wie beim Käfersammeln. Da hast du den Maikäfer in die Streichholzschachtel reingesteckt, vorsichtig, weil wenn du nicht aufgepasst hast wie ein Schießhund, ist er dir davon geflogen, und oben im Deckel hast du ihm Luftlöcher reingestochen und ein paar Kastanienblätter hast du ihm auch dazu gegeben, damit es ihm gut geht, quicklebendig war er da noch, als du die Schachtel zugeschoben hast, und trotzdem hat er sich am nächsten Tag kaum noch bewegt und dann eigentlich gar nicht mehr.

Neben dem Bichebaur, direkt uns gegenüber auf der andren Straßenseite, beim Streicher, hatten sie noch ein paar Jahre länger Kühe. Um die Tiere kümmerte sich ein »Schweizer«. Der kam aber gar nicht aus der Schweiz. Der Echter kam aus Peißenberg. Der hat früher im Bergwerk gearbeitet und sie war vorher Haushaltshilfe beim Vogel, wo dem seine Buben noch klein waren. Beim berühmten Vogel. Aber mir hat der Name nix gesagt. Und außerdem war der Vogel da überhaupt noch nicht berühmt, wo die Echterin bei ihm gearbeitet hat und die Echterin hat ja auch noch nicht Echterin geheißen, sondern anders; aber keine Ahnung, wie.

Mit den Echters hatten meine Eltern einen guten Kontakt. Da hat man auch abends mal reingeschaut, nach dem Stall, man musste ja bloß über die Straße nüber. Wir haben sie noch Jahre später immer wieder besucht, als sie längst nicht mehr beim Streicher gewohnt haben, sondern in Esting in einer Neubauwohnung. Beim Streicher hatten der Schweizer und seine Familie eine Betriebswohnung über dem Kuhstall. Da hatten sie es gar nicht weit zur Arbeit. Auch mein Papa hat, erst als Roßbub, dann als Roßknecht bei fremden Bauern, gleich im Stall oder in der Kammer darüber geschlafen, damit er nicht so einen weiten Weg hatte zur Arbeit. Und auch bei uns daheim musste man ja bloß über den Gang gehen, dann war man schon im Stall und bei der Stallarbeit.

Auf fast allen Bauernhöfen lebten und schufteten nicht nur der Bauer, seine Frau und ihre Kinder, sondern da halfen oft weibliche Verwandte mit, auch wenn sie meist nicht mehr auf dem Hof übernachtet haben. Zudem arbeitete natürlich die vorherige Hofbesitzergeneration mit, wenn sie noch lebte oder nicht schon bettlägerig war und selber bloß noch Arbeit machte. Dass der Bruder des Bauern noch auf dem Hof lebte, wie der Waschlseppnhanse, das war eher selten. Höchstens da, wo der Alte noch nicht übergeben hatte.

Aber alle größeren und mittelgroßen Bauern, wie der Wirt, der Zengerle, der Pollinger sowieso, der Brandtweiner, der eine Reger und der andere, hatten noch lange, bis in die Siebzigerjahre hinein nicht nur gelegentliche Helfer, sondern einen Knecht, der bei ihnen mitlebte. Beim Pollinger arbeitete auch die Frau vom Knecht mit, als Haushälterin und in den Fünfzigerjahren, als er noch Kühe hatte, auch zum Melken. Und beim Zengerle gab es eine Hilfe, nicht zuletzt auch wegen dem Laden. Aber ich glaub nicht, dass es noch wen außer dem Streicher gab, der noch einen Knecht bloß fürs Melken gehabt hätte. Denn die wirklich großen Bauern hatten, meine ich, in den Sechzigerjahren ohnehin schon keine Milchkühe mehr, und alle anderen hätten sich das nicht leisten können.

Der Streicher selber hieß so ähnlich wie der Gehilfe vom Nikolaus, der Knecht Ruprecht. Er hieß nämlich »Rupert« oder eigentlich »Ruppo«. Aber nicht bloß der Bauer, sondern auch der alte Streicher hieß Ruppo. Bloß bei mir nicht. Bei mir hieß er nur »Moritzbauer«. Weil er noch ein dunkles, braves Ross hatte, das Moritz geheißen hat. Der alte Streicher hat ständig Stumpen geraucht, die sauber gestunken haben. Dafür hatte er eine kleine Schmiede in einem Nebenbau, neben dem Moritzstall. Da hat es auch manchmal sauber geraucht, aber nicht so gestunken.

In der Molkerei daneben hat es dagegen immer gut gerochen; und wo der Ritzefeld da war, gab es einen Joghurt, der hat selten gut geschmeckt. Ein Naturjoghurt, wohlgemerkt. Also ohne was drin. Diesen Geschmack hab ich nie wieder getroffen. Und warm war's immer in der Molkerei, zwengs der Abwärme, weil die Milch in einem Riesentank gekühlt werden musste. Diese Milch wurde an verschiedenen Stellen in Germering ausgeschenkt, mit dem Schöpfer aus der Wanne, in mitgebrachte Gefäße: in der Molkerei selber, beim Zengerle in der Augsburger, aber auch am Bahnhof und in den Neubaugebieten. Außerdem gab es verschiedene selber gemachte Frischeprodukte wie Rahm, Quark und Butter. Die Molkereiarbeiterinnen hatten weiße Häubchen auf, weiße Schürzen und ebensolche Gummistiefel, aber auch die Männer, die dort arbeiteten. Über der Molkerei haben nacheinander verschiedene Familien gewohnt von Molkereiangestellten, mit allerhand Kindern, mit denen ich oder meine Schwester spielen konnten.

Während der Milchanlieferung in der Früh und auf d'Nacht, wenn die Bauern rumgestanden sind und auf die Abfertigung gewartet haben, ist viel geratscht worden. Oft haben ein paar noch geratscht, wenn die Molkerei bereits zu und abends die Lichter schon aus waren. Das konnten wir von unseren Stallfenstern ganz genau beobachten. Das ging beim alten Hof schon ganz gut, beim Neubau mit den größeren Fenstern mit Blick auf die Straße sogar noch besser. Mir brauchte keiner erzählen, dass bloß die Frauen Ratschkathln sind. Auch dass sie ein paar Häuser weiter »Beim Ratscher« heißen, halt ich für übertrieben.

Beim Wiesheu haben sie kein bisschen mehr oder weniger gern geredet als alle anderen auch. Und wahrscheinlich kommt der Name sowieso woanders her, und der Martl und mein Papa haben sowieso meist nur vom »Guscht« geredet, selten vom »Wiesheu« und überhaupt nie vom »Ratscher«.

Mir selber hatten ein Milliwagerl, mit zwei Reifen, das hat gereicht für unsere paar Kübel. Ich bin gern mitgefahren, auf oder neben den warmen, schweren Eimern. Manche Großbauern haben den Knecht geschickt; der hat einen hohen Wagen ziehen müssen, mit einer großen Brücke aus Holz, voller Milchkübel, aber schon mit vier Gummireifen. Hoch war günstig, weil du dann die Kübel nicht die Treppenstufen rauftragen musstest, sondern einfach auf die Rampe rüberheben konntest. Aber trotzdem ist es auch dem Knecht bald zu blöd geworden und er hat den kleinen Wagen an den Bulldog angehängt, damit er nicht mehr selber ziehen musste.

Bald gab es auch ein Förderband, das durch ein Türl in der Mauer nach innen lief zur Waage. Andere von weiter weg oder wenig später mit den 40-Liter-Kübeln mussten sowieso mit dem Bulldog kommen, vor allem die Milchfahrer aus Puchheim oder Pfaffenhofen. Die kamen mit dem großen Anhänger und den Millikübeln vom ganzen Dorf. Wenn du warten musstest, bis die abgeladen hatten, hattest du viel Zeit zum Ratschen. Da hast auch gleich erfahren, was in den Nachbarorten los war. Aber mir haben meist nicht gewartet und geratscht, sondern aus dem Stallfenster rausgelurt, ob der Puchheimer oder Pfahofener Millifahrer mit dem Abladen nicht bald fertig ist. Meistens war es der Puchheimer. Der Kare war meistens der letzte Lieferant. Dann sind mir erst nüber.

Wo ich dann selber Millifahren musste, hab ich schon gemerkt, dass es bei uns im Hof bergab und drüben auf der anderen Straßenseite wieder bergauf ging. Anfangs konnte ich die Kübel nicht einfach die Molkereitreppe hochtragen, weil mir die einfach zu schwer waren. Da konnte ich die gerade mal von einer Stufe auf die andere setzen, einen nach dem anderen. Auf dem Heimweg musste man erst bremsen, damit einem das Wagerl nicht davon und einfach auf die Straße fuhr und vielleicht gar unten ein Kübel umkippte. Auf der anderen Seite ging es bei uns wieder bergauf, aber in der Früh waren die Kübel nicht leer, sondern voll mit Magermilch. Und manchmal musste ich auch Butter, Quark oder Rahm mit heimbringen. Oder die gedruckte Abrechnung. Oder die Ergebnisse der Milchprobe. Da hieß es: aufpassen!

Was es noch in der Molkerei gab, war ein Telefon. Das gab es natürlich auch im Rathaus und bei der Polizei. Aber die ließen einen nicht ohne Weiteres telefonieren. Das konnte Papa, wenn er irgendwo anrufen musste, nur in der Molkerei. Das Telefon hatte einen Zähler, da musste man hinterher entsprechend zahlen. Wenn er telefoniert hat, hat er immer laut geplärrt. Wie wenn er die Entfernung hätte überbrücken müssen. Irgendwann gab es dann vorm Rathaus neben uns eine Telefonzelle. Deshalb haben mir lange selber kein Telefon gebraucht. Und wenn wer, was immer mal wieder vorkam, wegen irgendwas Dringendem bei uns anrufen musste, hat er einfach die Molkerei angerufen. Wer immer dort im Büro war, hat Papa ans Telefon geholt. Das hat vielleicht ein bisschen gedauert. Aber so pressiert hat es ja jetzt auch nicht. Das war noch lange gang und gäbe, dass wer »ans Telefon geholt« werden musste. Und dass es hieß: »Einen Moment, bitte!« Denn da gab es halt nur ein Telefon. Auch wenn man in Büros anrief oder bei Behörden. Telefonieren war ein Ereignis, für das man sich schon ein bisschen Zeit nehmen konnte.

Die Molkerei war eine Anlaufstation fürs Altdorf nicht bloß zwengs der Milchanlieferungen, sondern auch ansonsten ein kleines Ortszentrum, so etwas wie ein spontaner, öffentlicher Versammlungsort, eine gut funktionierende Informationsbörse und sogar eine Art Freizeittreff, und zwar nicht nur wegen der ratschenden Lieferanten. In kalten, frostreichen Wintern sind wir abends nach der Stallarbeit hinten hinaus, auf den Anlieferungshof der Molkerei. Dort hatte der Molkerei-Chef auf dem geteerten Untergrund eine schöne, lange Eisfläche aufgespritzt, da konnten die Bewohner des Altdorfs Stockschießen.

Scheint's, dass sich dazu verschiedene Gruppen von Dörflern trafen, aber ich hab von den andern nix gewusst, ich kannte nur die unsere. War eh ein Wunder, dass ich auf d'Nacht noch mal rausdurfte und nicht gleich ins Bett musste, weil am nächsten Tag in der Früh Schule war. Vielleicht war's ja auch in den Weihnachtsferien. Mein Papa bildete »Moar-Schaften« mit immer den gleichen, dem jeweiligen Leiter der

Molkerei, Schneider oder Stadler, dem Polizisten Gregori, der aus dem bayerischen Wald stammte, dem Wiesheu und manchmal dem Waschlsepp, dazu ein paar Bauern und Spezln aus der Nachbarschaft.

Als ich schon ein bisschen größer und längst in der Schule war, ist Papa extra mit uns Kindern zum Wagner in Alling gefahren, um für uns besondere, kleine Eisstöcke machen zu lassen. Also eigentlich halt für mich, damit ich auch mitschießen konnte. Und meine kleine Schwester hat einen bekommen, damit sie nicht leer ausgeht. Denn ihr war selbst der kleine Stock noch zu schwer und abends länger aufbleiben hätt' sie auch nicht dürfen. Mit so einem kleinen Stock hast schon »massen«, also dich genau an die »Taube«, das Stück Zielholz, setzen können. Aber einen andern, der »hatte« oder im Weg stand, weghauen, das hast natürlich nicht gepackt. Dafür ist dein kleiner Stock umso leichter geflogen, wenn dich der Gegner aufs Korn genommen hatte. Doch das war wurscht. Denn da hab ich schon olympisch gedacht, bevor ich wusste, was Olympiade ist: Dabei sein war alles.

Einmal, wo wir beim Millifahren waren und vor der Molkerei, auf der Rampe, gewartet und geratscht haben, also ich hab nicht geratscht, sondern bloß zugehört, jedenfalls ist da in einer kalten Winternacht der Nikolaus vorbeigefahren, auf einem Pferdeschlitten. Da hatte es geschneit, wie sonst nur in den Weihnachtsliedern. Und das Glöckchen hat gebimmelt. Und das Pferd hat gedampft und geschnaubt, beim Laufen. Jedenfalls, wenn jetzt die Fantasie nicht mit mir durchgeht.

Ich hab dann alle Jahre wieder Anfang Dezember jeden Abend aus dem Kuhstallfenster oder von der Molkerei die Dorfstraße rauf- und runtergeschaut, ob er nicht wieder vorbeikommt, der Nikolaus. Sogar als ich längst nicht mehr an ihn geglaubt hab. Aber ich hab ihn nie wieder gesehen. Sodass ich manchmal gar nicht mehr sicher war, ob ich ihn das eine Mal gesehen hab. Aber das hab ich. Glaub ich.

20 MILCH, MUICH, MILLI

Meinem heutigen Sprachgefühl nach werden und wurden bei uns »Milli« und »Muich« praktisch gleichbedeutend verwendet. Trotzdem kommt in unterschiedlichen Situationen einmal das eine und einmal das andere Wort zum Einsatz. Und ich glaube, dass ich dabei nicht bloß nach Laune vorgehe. Falls es also doch einen minimalen Bedeutungsunterschied gäbe, hätte ich vermutet, dass die eine Variante eher das bloße, jedoch nicht unbedingt unverfälschte Naturprodukt und die andere den zu verarbeitenden und verarbeiteten Rohstoff bezeichnet: Also »Millipanscher«, aber »Muichgschäft«, »Millikübel«, aber »Muichtank«, »Milliwagerl«, aber »Muichpulver«, »gsteckelte Milli«, aber »Buttermuich« und »Mogermuich«. Aber ich lass mich da gerne eines Besseren belehren. Denn ich stell da lediglich Vermutungen an, die auf nichts basieren als auf meinen eigenen Erfahrungen. Vielleicht gibt es ja Sprachregeln, die mir bisher verborgen blieben.

Sicher ist jedenfalls für die Sprachwissenschaft, dass wir hier in Germering in mancherlei Hinsicht mitten in der eher diffusen, ausufernden Sprachgrenze vom »Mittelbairischen« zum »Ostschwäbischen« sitzen und uns aus beiden Wortschätzen ungeniert und zügellos bedienen. Wir nehmen ein »Guatsel« genauso gern wie ein »Guatl«. Wir tun »Hupfa« genauso wie »Springa«; es uns also g'hupft wie g'sprunga. Wahllos wischen wir das eine Mal mit einem »Spialumpn« auf und das andere Mal mit einem »Hadern«. Dafür sticht uns der »Schnak«, nicht der »Stanzn« oder »Staunzn« – und zwar bevorzugt mich. Und das mittlerweile nicht mehr nur im Hochsommer, sondern jetzt zwengs Klimawandel sogar im Spätherbst, in milden Wintern und übergangslos auch am Anfang des Frühjahrs. Natürlich nicht immer derselbe. Weil jeder überlebt das nicht, dass er mich gestochen hat.

Was unsere eigenen Vorlieben angeht, sind mir nicht bloß »hoakle«, sondern auch »g'schleckert«. Wir sagen leicht mal ein »schp« und »scht«, wo andere von »sp« und »st« sprechen; allerdings nicht nur wie die Hamburger am Wortanfang, wie beim sprichwörtlichen »s-p-itzen S-t-ein«, sondern sogar innen drin. Wir schwäbeln nämlich ganz leicht auch mal mitten im Wort, zum Beispiel wenn mir »huaschtn« oder es uns was »koschtn« lassen oder beim Fahren auf zu nassem Grund nicht Spuren, sondern »Loaschtna« machen. Die Allinger sind da ausnahmsweise, allerdings ausschließlich bei der schwäbelnden Aussprache, noch großzügiger als wir in Germering.

Neben schwäbischen Einsprengseln finden sich bei uns natürlich auch allerhand Elemente des Münchnerischen, so nah wie die Stadt uns ist. »Lauch«, »Sahne« und »Quark« beispielsweise gehen uns genauso leicht über die Lippen wie »Porree«, »Rahm« oder »Topfen«. Welches Wort wir wählen, dabei kommt es meist auf den Zusammenhang an, auch wenn uns nicht immer klar sein sollte, worin der besteht.

Bei der Frage »Milli oder Muich?« scheint ja offensichtlich, dass die Verwendung davon abhängt, ob die Milch verarbeitet wird. Vielleicht folgen unsere übrigen Entscheidungen dieser systemischen Vorauswahl und die Bezeichnungen gehandelter Waren haben nach und nach die Begriffe für das selber Erzeugte verdrängt, parallel zu dem, was tatsächlich auf den Höfen vor sich ging: Hier hat man schließlich die gesamte Rohmilch verkauft und selbst die Kälber lediglich mit einem industriell gefertigten Produkt, einem sogenannten »Milchaustauscher« abgespeist. Diese Milchaustauscher hatten es allerdings in sich. Die haben Jahrzehnte später die Rinderkrankheit BSE in Bayern verbreitet. Aber das ist eine völlig andere Geschichte.

Die Molkerei ist der Ort, an dem aus unserer Milli eine aufbereitete Muich wird. Aber bis wir in Germering eine Molkerei hatten, das hat gedauert. Ganz früher hat, abgesehen von den Verkäufen auf den Hofstellen, allein der Zengerle mit eigener und fremder Milch gehandelt. Und das Milchgeschäft an der Augsburger Straße hielt sich noch bis in die Sechzigerjahre, als er den Milchhandel längst aufgegeben hatte. Denn ab 1926 bekam Zengerle eine letztlich übermächtige Konkurrenz. Da wurde nach einigem Hin und Her doch noch die »Milchabsatzgenossenschaft Germering und Umgebung« gegründet, wenn auch längst nicht im ursprünglich angestrebten Umfang. Von vielen Interessenten blieben anfangs bloß zwei Handvoll Genossen übrig.

Noch kurz davor, nämlich am 9. Oktober 1926, berichtete das Fürstenfeldbrucker Wochenblatt noch, die für den 5. Oktober geplante Gründung sei vorerst gescheitert. Den Ausschlag gaben die Ausführungen eines Münchner Molkereiinspektors: Der behauptete, es wäre »der Bau einer Tiefkühlanlage unumgänglich notwendig, denn ohne dieselbe könnten die Bauern, in absehbarer Zeit schon, ihre Milch nicht mehr absetzen«. Aber das wollten nicht alle glauben. Sie scheuten die teure Investition und ließen die Gründungsversammlung platzen.

Erst gut zwei Wochen später am 30. Oktober 1926 konnte das Wochenblatt Vollzug melden: »Das Schmerzenskind, die Milchgenossenschaft, ist nun glücklich geboren. Leider haben sich nur neun Lieferanten zusammengefunden. Auch die beiden Nachbargemeinden blieben dem Unternehmen ferne, was sehr zu bedauern ist. Es ging eben hier wie häufig im Bauernstande: wenn der eine rechts zieht, will der andere links hinaus. Getrennt marschiert wird aber der Bauernstand stets geschlagen werden«, merkt die Lokalzeitung kritisch an. Ganz so schlimm wurde es nicht, denn die Molkerei entwickelte sich trotz aller Widerstände zu einem Erfolgsmodell. Zwar dauerte es noch bis 1934, bis auch der »Milchsammelstellenbesitzer« Otto Zengerle der Genossenschaft beitrat, aber jetzt kamen auch die Milcherzeuger von Unterpfaffenhofen und Puchheim hinzu. Damit hatten die Genossen das Milchmonopol in Germering und Umgebung.

Die Milch wurde vor allem an Molkereien und Geschäfte geliefert und zu Butter verarbeitet, die Magermilch ging an die Lieferanten zurück. Der bereits am 16. September 1933 gestellte Antrag auf »Abgabe von Milch« direkt in der Molkerei wurde, so die Archivunterlagen, erst am 22. Juli 1940 genehmigt. Seitdem durfte auch »an ortsansässige Verbraucher« verkauft werden. Nicht alles lief reibungslos. So wurde auf der Hauptversammlung im Dezember 1939 beklagt, dass die Milcherzeuger »im letzten Geschäftsjahr sehr unter der Maul- und Klauenseuche zu leiden« hatten. 80 000 Liter Milch seien deshalb weniger angeliefert worden. Aber man ließ sich nicht bremsen: »Durch Neubeschaffung von Vieh und vermehrte Kraftfuttergaben wurde alles getan, um die Verluste wieder auszugleichen.« Die Maul- und Klauenseuche war jedoch nicht die einzige gefährliche Krankheit, unter der die Viehbestände zu leiden hatten. Groß war die Angst der Milchviehhalter lange auch vor der Rinder-Tuberkulose.

Diese Infektionskrankheit war bis Mitte des letzten Jahrhunderts weit verbreitet, vor allem aber war sie, anders als die Maul- und Klauenseuche, auch für Menschen ansteckend und hoch gefährlich. »Eine Untersuchung an einer halben Million Rindern im Jahre 1936 ergab in Deutschland eine Morbidität von 31,3 %, wobei fast zwei Drittel der Bestände betroffen waren«, weiß Wikipedia. Aber im Laufe der Jahre bekommt die Tiermedizin die Krankheit in den Griff: »Bereits 1961 waren in der BRD 99,7 % aller Betriebe staatlich anerkannt Tuberkulose-frei.« Das traf auch für unseren Landkreis zu, obwohl sich die »konservativ eingestellte Landbevölkerung« hier nur sehr zögerlich auf die Bekämpfungsmaßnahmen einließ, »in der berechtigten Sorge um bedeutende wirtschaftliche Verluste«, wie der Brucker Oberveterinär erkannte. Das staatliche Tuberkulose-Sanierungsprogramm mit klaren Fristen und Vorgaben setzte sich erst durch, als mit dem Verlust »aller Beihilfen und Zuschüsse des Staates und der Tierseuchenkasse bei Nichterfüllung dieser Forderungen« gedroht wurde.

Dank dieses resoluten Vorgehens schmolz die bisher »sehr reservierte Haltung« schnell dahin und die Veterinärbehörden konnten sich für »die überragende Leistung der Sanierung von 2308 Beständen mit 35 542 Rindern in der Rekordzeit von 10 Jahren« selber loben. Für wie gefährlich die Bauernschaft diese Seuche hielt und wie froh man war, sie überwunden zu haben, zeigte sich daran, dass noch Jahrzehnte nach dem Krieg, als Tuberkulose längst nur noch Experten geläufig war, Plaketten an den Stalltüren stolz verkündet haben, dass der Bestand »TB-frei« sei. Die systematischen Reihentests wurden auch tatsächlich erst Jahrzehnte später, nämlich 1997, abgeschafft.

Zu Beginn des Zweiten Weltkriegs hatte die Genossenschaft 106 Mitglieder. Die NS-Propaganda durchdrang damals alle Bereiche des gesellschaftlichen Lebens, auch das Vereinswesen, Einzelne taten sich dabei besonders hervor. »Auf Anregung von Puchheim wurde beschlossen, den zum Schutze der Heimat im Felde stehenden Mitgliedern ein schönes Weihnachtspaket zu übersenden«, berichtet das Fürstenfeldbrucker Tagblatt am 14. Dezember 1939 von der Jahreshauptversammlung. Die Mobilisierung betraf nicht ausschließlich die Eingezogenen, sondern sie erfolgte eben auch zu Hause, im vormals Zivilen. Allerdings lief sie, scheint's, nicht ganz reibungslos. Denn den Worten folgten nicht in jedem Falle Taten. Das kam zur Sprache, als der Vertreter des Milchwirtschaftsverbandes »über die Reichsmilchordnung, den Eigenverbrauch und die Pflichtablieferung derjenigen Landwirte, die nicht Mitglieder

der Genossenschaft sind«, referierte. Daran schließend berichtet das Tagblatt: »Im Schlusswort mahnte Vorstand Strobl die Genossen, in der Ablieferung restlos ihre Pflicht zu erfüllen, denn die Allgemeinheit muß leben«. Offenbar gingen die Probleme einer Kriegs- und Mangelwirtschaft schon kurz nach Kriegsbeginn los.

Nach dem Krieg und erst recht ab den Fünfzigerjahren entwickelte sich die Genossenschaft rasant, parallel zur sich beschleunigenden Intensivierung der Landwirtschaft: »Der sich stetig ausweitende Geschäftsbetrieb und die damit verbundenen Investitionen bedingten einen höheren Kapitalbedarf«, heißt es in der Chronik der Molkerei. Die angelieferte Milchmenge hatte sich von 1,3 Millionen Kilogramm 1934 auf 2,8 Millionen Kilogramm im Jahr 1965 mehr als verdoppelt. Kein Wunder, dass 1951, 1961 und 1962 jeweils umgebaut, aufgestockt, erweitert und modernisiert werden musste. 1967 wurde einmal mehr das Kapital erhöht. Aber so schnell konnte die Molkerei offenbar gar nicht wachsen, dass sie nicht weichen musste: Schon im Januar darauf wurde der Molkereibetrieb an den Münchner »Milchhof« verpachtet. Aber auch das war nur eine vorläufige Zwischenstufe: Infolge weiterer Konzentration übernahm die »Milch-Union Oberbayern« die nunmehr bloße Milchsammelstelle.

Inzwischen hatte sich die Konzentrationstendenz auch bei den Milcherzeugern und -lieferanten selber verstärkt. Immer mehr hörten mit der Milchviehhaltung auf, aber zunächst stockten die verbliebenen Bauern ihre Bestände auf und produzierten insgesamt noch mehr Milch. Ein weiterer »Modernisierungsschub« erfolgte Ende der Achtzigerjahre. Ab da wurde die Milch bloß noch vormittags abgeholt, die Bauern mussten die Abendmilch selber kühlen. Im vorerst letzten Schritt wurde auch die Sammelstelle geschlossen, die Milch in mobilen Tanks am Hof gekühlt und an verschiedenen Sammelpunkten im Ort vom Kühllaster abgeholt. Am vorläufigen Ende blieben so wenige Milcherzeuger übrig, dass der Tanklaster direkt auf den Hof kommen konnte, jetzt aber lediglich alle zwei Tage. Auch die hielten nicht alle durch. Die Molkereigenossenschaft bestand mal aus über 100 Germeringer, Unterpfaffenhofener und Puchheimer Bauern; heute hat sie, bei 51 Mitgliedern, noch je einen Milchproduzenten in jedem der drei Dörfer.

Als wir selber noch Milchkühe im Stall hatten, hab ich gern Frischmilch getrunken. Dabei schmeckte die Milch nicht nur im Jahresverlauf jeweils anders, etwa mit oder ohne Grünfutter. Mit unserer Eimermelkanlage individuell gemolken und separat in die Millikübel durchgeseiht, konnte ich das Gemelk jeder einzelnen Kuh probieren. Ich trank am liebsten die Milch von der Gusti: Sie hatte eindeutig und mit Abstand den höchsten Milchzuckergehalt. Nicht ganz kuhwarm, weil im metallenen Eimer bereits etwas runtergekühlt, als »Frühstück« nach der ersten Phase der Stallarbeit, zur ersten Zigarette. Das Rauchen hab ich zum Glück schon lange aufgehört. Aber wir hatten ja eh längst keine eigene Milch mehr. Bei uns hat am Ende die Milchkontingentierung den Ausschlag gegeben. Die hat die Konkurrenz unter den Milcherzeugern verschärft und kleine Bauern wie uns zum Aufhören gezwungen. Es war ein trauriger Tag, als die letzten Kühe unseren Hof verließen. Aber dass ich nicht mehr jeden Morgen in der Früh in den Stall gehen musste, daran hab ich mich gern gewöhnt.

21 ZWISCHENSTADT

Minga mandelt sich ja leicht mal auf, von wegen Weltstadt und Hauptstadt von und mit irgendwas. Wie wenig man dabei dem eigenen großtuerischen Gehabe traut, lässt sich daran erkennen, dass solche gernegroßen Zuschreibungen nicht ohne selbstfabrizierte Zusätze erfolgen wie: »heimlich«, »mit Herz« usw. Das sind prompte Einschränkungen, wenn nicht gar verkappte Rücknahmen des eben erhobenen Geltungsanspruchs.

Mir selber wurde spätestens in meiner Zeit als Germeringer Stadtrat klargemacht, dass es mit dem behaupteten Metropolencharakter Münchens und dem diesbezüglichen Selbstbewusstsein nicht weit her sein kann, weil Münchner offenbar uns Vorstädter brauchen, um sich, wenn schon nicht groß, so wenigstens größer zu fühlen.

Denn offenbar konnte sich das großstädtische Feuilleton genauso wie meine dortigen grünen Parteikollegen über und zu uns provinziellen Dörflern nur herablassend äußern – zum Beispiel als wir uns erdreisteten, eine »Stadthalle« zu bauen und bespielen zu lassen oder als wir uns dagegen verwahrten, dass die Münchner Stadterweiterungs- und Autobahn-Umgehungspläne in Freiham zu nahe an unsere eigene Bebauung heranrückten und Trenngrün und Frischluftschneisen aufzufressen drohten.

Einer wirklichen Metropole wie Paris oder London würde es nie in den Sinn kommen, die eigene Suburb als »Provinz« zu brandmarken. Natürlich erfolgt auch dort eine Abwertung der Randgebiete, aber man tut nicht so, als seien es von jeglichem Städtischen unberührte, gleichsam ländliche Gebiete. Die eigenen Trabanten provinziell zu schelten, fällt nur einer verzweifelt um nationale und internationale Anerkennung ringenden Provinzstadt ein.

Wie weit für Münchner ihre Vorstädte entfernt scheinen, zeigt auch ein Beispiel aus jüngster Zeit. Willi Winkler schrieb in der Süddeutschen Zeitung anlässlich einer Ausstellung seiner Werke im Brucker Kloster über den Werdegang des Malers Heinz Braun, er sei gleich »von der Schule zur Post gegangen, wurde Briefträger in der gottverlassenen

Münchner Schlafvorstadt Germering«. Aber in den Fünfzigerjahren war Germering eben noch lange keine »Schlafvorstadt« und sicher auch nicht gottverlassener als irgendeine andere Gegend damals. Zu dieser Zeit war Germering noch ein eigenständiges, lebendiges Dorf. Es begann da ja erst der Prozess, den Raphael Gerhardt als »Agrarmodernisierung« beschreibt: »Der Wandel des Landschaftsbildes, aber stärker noch der allmähliche Verlust der bis dahin ortsprägenden Bausubstanz auf den Dörfern provozierten Verlusterfahrungen, die von der Modernisierung zur Musealisierung der Landwirtschaft im gesellschaftlichen Denken führten.« Erst danach dodeln viele unserer Dörfer, egal ob sie verschlafene, verlassene oder trabantengleiche Vororte sind.

Dass München auf sein Umland herabschaut, ist nicht bloß der altbekannte Stadt-Land-Gegensatz, der ja von denen, die ihn beschreiben konnten, nämlich den Städtern, seit jeher als Gefälle von oben nach unten dargestellt wurde. »Diesen Unterschied, der noch vor Sprachen, Kulturen und Konfessionen rangiert, gab es schon immer«, beschreibt Geert Mak in seinem Buch über »Jorwerd« die Lage: »Bereits Plato schrieb über den Gegensatz zwischen der ›feurigen Gesellschaft‹ der Stadt und der ›einfachen Gesellschaft‹ des Bauerndorfes. Im neunzehnten Jahrhundert bildete der Unterschied zwischen Stadt und Land ein wichtiges Element der öffentlichen Diskussion.«

Dank der Kritik der Städter am eigenen städtischen Leben konnte sich nun das Gefälle auch umkehren, in eine ebenso kritiklose Verehrung des Landes. Allerdings wurde es im Laufe der Zeit immer schwieriger, sich aus imaginierten Bildern von Stadt und Land positive oder negative Utopien zu basteln. »Es gab schon lange nicht mehr die abgeschlossene Stadt einerseits und das naive, offene Dorf andererseits. Auf die verschiedenste Art und Weise hatte die Stadt das Dorf regelrecht infiltriert, mit Pendlern und reichen Ruheständlern, mit Geld, mit Autos und mit Hunderttausenden von Kabelanschlüssen«, meint Gert Mak.

Wegen solcher Hybridisierungs- und Zersiedlungstendenzen spricht der Geograf und Alpenforscher Werner Bätzing in seinem Buch über »Das Landleben. Geschichte und Zukunft einer gefährdeten Lebensform« sogar vom »Landleben als Auslaufmodell«. In einer launigen Buchbesprechung in der Süddeutschen Zeitung greift Thomas Steinfeld diese These auf: Vom Land sei »wenig geblieben. Ein großer Teil wurde urbanisiert, nicht in dem Maß, dass wirklich eine große Stadt dabei herauskäme, aber weit genug, dass das Leben arbeitsteilig verläuft, dass man von Dienstleistungen anderer Menschen abhängig ist und wenig Natur um sich herum hat.« Es sei eine neue Siedlungsform entstanden, die nicht Land und nicht Stadt im eigentlichen Sinne ist, von Bätzing »Zwischenstadt« genannt.

Außer ihr gäbe es noch weitere drei Zonen: »Ein zweiter Teil des Landes ist Gegenstand einer industrialisierten Landwirtschaft, die auf die Kleinteiligkeit älterer Lebensformen keine Rücksicht nimmt und den Gemüsegarten ebenso wenig kennt wie das Zwischengas beim Schalten der Traktoren. Ein dritter Teil des Landes ist für jede Art der kommerziellen Nutzung untauglich und fällt an die Natur zurück. Der kleinste, vierte Teil schließlich wird als Idylle für Erholung suchende Städter eingerichtet und mit Geranien versehen. Er ist deswegen Gegenstand einer alternativen Form der Urbanisierung.« Diese vier separierten Zonen, die sich jeweils auf früher im »Land« vereinte und nunmehr verselbstständigte Funktionen stützen, sind einerseits voneinander so getrennt wie früher Stadt und Land, andererseits existieren sie so jeweils nur dank der Zwecke, die sie für die Metropolen erfüllen.

Dies ist auch der Hauptgrund, warum Steinfeld die von Bätzing angestrebte Erneuerung des Landes nicht von einer der vier Zonen erwartet, nicht einmal von der von und für Städter zurechtgemachten Idylle: »Es ist eigentlich nur dieser Teil des Lands, den man unter dem Wort ›Landleben‹ versteht. Von ihm kann, weil er das Land mit einem erweiterten Garten verwechselt und also unmittelbar an die Stadt gebunden bleibt, eine Erneuerung des Landes nicht ausgehen.«

Aber Steinfeld holt noch weiter aus. Er meint, dass so etwas wie eine »lokale und regionale Identität« schon allein deshalb nicht vom Land selber aus entstehen kann, weil dort die wesentliche Voraussetzung für eine »Erfindung der Tradition« (Eric Hobsbawm) nicht existiere. Denn etwas wie Identität »beruht grundsätzlich auf mehr oder weniger erfundenen Traditionen und setzt insofern den Intellektuellen voraus, der dem Land ja offensichtlich fehlt«. Wenn das nicht wieder der alte städtische Dünkel ist, der so lange existiert wie die Trennung in städtische und ländliche Räume. Denn zum einen hat es ja gar nicht allzu vieler Intellektualität bedurft, um »das Bayerische« als Tradition zu erfinden. Um das zu sehen, genügt ein flüchtiger Blick ins Museum des Hauses der Bayerischen Geschichte in Regensburg. Und zum anderen könnte man heutzutage in den ländlichen Teilräumen durchaus Intellektuelle finden, sofern man denn suchte.

Aber warum sollen wir uns überhaupt mit der Suche nach Geistesproduzenten abgeben, wenn das Land, wie Steinfeld sagt, »kein Produkt des Geistes, sondern eines der gesellschaftlichen Organisation« ist? Dann müssen wir doch eher an die gesellschaftliche Organisation selber ran und an die von ihr geschaffenen, problematischen Strukturen: also an das Problem der trennscharfen Teilräume.

Dazu gibt es viele praktische Ansätze der Regional- und Ökobewegung, zur Überwindung der einseitigen Extrapolierungen und Polarisierungen: zum Beispiel die wiederentdeckten Bauerngärten, neu entwickelten Bauernmärkte und Direktvermarkter, Biobauern und Ökobewegten, und nicht zuletzt die Heimkehrer, Homeoffice-Worker, Weltmarkterfahrenen in fast noch dem allerhintersten Dorf oder die Architekten und Intendanten der Konzerthäuser in Blaibach und sonst wo. Ist es nicht eigentlich höchste Zeit für einen neuen Blick auf unsere kleine Welt und unseren Globus? Wo, überhaupt, soll auf einer globalen Kugel hinten sein und was wovon abgelegen?

22 LUSTIG IST DIE FASENACHT

An Fasching haben wir uns »maschkriert«. Wir waren ein Indianer oder Cowboy, ein Matrose oder eine Matrosin; dann sind wir miteinand die Dorfstraße 'naufmarschiert und haben die Häuser abgeklappert. Geläutet hat man ja damals nirgends, Türglocken waren unbekannt. Höchstens hat man geklopft, aber einen Türklopfer gab es nur bei den besseren Häusern. Also nicht bei uns im Dorf. Da gab es keine besseren Häuser. Wir mussten bloß die Haustür aufmachen, wenn sie nicht sowieso offen war, und reingehen. Wenn wir niemand gesehen haben, aber nicht in den Verdacht kommen wollten, »rumzuschnuatn«, also neugierig nach Wissenswertem oder gar generell gierig nach Stehlbarem Ausschau zu halten, haben wir uns gleich im Gang, bei noch offener Tür, lautstark bemerkbar gemacht.

An Fasching war das leicht. Wir sagten einfach unser Gsatzerl auf, so gut und laut wir konnten:

I bin a kloana Maschkara
Und hob an großn Sog,
Und weil i noch nix drinna hob,
Drum bitt i um a Gob.

Das war unser schönster Bettelgesang. Dann verstummten wir in hoffnungsfroher Erwartung. Wenn wir das schon gekannt hätten, hätten wir wohl auch noch fordernd und zuversichtlich hinzugefügt: »Süßes oder Saures.« Aber auch so haben wir dann schon irgendwas gekriegt, ein paar Guatl vielleicht, ein altes Platzerl, einen nicht mehr ganz frischen Apfel oder sonst was Essbares. Vorzugsweise sind wir ja sowieso in die Häuser, bei denen wir gut bekannt waren und auf Wohlwollen und frohe Gaben rechnen konnten.

Die Faschingskostüme, jedenfalls die markanten Teile davon, konnte man im Geschäft kaufen, gegenüber vom Mayerwirt, genauso wie Luftschlangen, Konfetti, Knallerbsen und rote Rollen mit Zündkapseln für Pistolen oder Gewehre. Wenn bei der Pistole der Hahn hin war, und der war leicht mal hin und dann aber jahrelang, konnte man die Zündschlangen auch zum Krachen bringen, wenn man sie auf den harten Boden gelegt und mit einem Stein fest draufgehauen hat. Da hat man bloß auf die Finger von der anderen Hand aufpassen müssen. Dann hat es auch einen Knall und Funken gegeben und Gestank.

Von all diesen Schätzen haben wir ab und zu auch ein bisschen was gekauft bekommen. Sogar mal eine einzelne Indianerfeder auf einem Stirnband; bloß für so einen richtigen Häuptlingskopfschmuck hat es nicht gelangt. Wenn'sd wirklich Glück hattest, bekamst du auch mal eine Matrosenmütze, oder im nächsten Jahr einen Colt oder Cowboyhut. Den Rest hat man irgendwie im Klamottenfundus der Familie zusammensuchen oder zusammenbasteln müssen.

Kostüme selber schneidern, auf die Idee wäre niemand gekommen. Das war viel zu aufwendig. Da hätte man die Stoffe ja gar nicht gehabt und keine Nähmaschine. Wenn was zu nähen war, umzunähen oder größere Sachen zu flicken, kam eine meiner Allinger Cousinen ins Haus, die hatte das Nähen gelernt und konnte sich und ihrer großen Familie ein bisschen was dazu verdienen, ein paar Naturalien und ein wenig Bargeld. Und gründlich ausheulen konnte sie sich auch bei meiner Mama, dann hat sie es daheim wieder eine Zeitlang ausgehalten. Überhaupt waren immer viele Schwestern da oder Nichten, zum Ausheulen, Ausrichten oder Einrenken. Auch ganz ohne Nähzeug. Aber bevor die richtig drin waren, war ich meinerseits schon meist 'naus bei der Tür.

Beim Hartlwirt oder woanders in Germering soll es auch Faschingsbälle gegeben haben, heißt es. Aber das hab ich damals nicht mitgekriegt. Das war nix für uns. Für uns Kinder war das große Ereignis der Faschingsumzug. Ich glaub, den gab es in jedem Ort. Jedenfalls kann ich mich an einige Umzüge im Landkreis erinnern, aber das war halt schon später, als ich groß genug war, um zu schauen, ob anderswo mehr los ist. Bald gab es keinen Umzug mehr, sondern man ist auf der Stelle getreten, bei einem sogenannten »Faschingstreiben«. Das hat man dann auch noch lustig genannt: »Lustiges Faschingstreiben«.

Das war natürlich mit der alten Gaudi nicht vergleichbar. Weil für einen Umzug hat ein jeder Ort ungleich mehr Aufwand betrieben. Man hat gern gezeigt, was man draufhatte. Bei uns zum Beispiel hatte der Schreiner Klotz so allerhand drauf. Der Klotz hatte seine Werkstatt da, wo der Ort fast schon gar war, ganz am Ende der Dorfstraße, wo man gar nicht mehr so genau wusste, ob man jetzt noch in Germering oder bereits in Pfahofa war. Er schickte bei so einem Umzug immer ein pfiffiges Schmuckstück mit: einmal eine Mondrakete, ein andermal eine fliegende Untertasse. Denn das war damals das große Thema: dass die Russen jetzt schon nach dem Weltraum griffen. Das hatte sich selbst bis zu uns rumgesprochen.

Der Sputnik spukte auch in unseren Köpfen herum, und er war noch gar kein Impfstoff. Und Laika, der fliegende Hund. Ich habe mich immer gefragt, was sich der da oben gedacht hat, so ganz allein und weit weg von daheim und ohne Aussicht, wieder lebend heimzukommen. Erst kam Laika, und dann flog Gagarin 'nauf, der große Kosmonaut. Immerhin, der ist wieder lebend heimgekommen. Das waren globale Ereignisse, die man überall auf der Welt mitbekommen hat, mithilfe ganz weniger Medien: wie sonst nur das Hamburger Hochwasser, das Attentat auf den Kennedy oder die Beerdigung vom Papst. Aber dazu hat sich der Klotz Ludwig leider nichts einfallen lassen.

Auch ansonsten soll der Schreiner Klotz eine Stütze des Gemeindelebens gewesen sein, nicht bloß zwengs solcher großartiger Konstruktionen für den Faschingsumzug. Ganz bestimmt gilt das für seine aus Bulldog und Anhänger zusammengebaute Trambahn. Die hat sauber was herg'macht! Dem Klotz seine Straßenbahn sah auch noch aus wie die echte in Minga. Aber anders als mit der in Minga hast du mit dem Klotz seiner zum Pfahofner Volksfest fahren können und sogar wieder zurück. Ich bin an der Haltestelle direkt uns gegenüber eingestiegen, unterm Bichebaurn seiner großen Kastanie. Die dicke Kastanie lebt auch schon lang nicht mehr. Aber im Gartenzaun selber und im Betonsockel kannst bis zum heutigen Tag die Aussparungen sehen, die die Zaunmacher lassen mussten, weil sie sich bis aufs Fußwegl breit gemacht hatte.

Die Trambahn hatte eine große Glocke. Da hab ich sie schon von der Weiten gehört, wenn die Bahn schon bimmelnd die Dorfstraße runterkam. Das hat natürlich meine Aufregung und Vorfreude noch verstärkt. Die Fahrkarten verkaufte eine fesche Schaffnerin, die Frau Kiebacher, die war zu uns Kindern besonders nett. Sie hatte eine schicke Uniform und eine blecherne Kasse zum Umhängen, mit je einer extra Röhre für die verschiedenen Münzen, wo unsere Pfennig, Zehnerl oder Fufzgerl oben rein und das Wechselgeld unten rauskam, wenn sie einen Hebel runterdrückte. Wie bei den richtigen Trambahnschaffnern in der Stadt.

Das war eine der schönsten Reisen, die man machen konnte. Viel schöner und spannender als das Volksfest selber, obwohl dich das auch schon zum aufgeregt Hüpfen bringen konnte, mit den Lichtern, der Schiffsschaukel, den Buden und den vielen Süßigkeiten, von denen du welche kriegen konntest. Gebrannte Mandeln! Zum Beispiel. Aber der Höhepunkt war und blieb die Fahrt mit dem Klotz seiner Straßenbahn. Aufregender sogar als mit der richtigen Trambahn, der 19er, vom Pasinger Marienplatz in die Stadt selber zum Stachus zu fahren. Weil beim Klotz seiner Tram hab ich ganz allein mitfahren dürfen, ohne dass wer aufgepasst hätte: Allein um die ganze Germeringer Welt! Und sogar bis nach Pfahofa.

Manchmal sind halt die Beigaben oder Nebenfolgen das, worauf es eigentlich ankommt. Deshalb sangen wir im Fasching auch von Herzen gern: »Lustig ist die Fasenacht, wenn mei Muatta Kiachal bacht. Wenn sie aber keine bacht, pfeif ich auf die Fasenacht!« Das war nicht bloß so dahergesungen. Das war ernst gemeint. Im Schmalz rausgebackene Faschingsküchherl, mit oder Puderzucker, hätte ich das ganze Jahr essen können. Dazu das selber eingemachte Apfelkompott, eingeweckt in die großen Weckgläser. Das war mir noch lieber als ein Apfelmus, weil es den reschen Schmalzgeschmack der Kücherl nicht so derdruckt hat.

Mehlspeisen hätte ich ohnehin jeden Tag essen können.

Zu meinem Glück waren die lange Zeit ländliches Hauptnahrungsmittel. Bei uns gab's die mindestens zwei- oder dreimal die Woche: die süßen Auszognen, die Dampfnudeln und Rohrnudeln, den Schmarrn, Pfannenkuchen, Hefezopf und Quarkstollen; meinetwegen sogar Grießmus mit Zimt und Sirup; liebend gern auch, aber dann nie freitags, wegen fleischlos, Dämpfnudeln mit Ripperl und Kraut. Damit bin ich gut über die Runden gekommen. Dank der Mehlspeisen war nicht nur der Fasching lustig, sondern danach auch die Fastenzeit. Und außerdem noch alle Dienstage und Freitage. Auch die waren bei uns auf dem Hof noch Jahrzehnte später fleischlose Tage. Aber Verzicht war das nicht. Weil bei uns gab es das Gemüse in der Suppe und danach eine köstliche Mehlspeis. So ein Veggie Day konnte so herrlich sein!

23 ACKER ZU BAULAND

Wie rasant die Entwicklung in Germering verlief, zeigen nicht zuletzt die Baulandpreise. 1964 lagen die Preise für baureifes Land bereits auf einem schon vergleichsweise nicht geringen Niveau zwischen 45 und 70, im Mittelwert bei 58 DM/m². Danach stiegen die Quadratmeterpreise relativ rasch auf 180 bis 450 DM bzw. im Durchschnitt 315 DM im Jahr 1978. Lediglich ein Jahr später hatten sie sich bereits verdoppelt, auf 230 bis 1000 DM für den Quadratmeter, im Schnitt 615 Mark.

Die Preise für Gewerbegrundstücke stiegen von 1964 mit 30 bis 40, im Schnitt 35 DM pro Quadratmeter auf 290 bis 365 im Jahr 1978. Auch sie hatten sich bereits ein Jahr später verdoppelt, auf 570 bis 750 DM, im Schnitt 660 DM/m². Heute kann man froh sein, wenn man noch überhaupt etwas kriegt. Denn für viele Eigentümer, ob Bauern oder Erben, ist derzeit eine Veräußerung ihres Grund und Bodens uninteressant. Wer es sich leisten kann, sitzt auf seinem Grund und wartet die weitere Entwicklung gelassen ab. Es gibt derzeit nur wenige Möglichkeiten, um sicherer und bzw. oder profitabler zu investieren.

Die Zahl kleinerer und mittelgroßer Bauern ist in unserer Stadt – wie in vielen Umlandgemeinden des »Münchner Speckgürtels« – deshalb erstaunlich hoch. Während anderswo in Bayern bzw. Europa »Bauernsterben« und Wachstumszwang genauso gnadenlos weitergingen wie in den Sechziger- und Siebzigerjahren, können sich bei uns die Bauern ihre Landwirtschaft auch bei geringerer Betriebsgröße noch leisten. Viele müssen gegenwärtig nicht von der betrieblichen Substanz leben, weil sie aus früheren Grundstücksverkäufen und Mieteinnahmen in bereits vor Jahrzehnten errichteten Gebäuden so viel Ertrag erlösen, dass sie beständig außerlandwirtschaftliche Einnahmen zuschustern können. Die enorme Preisentwicklung auf dem zentrumsnahen Grundstücksmarkt gestattet ihnen, vor allem vom Zugewinn zu leben.

Unsere Bauern führen ihren gewohnten Lebensstil weiter, ihr Selbstverständnis bleibt bäuerlich, obwohl viele von ihnen längst Millionäre geworden sind und diese manchmal anstrengende, mindestens schmutzige und körperliche Arbeit längst nicht mehr tun müssten. Jedoch fehlen ihnen attraktivere Alternativen, Lebensmodelle, die ihnen genauso oder besser zu Gesichte stünden wie das bäuerliche Rollenmuster. Weil das klassische Modell aber selbst in ihren eigenen Augen brüchig und fragwürdig geworden ist, gestatten sich die meisten keinerlei Freiheiten in der Interpretation dieses Berufsbildes. Gerade weil sie ökonomisch nicht mehr von der Auseinandersetzung mit der Natur abhängen, geben sie sich päpstlicher als der Papst, konventioneller und im Glauben an die Agrarindustrie unbeirrter als der Bauernverbandspräsident persönlich.

Finanziell war die Entwicklung der letzten sechzig, siebzig Jahre, die übergroße Nachfrage und demzufolge die Wertsteigerung unserer Grundstücke, für uns Bauern überaus erfreulich. Davon haben letztlich alle haben ökonomisch profitiert, die kleinen ebenso wie die großen Bauern. Aber halt nicht gleichermaßen. Denn die Großen haben mehr profitiert. Ist ja logisch. Sie haben die größeren Schläge, d. h., wenn ein Acker Bauland wird, dann geht es um wesentlich mehr Quadratmeter. Und sie besitzen die zentralen Flächen, während die Äcker und Wiesen der Kleinen eher in der Peripherie liegen, also demzufolge später zu Bauland werden oder erst mal gar nicht. Vor allem aber war für sie die Entscheidung, ein paar Tagwerk Baugrund zu veräußern, nicht jedes Mal eine Grundsatzentscheidung darüber, ob sie den Betrieb weiterführen sollten oder nicht. Sie hatten in Sachen Sach sozusagen Masse und Klasse.

Aber ganz leer geht bei uns kein Grundbesitzer aus, denn weil Grund und Boden knapp sind, erfährt jeder Quadratmeter auf Gemeindegebiet einen erheblichen Wertzuwachs, egal wo er liegt. Was wir als Bauern verlieren, gewinnen wir als Grundstücksbesitzer. Daher vollzieht sich der sogenannte »Strukturwandel«, also das Bauernsterben, zwar tendenziell genauso wie überall, verläuft aber finanziell abgepuffert und deutlich verlangsamt. So zählte das Brucker Landratsamt wegen der späteren Gemeindezusammenlegung die Höfe in Germering und Unterpfaffenhofen zusammen: 1950 waren das 137, zwanzig Jahre danach blieben noch 74 übrig; 1985 gab es immerhin noch 61 Bauernhöfe. Laut Landesamt reduzierte sich die Zahl der Betriebe danach weiter, von 36 im Jahr 2003 auf 29 Höfe 2016.

Das bedeutete in jedem Fall ein erheblich geringeres Tempo bei den Hofaufgaben, und das, obwohl wir hier, wie in Bayern generell, unterdurchschnittliche Betriebsgrößen haben. Die Zahl der Betriebe hat sich seit dem Nachkrieg ungefähr geviertelt. Zum Vergleich: 1960 gab es laut Süddeutscher Zeitung vom 2. November 2019 in ganz Westdeutschland 1,5 Millionen Betriebe; 2016 waren es nur noch 250.000, also eine Schrumpfung auf ein Sechstel.

Die Entwicklung in Bayern verlief, wie gesagt, parallel, aber noch etwas verlangsamter. Nach dem Krieg kam es zunächst nur zu geringen Veränderungen: 1949 existierten noch 258.107 Betriebe, 1960 waren es kaum weniger, nämlich 252.938. Aber dann beschleunigte sich der Schrumpfungsprozess auch hier: 30 Jahre später, im Jahr 1999, hatte sich die Zahl der Betriebe halbiert auf 125.945. Im Jahr 2016 gab es schließlich bloß noch 86.509 Bauern in Bayern. Das bedeutet, dass das Bauernsterben in Bayern wesentlich langsamer vonstatten ging: Statt etwa einem Sechstel wie in Westdeutschland hatte bei uns bis dahin etwa ein Drittel die Nachkriegsentwicklung überlebt. Entsprechend ist der Anteil der bayerischen Bauern relativ gestiegen in diesen gut 50 Jahren, und zwar von etwa einem Sechstel auf ein Drittel der westdeutschen Betriebe. Dank des verlangsamten Bauernsterbens wurde Bayern laut Raphael Gerhardt »zum wichtigsten Agrarland der Bundesrepublik«.

Scheinbar sind die Beharrungskräfte bayerischer Bauern noch größer als die der Berufsgruppe generell – wohl umkehrt proportional zu den Betriebsgrößen – und Dorf- und bäuerliche Kultur sind beharrlicher, ausgeprägter und weiter verbreitet. Daran anknüpfend versucht auch die Landespolitik, die Schrumpfungsprozesse zu verlangsamen – nicht zuletzt um der CSU Kernwähler zu konservieren: Die Agrarpolitik geht seit Langem den sogenannten »Bayerischen Weg«.

Das systematische Abbremsen aber hat auch seinen Preis. Denn in den Sechziger- und Siebzigerjahren des letzten Jahrhunderts kam es auch dank dieser spezifischen Auslegung der europäischen Grunddevise »Wachse oder weiche« zu einer staatlich geförderten, enormen Kapitalvernichtung. Viele bäuerliche Familien investierten nochmals große Summen in Spezialisierung und Intensivierung, bevor sie die gerade modernisierten Betriebszweige oder ihre Höfe insgesamt ein paar Jahre danach doch schließen mussten. Allzu viele haben Mitte und Ende der Sechzigerjahre beispielsweise – auch aufgrund staatlicher Beratung und überdies mithilfe staatlicher Förderung – ihre Kuhställe modernisiert oder gar neu gebaut und dann wenig später die Milcherzeugung, die Viehhaltung überhaupt oder den landwirtschaftlichen Betrieb ganz aufgegeben.

Bei uns wurden diese Fehlinvestitionen zwar durch staatliche Fehllenkung inspiriert, aber erst durch die enormen Planungsgewinne möglich, die den Wert von landwirtschaftlichem Grund und Boden dank beständig wachsendem Bedarf an Baugrund ebenso beständig nach oben trieben. Auch der zweite Faktor, der Bauern in der letzten Phase ihrer betrieblichen Existenz in die ökonomische Sackgasse trieb, war politischen Ursprungs. Denn der Großteil dieser Neuinvestitionen verdankte sich erfolgreicher Steuervermeidung: zu versteuernde Betriebsentnahmen aus immobilen Veräußerungserlösen wurden in mobiles Betriebskapital »reinvestiert«.

Dieses absurde Steuerrecht, das »Reinvestitionen« in den Betrieb auch dann noch attraktiv erscheinen lässt, wenn sie nach rein betriebswirtschaftlichen Kriterien längst unwirtschaftlich sind, hält sich bis heute. Beide politischen Fehlanreize zusammen, staatliche Förderung und Steuervermeidung, trieben viele Bauernfamilien in den verspäteten Ruin. Sie bedeuteten aber gleichzeitig ein gewaltiges Wirtschaftsförderprogramm für die Landmaschinenindustrie.

Laut »Der Landkreis Fürstenfeldbruck« von 1992 waren bereits damals enorme Summen in den Betrieben gebunden: »Technik verursacht Kosten. Aus der landwirtschaftlichen Buchführungsstatistik von 1987 läßt sich ableiten, daß im Landkreis ca. 200 Millionen DM im Maschinenkapital-Neuwert festgelegt sind. Daraus ergeben sich jährliche Kosten von ca. 30 Millionen […] Das entspricht 15 bis 20 % des landwirtschaftlichen Produktionswertes.« In den anderen Landkreisen um München sah es sicher nicht anders aus. Wenn man jetzt bedenkt, dass zwischen einem Drittel und der Hälfte dieser Betriebe kurz danach aufhörten zu existieren, kann man sich das Ausmaß der Kapitalvernichtung allein in unserem Landkreis in etwa ausmalen.

24 WACHSE ODER WEICHE

Der ehemalige Agrarkommissar Sicco Mansholt und sein 1968 vorgestellter Plan wurden von vielen – nicht zuletzt von meinem Vater, der sich davon persönlich bedroht fühlte – dafür gehasst, dass er eine Politik des radikalen Höfesterbens vorangetrieben hat, und zwar unter dem ihm zugeschriebenen Motto »Wachsen oder weichen«. Aber Mansholt war nur einer der wenigen, die offen aussprachen, worauf eine informelle große Koalition aus Union und SDP, Arbeitgebern und Gewerkschaften in der Nachkriegszeit erst auf deutscher, dann europäischer Ebene hinarbeiteten: Dieser breiten Koalition ging es um billige Lebensmittel, mit denen sie die Lohnkosten der Industrie senken, aber gleichzeitig die Kaufkraft der Arbeiter erhöhen wollten.

Voraussetzung einer Verbilligung der Lebensmittel war eine Stückkostensenkung auch in der Landwirtschaft: Immer weniger Bauern mussten auf der gleichen Fläche immer mehr Produkte zu immer geringeren Preisen produzieren. Die Funktion niedriger Einkaufskosten für Lebensmittel bei der Vermeidung von Tarifkonflikten und gleichzeitiger exportfördernder Niedriglohnpolitik ist aus industriepolitischer Sicht nicht zu unterschätzen. Dadurch ersparten sich die deutschen Unternehmen erhebliche Produktionsausfälle, die in anderen Industrieländern wegen häufiger Streiks und Lohnkämpfe die Regel wurden, und konnte zugleich wettbewerbs- und exportfördernd Lohnstückkosten senken.

Im internationalen Handel aber brachten wechselseitige Importerleichterungen und Senkungen von Zollschranken – im Zuge zunehmender Globalisierung – weitere Wettbewerbsvorteile. Im Austausch für die Einfuhrerleichterungen von Nahrungsmitteln konnte die Industrie in Partnerländern Ausfuhrerleichterungen für ihre Produkte durchsetzen und gleichzeitig die Lohnkosten dank niedriger Preise sowohl für die importierten wie für die im Lande erzeugten Lebensmittel weiter niedrig halten. Die Massenproduktion in der Landwirtschaft legte den Grundstein für den regelmäßigen Titelgewinn als »Exportweltmeister«.

Niedrige Preise für Agrarerzeugnisse bedeuteten immer auch, dass ein

Großteil der Produktionskosten nicht in die Preise einfloss: soziale Verwerfungen in den exportierenden Ländern, Schädigungen von Umwelt, Klima, Wasser, Luft, Boden sowie Artensterben, Hochwassergefahren und tierquälerische Haltungsformen waren hier wie dort inbegriffen. Dank ihrer Linie, in Produktion, Verarbeitung und Vertrieb die Preise für Lebensmittel immer weiter abzusenken, war die deutsche Agrarpolitik europäischer Spitzenreiter, internationaler Trendsetter und globaler Antreiber einer umwelt-, klimaschädlichen und tierquälerischen Art der Landbewirtschaftung.

25 SACH UND SACH GESELLT SICH GERN

Es ist ja kein Geheimnis, dass bei mir als Kind damals nicht alle Höfe und Häuser gleich beliebt gewesen sind, und meine Erfahrung ist, dass das umgekehrt auch so war. Genauso ist auch mein Papa nicht mit allen im Dorf gleichermaßen gut gestanden. Und da ging es noch nicht mal um Persönliches. Aber er war halt nicht von hier, er hatte praktisch noch nicht mal direkt eingeheiratet, sondern über den Umweg einer weitschichtigen Verwandtschaft seiner Frau.

Denn auch seine Frau, also meine Mama, war keine Hiesige. Noch nicht mal eine Geldige. Da war nicht wirklich viel Sach da. Und deshalb haben sie außer Arbeitskraft und gutem Willen auch nicht viel nach Germering mitgebracht. Eigentlich nur die nötigsten Möbel, außerdem ein paar Kühe aus dem Stall meiner Oma, und schließlich auch meine kranke Oma selber. Und sie hatten ein, zwei Felder in Alling von den Geschwistern meiner Mutter pachten bzw. bewirtschaften können. Mit dem bissl hast in Germering nicht grad Ehr aufheben können.

Grund war schon damals rar in Germering. Da musste sich nicht auch noch ein Auswärtiger breit machen. Jedenfalls nicht, wenn es nach ein paar im Dorf gegangen wär. Denn damals ging es so richtig los mit dem großen Hunger nach Land. Wenigstens haben immer mal wieder allerhand Kleinhäusler und sogar einige größere Bauern aufgehört und ihren Grund verpachtet oder verkauft. »Die Kleinen sollen alle aufhören!«, hat der damalige Bauernobmann gesagt. Er hat es so lang gesagt, bis er selber zu den Kleineren gehört hat. Dann hat er nix mehr zum Sagen ghabt.

Wenn man an einem Ort nicht mit allen verwandt ist, sondern vielleicht mit niemand oder höchstens ganz entfernt mit nur wenigen und schon gar nicht mit den wirklich wichtigen, dann schaut man sich nach seinesgleichen um: einem Spezi, den man von früher kennt, einem Arbeitskollegen, oder auch nach wem, der in der gleichen Lage ist wie man selber. Der Martl war, wenn es darauf ankam, freilich auch mit niemand im Dorf enger verwandt, außer mit seinen Schwestern, die jedoch schon nicht mehr hier gewohnt haben. Aber er war schließlich nicht vom Himmel gefallen wie ein Außerirdischer oder wie wer aus Alling so wie wir. Und seine Schwestern hatten zwar schon ihr Erbteil bekommen, aber ihre Äcker erst mal an uns weiterverpachtet, bis sie Baugrund wurden.

Und wenigstens hatte er hier und da einen Spezi, wie zum Beispiel den Lampl Edi, und ausgekannt hat er sich auch im Dorf und mit dem Leben hier. Manches kenn ich überhaupt nur aus seiner Perspektive, ohne dass mir das bewusst geworden wäre. Nur ein Beispiel: Unser rückwärtiger Nachbar war für uns Zugezogenen immer »der Lippe« – weil Martl ihn schon von Kindesbeinen kannte und nie auf die Idee gekommen wär, »Huislbaur« zu ihm zu sagen wie der ganze übrige Ort. Außerdem hat ja der Betrieb auch schon vorher existiert, bevor mein Papa und meine Mama übernommen haben, wenn auch mehr schlecht als recht und mit großen Unterbrechungen.

Drum konnten wir dann auch seine Verbindungen nutzen und zum Beispiel die alte Kartoffel-Kundschaft praktisch erben, bis nach Pasing hinein; und vom Lampl seine Getreideäcker haben wir noch ab und zu das Stroh ernten können, sogar dann noch, wo schon der Schwiegersohn übernommen hatte. Der Schorsch war nämlich ein Fuhrunternehmer aus Hochstadt, also von noch weiter weg her als wir, und mit dem hat der Papa als Fernfahrer dann gleich ein paar Gemeinsamkeiten gehabt. Am meisten hatte mein Papa natürlich mit den anderen kleineren Bauern gemein, die auch ums Überleben gekämpft haben.

Den Schorsch und die Seinen hat übrigens der Maler Heinz Braun in einer frühen neorealistischen Phase mal porträtiert, im Arbeitsgewand und nicht wirklich schmeichelhaft, vor einer surrealistischen Germeringer Stadtlandschaft, für deren Komposition er sich auch Teile des Münchner Heizkraftwerks ausgeliehen hatte. Der Maler wollte halt auch den dramatischen Umbruch zeigen und die Gleichzeitigkeit des Ungleichzeitigen, also den scheinbaren Fortbestand des alten Landlebens und den brutalen Einbruch der Neuzeit.

Aber da war der Edi gar nicht drauf auf dem Foto. Ich weiß nicht, ob er da schon nicht mehr gelebt hat. Es kann auch bloß sein, dass er nicht mehr da war. Weil ich erinner mich vage, seine Frau hat ihn mal rausgeschmissen, er hat dann anderswo wohnen müssen und den Martl nur noch selten besuchen können. Dafür ist der Heinz Braun ein paar Jahre lang täglich bei uns vorbeigekommen, weil er ja mal unser Postbote war.

Dass er irgendwie merkwürdig war und aus dem Rahmen fiel, hätte ich auch sagen können. Aber dass er mal als Künstler berühmt wird? Das hätt ich mir nie vorstellen können. Schon allein, weil ich gar nicht gewusst hätte, was das sein soll, ein Künstler.

Die Höfe und ihre Bewohner waren nicht bloß durch ihre Verwandtschaftsbeziehungen miteinander verflochten, sondern sie haben sich schon auch so ein bisschen nach Größe sortiert. Wer mit wem und so. Und warum nicht. In Germering haben wir so gut wie nix pachten können. Weil wir, wie gesagt, nicht wirklich verwandt waren. Die Gilgs waren eigentlich aus Alling; also dem Martl sein Großvater stammte da her. So wie mir auch, wenigstens teilweise. Meiner Mama hab ich das noch jahrelang anhören können, wo sie herkam. Aus »O:ling«, hab ich später immer gespottet, wenn ihr wieder einmal ein »fo:n« rausgerutscht ist, statt ein »fa:n«, wie mir Germeringer für »fahren« gesagt haben. Mit dem Allinger Akzent hat sie sich regelmäßig verraten. Sie sprach ein offenes und langes »o« wie in »Faden« oder »raten« auf Boarisch, statt wie wir ein offenes »a«.

In diesen Momenten kam sie dann auch mir vorübergehend wie eine Fremde vor. Wo ich doch schon ein waschechter Germeringer war. Hätte ich gemeint. Denn für die vermeintlich »echten« Germeringer waren wir scheinbar keine. Nicht mal ich. Darum haben wir fast leichter in Alling was pachten können. Außer eben gelegentlich von anderen Kleinen, wenn die aufgehört haben wie der Bichebaur oder der Dörzbach. Da haben wir auch einmal einen Ackerstreifen bekommen oder ein Scheibenwiesl. Und ganz so klein waren wir ja auch nicht. Es gab noch deutlich kleinere. Aber nicht mehr viele und nicht mehr lang. Für die Kleinen hieß es schnell: aus und vorbei.

»Kameraden« war so ein Lieblingswort damals, und grad auch von meinem Papa. »Kriegskameraden« sowieso, mit denen hat er sich immer wieder getroffen. Und einer von denen, die dann noch übrig waren, hat später dann auch auf seiner Beerdigung geredet. Das war ein wirklich bewegender Moment. »Ich hatt' einen Kameraden …« Seinerseits war mein Papa immer auf den Kameradentreffen, aber auch auf allen Beerdigungen. Selbst von den Ehefrauen, die gar nicht mit im Krieg gewesen waren. Das waren gesellige Ereignisse, auf die er gern ging.

Anders als der Martl. Der ging lieber nicht unter Leut und hat gesagt: »Auf den seine Beerdigung geh ich nicht. Weil der geht auf meine auch nimmer.« Für meinen Papa waren halt Kameraden schon wichtig. Auch wenn sie gestorben waren.

Jetzt nicht alle Kameraden. »Bergkameraden« zum Beispiel eher weniger. Weil von Berg und Wandern und überhaupt Hatschen hatte er nach dem Krieg für immer die Nase voll. Deshalb ist er keinen Meter mehr umsonst zu Fuß gegangen. Und »Schulkameraden« auch weniger. Weil mit der Schule hatte er es nicht so. Da war er offenbar auch nicht wirklich lang drin. Erst später, in der Winterschule. Da war er erfolgreich, weil da hat er wirklich was lernen können. Eher schon »Kameraden zur See«. Freddy Quinn und so. »La Paloma« und »Junge komm bald wieder«. Fernfahrerheimweh vielleicht. Weil mit mehr Meer und Wellen war da nix. Als Wort war »Kameraden« übrigens auch ganz ohne Krieg brauchbar. So taugte es schon gelegentlich mal als Schimpfwort: »Ihr seid's so Kameraden.« Also praktisch: »So eine Bagasch.«

Oder auch, abfällig und abwertend: »Du und deine Kameraden …«

Der Wiesheu, der eigentlich Blessing hieß und auch nicht von da war, sondern aus Puchheim, hatte beim Wiesheu eingeheiratet. Er hieß auch bei uns erst mal noch nicht »der Wiesheu«. Weil der Wiesheu selber lebte ja noch. Noch viel länger hat dann doch die Wiesheuin gelebt.

Deshalb war der Wiesheu erst mal der Gust. Der Guscht, um genau zu sein. Der war jetzt ein Bauer, aber vorher ein Schäfer, und er hatte immer noch Schafe. Und einen Schafkarren. Das war mal ganz was anderes als immer diese ewigen Kühe und Schweine.

Und mit den Viechern hat er sich auch besser ausgekannt. Wenn mal eine Kuh geblaht war oder schwer gekalbt hat, dann haben wir ihn geholt zum Helfen. Weitere Berufskollegen im engeren Sinn, also praktisch Kameraden, waren der Adam, ebenfalls in der Dorfstraße, der Krischteiner hinten in der Heimgartenstraße, der Lippe eher weniger, genauso wie bloß gelegentlich der Waschlsepp und der Sollinger Hubert. Nicht mit jedem war jetzt der Kontakt besonders eng und der Austausch besonders herzlich. Aber wir Kloahäusler mussten halt zsammenhalten. Oder wenigstens, wenn's as braucht, miteinander arbeiten. Das ging mal gut, mal weniger gut. Denn manchmal war man sich doch nicht gleich einig, wer wann welche Maschine kriegt oder wer was kaputt gemacht oder nicht sauber zurückgebracht hat. Man hat sich dann wieder eine Zeitlang aufs Nötigste beschränkt.

Lange Jahre besonders speziell miteinand waren der Papa, der Wiesheu, der Adam und der Krischteiner. Die vier sind auch später noch, als der Adam schon kein Bauer mehr war, immer mal wieder zusammen auf einen Ausflug, an Josephi zum Beispiel, auf einen Markt, zu Viehversteigerungen nach Weilheim und Miesbach, oder direkt zu den Landmaschinenhändlern, zum Scharnagl nach Wielenbach oder nach Tuntenhausen zum Eder. Bis wieder irgendeiner mit einem anderen zerstritten war, zutiefst beleidigt, und nimmer mit dem reden wollte. Dann war wochenlang Funkstille. Ein bisschen wie bei meinen Tanten. Da war auch immer irgendeine mit irgendeiner anderen beleidigt. Ohne dass man so genau gewusst hat, warum. Oder genau hätte wissen wollen. Ich jedenfalls nicht.

Das ist auch so eine Illusion der »Wirtschaftswunderjahre«, die sich bis heute hartnäckig hält: der »Vollerwerbsbauer«. Bei uns hat es den im Grunde nie gegeben, und wenn dann nur eine kurze Zeit. Denn von der Landwirtschaft alleine konnten am Rande der Münchner Schotterebene doch die wenigsten leben. Da musste der Hof schon wirklich groß sein und die Äcker mehr nach Nebel und Alling 'nauf, Richtung Parsberg. Sonst waren die Böden nicht genügend schwer und fruchtbar, die Betriebe zu klein, die Lage für Sonderkulturen nicht günstig. Die Hausnamen sprechen heute noch Bände, dass es überall im Ort Zuerwerb gab. Es musste mit kleinen und kleinsten Handwerksbetrieben etwas dazuverdient werden: zum Beispiel beim Rechenmacher, Schafflerlenz, Schustermartl, Schusterbauer, Vorderschmied, Käserschmied, Schmiedmiche, Kramerbauer oder Branntweiner.

Sogar ein Großbauer wie der Mayerwirt hatte gern noch zusätzliche Betriebszweige: die Gaststätte, mit Zimmer und Saal, ganz früher noch die Metzgerei, und mit anderen Großen zusammen die Kartoffelbrennerei. Der Mayerwirt, heißt's, hat davor mal Huberwirt geheißen. Aber der Huberwirt, den ich kannte, war der Wirt in Puchheim und dann gab es auch noch einen Wirt am Bahnhof, der auch Huber hieß. Da sollst nicht wirr werden. Einen Hartlwirt hatten übrigens nicht nur wir in Germering, sondern auch Türkenfeld. Das weiß ich, weil wir da mal auf dem Weiberfasching waren, mit meiner Tante Emili. Ich war zwar kein Weib, aber ein kleiner Maschkera, und drum hab ich auch einen

Kuchen bekommen und ein Limo. Außerdem sind da meine Eltern auch noch gelegentlich hin, mit Tante Emili und Onkel Otto, auf d'Nacht zum Tanzen. Da haben mir allein daheim bleiben müssen. Aber das war ned oft und a ned lang, bloß die kurze Zeit, wo sie noch jung waren.

Ein Speze vom Papa war auch der Kandler Miche, vielleicht, weil er genau wie der Krebs nicht mit Reichtum gesegnet war und ebenfalls für die Gemeinde gearbeitet hat. Der Hausnamen vom Miche war »Beim Scherfanger«. Er war auch ein Scherfanger, das heißt, er stellte dem Maulwurf Fallen und zog ihm das Fell ab. Hieß es. Aber ich hab mich nie davon überzeugen wollen, ob das auch stimmt. Mir hat es vollkommen gereicht, die Fallen zu sehen, die er in die Maulwurfshügel eingegraben hat. Besser gefallen hat mir da schon, dass er in seinem kleinen Hofgebäude noch einen funktionierenden Räucherkamin hatte, in dem wir unser G'selchts beziehungsweise zu Räucherndes reinhängen konnten.

Wenn eine Sau geschlachtet wurde, was nicht oft vorkam, gab es Berge von Fleisch. Für einen kurzen Moment war mal was zu viel. Mir. Nicht meinem Papa. Hauptproblem bei so viel frisch Geschlachtetem war die Haltbarkeit. Das Schlachten selber ging relativ schnell. Mit dem Bolzenschussapparat war es gleich vorbei für die Sau. Da musste sie gar nicht viel rumplärren. Dann kam die tote Sau in einen großen Holztrog, ich glaube es war Pech, mit dem die Borsten entfernt wurden. Des hat sauber gestunken. Den Geruch hab ich nie wieder getroffen, aber heut noch in der Nase. Eigentlich waren es zwei Gerüche oder eher Gestänker: vom Pech selber und dann von den versengten Borsten. Danach wurde die Sau in so viele Teile zerlegt, dass man wirklich kaum wusste, wohin damit. Gleich gab es Blut- und Leberwurst, weißen und schwarzen Presssack, Schweinswürstl, Schweinsbraten, Schweinshaxn und Sulz. Dann wurde noch alles Mögliche durchgedreht und gemischt und gewürzt. Das kam später in messingglänzende Einmachdosen mit Deckel und Spannring oder in Gläser mit Schraubverschluss. Aber Gläser waren eher rar. Das war dann grobe und feine Leberwurst, Streichwurst, Teewurst, Mettwurst und was weiß ich sonst noch alles. Für andere mag sich das anhören wie Leben im Schlaraffenland. Bloß nicht für mich. Tagelang bei jeder Mahlzeit mehr Fleisch und Wurst, als man deressen konnte, das war wirklich nicht mein Traum. Aber da musste man halt durch. Sich durchbeißen, könnt man sagen.

26 GRÖSSENKLASSENGESELLSCHAFT

Auf dem Dorf war die Welt noch lang in Ordnung. Also in der alten Ordnung. Die Maßeinheit, um die sich im Dorf alles drehte und die diese Ordnung strukturierte, war das hergebrachte Flächenmaß, das Tagwerk, also 0,3407 Hektar. Grund bemisst sich nach Größe, ebenso Rang und Einfluss des Grundbesitzers. Die Dorfgemeinschaft war hierarchisch gegliedert. In ihr zählte, wer Bauer war. Ein Habenichts hatte nichts zu sagen, aber wenn er wusste, wo sein Platz war, gehörte er trotzdem dazu. Es machte ihm dann niemand seinen Platz in der Gemeinde streitig.

Helmut Bitsch erhellt in einem Artikel über »Inwohner – ein verdrängtes Kapitel bayerischer Agrargeschichte« die unteren Regionen des bayerischen Kastensystems. Das Grundmaß des Dorfes ist demnach das Bauerntum: »Als Bauer galt nur derjenige, der über mindestens 15 bis 20 Tagwerk Grund verfügte und allein auf dieser Basis seine Familie ernähren konnte. Weit über die Hälfte der agrarischen Bevölkerung gehörte folglich der unterbäuerlichen Schicht an, deren Ackerfläche als alleinige Ertragsquelle nicht ausreichte oder die über keinerlei Grund und Boden verfügte und sich deshalb als Dienstboten oder Tagelöhner verdingen musste.« Aber anders als das Zitat nahelegt, mussten auch die Kleinbauern ihrerseits noch zusätzliche Erwerbsquellen suchen, um über die Runden zu kommen.

Bei uns wäre auch ohne genaue statistische Angaben klargewesen, wer wo in der gesellschaftlichen Rangordnung hingehörte. Aber wie überall in Bayern wurden die Betriebe auch in Germering nach Größenklassen eingeteilt und gezählt. Das Statistische Landesamt verzeichnet für 1959 im Gemeindegebiet eine bäuerlich bewirtschaftete Nutzfläche von 913 ha. Als Bauern gezählt wurden bei uns 47 Betriebe; davon blieben elf Höfe unter 5 ha, sieben unter 10 ha. Fünfzehn hatten weniger als 20 ha, acht zwischen 20 und 30 und sechs über 30 ha. Von diesen sechs hatte einer über 100 ha, drei weitere knapp 200 ha, d. h., ein Drittel der Fläche verteilte sich auf vier Bauern. Entsprechend gliederten sich damals nicht nur Rang und Einfluss, sondern dementsprechend verteilten sich und verteilt sich auch heute noch natürlich der Baugrund und damit das Vermögen.

Ende der Fünfziger-, Anfang der Sechzigerjahre waren auch bei uns im Dorf Grund und Boden noch kein Synonym für Kapital, sondern die Chance, selber Lebensmittel zu produzieren, nicht zuletzt für den eigenen Gebrauch. Subsistenzwirtschaft, also Landbewirtschaftung zur Selbstversorgung, ist heute weltweit, was meist übersehen wird, immer noch die am meisten verbreitete, vorherrschende Form der Landbewirtschaftung. Damals war sie auch bei uns noch prägend und überall präsent. So zählte die Bodennutzungserhebung im Jahr 1960 allein im Germeringer Altdorf jedenfalls noch 95 Kleinbetriebe unter 0,5 ha Gesamtfläche, die insgesamt 34 ha bewirtschafteten, aber eben nur zur Eigenversorgung.

Noch 1967 erzeugten laut Statistik immerhin noch 18 Betriebe Getreide, Gemüse, Obst, Holz oder Viehfutter nicht für den Verkauf, sondern ausschließlich für den Eigenbedarf. Dazu zählten auch die 800 m^2 Nutzgarten der Kirchenverwaltung. »Die Wirtschaftsweise der bäuerlichen Betriebe stand in den letzten Generationen im Zeichen des Übergangs von überwiegender hauswirtschaftlicher Selbstversorgung zur arbeitsteiligen Marktproduktion«, heißt es in »Der Landkreis Fürstenfeldbruck« von 1992. Entsprechend verschob sich auch bei uns das Gewicht, jedenfalls was die Zahl der Betriebe anging.

Die Bodennutzungsvorerhebung von 1967 zählte insgesamt 62 Betriebe im Ort: Die oben erwähnten 18 Selbstversorger, dazu 37 Höfe, die Lebensmittel für den Verkauf produzierten; außerdem zwei Gärtner und fünf reine Forstwirtschaftsbetriebe. Wie knapp die Fläche damals schon war, zeigt sich daran, dass von den 1350 ha Wirtschaftsfläche gut 200 ha bereits »auswärtige Flur« waren. Die bewirtschafteten Flächen teilten sich auf in 800 ha landwirtschaftliche Nutzfläche, davon gut die Hälfte Ackerland, dazu 160 ha Wald und erstaunliche 330 ha Gebäude- und Hofflächen. Ein knappes Viertel der Ackerfläche, also gut 100 ha, wurde übrigens mit Kartoffeln bestellt.

Wenige Jahre später, nämlich 1975 gab es bloß noch 37 Betriebe, davon elf unter 5 ha, zwei unter 10, sieben unter 20, weitere sieben unter 30 ha und zehn darüber. Die verbleibenden Betriebe hatten also die zu verpachtenden, noch nicht bebauten Flächen unter sich aufgeteilt; dabei profitierten insbesondere die größeren Bauern mit mehr als 20 ha von den Betriebsaufgaben. Knapp zehn Jahre darauf, also 1984 und damit nach der Zusammenlegung beider Gemeinden, wurden bei der Bodennutzungserhebung auch die Unterpfaffenhofener mitgezählt: Von nunmehr fünfzig Bauern waren acht unter 5 ha, fünf unter 10, sechzehn unter 20, zwölf unter 30 und neun über 30 ha. Die Konzentration auf weniger und größere Betriebe hatte sich also fortgesetzt. Weitere zehn Jahre später, 1994, waren von den immer noch 50 Bauern elf Betriebe unter 5, drei unter 10, zwölf unter 20, zehn unter und vierzehn über 30 ha. Lediglich zwei Jahre danach, bei der Zählung 1996, waren es bereits wieder drei Höfe weniger. Aber insgesamt zeigen die Bauern bei uns ein hohes Beharrungsvermögen und einen eingefleischten Überlebenswillen.

Dabei war die Ausgangslage bei uns zunächst wie überall sonst in Bayern: Im gesamten Land, weiß der Sammelband des Hauses der Bayerischen Geschichte »Bauern in Bayern«, »registrierte man etwa 1882 fast zwei Drittel aller landwirtschaftlichen Betriebe mit nicht mehr als 5 Hektar Grundbesitz«. Diese Besitzverhältnisse prägten »das soziale Gefüge der ländlich-dörflichen-bäuerlichen Welt bis zur Mitte des zwanzigsten Jahrhunderts«. Entsprechend waren auch in Germering selbst um 1959/60 herum etwas mehr als zwei Drittel aller erfassten Betriebe kleiner als 5 ha, d. h., dass Familien versuchen mussten, sich zusätzlich zum außerlandwirtschaftlichen, kargen Haupteinkommen wenigstens selber zu ernähren. Dafür brauchte man Grund und Boden, und wenn es noch so wenig war.

Demzufolge war eigener Grund der Traum so gut wie aller Dorfbewohnerinnen und Dorfbewohner. »Kennzeichnend für die ländliche Sozialentwicklung war, dass die ›Dorfarmen‹ also die Söldner und Taglöhner, häufig zu Kleinlandwirten aufstiegen, zu ›Gütlern‹«, heißt es in »Bauern in Bayern«. Wegen dieser kleinteiligen Eigentumsstrukturen und vorherrschenden Größenverhältnisse ging – abgesehen vom Einsatz des Dreschwagens – auch bei uns die Mechanisierung nur zögerlich voran. »In manchen strukturschwachen Gebieten Bayerns konnte sich der technische Fortschritt erst nach dem Zweiten Weltkrieg ausbreiten.« Da war Germering darunter.

Das oben beschriebene Kastensystem, wonach der Dorfbürger praktisch erst ab dem Bauern beginnt, war aber für den Aufstieg Einzelner durchlässig. Eben deshalb konnten in Germering die Hofstellen so häufig gewechselt werden – und damit meist auch die Betriebsgröße. Was die individuellen Aufstiegsmöglichkeiten anging, galt eine gewisse Durchlässigkeit für den gesamten Landkreis: »So sehr innerhalb des Bauerntums auf Ebenbürtigkeit geachtet wurde, so konnten in diesem festen Rahmen Knechte zu Bauern und Mägde zu Bäuerinnen werden, genauso wie es innerhalb der Bauernschaft betriebsgrößenmäßig Auf- und Abstieg gab. In dieser Familien- und Arbeitsverfassung herrschte also eine Hierarchie, eine gesellschaftliche Schichtung, die aber nicht klassenmäßig verfestigt war«. Genau das ist natürlich eine unzulässige Folgerung. Denn das Größenklassensystem war selbstredend unveränderlich und starr, völlig ungeachtet dessen, dass einzelne Personen die Größenklasse wechseln konnten.

Ein solcher Rollenwechsel war nicht nur innerhalb der Bauernschaft durchaus üblich, sondern auch der Aufstieg in den bäuerlichen und Eigentümerstand war fast schon standardmäßige Routine und prinzipiell offen. Für die meisten Mägde und Knechte war ihre Dienstbotenzeit nur eine biografische Phase in ihrem frühen Erwachsenenalter. »Im süddeutschen Bereich mit vergleichsweise kleinen ökonomischen Einheiten rekrutierte sich ländliches Gesinde aus den 12- bis 35jährigen Töchtern und Söhnen von Kleinbauern, Häuslern, Taglöhnern oder wie die Gruppe der sozial Niederen, bäuerlichen Nebenerwerb Treibenden auch immer genannt wird«, schreibt Hermann Heidrich in seinem Aufsatz über »Mägde, Knechte, Landarbeiter. Zur Geschichte einer schweigenden Klasse«: »Sie arbeiteten gegen Entgelt beziehungsweise Naturallohn (oder beides), ihr Arbeitsverhältnis beruhte auf einem zumeist mündlich geschlossenen, einjährigen Arbeitsvertrag und sie waren aufgenommen in die Familie, bei der sie arbeiteten. Sie wohnten und schliefen dort und wurden unentgeltlich verköstigt. Gesindedienst war also eine als typisch zu bezeichnende, zeitlich begrenzte Arbeits- und Lebenserfahrung der ländlichen Unterschichtsjugend. Sie endete zumeist mit einer Heirat, der Übernahme eines landwirtschaftlichen Kleinstbetriebes oder mit der Abwanderung in die industrialisierten Städte.« Nur wenige blieben also ihr Leben lang Dienstboten.

»Gewiss, die Bauern hatten kein Herrenleben«, zitiert das Digitale Wörterbuch der Deutschen Sprache als Beispielsatz. Aber viele führten sich ihrem Gesinde gegenüber als Herrschaften auf. Magd oder Knecht waren, jedenfalls in der Zeit ihrer Anstellung, wie Leibeigene den Eigenheiten und Launen ihrer Herrschaft ausgeliefert. Davon zeugen auch Sprüche und Lehrbeispiele, die Papa oder Martl vor allem im Winter gern zitierten. Etwa der Leitsatz: »Das ist ein Wetter für meine Knecht. Wenn's nicht arbeiten, dann friert s' es recht.« Ergänzend schickte einer von beiden meist den folgenden fingierten Dialog hinterher. Darin sträubt sich der Knecht gegen eine dienstliche Anweisung: »Bei dem Wetter jagt man kein Hund nicht 'naus.« Worauf der Bauer kontert: »Der Hund muss auch nicht 'naus.«

Unmittelbar abhängig waren die Dienstboten vom Dienstherrn und seiner Frau nicht nur bei der Arbeit, sondern nicht zuletzt auch beim Essen. Mein Papa konnte etliche Geschichten erzählen, wie knauserige Bäuerinnen an ihrem Essen sparten, während gutes Essen ja eine der wenigen ungetrübten Freuden des damaligen Landlebens war oder hätte sein können. Nicht am Essen sparen zu müssen, blieb für ihn deshalb zeitlebens ein elementares Gefühl von Freiheit, Luxus und Selbstbestimmung.

Weil »die Schwelle, ab der ein Bauernanwesen auf Dienstboten angewiesen war, sehr hoch lag«, nämlich bei einem Grundbesitz von 15 bis 20 ha, kamen die meisten Bauern »ohne Dienstboten aus beziehungsweise mussten ohne Dienstboten auskommen, weil das Erwirtschaftete den Lohn eines Knechtes oder einer Magd nicht hergab«, schreibt Winfried Helm in seinem Beitrag über »Gesinde im frühneuzeitlichen Bayern«.

Konrad Bedal ergänzt im selben Sammelband: »[A]uch bei größeren Höfen war die Einstellung von (familienfremdem) Gesinde nicht unbedingt eine Selbstverständlichkeit. Man hat vielmehr den Eindruck, dass man zunächst immer versucht hat, mit Arbeitskräften aus der eigenen Familie und Verwandtschaft, gelegentlich auch aus der Nachbarschaft die anfallenden landwirtschaftlichen Arbeiten zu bewältigen.«

Umgekehrt mussten natürlich diejenigen, die über deutlich weniger oder fast gar keinen Grund verfügten, ein zusätzliches Einkommen für den Lebensunterhalt verdienen. Deshalb waren laut Helm geeignete, eingearbeitete Aushilfen im Dorf leicht verfügbar: »Neben dem Gesinde konnte man auf Taglöhner zurückgreifen.« Das traf beispielsweise für Kleinhäusler und ihre Kinder zu, wie beispielsweise meine Mutter und meine Tante, die sich, um zum Lebensunterhalt ihrer großen, vaterlosen Familie beizutragen, gern zu Ernte-, Drusch- und anderen Arbeiten bei größeren Bauern in Alling oder auf den Pfefferminzfeldern in Eichenau verdingten und dabei neben ein bisschen Kleingeld auch den Ruf fleißiger, versierter Arbeiterinnen erwarben.

Doch bereits in der unmittelbaren Nachkriegszeit und parallel zur zunehmenden Mechanisierung der Landwirtschaft kippte der Markt für bäuerliche Hilfsarbeiten. Denn je mehr kleinst- und kleinbäuerliche Betriebe aufhörten, desto mehr qualifiziertes, williges, überschüssiges Potenzial ging verloren: »Zwischen 1950 und 1961 nahm der Anteil der in der Landwirtschaft tätigen Erwerbspersonen von 30,1 auf 21,6 Prozent ab, um bis 1970 weiter auf 13,2 Prozent zu sinken«, rechnet Raphael Gerhardt vor: »In den 1950er Jahren waren es zunächst die abhängig Beschäftigten – Knechte, Mägde und Landarbeiter – von denen 65,2 Prozent der Landwirtschaft den Rücken kehrten, während die Anzahl der selbständigen Landwirte lediglich um 12,3 Prozent zurückging.« Das immerhin bot den verbliebenen Bauern einen Ausweg, weil es, darauf verweist Helm, ja noch »den Weg der gegenseitigen Hilfe gab: Fuhrleistung gegen Mitarbeit bei der Ernte oder ähnliche ›Modelle‹ des Austausches von Leistung zwischen kleineren und größeren Bauern«, mit oder ohne Maschinenring. Oder eben auch Hilfe auf Gegenseitigkeit unter kleineren Bauern, wie bei meinem Vater und seinen »Kameraden«.

27 DA, WO DIE DORFSTRASS SICH VERLAUFT

Die Dorfstraße selber hat sich natürlich nicht direkt verlaufen; auch nicht da oben, wo es schon Richtung Alling ging und Pfaffenhofen noch nicht anfing. Aber ich hab mich nur selten so hoch hinauf verlaufen. Das lag nicht daran, dass das für mich schon fremdes oder gar feindliches Gebiet gewesen wäre. Ich kannte zwar die ortsübliche scharfe Abgrenzung gegen andere Gemeinden, besonders gegen Pfaffenhofen; trotzdem war es nicht so, dass ich einen Dünkel gehabt und deswegen Gegenden am Rande der Welt gemieden hätte.

Doch der Weg da rauf war halt schon ganz schön weit und meine Haxen noch recht kurz.

Vor allem aber: Wofür hätte ich die Mühe in Kauf nehmen sollen? Ich hab ja kaum ein lohnendes Ziel gekannt da heroben. Also, wenn wir nicht auf unsere Äcker am Grünen oder am Mitterweg mussten oder ich beim Hartlwirt was holen sollte, bin ich da nicht oft hingekommen. Selbst zum Hartlwirt, noch eine der interessantesten möglichen Destinationen, ging ich nicht ohne ganz konkreten Grund.

Immerhin gab es ein paar gute Gründe. So war der Männerchor da daheim beim Hartlwirt, und der hatte eine Theatergruppe. Da waren auch Frauen dabei. Sogar schöne Frauen, wie die vom Maler Kager hinten in der Schmiedstraße! Das war ein regelrechter Showstar und strahlende Erscheinung auf der Bühne. Für mich jedenfalls. Die Truppe führte immer wieder abendfüllende Stücke auf, im Hartlwirt seinem Saal, einem hölzernen Anbau neben der Wirtschaft. Der Germeringer Oberlehrer war der, der auch da gesagt hat, wie was gemacht werden musste. Das war günstig, weil der ausgerechnet mich ausgesucht hat unter den Erstklässlern, zusammen mit einem Madl, für das weihnachtliche Krippenspiel. Irgendwas mit Hirten.

Auf d'Nacht! Da war die Aufregung groß und meine Freude am Theater geweckt. Die generelle, nicht die spezielle. Denn danach hab ich nie mehr mitgespielt bei der Theatergruppe. Und es war für lange Zeit, ziemlich genau für dreißig Jahre, mein letzter öffentlicher Auftritt. Erst zwengs der Politik bin ich wieder auf eine Bühne. Das war dann aber nicht mehr die vom Hartlwirt, sondern die vom Mayerwirt. Da, wo ich Bürgermeister werden wollte. Aber das ist eine ganz andere Geschichte.

Der Hartlwirt hatte nicht nur den langgestreckten Anbau als Fest- und Theatersaal, sondern auch einen Ausschank. Das war meine regelmäßige Anlaufstation, da hat man mich zum Getränkeholen hingeschickt. Schon für meine Oma in Alling hatte ich beim Metzgerwirt Getränke geholt, hab ich mir immer wieder gerne sagen lassen, mit drei Jahren, die schwarze Ledertasche hinter mir her schleppend, über den Boden schleifend, weil sie bald größer und schwerer gewesen wäre als ich. Der ganze Stolz meiner Mama. Auch mein eigener Stolz. Eine Art Berufsehre. Diese Besorgungen, die ich zu machen hatte, begründeten eine meine ganze frühe Kindheit anhaltende, aber schließlich doch vorübergehende Einkaufstradition.

Für die Wirte und die Leute war der Ausschank mindestens so wichtig wie die Gaststätte. Denn selbst wenn die Wirte meist erst abends öffneten, konnte man doch auch schon tagsüber was für daheim mitnehmen. Ein Take-away oder To go, wie man heute sagt. Aber das gab es halt auch schon, wo man noch gar kein Englisch konnte. »Das Konzept existiert bereits seit der Antike und ist weltweit verbreitet«, weiß der Wikipedia. Deshalb gab es das beim Hartlwirt auch schon.

Jedenfalls im Prinzip. Praktisch allerdings nur, wenn wer da war. Da musste man halt schauen. Dazu drückte ich einfach die schwere Haustür auf und ging rein in den meist dunklen Gang. Das musstest du dich erst mal trauen. Denn du hast ja vorher nicht gewusst, was dich drin erwartet hat. Zum Beispiel der Hund vom Hartlwirt. Aber wenn du dann mal drin warst, gab es neben der Tür zum Schankraum auf halber Höhe ein Fenster aus gelbem, gewelltem Milchglas. Eigentlich eher ein kleines Türl, für eine Durchreiche, und daneben eine Glocke. Wenn ich die läutete und etwas Geduld zeigte, kam in der Regel immer jemand. Mindestens schon mal der große Hund.

So gut wie jeder Wirt, ob in Alling oder Germering, hatte einen großen Hund, einen Rottweiler mindestens, einen Bernhardiner oder was es da für riesige, kälberähnliche Rassen mehr gab. »Ein Leben wie ein Metzgershund« war nicht ohne Grund ein geflügeltes Wort. Denn bei jedem

Wirt, der was auf sich hielt, war früher immer eine Metzgerei dabei. Und eben ein Hund.

Auch andere Bauern, vor allem wenn der Hof ein bisschen außerhalb oder etwas abseits lag, hatten schon mal einen Hund. Aber auch hier, wie im gesamten Dorfleben, galt eine Art Größen-Grundsatz: Je größer der Bauer, desto größer der Hund. Mein ich. Bei uns und in den Nachbardörfern hatten bestimmte Bauern außerdem noch einen imposanten, holzgeschnitzten viereckigen Taubenschlag mitten im Hof stehen: zweigeschossig, mit umlaufendem Balkon und vielen Türchen. Der stand hoch auf einem hölzernen Bein, weithin sichtbar, wie eine Signallampe: als ein Zeichen von Macht und Reichtum.

Im Buch über »Bauern in Bayern. Von der Römerzeit bis zur Gegenwart« heißt es, manche Bauern hätten einen Taubenschlag »als Zeichen ihrer neuen Freiheit« aufgestellt. »Nach der ›Bauernbefreiung‹ im Verlauf des 19. Jahrhunderts wollte mancher Bauer sein gestiegenes Sozialprestige zeigen: So durfte er nun – früher ein adeliges Privileg – Taubenhäuser oder -kobel errichten, die oft an der Schauseite zur Straße besonders verziert waren. Das neue bäuerliche Selbstbewusstsein konnt[e] auch ein Firstadler oder Firstgockel ausdrücken.«

Dabei hätte man ja auch allein an der schieren Größe des Anwesens, am Umfang von Haus und Hof, an Misthaufen und Pferdestall und Anzahl der Leute erkennen können, dass ein Bauer reich und mächtig war. Aber ein bisschen Angeben mit Luxuskonsum, teuren Accessoires oder regelrechten Insignien der eigenen Bedeutung sollte schon sein, sichtbar für alle, nicht zuletzt für den Bauern selber. Denn der hatte da seine Freude dran. An der eigenen Bedeutung und ihren Zeugnissen.

Zu diesen Zeichen der sich selbst gefallenden Größe gehörte eben auch ein riesiger Hofhund, der meist deutlich mehr fressen als Angst machen konnte. Außerdem hielt sich so ein Großbauer auch gelegentlich ein paar Gänse, große Vögel für einen großen Tisch. Das waren diese Biester, die nicht nur im Hof frei rumliefen, sondern auch unvorhergesehene Abstecher auf die Straße machten. Deshalb hab ich bei meinen Ausflügen ins westliche Dorf immer vorm Lenzbauer die Straßenseite gewechselt und mich überhaupt eher ungern und vorsichtig vorbeigetraut. Vor denen hatte ich deutlich mehr Respekt als vor so einem schweren, dicken, faulen Hund.

Als weiteren Hartl neben dem Wirt gab es auch den Hartl-Schreiner, bei dem ich ebenfalls gelegentlich reingeschaut hab. Und wie beim Kleiber hab ich da genauso mal mit dünnen Leisten und Pergamentpapier einen Drachen zum Fliegenlassen gebaut – bekommen. Sonst wohnten noch zwei Madeln aus meiner Klasse da heroben, aber zu der Zeit war ich schon deutlich geschlechtersensibler als noch in der frühen Phase, wo mir das eher wurscht war. Ein Anblick bloß von der Ferne, das hat jetzt auch gereicht.

Interessanter war schon, als es beim Stürzer in seinem neuen Aussiedlerhof mal gebrannt hat. Da hatte sich das Heu im Stadel selbst entzündet und die Dorffeuerwehr einschließlich meines Papas war zum Löschen und Helfen dort. Ich war bloß zum Schauen da. Das hat sauber brennt! Aber recht viel mehr war hier heroben, fast am Ende der Dorfstraße, wirklich nicht geboten.

28 DAHEIM IST NICHT DAHEIM

Wer nicht von hier war, sollte zum Ausgleich wenigstens allerhand Sach besitzen. Dann konnte er auch mit allen formellen und fast allen informellen Rechten eingebürgert werden. Zumindest konnte man ihm diesen Makel, wenn nicht löschen, so wenigstens leicht verzeihen.

Diese enge materielle Verknüpfung von Sach und Heimat hat eine lange Tradition und sie galt immer auch umgekehrt. Der Besitzlose besaß in früheren Zeiten keine Heimat, kein Heimatrecht in Dorf oder Stadt. Ohne Heimat zu sein, das war für die Betroffenen eine existenzielle Katastrophe. Ihrerseits waren die Besitzlosen für die Besitzenden eine andauernde Bedrohung. Die sogenannten Vagabunden wurden bis in die Neuzeit in allen europäischen Ländern mit großer Brutalität verfolgt: Sie wurden weggejagt, eingesperrt in Arbeitshäuser und Gefängnisse oder umgebracht. Sie waren Störenfriede. Noch in meiner Kindheit waren Wanderschäfer, Korbmacher, Scherenschleifer, Besenbinder zwar nützlich, aber man konnte ihnen nicht trauen, musste sie beständig im Auge behalten und auch die Kinder vor ihnen warnen.

Ein Heimatrecht bedeutete vor der Industrialisierung und der damit verbundenen Landflucht bzw. Vertreibung nicht nur eine kulturelle und soziale, sondern eine materielle Absicherung: Wer es hatte, hatte bis weit ins 19. Jahrhundert hinein einen Anspruch auf Versorgung im Alter und in Notfällen wie Krankheit oder Verarmung. Aber als Folge der von der Industrialisierung ausgelösten Wanderungsbewegungen war diese Absicherung durch den Herkunftsort nicht mehr aufrechtzuerhalten.

Deshalb wurde, so die Kulturwissenschaftlerin Simone Egger, »das Heimatrecht in der zweiten Hälfte des 19. Jahrhunderts schließlich von anderen, gesetzlich verankerten Formen der Unterstützung abgelöst, die den Menschen in einer Notlage unter die Arme greifen sollten. Das ursprüngliche Heimatrecht in Europa begann sich nach und nach vom Ort der Herkunft abzukoppeln und zum späteren Staatsbürgerrecht zu entwickeln.« Obwohl die materiellen Voraussetzungen dafür nicht mehr vorlagen, haben diejenigen, die den Anspruch erheben konnten, ortsansässig zu sein und damit ein Heimatrecht zu haben, es noch lange mit Emphase anderen gegenüber behauptet, und zwar nicht nur bei uns, sondern auch in anderen europäischen Ländern.

Der niederländische Schriftsteller Geert Mak hat in seinem Buch über den »Untergang des Dorfes in Europa« ausgeführt, wie wichtig diese Frage in holländischen Dörfern noch in der zweiten Hälfte des letzten Jahrhunderts war: »Wer gehörte dazu und wer nicht? Die Jugendlichen hatten dafür komplizierte Schlüssel: Es gab Einheimische, und es gab Zugezogene, ferner wurde zwischen friesischen und nichtfriesischen Zugezogenen differenziert, und schließlich gab es einen Unterschied zwischen aktiven und passiven Zugezogenen. Kurzum, für den Städter, der hierherkommen wollte, war nicht alles im voraus verloren.« Allerdings galt das nur für die jüngere Generation: »Die Älteren hatten strengere Normen«, die wussten noch genauer, wer dazugehörte und wer nicht, und fällten unerbittliche Urteile: »[D]as ist doch kein echter Jorwerder, der ist erst 1927 hierhergezogen.« Dass man bei jemandem noch wissen konnte, wann er hergezogen ist, war auch in Germering ein Ausschlusskriterium.

Ein eigenes Sach zu haben und vor Ort verankert zu sein, bedeutete früher für viele nicht nur Hoffnung auf eine finanziell auskömmliche Existenz und auf Absicherung in Notfällen, sondern nicht zuletzt auch auf Anerkennung und sozialen Aufstieg. »Der Traum einer jeden Magd war eine eigene Existenz, ein eigener Hof, und sei er noch so klein. Auf dieses Ziel hin wurde gearbeitet und gespart. In der Regel endete mit der Heirat die Dienstbotenzeit«, betonen Sieglinde Reif und Ariane Weidlich in ihrem Bericht über die »Erinnerungen einer Magd aus dem Rupertiwinkel«.

Diesen Traum hegten auch meine Eltern nach ihrer Heirat: meine Mutter als nicht erbende Tochter aus Kleinhäusler-Verhältnissen und mein Vater als Nachzügler in einer zerfallenden Tagelöhnerfamilie. Sie hätten sicher ihren Lebensunterhalt auch anders verdienen können, vielleicht sogar leichter, aber sie hätten sich dann nicht den Traum erfüllen können, endlich ihr eigner Herr zu sein. Unsere Kleinfamilie – also meine Eltern und ich, gerade mal dreijährig – ist Anfang 1957 aus Alling nach Germering gezogen, um den landwirtschaftlichen Betrieb eines entfernten Verwandten auf Leibrente zu kaufen und weiterzuführen.

An dieser Aufgabe war unmittelbar zuvor bereits mein Onkel Xaver, der Bruder meines Vaters, gescheitert, genauer – wenn man den Erzählungen glauben darf –: an seiner ersten Frau und ihrem Unwillen, »als Magd zu enden«. Trotzdem waren wir für die Bewohner des Altdorfs Fremde und nur bedingt berechenbar. Denn als Leute, die im Dorf mit praktisch niemandem verwandt waren, konnte man für uns im Zweifel auch niemanden verantwortlich machen und zur Rechenschaft ziehen. Wenn wir vom Mars gekommen wären, wäre das auch kaum jemandem entfernter vorgekommen als Alling, das ja praktisch nur über dem Berg lag und an die hiesigen Fluren direkt angrenzte.

Zu meinem späteren Glück spielten unsere »Einwanderung« und die damit verbundenen Integrationsschwierigkeiten für unser Lebensgefühl bald keine große Rolle mehr. Denn im Zuge der dramatischen Veränderungen, die das Altdorf und Germering insgesamt binnen weniger Jahrzehnte erfuhren, und im Vergleich zu den vielen Tausenden zugezogenen völlig Fremden, die nunmehr fast die gesamte Bevölkerung des auf das Vielfache angewachsenen Dorfes ausmachten, waren wir den vermeintlichen »Ureinwohnern« irgendwie dann doch zugehörig und vertraut. Und umgekehrt hielt diese zugezogene, übergroße Mehrheit aller Germeringer mich natürlich für einen Eingeborenen, einen »gebürtigen Germeringer«.

Dabei gab es zu unserer Zeit praktisch keine gebürtigen Germeringer mehr, weil Hausgeburten nach dem Krieg erst mal aus der Mode waren. Wann sich im Ort eine Hebamme niedergelassen hat, kann ich nicht sagen, das war für mich damals keine existenziell relevante Information. Von einer in Puchheim zumindest hatte ich schon mal gehört. Aber dass meine Schwester nicht wie ich im Krankenhaus, sondern bei der Hebamme in Gilching geboren wurde, war damals schon die absolute Ausnahme. Die meisten Kinder im Umland kamen in Münchner Kliniken auf die Welt, vorzugsweise wie auch ich – der da noch als Allinger und nicht als Germeringer zählte – bei den Rot-Kreuz-Schwestern in der Taxisstraße. Papa muss damals im Lastwagen für den Hin- und Rücktransport gesorgt haben.

Was unseren »Einheimischen-Status« anging, existierten wir in gewisser Weise also in einer Art Parallelgesellschaft zweierlei Germerings: Im einen, dem kleineren Ort, aber unserer unmittelbaren Umgebung und damit in unserer eigentlichen Heimat, galten wir als Zugezogene, wenn nicht gar als Ausländer, im anderen, dem weitaus größeren Teil der Gemeinde, der uns eher fremd war, zählten wir später und bis heute geradezu als Aborigines. Diese Zuschreibung einer vermeintlichen Ureinwohnerschaft hat mir später den Nimbus der »Authentizität« verschafft und mein politisches Standing gestärkt, obwohl ich für eine »alternative« Partei kandidierte.

Dieser Nimbus hat mir zum Beispiel 1990 bei der Wahl zum Gemeinderat, aber auch in meiner späteren politischen Laufbahn sehr geholfen: eine Art Echtheitsmerkmal und Gütesiegel, das Glaubwürdigkeit und Verlässlichkeit ausstrahlte. Dieser Effekt ist ein für unser schönes Bayernland typisches Phänomen. Denn das informelle, vor allem kulturelle Zwei-Klassen-Bürgerrecht, das zwischen Leuten mit vermeintlich älteren Vorrechten und den Zugewanderten (die ja bei uns noch nicht mal »Einwanderer« heißen dürfen, sondern bloß dazu kommen) unterscheidet, machen sich nicht nur diejenigen, die davon profitieren, sondern auch die anderen zu eigen, die von diesem Recht abgewertet werden, aber dennoch merkwürdigerweise dankbar sind, doch irgendwie dabei sein zu dürfen – wenn auch nur zweiter Klasse.

Mein abschreckendes Beispiel für diese Selbstabwertung ist seit 20 Jahren der damalige Bürgermeister von Wertingen. Dieser Ort kam damals in die Kritik, weil der Bau einer Moschee am Widerstand aufgebrachter Bürger scheiterte, anders als im nahen Lauingen, wo ihr ein CSU-Bürgermeister und späterer FDP-Landtagsabgeordneter den Weg bereitete, weil er der Meinung war, dass auch »unsere Moslems« sichtbarer Teil der Gemeinde sein müssten. Der Wertinger dagegen verwahrte sich gegen aufkommendes Herummäkeln an seiner Kommune folgendermaßen: »Dass ich hier, als Sozialdemokrat und Preuße, dreißig Jahre hauptamtlicher Bürgermeister sein darf, zeigt doch die Offenheit dieser Stadt.« Wenn das nach dreißig Jahren Arbeit für die Gemeinde immer noch ein Thema ist, wenn also ein Preuße und Sozialdemokrat dafür dankbar ist, dass er dreißig Jahre lang geduldet wurde, dann sagt das »gar nichts über Weltoffenheit, aber alles über den Zustand der bayerischen SPD«, hab ich mich damals polemisch erregt. Aber es sagt halt erst recht viel über Bayern – wie es war, hoffentlich.

Wie man die Frage von Zugehörigkeit und Dahergehörigkeit auch ganz anders inszenieren kann, zeigt ausgerechnet das Schweizerische National- und Landesmuseum in Zürich. Wer die Dauerausstellung besucht, wird gleich am Eingang mit folgender Erklärung in die Geschichte der Schweiz eingeführt: »Niemand war schon immer da. Nicht immer lebten Japanerinnen und Japaner auf den Inseln östlich von Korea. Der Bosporus im südlichen Europa ist erst seit einiger Zeit von Türkinnen und Türken besiedelt. Auch in der Schweiz waren nicht immer schon Schweizerinnen und Schweizer zu Hause.« Und danach folgt eine Geschichte der Einwanderungen von grauer Vorzeit bis heute.

29 HINTEN HINAUS IN DIE HEIMGARTENSTRASSE

Die Heimgartenstraße ist über weite Strecken gar keine richtige Straße, jedenfalls nicht so, wie man sich eine Straße vorstellt, sondern bloß ein grüner, zugewachsener Weg und teilweise nicht mal das. Da wirkt sie dann eher wie ein Trampelpfad. Auf der unteren, östlichen Hälfte ist sie selbst heute bloß am Anfang ausgebaut und nur einseitig, zum Altdorf hin, bebaut. Aber schon nach wenigen Metern ist sie nichts als die Hinterseite der Höfe an der Dorfstraße. Dafür, dass sie kaum mehr als ein Feldweg ist, hat sie schon eine ziemlich großspurige Geschichte. Sie hatte bereits mehrere offizielle Namen und jeder von denen sollte schon was hermachen: Ganz früher hieß sie Gartenstraße, dann unter den Nazis Hindenburgstraße, dann nach der Entnazifizierung wieder Gartenstraße, und schließlich, nach der Eingemeindung von Unterpfaffenhofen, weil es dort schon eine richtige Straße mit dem gleichen Namen gab, »Heimgartenstraße«. Viel Aufwand für so wenig Weg.

Ich hab lang nicht gewusst, dass sie überhaupt einen Namen hat. Für mich war sie bloß ein Fußweg und eine Abkürzung, wenn ich nämlich nicht vornrum über die Hauptstraßen, also die Dorf- und die Augsburger Straße, sondern hintenrum in die Kirche gegangen bin, in die Sonntagsmesse oder, viel seltener, in die Abendandacht, wie zum Beispiel in die Maiandacht, oder ganz selten auch auf dem Schulweg. Wer in die andere Richtung, nach Westen, geht, kann noch fast überall die Rückseiten und den Rest von den großen Gärten der Höfe in der Dorfstraße sehen, also die eigentlichen Hausgärten.

Die meisten Äcker auf der anderen, der Südseite der Heimgartenstraße gehören heute noch zu den angrenzenden Höfen. Deshalb heißen diese unbebauten Grundstücke bis hin zur Kirchenstraße »Hausäcker«. Wenn man da an den rückwärtigen Zäunen entlang geht, kommt man sich immer ein bisschen vor, als würde man zwischen Vorhängen durchluren auf eine sonst diskret verborgene Kehrseite und Verhältnisse, die einen nichts angehen.

Die »Hausäcker« sind zum Glück bis heute unbebaut, obwohl sich schon russische Investoren dafür interessiert haben. Aber weil mir in Germering uns nicht für die interessiert haben, hat man immer noch einen freien Blick auf das Altdorf. Man kann es immer noch als Dorf erkennen, obwohl es schon lang keins mehr ist und die Höfe alle paar Jahre wieder einer weniger und die Hausgärten nach und nach zugebaut werden.

Dass ich die Heimgartenstraße überhaupt als Fußweg nutzen konnte, lag an alten Gepflogenheiten. Gerade weil man viel zu Fuß und meist nur zu Fuß unterwegs war, hat man jede Möglichkeit zur Abkürzung genutzt. Viele der alten Wegeverbindungen sind erst in den letzten zwanzig Jahren gekappt und eingezäunt oder überbaut worden. Bis dahin gab es etliche Stellen, an denen ein kleines Wegerl oder das, was von ihm übrig war, zwischen zwei Grundstücksgrenzen und manchmal sogar zwischen Zäunen verlief. Um altes Wegerecht hat man seitdem immer wieder gestritten, wenn die Erben nichts mehr davon wissen wollten. Nur wenige dieser alten Wegerechte waren ins Grundbuch eingetragen und veränderte Gewohnheiten haben auch das Gewohnheitsrecht verändert. Früher hat man nicht nur diese vielen informellen Wege und Pfade genutzt, sondern man durfte auch einen eingezäunten Hof durchqueren. Man wurde nicht scheel angeschaut, aber nur wenn man auf dem kürzesten Weg zur Straße am anderen Ende des Grundstücks ging und vorausgesetzt, dass dort auch ein Gartentürl war, bei dem man aus dem Hof wieder rauskam, und vorausgesetzt auch, dass man das zügig tat, sodass erkennbar war, wo man hinwollte und dass man keine anderen Absichten verfolgte.

Anders als in unseren Tagen waren Türe und Tore tagsüber unversperrt. Dafür geschah praktisch alles, was man tat, immer unter den Augen der Öffentlichkeit, unter Kontrolle und kommentiert von der Nachbarschaft. Wer ein fremdes Gelände betrat und eine Grenze überschritt, machte das nicht ungesehen, also nicht ohne Aufforderung oder Ankündigung. Genauso wie man sich lautstark bemerkbar machte, wenn man in ein Haus hineinging, schlich man nicht heimlich auf einen anderen Hof. Denn »Gelegenheit macht Diebe« hieß es, und man wollte niemand unnütz »in Versuchung führen«. Die Versuchung war auch so schon groß genug, weil es fast allen an vielem mangelte.

Ein Diebstahl konnte einem richtig wehtun, sozusagen einschneidend und unmittelbar: dem Dieb, wenn er erwischt wurde, oder dem Bestohlenen, wenn er dann selber nichts oder zu wenig zu essen hatte. So mancher lebte von der Hand in den Mund, und alle mussten essen, was nur irgendwie genießbar war. Was man wirklich nicht hat selber essen können, weil es verdorben war oder greislig oder sonst wie ungenießbar, haben meist noch die Sau fressen können oder wenigstens die Hühner.

Weil auch Viehfutter immer knapp war, war vor Kühen, Schweinen, Katzen, Hunden oder Hühnern gar nichts sicher. Und Mäuse gab's ja auch noch allerhand. Andererseits und unsererseits hatten wir Kinder immer Appetit, einmal überhaupt, aber vor allem auf alles, was vom üblichen Speiseplan abwich. Äpfel, Birnen, Nüsse brocken, vom Baum runter und oft noch viel zu grün, um gut verdaulich oder gar wohlschmeckend zu sein, und Fallobst vom Boden aufklauben waren für uns Hundskrippeln ganz normal und bei unseren Wachstumsschüben als klassischer Mundraub unvermeidlich.

Bloß derwischen hast dich halt nicht lassen dürfen. Das war jedem klar. Praktisch ungeschriebenes Gesetz. Weil sonst ist der legendäre Watschnbaum umgefallen, und zwar sofort und auf der Stelle. Und den Eltern und dem Pfarrer wurden deine Untaten dann natürlich auch noch verklampert, also hintertragen. Dann hast noch mal Prügel oder mindestens eine Pretschn gekriegt. Aber eine Pretschn hast sowieso leicht mal gekriegt.

Das hat praktisch zum Bubenleben dazugehört wie kurze Hosen und blaue Knie. Da hat sich die Abschreckungswirkung solcher Präventionsmaßnahmen dann schnell abgenutzt. Und wenn's für einen guten Apfel oder eine Handvoll Kirschen war, hast wenigstens gewusst, wofür du die Pretschn kriegt hast.

Alles, was man essen konnte, wurde gegessen, ob von Mensch oder Nutztier. Deshalb wurden auch jegliche wild wachsenden Feldfrüchte von irgendwem geerntet. Da ließ man nichts unterm Baum oder am Strauch verrotten. Alle brauchbaren Waldbeeren hat wer gebrockt, Himbeeren, Brombeeren und erst recht die so aromatischen, aber wirklich winzigen Walderdbeeren an Waldrändern oder Lichtungen; die natürlich am allerliebsten.

Auf Wege- und Brachflächen haben wir Kamillenblüten gepflückt, sofort gegessen oder als Tee getrocknet. Nur mit Holunderblüten zum Rausbacken als Hollerkücherl oder mit den reifen Früchten für Saft oder Sirup konnten wir daheim keine Ehr aufheben. Denn Vater wie Mutter wollten beide als Erwachsene, die über ihre Ernährung selber bestimmen konnten, von Holunder nicht mehr viel wissen. Dafür hat unsere Nachbarin fleißig Holler eingemacht und ich fand den Sirup zu Grießmus gar nicht schlecht. Immerhin war er rot und vor allem süß.

Im Herbst hat man außerdem Haselnüsse geklaubt oder gebrockt, wilden Vogerlsalat auf den Feldern geerntet und Schwammerl gesucht. Überall auf den Wiesen wuchs der Champignon; ihn und die kleinen Reherl konnte sogar ein Ahnungsloser wie ich erkennen und sammeln. Denn bei Pilzen war man sonst bei uns daheim ausgesprochen zurückhaltend.

Nicht nur die Kirschen in Nachbars Garten, sondern anderer Leute Feldfrüchte waren ebenfalls verbotene Früchte. Das galt selbst auf bereits abgeernteten Feldern. Denn häufig wollte der Eigentümer selber noch eine Nachlese machen, etwa um Kartoffeln nachzuklauben.

Fremde Flur war nie frei verfügbar.

Auf allem in Feld und Flur lag ein wachsames Auge. Praktisch immer hielten sich ein paar Leute auf den Feldern auf und bekamen mit, was vor sich ging. Und sie konnten die Vorgänge einschätzen. Denn für so gut wie für alle Arbeiten gab es den passenden Zeitraum: eine Saison sozusagen für jeden Arbeitsschritt. Vor allem aber haben diesen Abschnitt von Tagen oder Wochen gleichzeitig alle für Feldarbeiten genutzt. Eine klar definierte Arbeitsphase folgte nahtlos der anderen und alle schwangen in diesem Rhythmus mit.

Daher musste so gut wie immer irgendwer irgendwas auf den Feldern und Fluren erledigen, weil das Arbeitsjahr kaum Pause machte. Selber allerdings machte man schon hin und wieder eine kurze Pause bei der Arbeit. Man sah nur zu gern immer mal wieder von der eigenen mühsamen, meist gebückten Tätigkeit auf; zum Durchschnaufen, um den Buckel wieder gerade zu rücken und die Krümmung herauszustrecken, und schaute umher. Ohnehin war jede Ablenkung willkommen, jede Abweichung interessant. Alles war sofort Gesprächsstoff für alle.

Wem welche Felder gehörten und was darauf angebaut war, hätte man im Schlaf hersagen können. Auch das jeweilige Gespann, ob Ochse oder

Bulldog, mit Anhänger oder Maschine, war einem vertraut. Drum erkannte man kilometerweit, wer dahinten auf wem seinem Acker war oder auf welcher Wiese und ob das, was dort gemacht wurde, zur Wachstums- oder Arbeitsphase passte und zum Grundbesitzer. Meist war auf den ersten Blick und schon von Weitem erkennbar, ob die Leute, die sich dort zu schaffen machten, da auch hingehörten. Die eigenen Mutmaßungen hat man den anderen in den kleinen Unterbrechungen der Arbeit schubweise mitgeteilt, wer da vermutlich auch draußen war und was er da wohl zu tun hatte.

Solches Rätselraten hatte einen nicht geringen Unterhaltungswert. Jedenfalls war es garantiert spannender als die eintönige Handarbeit, die man gerade verrichten musste. Außerdem hielten dich ja Nachdenken und Reden nicht von der Arbeit ab. »Praten en breien«, sagen die Holländer. Reden und Stricken. Also: Nicht bloß reden, auch arbeiten.

Wenn es nicht auf Anhieb eine eindeutige Antwort gab, wurden langwierige Vermutungen angestellt, abgewogen, verworfen, neue Hypothesen aufgeworfen und hin- und hergewendet, bis man jedes Für und Wider mehrfach wiedergekäut und schließlich einvernehmlich die Frage geklärt hatte: Konnte der das sein, der einzig da sein sollte, weil er auch sonst immer da war, und machte er, was er erwartungsgemäß machen sollte?

Gewohnheiten waren stark, und auch die Gepflogenheiten der andern waren dir vertraut. Alles, was vor den eigenen Augen ablief, wurde auf Plausibilität abgeklopft, erst recht, wenn es vom Vertrauten oder vom zu Erwartenden abwich. Weil man im Miteinander grundsätzlich vor Überraschungen gefeit war, waren Wahrscheinlichkeitsvermutungen in der Regel zutreffend. Man tat, was man immer tat. Und auch die anderen taten, was sie immer taten.

Deshalb war auch niemand überrascht oder befremdet, wenn ich auf dem Weg in die Maiandacht wieder mal, wie so oft, bei unserem Nachbarn gegenüber, beim Streicher, durch den Hof lief: beim offenen Tor vorne rein und beim Türl hinten wieder raus, auf die Heimgartenstraße. Wahrscheinlich haben die Streichers, wenn sie mich da laufen sahen, auch gleich zutreffend gemutmaßt, dass ich auf dem Weg in die Kirche war.

Und vermutlich haben sie sich das auch gleich gegenseitig mitgeteilt. Weil man hat früher gern eins und eins zusammengezählt. Auch gern laut und zum Mithören für die anderen.

Und man war sehr beruhigt, wenn die Rechnung aufging und dabei das rauskam, was man erwarten durfte. Offene Rechnungen und ungelöste Fragen waren eher unbeliebt.

Manche Rechnungen hat man im Grunde nur deswegen angestellt, und zwar laut und für die anderen nachvollziehbar, weil man wusste, was dabei rauskam. Als Sicherheit gebendes Ritual, könnte man sagen. Aus sozusagen existenzialistischen Gründen, zur Selbstvergewisserung und als Authentifizierung der Wirklichkeit. Man bestätigte sich gegenseitig, dass noch immer alles »normal« war, so wie es sein sollte, weil es immer schon so gewesen war.

Von meiner heutigen Warte aus hat der Weg durch den Streicher-Hof und die Heimgartenstraße hinunter ebenfalls etwas Rituelles, ja direkt Feierliches.

Wie ich mich da so gehen sehe, liegt ein rotgolden schimmernder Schein über der Szene und mir dünkt, als habe es damals nur laue, heitere Frühlingsabende gegeben; und während ich da unter großen, frisch ergrünten Laubbäumen dahinwandle, haben die Kastanien die Kerzen schon aufgesteckt und die Maikäfer fallen nur so vom Himmel und genau rein in mein zwengs Luftlöchern durchbohrtes Streichholzschachterl.

Und auf dem Heimweg, noch im warmen Abendlicht, singe ich lauthals und mit Inbrunst meine geliebten Marienlieder, »Meerstern ich dich grüße« zum Beispiel (»Oh Maria, hilf!«) oder »Maria zu lieben«.

Wenn ich mal ganz wagemutig war, bin ich nicht beim Streicher, sondern auf dem Grundstück vom Bichebaur durchgegangen. Aber da musste ich schon all meinen Mut zusammennehmen. Nicht zwengs den Leuten. Vorn im Haus waren sie genauso nett und geduldig wie beim Streicher, aber hinten im Hof, da lauerten die Bigockl.

Diese Viecher waren zwar hinter hohem Maschendraht eingezäunt, aber mit ihrem schrecklichen, drohenden, aufgeregten »Gluck, gluck, gluck«, den roten Kämmen und fiesen Fratzen und dem aggressiven Losgestürme auf mich Störenfried zählten sie zu den gefährlichsten Ungeheuern, die man sich nur vorstellen konnte.

Damals waren diese Tiere selten. Sie kamen, wie wir später lernten, aus Amerika und hießen Truthähne oder Puten. Aber die Bigockl vom Bichebaur waren mit den bemitleidenswerten hochgezüchteten Puten von heute nicht zu vergleichen.

Während diese Fleischkolosse vor lauter Kraft kaum gehen können und wegen der schweren Brustmuskulatur leicht mal vornüber kippen, konnten dem Bichebaurn die seinen wirklich schnell rennen und sich aufplustern, sprich: jemandem wie mir richtig gut Angst machen. Noch seltener als beim Bichebaur bin ich nur beim Leserer durchgelaufen. Das war dann ganz und gar nicht zwengs der Abkürzung, sondern bloß zwengs der Neugier. Weil ich halt auch da mal vorbeischauen wollte, wo man nicht so leicht hinkam.

Ich weiß nicht, ob der Name der Heimgartenstraße bloß eine vermeintliche Verschönerung des alten »Gartenstraße« ist oder eine Anspielung auf Hoagartn beziehungsweise Hoagascht.

So sollen ganz früher gesellige Treffen geheißen haben, bei dem sich angeblich abends, also nach der Arbeit, Nachbarn und Freunde »zu Ratsch und Tratsch, zu Musik und Tanz« getroffen hätten. Sagt Wikipedia. Aber wo es Wikipedia noch nicht gegeben hat, in den 50er-Jahren des 20. Jahrhunderts, hab ich bei uns in Germering davon nichts hören oder sehen können.

Ich bin ja viel rumgekommen, aber ich kannte im ganzen Altdorf niemanden, der daheim in der Stubn oder im Gartl mit anderen Musik gemacht, also eine Art Hoagascht abgehalten hätte.

Freilich gab es einen Männerchor, aber den hab ich damals außerhalb seines natürlichen Habitats Hartlwirt oder bei offiziellen Festakten nie getroffen. Und selbst da nur selten.

Jahrzehnte später, als ich bei der feierlichen Eröffnung der neuen Stadthalle unserer noch jungen Stadt unseren Nachbarn, den Waschlsepp, genauer: den Waschlseppnseppe, also den Bruder vom Waschlseppnhanse, auf der Bühne als Teil eines großen städtischen Chores in Verdis »Aida« singen hörte, war ich bewegt und begeistert. Es war, als ob dank seiner ich selber auf der Bühne der postmodernen Halle stünde, zusammen mit dem ganzen alten Bauerndorf. Und als ob wir alle miteinander da gemeinsam hingehören, also zusammengehören würden. Dank dem früheren Kulturamtsleiter Günter Mayer haben wir regelrecht eine Art Versöhnungsmesse gefeiert, das Altdorf und die Große Kreisstadt.

Aber wenn ich früher beim Waschlsepp daheim ein- und ausging, hab ich nie auch nur einen musikalischen Ton von ihm gehört. Ich hab überhaupt selten einen Ton von ihm gehört.

Der Hanse immerhin, auch nicht viel redseliger, hat mir später ein einziges Mal, aber unvergessen, bei meinen Schulaufgaben geholfen, beim Zeichnen. Er hat mit mir ein Kripperl ins Schulheft gezeichnet, als wir im Unterricht Weihnachten durchgenommen haben. Da war ich froh, das hätte ich allein nicht gekonnt. Weil ungleiche Seiten, ungeklärte Winkel und überhaupt Perspektive. Aber dass dem Hanse sein Bruder Sepp auch musisch veranlagt war, ein Sänger und sogar, akkrat, ein großer Krippenschnitzer, davon hab ich nie nichts mitgekriegt. Wer weiß, wo ich da wieder war mit meinen Augen, und mit meinen Ohren natürlich auch.

30 WEGERECHT

Man kann doch nicht einfach durch fremde Grundstücke durchlaufen, bloß weil der Weg dann kürzer ist? Doch, damals konnte man das. Jedenfalls als Kind. Erwachsene sind wohl selbst zu der Zeit schon schneller auf Misstrauen gestoßen, wenn sie eine nicht allgemein anerkannte Abkürzung gewählt haben. Was allgemein anerkannt ist und was nicht, ist natürlich eine ewige Streitfrage. Und so lange noch Leute zu Fuß irgendwo hingehen, wird auch über Wege- und Durchgangsrechte gestritten werden.

So berichtete die Süddeutsche Zeitung über ein höchstrichterliches Urteil zum Thema Wegerecht: »Auch wer jahrzehntelang über das Grundstück des Nachbarn geht, kann daraus kein Gewohnheitsrecht ableiten«. Denn das gebe es nie als privates, sondern nur als sozusagen öffentliches Recht: »Zwar könne in der Tat ein ungeschriebenes ›Gewohnheitsrecht‹ entstehen – aber eben nur als allgemeine Regel, die für einen größeren Kreis von Beteiligten gelte. [...] Aber ein Gewohnheitsrecht nur für den Einzelfall, nur für zwei Nachbarn – das gibt es laut BGH nicht.«

Also nur wenn ich Zeugen dafür fände, dass auch andere – und nicht nur ich – die Höfe vom Streicher und vom Bichebaur auf dem Weg von der Dorfstraße in die Heimgartenstraße durchquert haben, dass ich also auf Basis eines öffentlichen Rechts und nicht nur aufgrund meiner jugendlichen Dreistigkeit das Wegerecht in Anspruch nahm, könnte ich ein Gewohnheitsrecht behaupten und beanspruchen. Theoretisch. Denn praktisch würde es mir noch nicht mal was nützen, weil die Grundstücke inzwischen längst nicht mehr von der einen zur anderen Straße durchgehen, sondern in sich geteilt und abgezäunt sind.

Es könnte natürlich gut sein, dass ich mir in Bezug auf das Wegerecht meine eigene private Rechtsdeutung zurechtgelegt habe. Denn ich kann mich auch nicht erinnern, dass ich auf diesen meinen abgekürzten Wegen jemals andere Fußgänger getroffen hätte. Keine Nachbarin, keinen Nachbarn, auch kein anderes Kind. Jedoch ist auch das Fehlen einer solchen Erinnerung nicht wirklich beweiskräftig.

Und selbst wenn mein Wegerecht aus Sicht des Bundesgerichtshofs lediglich ein rein privates, angemaßtes und kein öffentliches, allgemeinverbindliches Gewohnheitsrecht gewesen sein sollte, bleibt höchst fragwürdig, ob das Urteil des BGH rückwirkende Geltung beanspruchen kann. Nicht zuletzt wäre es nicht das erste juristische Feld, auf dem sich das, was als »herrschende Meinung« gilt, innerhalb von sechs Jahrzehnten fundamental geändert hat. Ich jedenfalls lasse mir mein Recht, den Weg durch die damaligen Höfe vom Streicher und vom Bichebaur abzukürzen, auch heute nicht so ohne Weiteres nehmen, auch nicht vom Bundesgerichtshof.

31 BÄUERLICHE ILLUSIONEN

Außerlandwirtschaftliche Einkommensquellen, Nebenerwerb und Zuerwerb waren in früheren Zeiten für Kleinhäusler unerlässlich. So heißt es in »Bauern in Bayern« unmissverständlich: »Viele Kleinbauern mussten ihr Einkommen durch Ausübung eines Handwerks oder Gewerbes verbessern.« Das war natürlich auch bei uns im Landkreis nicht anders. Eine Ausstellung im Mühlenmuseum Furthmühle »zu altem Handwerk in den Dörfern« zeigte neulich beispielsweise für die dortige Gemeinde, »dass in Egenhofen um 1950 etwa 25 verschiedene Berufe ausgeübt wurden. Darunter auch noch der Bettermacher [Rosenkranz-Macher] sowie Schweizer (Stallknecht) oder der ›Schuasta-Jackl‹ und der ›Soafasieder‹.«Schreibt die Süddeutsche Zeitung über »Weber, Seiler, Besenbinder«. Viele dieser Kleinhandwerker hätten noch lange »auf die Stör gehen« müssen, sodass »noch nach dem Zweiten Weltkrieg Näherinnen, Schneider, Sattler oder Schuhmacher von Dorf zu Dorf und von Haus zu Haus zogen und sich als Stubenarbeiter verdingten«.

Aber zusätzliche Einnahmemöglichkeiten waren auch für größere Betriebe interessant. Die meisten Bauern waren über viele Jahrhunderte darauf angewiesen, wenn sie mehr nur das Allernötigste erarbeiten wollten. Das war nicht bloß bei uns so. In seinem Buch über den »Untergang des Dorfes in Europa« hält Geert Mak fest: »Viele Bauern waren nicht einfach nur Bauern, sondern eher Universalisten. Den ursprünglichen Bauernhof müssen wir uns als eine Mischform von Überlebenstechniken vorstellen«. Wie hätte es auch anders sein sollen, denn Möglichkeiten, etwas zuzukaufen, waren rar, einerseits weil die Gelegenheiten dazu selten waren, etwa auf Märkten oder bei einem Besuch in der nicht gerade nahen Stadt, andererseits weil das Kleingeld fehlte.

Eine Bauernfamilie machte so viel wie möglich selber: »Offensichtlich war kaum jemand in diesen Dörfern auf irgendetwas spezialisiert. Sowohl Männer als auch Frauen waren vielseitig einsetzbar und nutzten jede Gelegenheit, die sich bot. Man hatte ein paar Kühe, trieb ein wenig Handel, werkelte ein bisschen, nutzte den Tag und schlug sich mit

Geschicklichkeit und Anpassungsfähigkeit durch.« Und diejenigen, die doch auf etwas spezialisiert waren, wie bei uns etwa der »Rechenmacher« oder die verschiedenen Schuster oder Schmiede, waren das nur nebenbei.

Vieles verhielt sich noch lange wie in der »vormodernen Welt«, wie sie Rainer Beck am Beispiel Unterfinnings in seiner Studie über die »Ländliche Welt vor Anbruch der Moderne« beschreibt. Die »relative Geschlossenheit« war ein Merkmal auch des hiesigen, in vielem noch ökologischen Wirtschaftssystems: »[E]in Großteil der Leistungs- und Güterströme dieser Ökonomie lief nie wirklich (wie das heute noch im häuslichen bzw. privaten Bereich gilt) über den Markt – sie ist eine *naturale* Ökonomie, die jener des Marktes vorgelagert war und zum Teil ganz anderen Gesetzen gehorchte«.

Auch unser Altdorf war genauso wenig wie das Dorf des 18. Jahrhunderts »einfach Bauerndorf: weder hatte jeder genug Besitz, um einen veritablen Bauern abzugeben, noch war landwirtschaftliche Arbeit die einzige Beschäftigung, der seine Bewohner nachgingen«. Bis Anfang der 50er-Jahre war auch bei uns, wenn auch bereits mit einem deutlich geringeren Grad an Autarkie, die »dörfliche Selbstversorgung« noch ein dominantes Prinzip: »Von Anbau und Bestellung der Gärten und Felder über die Fütterung und Pflege der Tiere, das Sammeln und Ernten, Melken, Schlachten, Aufbereiten und Konservieren bis zur Zubereitung erstreckten sich die Arbeiten innerhalb des Haushalts – mit Ausnahme des Mahlens – auf sämtliche Etappen im Werdegang der Nahrung, und zwar in einer Bandbreite, die es ermöglichte, dass fast alles, was in diesen Familien auf den Tisch kam, der eigenen Wirtschaft entstammte: Mehl und Getreide; Kraut, Rüben, Salat und Dörrobst, Milch, Schmalz und Quark; Eier, Fleisch – und das Wasser, das man gewöhnlich zum Essen trank.«

Allerdings galt die »dörfliche Selbstgenügsamkeit« kaum noch für die übrigen Bereiche »gewerblicher Selbstversorgung« wie »Bekleidung und Wärme, Behausung, Einrichtung und Arbeitsmittel«, und für eiserne Acker-, Küchen- und Handgeräte ohnehin nicht. Und zum Ende der 50er-Jahre verfiel auch diese noch verbliebene relative Autarkie rasend schnell. Das Schlachten und Verarbeiten unserer Stiere und Schweine übernahm jetzt der Metzger, nur die Hühner wurden noch selber geschlachtet, wenn sie keine Eier mehr legten; Milchprodukte kamen nun großteils aus der Molkerei; Wasser war nicht mehr das einzige Getränk – dank Milchgeld, »Veredelungswirtschaft« und anfangs noch Kartoffelverkauf.

Nur langsam setzte sich die Marktwirtschaft auf dem Lande gänzlich durch, aber dann rasend schnell, sodass die meisten Bauern ab den 60er-Jahren praktisch alle Agrarprodukte und Lebensmittel im Laden bzw. im Supermarkt einkauften – selbst diejenigen, für die sie selber die Vor- oder Rohprodukte erzeugten.

Vor diesem Hintergrund ist es umso auffälliger, wie hartnäckig sich seit den späten Sechzigerjahren die Illusion beziehungsweise Ideologie des »Vollerwerbs« halten und durchsetzen konnte. Mit diesem Begriff ist eine knallharte Abwertung der anderen Betriebformen verbunden, die in agrarpolitischen Fragen und insbesondere in Sachen staatlicher Förderung und betrieblicher Perspektiven unmittelbare negative Auswirkungen auf »Nebenerwerbs«- und »Zuerwerbs«-Landwirte hat. Als sei es in irgendeiner Weise ehrenrührig, wenn man als Bauer sein Geld nicht ausschließlich mit der Lebensmittelproduktion verdient. Als sei man immer noch der angeblich sakrosankte Reichsnährstand.

Mit dem Argument, man wolle »nichts geschenkt«, wird von vielen Bauern und Bauernfunktionären auch eine mögliche Änderung der EU-Förderpolitik weg von der reinen Flächenförderung hin zu einer Orientierung an ökologischen Leistungen abgelehnt. Der »Vollerwerb« wird umso höher gehalten, je abhängiger die Bauernschaft inzwischen von europäischen Subventionen und anderen außerlandwirtschaftlichen Einkommensquellen ist.

Die hehre Rede von der »bäuerlichen Landwirtschaft« wiederum hat Johann Kirchinger seinerseits einer kritischen Analyse unterzogen. Er sieht die »Verbäuerlichung der Landwirtschaft [sich] im Industriezeitalter« vollziehen: »Der Anteil der Haupterwerbsbetriebe betrug 1907 nur 63,9 %, 1933 waren es 78,8 %. Die Industrialisierung führte also sowohl zur Verbäuerlichung als auch zur Intensivierung der Landwirtschaft«. Kirchinger spricht sogar von »der bäuerlichen Landwirtschaft als Kind der Industrialisierung«. Das bedeutet, dass der Begriff der »bäuerlichen Landwirtschaft«, der gerne als vermeintlich idyllisches

Gegenbild zur »Agrarindustrie« ins Feld geführt wird, genau seiner Verwendung gegenläufige Prozesse verdeckte. Statt für das Ideal einer »extensiven« Landwirtschaft stünde »bäuerlich« demnach für eine zunehmende Industrialisierung.

Dazu passt auch, dass Kirchinger im Ideal der »bäuerlichen Landwirtschaft« das Ergebnis einer Verbürgerlichung des Landes erkennt. Denn während noch in unserer Nachkriegszeit überall Reste des alten Großfamilienlebens und quasi feudaler Hausstände vorzufinden waren, werden diese Überbleibsel in den Sechzigerjahren mit eisernem Besen ausgekehrt und durch neue soziale Verhältnisse ersetzt: »Volles Eigentum, Kernfamilie und Leistungsethos als Funktionsprinzipien des bäuerlichen Familienbetriebes sind aber genuin bürgerliche Werte, die mit der vormodernen Landwirtschaft nicht viel gemein haben.«

Erst diese Verbürgerlichung der bäuerlichen Werte führte zu einer geänderten Perspektive auf die bäuerliche Landwirtschaft, die »es andererseits erst ermöglichte, dass sie im Bürgertum ideologisiert wurde. Dabei wollte und will das Bürgertum nur seine eigenen Werte im Bild der bäuerlichen Landwirtschaft bestätigt sehen.« Kern dieser ideologischen Selbstvergewisserung ist die besondere Rolle, die dem bäuerlichen Eigentum zugedacht wird und die durch die beigefügten Werte von Familie und Tradition abgesichert wird.

Diese konservative, eigentumsorientierte Ausrichtung sieht Kirchinger insbesondere auch in der bayerischen Agrarpolitik am Werk, nicht zuletzt in ihrer Behauptung eines besonderen »bayerischen Wegs«. Aber anders als von seinen politischen Befürwortern behauptet, meint Kirchinger, »ist dieser bayerische Weg in der Agrarpolitik kein bayerischer Sonderweg. Seine eigentumsstützende Wirkung weist ihn aus als Aspekt der allgemeinen deutschen und europäischen Agrarpolitik seit dem Ende des 19. Jahrhunderts.« Denn auch anderswo in Deutschland und nicht zuletzt auf europäischer Ebene »werden die Einnahmen mit Hilfe von Agrarzöllen, Marktordnungen oder Direktzahlungen erhöht, was [...] den Wert des Eigentums steigert«.

Wie sehr die EU-Agrarpolitik bisher an der Stabilisierung des Eigentums ausgerichtet ist, zeigt sich bei der an der Fläche, also an der Besitzgröße, statt an Leistungen orientierten Förderpolitik. Deshalb stört auch kaum jemanden, dass ein Gutteil der Förderung bei den Flächen, die von den Landwirten angepachtet wurden, auf die Eigentümer durchschlägt, auf die sogenannten »Sofa-Bauern«. Ähnlich hat man zeitweise auch bei der Milchquote die sogenannten »Sofa-Melker« gefördert, durch das Einräumen geldwerter, handelbarer Verkaufsrechte auf Basis vermeintlich früher erworbener Besitzansprüche.

Für Kirchinger zeigt diese starke eigentumsstützende Förderpolitik »sehr deutlich, dass mit der Form der Agrarpolitik nichtlandwirtschaftliche Zwecke verfolgt werden, eben die Stabilisierung des Privateigentums an Produktionsmitteln«. Ein Schelm, wer Böses dabei denkt. Denn zumindest der bayerischen Agrarpolitik geht es dabei nicht zuletzt auch um Parteipolitik, um die Sicherung konservativer Wählerschichten, den wahren und einzigen »bayerischen Weg«.

Deshalb kommt selbst der Biograf des bayerischen Landwirtschaftsministeriums Raphael Gerhardt zu sprechen auf den »Kontrast zwischen wirtschaftlicher Modernisierung und konservativer Werteorientierung, wie er charakteristisch für die Politik der christlich-sozialen Landesregierungen in Bayern war«. Die CSU habe bei allem Neuerungsdrang immer darauf es geachtet, ihre Basis abzusichern: »Neben dem unternehmerischen Leitbild [...] stand mit dem sogenannten bäuerlichen Familienbetrieb ein weiteres Leitbild im Mittelpunkt des Diskurses, das vorrangig politisch aufgeladen war«. Beide Leitbilder kreisen zentral um das Privateigentum an Produktionsmitteln.

So sehr also CSU-Regierungen politisch, in Förderung, Lehre und Forschung die »Agrarmodernisierung« vorantrieben, so sehr achtete man darauf, dass die gesellschaftliche Modernisierung nicht zu weit ging. Das Bild der »bäuerlichen Landwirtschaft« und des »bäuerlichen Familienbetriebs«, mit dem die bayerische Regierung warb, »wurzelte in der gegen Ende des 19. Jahrhunderts entstandenen Bauerideologie«. Es sei, meint Gerhardt, eine »agrarromantische Vorstellung, dass der Landwirtschaft eine gesellschaftliche Sonderrolle zukomme. Damit wurde der Bauer in der Bauerntumsideologie sakral überhöht und als politisch schützenswerter Bestandteil der Gesellschaft erklärt«. Von dieser Heiligsprechung profitierte im Rückschluss wiederum auch das übrige vererbte Eigentum – und nicht zuletzt die heiligsprechende Partei selber.

Diese Ideologie war und ist bis heute »Kernelement konservativer Agrarpolitik«. Diese zielt nach wie vor darauf, dass die Bauern als konservative Wählerschaft erhalten bleiben: »Generell boten sie aus konservativer Sicht die Gewähr dafür, revolutionären Bewertungen gegenüber immun zu sein, da sie ihr ererbtes Eigentum erhalten wollten.« Gerhardt scheut in seiner von der CSU-nahen Hanns-Seidel-Stiftung geförderten und im Landwirtschaftsministerium präsentierten Studie auch nicht davor zurück, auf die Traditionslinien zu verweisen, in der dieses Bauernbild steht: »Die enge Bindung der bäuerlichen Familie an den eigenen Besitz und den damit verbundenen Boden war eines der Kernelemente und trug die Bauerntumsideologie weiter, die sich während des Nationalsozialismus« schon propagandistisch bewährt hatte.

Dieses Leitbild hält sich hartnäckig, obwohl heute nur noch die wenigsten Betriebe die »Funktionsprinzipien des bäuerlichen Familienbetriebes«, nämlich »volles Eigentum, Kernfamilie und Leistungsethos«, gewährleisten können: »Bei einem Pachtanteil von 48,3 % in Bayern im Jahr 2013 (1933: 4,9 %; 1981: 21 %) ist nicht mehr von bäuerlicher Landwirtschaft zu sprechen«, stellt Johann Kirchinger mit Recht fest. Die Koppelung Familie-Eigentum-Bewirtschaftung ist nicht bloß an dieser Stelle durchbrochen.

Der Brucker Lokalteil der Süddeutschen Zeitung hat jüngst in zwölf Folgen und einmal im Monat über »Die Landwirtschaft im Jahreslauf« berichtet: »Im Märzen der Bauer« hieß der Beitrag zu einer Imagekampagne, der den Landkreisbürgerinnen und -bürgern den bäuerlichen Beruf näherbringen sollte. »Wie der Bauer sein Geld verdient. Die meisten Landwirte im Landkreis können von der Lebensmittelproduktion nicht leben«, war die letzte Folge überschrieben, als sollte es eigentlich anders sein. Dennoch blieb nur die »ernüchternde Antwort«: »Viele sind auf die Direktzahlungen angewiesen, landläufig Subventionen genannt. Einige setzen auf Direktvermarktung. Andere halten Pferde oder vermieten Wohnungen und Gebäude. Oft tragen die Ehefrauen einen großen Teil des Familieneinkommens bei«.

Die Zeitung vermag es kaum zu glauben – und vermutlich stützt sie sich in dieser tiefen Verwunderung auf ihre berufsbäuerlichen Quellen: »Die meisten Bauern im Landkreis Fürstenfeldbruck verdienen ihr Haupteinkommen in einem anderen Beruf. 613 landwirtschaftliche Betriebe gibt es hier. Nur 275, nicht einmal die Hälfte sind Haupterwerbsbetriebe.« Und von denen brauchen laut Landwirtschaftsamt 80 Prozent einen Zuerwerb, etwa durch die »Beherbergung von Gästen«, Pensionspferde oder »gewerbliche Arbeiten wie Heckenschneiden oder Holzrücken im Wald«.

Das wird berichtet, als wäre es eine völlig überraschende Entwicklung. Die größere Hälfte sind Bauern im Nebenerwerb: »Sie sitzen vor Beginn ihrer Hauptarbeit, nach Feierabend, am Wochenende und im Urlaub auf dem Schlepper, um die Felder zu bearbeiten oder kümmern sich um ihre Tiere.« Auch das ist nicht gerade ein neues Phänomen. Diese Betriebe waren immer schon in der Mehrheit. Das Einzige, was sich dramatisch geändert hat, sind die Maße der Größenklassen, die jetzt darüber entscheiden, wer ganz zum Aufgeben gezwungen wird oder dazu, in den Nebenerwerb zu fallen.

Die Vorstellung vom Bauern als »eigenem Herrn«, der – wie Goethe im »Faust« sagt – »[a]uf freiem Grund mit freiem Volke stehn« könne und nur von seiner Hände Arbeit auf seinem eigenen Boden lebte und seine Familie ernährte, ist zutiefst ideologisch, um nicht zu sagen: verlogen. Auch Geert Mak kritisiert in seiner Studie über den »Untergang des Dorfes in Europa« den politischen Missbrauch des Bildes einer bäuerlichen Landwirtschaft: »Wenn in der Politik von der Rückkehr zu den Werten von Groß- und Kleinfamilie gesprochen wurde, dann war das – zu Recht oder zu Unrecht – ein Rückgriff auf das Dorf, auf das Heimweh nach dem flachen Land, das noch im Herzen unzähliger Städter schlummerte.« Ein Heimweh nach einem »heilen« Dorf, das es so – wie es sich für eine rückwärtsgewandte Utopie gehört – nie gegeben hatte.

32 BARFUSS IM KORNFELD

Barfuß und in unseren kurzen Hosen waren wir jederzeit und in jedem Gelände einsatzbereit. Wenn der Mairegen auf die Dorfstraße fiel, in trockenen Staub oder auf warmen Teer, und es war nicht bloß der Mairegen, sondern eigentlich jeder warme Sommerregen, lag dieser spezielle Duft in der Luft, der mir auch heute noch, wenngleich viel seltener, das Versprechen von vielen Stunden, ja eines ganzen Lebens im Freien bringt: sozusagen von Freiheit und Abenteuer. Wenn es stark regnete, warf der Regen »Blodern«, also Blasen. Dann verwandelte sich die Fahrbahn in ein Bachbett, und aus allem, was nach einem Sommergewitter so an Erde, Schlamm und Sand und Strohhalmen, Blättern und Ästen mitgeschwemmt wurde, bauten wir uns Dämme und Kanäle.

Meist ist es einem gar nicht aufgefallen, dass man barfuß lief. So normal das war, barfuß zu laufen, so verpönt, ja geradezu lächerlich war es, strumpfsockert zu sein. Das war irgendwie affektiert, kindisch oder seltsam, vielleicht weil es unnötigen Verschleiß von kostbarem Material bedeutete. Denn die Socken konnten die Füße ja doch nicht schützen, hatten aber ruckzuck Löcher. Selbst wenn man im Winter oder für die Schule Schuhe anhatte, verschlissen Socken schnell. Schauten dann, wie es hieß, »Kartoffeln raus«, weil die Zehen sich relativ schnell durch die Naturfasern gebohrt haben, sah man so erbärmlich und ärmlich aus, wie man vielleicht ja war. Wenn man gleich barfuß lief, musste man sich wenigstens nicht genieren. In jedem Frühjahr wurden die Sohlen rasch und fast unmerklich abgehärtet. Nur die ersten Tage war jeglicher Untergrund ziemlich »wax«. »Wax« spricht man mit hellem, offenem »a«, also genauso hoch und spitz, wie man seine Empfindungen beschrieben hätte, hätte Stolz nicht stummes Leiden verlangt. »Wax« hieß, Steine oder unrunde Kiesel waren eher uneben zu begehen. Da half nur, schnell und leichtfüßig drüber, sich nichts anmerken lassen und möglichst schnell wieder auf einen Grasstreifen.

Eisennägel waren knapp. So knapp, dass, wenn etwas zerlegt wurde, sorgsam jeder Nagel aus jedem Brett und Pfosten gezogen und aufgehoben wurde. In ruhigeren Arbeitszeiten hat man die Nägel wieder gerade geklopft, damit man sie erneut verwenden konnte. Das war konsequentes Recycling, bevor man einen Begriff dafür hatte und noch nicht wusste, dass das was Besonderes sein soll, und schon gar nicht, dass man damit, wie es heute heißt, »der Umwelt etwas Gutes tut«. Auf die Idee wär man auch nicht leicht gekommen, dass man der Umwelt etwas Gutes tun muss. Wo man doch selber auch nicht gerade verwöhnt war.

Jedenfalls war es praktisch alles wert, recycelt, also wiederverwendet zu werden, als Rohstoff oder Baumaterial.

Als Politiker hab ich gelernt: Nicht immer stimmen die Menschen explizit, also z. B. mit den Händen ab, per Handheben. Manchmal kommt es zu einer informellen Willensbekundung, etwa einer Abstimmung mit den Füßen. Vielleicht gibt es ja auch so was wie eine Philosophie der Füße. Dann wär ein zentraler Lehrsatz das noch wenig erforschte Knappheitsparadox: Auch was knapp ist, kann leicht zu viel sein. Denn so knapp Nägel waren, lag trotzdem einer jedes Mal akkrat da, wo man gerade barfuß hinstieg. Oder ein Glasscherm. Obwohl Glas eigentlich auch knapp und nicht billig war. Und es waren nicht bloß die nackten Füße, die Nägel oder Scherben zuverlässig aufgespürt haben. Ein Platten im Reifen, vom Rad, Bulldog, Anhänger oder Auto, war so was von alltäglich und das normalste der Welt.

Wenn du in einen rostigen Nagel getreten bist, hat das nicht bloß wehgetan. Das hat man ja vielleicht noch ignorieren können. Sondern das konnte auch eine Blutvergiftung auslösen. Auch das hat man in der Regel ignoriert. Aber mit der Blutvergiftung war nicht zu spaßen. Wenn sie zu spät erkannt wurde, musste man sterben. An Blutvergiftung zu sterben war ebenfalls das normalste der Welt und die Warnung davor geradezu sprichwörtlich. Ein Nagel war nicht das Einzige, was eine Blutvergiftung auslösen konnte. Papa ist später mal, aber das war schon Mitte der Siebzigerjahre, weil ihn ein Stier mit dem Horn erwischte, wegen einer Blutvergiftung ins Krankenhaus gekommen, nach Bruck. Dort hat er sich dann auch gleich noch eine Lungenentzündung geholt. Das war ganz praktisch, weil er ja da schon mal da war im Krankenhaus. Außerdem hat er dann gleich das Rauchen auch aufhören können. »Kein Schaden, wo nicht auch ein Nutzen ist«, hat man da gesagt.

So ein Nagel war schon greislig genug. Aber mehr noch als rostige Nägel hab ich kantige Glasscherben gescheut. Weil die konnten so ausgefranste Wundränder schneiden oder reißen. Mir kommt es vor, als hätte es früher überall Glasscherben gegeben. So wie heute überall Plastikabfälle. Irgendwo waren mit Sicherheit welche, und zwar regelmäßig da, wo du nicht damit gerechnet hast. Auch Bälle sind übrigens gerne mal in eine Scherbe oder einen Nagel gefallen und zwar so, dass sie hinterher hin waren. Wo die eh so rar waren. Wennsd endlich mal einen Ball gehabt hast, war er gleich kaputt.

Hast du dann auf so einen Ball eing'haut, hast du dir, wenn du ihn nicht voll getroffen hast, natürlich auch die Zehen ganz leicht blutig stoßen können, an einer scharfen Kante oder einem spitzen Stein. Und in ein umgefallenes Werkzeug hast natürlich auch mal leicht steigen können, einen Rechen zum Beispiel oder eine Hacke. Das war es aber schon fast mit den greisligen Seiten vom Barfußlaufen. Dafür wurdest du immer wieder am Tag und viel öfter belohnt: Durch feuchte Wiesen laufen, über weiches Moos, in Sand einsinken, in Pfützen hüpfen, in warme Drecklachen! Das war eine Gaudi! Schön gefühlig war's erst recht, wenn sich ein weicher, regennasser Batz zwischen den Zehen hochquetschte. Nicht ganz so gut, aber ziemlich ähnlich hat es sich angefühlt, wenn man in kalte Hühnerkacke, Entengrütze oder warme Kuhfladen getreten ist. Das war genauso weich und glitschig, aber trotzdem irgendwie deutlich weniger schön.

Der Martl ist übrigens Sommer wie Winter barfuß gelaufen. Allerdings hat er seine blauen Füße mit ihren riesigen, dicken Zehennägeln ab Herbst in der Regel in alte, ausgelatschte Schlapfen gesteckt, ohne Socken und hinten offen. Das war das einzige Zugeständnis, das seine Füße der Jahreszeit machen mussten. Und Schrunnten waren natürlich ein Thema, sobald es kälter wurde: tiefe Risse in der Hornhaut, die manchmal blutig aufbrechen konnten.

»Ein Bett im Kornfeld« hat mal einer gesungen. Aber der hat das wahrscheinlich nie selber ausprobiert. Weil, mir dadat's grausen! Das muss ja überall stechen und kratzen und jucken! Das Stroh und die Streu und die Spelzen und die stacheligen Unkrautsamen und -blätter. Von den ganzen Viechern, die da rumfliegen und rumkrabbeln, will ich noch nicht einmal reden! Ja, pfui Deifi! Gut, dass das Stroheinführen, also die Ernte der ausgedroschenen Büschel oder früher der Getreidegarben, erst spät im Jahr stattfand. Weil da hatte man schon ordentlich Hornhaut an den Füßen. Denn in den tief, bis zum Boden runter abgemähten Getreidefeldern konnte man den harten Stoppeln nicht ausweichen. Die ganz kurz abgeschnittenen Halme, vor allem von Gerste und Weizen, konnten sich übel auswirken. Am Anfang hast es gar nicht so gemerkt. Aber wenn du da mal ein paar Meter drin warst. Da ist dir dann ein Licht aufgegangen.

So richtig Yogi-mäßig. Der indische Yogi auf seim Nagelbrett war in den Sechzigerjahren schon recht populär. Dazu hat man gern mal einen gezeichneten Witz auf dem Kalenderblatt oder in der Zeitung gebracht. Barfuß wie unsereins, aber mit einem umgehängten Bettlaken statt Hemd und Hose war er offenbar die Summe dessen, was man sich unter einer so ganz anderen, einer exotischen Lebensweise vorstellen konnte. Und schön war auch, dass der Yogi es halt noch härter hatte als mir. Und das auch noch geliebt hat. Aber ich glaube, um die Stoppelfelder hätte auch ein Yogi einen Bogen gemacht. Wenn er nicht, wie unsereins, hätte Stroh holen müssen.

Stroh hat einem auch gern mal die Waden blutig gerissen. Und die Unterarme nicht zu vergessen. Nur Haferstroh war spürbar weicher. »Wie die Maus im Haferstroh« heißt es, weil du dir da so ein weiches Nest bauen kannst. Aber da konnten trotzdem Disteln drin sein oder andere stechende Unkräuter wie Ackerhohlzahn. Die piksten dir dann auch noch dornenmäßig in die Finger, wenn du das Stroh anlangen musstest. Oben auf dem Fuder. Die ersten Jahre wurde ja alles noch mit der Hand aufgelegt, jeweils mit speziellen Gabeln: Gras und Heu wurde erst zu Schwaden oder Haufen zusammengerecht und dann mit großen Heugabeln aufgespießt. Für schweres und kürzeres Material gab es Mistgabeln mit vier enger stehenden, deutlich kürzeren Zinken und einem kürzeren Stiel. Die Getreidegarben wurden mit einer leichten, schmalen, zweizinkigen Spitzgabel aufgelegt.

Auflegen war die Arbeit von meinem Papa und vom Martl. Die haben da im Duo gearbeitet: der eine hat von links die schweren Garben hochgestemmt, der andere von rechts. Der Martl hatte sehr viel Kraft im Oberkörper und konnte gut mithalten mit meinem Papa. Er hat auch schwerste Gabeln ganz nach oben spitzen können. Nur vorwärts Bewegen war nicht ganz so leicht. Da hatte er eher eine Art Seitwärtsschwenken, erst die eine Körperseite nach vorne gehebelt, dann die andere. Aber auch das ging recht flott. Und meine Mama konnte oben schauen, wie sie zurechtkam. Weil die beiden haben die Heuhaufen, Getreidegarben oder später Strohbüschel in ihrem eigenen Rhythmus nach oben geschmissen, und gar nicht so, wie sie das gebraucht hätte. Da ist dann ein Batzen schon auch mal danebengegangen und nicht vor oder neben meine Mama gefallen, sondern auf sie drauf.

Anfang der Sechzigerjahre ging es auch bei der Heu- und Strohernte mit der Mechanisierung los. Als Erstes kam ein »Aufleger«, der das in Schwaden zusammengerechte Material lose nach oben auf den Anhänger beförderte, danach die ersten Pressen für Heu und Stroh. Aber auch da musste man immer noch Fuder machen, also das Ladegut von Hand auf dem Anhänger verteilen und aufschichten. Weil wenn es ordentlich angesetzt wurde, dann hatte mehr Ladung Platz und sie blieb auch beim Heimfahren noch oben auf dem Anhänger und fiel nicht runter. Fudermachen war eine schwere Arbeit, für die man schnell sein musste und Geschicklichkeit brauchte. Davon wurde meine Mama erst entlastet, als noch später die Ladewagen aufkamen und Heu und Grünfutter lose heimgefahren und einlagert wurden. Aber auch vorher wurde das Fudermachen immerhin schon mal leichter, als Holzgatter nicht nur vorn und hinten, sondern auch an den Seiten der nunmehr luftbereiften Wagen angebracht werden konnten.

Die Mähbinder und danach die frühen Strohpressen konnten die Büschel bei Weitem noch nicht so fest zusammendrücken und zusammenzurren wie die spätere druckstärkere Maschinengeneration. Diese Büschel waren keineswegs die festen, kompakten Bausteine von heute oder gar diese Riesenballen, sondern recht locker gebunden. Die Getreidehalme waren noch lang, weil man ja Stroh brauchte und kein Mensch auf die Idee gekommen wäre, Halmverkürzer zu spritzen. Und die Büschel waren glatt: aufeinandergeschichtet blieben sie nicht ohne Weiteres liegen, weil sie leicht und rutschig waren.

Fuder machen war ohnehin eine Kunst. Büschel musste man immer derquer stapeln, so wie beim Aufschichten eines Holzstoßes; man legte von außen nach innen, damit man einen Büschel wie einen Schlussstein setzen und den Stapel stabilisieren konnte. Hint und vorn in die Brücke des Anhängers waren relativ niedrige, hölzerne Gatter eingesetzt; das war kaum mehr als eine Art verlängerte Bordwand. Deshalb musste die weitaus größte Menge besonders ordentlich angesetzt werden, weil halt ohne Rückwand oder Rückhalt.

Meine Mama wusste ganz gut, wie das geht. Die hatte das ihr Leben lang gelernt. Schon bei fremden Bauern. Damals wurde ja zwar das in Gänze geschnittene Getreide schon vom Binder geschnitten und gebunden, wenn auch nur locker und leicht, aber Heu und Gras konnte man noch nicht zusammenfassen. Das alles musste praktisch lose auf dem Wagen angesetzt und angerichtet werden, Gabel für Gabel, Haufen neben Haufen. Bei den Heufudern kam am Ende ein Wiesbaum drüber, der mit Stricken am Leiteraufsatz des Wagens angebunden und mit einem Hebel festgezurrt wurde, um von oben Druck auszuüben und Halt zu geben. Damit das Ganze nicht gleich bei der ersten Kurve oder Unebenheit auseinanderrutschte.

Oben auf dem Wagen mitfahren war buchstäblich das Höchste. Da konnte man auf alles und alle runterschauen. Eine völlig neue Perspektive. Und man schaukelte wie der Maharadscha in seiner Sänfte oben auf dem Elefanten. Da war auch das Stroh gar nicht mehr pieksig. Aber wie immer halt: Wer hoch steigt, kann tief fallen. Und: »Überladen bringt Schaden.« Einmal sind wir in der Buidt vom Acker auf den Weg rausgefahren, da ging es bergauf und dann war am Rand auch noch die Furche und das Fuder ist auseinandergerutscht, weil es so schräg nach oben ging und der eine Teil der Brücke des Anhängers noch unten und der andere schon oben war und es auch noch recht gewackelt hat. Und wir, Mama und ich, waren ganz oben und sind dann mittendrin in den Büscheln rasch nach unten gerauscht. Ist aber gar nix passiert, außer dass mein Papa sauber geflucht hat. Und dann gab es noch eine kurze mehrstimmige Diskussion, wer schuld war, ob Fuder nicht sorgfältiger gebaut werden müssten, der Acker weniger bucklig sein oder der Fahrer weniger schnell. Aber lang diskutieren konnte man eh nicht, weil man musste ja alles wieder auflegen. Irgendwie. Weil der Himmel schon zuzog. Da war ein Wetter im Anmarsch und Gefahr im Verzug. Ungewöhnlich war es auch noch, weil ich hab nicht mal eine Pretschn gekriegt, also die Watschn, die's sonst immer gibt, aus Erleichterung, dass mir nix passiert ist. Da muss es schon sehr pressiert haben, wenn nicht mal dafür Zeit war.

Erntearbeit war Teamarbeit. Da mussten alle mithelfen. Damit die beiden Männer von links und rechts auflegen konnten, musste ja jemand das Fuhrwerk führen, sprich: den Bulldog fahren. Ihr ahnt schon, wer. Der Martl hat sich auf den Bulldog immer ein hartes Strohkissen gelegt, damit er schräg sitzen konnte, weil er ja sonst nicht hätte bremsen oder kuppeln können mit seiner steifen Hüfte. Er brauchte Abstand. Mein Problem war das nicht. Ich hatte nicht zu wenig Abstand. Bei mir war er zu viel. Weil ich konnte auf dem Sitz nicht sitzen, ohne dass meine Beine in der Luft gebaumelt hätten. Ich musste am Sitz angelehnt stehen. Bremsen war normal kein Problem. Auf den flachen Äckern, wenn es nicht bergauf oder bergab ging, reichte es, wenn du den Gang rausgetan hast, und der Bulldog blieb stehen. Aber bis du den Gang rausbrachtest! Die Kupplung war sauschwer. Da musste ich regelrecht reinhüpfen in das Eisen, damit sich das überhaupt bewegte, und gleichzeitig hieß es, schnell den Ganghebel ziehen.

Wenn da jemand »Halt!« schrie, weil irgendwas nicht so lief, wie es sollte, war das bei mir nicht arg beliebt. Umgekehrt war bei den Männern hinten nicht beliebt, wenn ich den Bulldog zu weit von den zusammengerechten Stroh- oder Heuschwaden wegfahren ließ, weil ein Vorderreifen eine Kurve machen wollte, ich aber mit Träumen beschäftigt war. Da gab es von hinten großes Geschrei und Geschimpfe. Da wurde ich sauber zusammengestaucht. Man kann sagen, das war eine frühe Einübung in die Kehrseiten der Mechanisierung. Weil als Anhängsel eines selbstlaufenden Automaten musstest du dauernd die Balance halten zwischen Anspannung und Langeweile. Meine Erfahrung war: Das kann auf Dauer nicht gut gehen.

Später hat dann statt meiner meine Schwester, wo sie größer gewesen ist, lenken müssen. Das war dann schon auf dem 32er Eicher. Den konnte man, wenn man wollte, ohne aufzusteigen von der Seite ein- und auskuppeln. Man, sprich: mein Papa, brachte ihn zum Fahren und zum Halten, ohne auf dem Bulldog zu sitzen. Da wär auch gar kein Platz gewesen, weil da schon meine Schwester saß. Weil er von unten schaltete, konnte sie schon recht früh mit dem Lenken anfangen. Da musste sie ja nur das Lenkrad halten und gelegentlich kurbeln.

Aber wenn sie dann auch mal ins Träumen und der Bulldog aus der vorgesehenen Spur und mein Papa richtig in Rage geriet und sauber losschimpfte, dann hat sie sich das nicht so oft und ausdauernd angehört wie ich. Sondern sie ist dann halt abgestiegen und hat zu ihm gesagt: »Dann fahr doch selber.« Da war's dann eine Zeitlang vorbei mit der Plärrerei. Ich hätte ich mich das nicht getraut. Weil ich hätte mich das nicht trauen brauchen. Nicht mal einmal. Das war in gewisser Weise ein Genderfrage. Weil die gab es damals auch schon, auch wenn sie praktisch nie gestellt wurde. Das gibt es halt auch: Fragen, die ewig keiner stellt.

33 LANDWIRT SCHAFFT LANDSCHAFT

Die zentrale agrarpolitische Frage ist heute die der Stückkosten. Die Betriebe werden betriebswirtschaftlich gezwungen, immer mehr immer billiger zu produzieren, mit immer mehr Kapital und immer größeren Maschinen und immer weniger Arbeitskraft.

Bei der maschinellen Bewirtschaftung mit immer größeren Schleppern und Maschinen störende Landschaftselemente wie Bäume, Sträucher, Büsche, Raine, Senken oder Gräben hat man deshalb entfernt und außerdem die Schläge durch Zupacht oder Flächentausch vergrößert. Gleichzeitig wurde die Nutzung radikal vereinfacht und vereinheitlicht, denn die Betriebe mussten sich auf ein oder bestenfalls wenige Produktionsverfahren »wettbewerbsfähiger« Erzeugnisse spezialisieren.

Nach und nach haben die meisten deshalb auch die Viehhaltung aufgegeben oder zumindest die gehaltenen Arten sowie ihre Nutzung verringert, zum Beispiel Bullenmast, Legehühner oder Milchviehhaltung, dafür aber die Bestandszahlen vervielfacht. Die Auswirkungen dieser Entwicklungen hat Hansjörg Küster so zusammengefasst: »Je größer die Vielfalt der angebotenen Waren in den letzten Jahren wurde, desto eintöniger wurde jede einzelne Landschaft, weil man dort auf möglichst großen Flächen eine immer geringere Zahl an unterschiedlichen Pflanzen anbaute. Für die Vielfalt im Warenangebot sorgt allein der billige Transport von Waren.«

Wie vielfältig und gleichzeitig extensiv dagegen im Germering der Fünfzigerjahre gewirtschaftet wurde, kann man an den Kategorien erkennen, die das Statistische Landesamt der Bodennutzungserhebung zugrunde legte. Demnach verfügten 1957 noch alle Hofbesitzer über einen nennenswerten Haus- und Nutzgarten; knapp die Hälfte hatte sogar über 1000 m^2. Von gut 300 ha »Wiesen, Dauerwiesen ohne Streuwiesen« war ein gutes Drittel »mit einem Schnitt« und knapp zwei Drittel waren »mit zwei und mehr Schnitten«.

In den Siebziger- und Achtzigerjahren haben wir jedes Jahr versucht, zusätzlich zum »Heu« im Frühsommer und dem »Grummet« im Hochsommer auch im Herbst noch einen dritten Schnitt, das »Drittelgrummet«, getrocknet heimzubringen. Das ging, wie allgemein die Heuernte, nicht immer gut, manchmal wurde es einfach verregnet und ein Großteil der Nährstoffe ausgewaschen. Und nicht überall ist in der kurzen Zeit zwischen Hochsommer und Herbst auch genügend Gras nachgewachsen. Heute beginnt der erste Schnitt schon wesentlich früher, die Gräser sollen noch nicht ausgewachsen und schon gar nicht verblüht sein, und statt Heu wird meist nur noch Silage gemacht, in Plastikballen. Dadurch werden vier, fünf Schnitte möglich und auch die Regel.

Damals war an sowas kein Denken. Und manche Flächen ließen sich überhaupt nur extensiv nutzen, andere gar nicht. So gab es laut Statistik von 1958 immer noch 3,5 ha »Streuwiesen«, Feucht- und Mooswiesen, deren Aufwuchs nur als Einstreu für die Nutztiere gebraucht werden konnte, und sogar 11 ha »Öd- und Unland« sowie 5,5 ha »Unkultivierte Moorflächen«.

Nicht bloß solche nicht oder nur schwer zu bewirtschaftende Flächen wurden im letzten Jahrhundert mit staatlicher Hilfe systematisch maschinell nutzbar gemacht, generell hat man Wiesen und Äcker von allen die Bewirtschaftung erschwerenden und störenden Elementen »bereinigt«. Laut Raphael Gerhardt kam es bereits »in den 1920er und 1930er Jahren zu einer ersten Hochphase der Flurbereinigung im modernen Sinn«. Martl hat immer von der »Arrondierung« gesprochen. Die hat bei ihm offenbar einen bleibenden Eindruck hinterlassen. Denn sie hat die Landschaft in größerem Stil umgestaltet.

Damals müssen auch in Germering durch Erbteilung zersplitterte Flächen wieder mit staatlicher Hilfe zusammengefasst worden sein, um die zu bewirtschaftenden Felder zu vergrößern. Auch diese Maßnahmen hatten bereits Spuren hinterlassen: »Damit einher ging in aller Regel eine erhebliche Umgestaltung der Landschaft, bei der Wege neu angelegt, Wasserläufe begradigt, freistehender Bewuchs wie Hecken oder Bäume entfernt oder versetzt« wurden. Als Spätfolge dieser Eingriffe, aber nicht zuletzt weil eine wachsende Bevölkerung das Grundwasser verstärkt nutzte und Kanalisation im Gemeindegebiet wie Drainage wirkte, wurden die Mooswiesen am Fuß des Parsbergs und am Rande der Aubinger Lohe im Laufe der Jahrzehnte nach und nach trocken gelegt.

Noch vor drei, vier Jahrzehnten funktionierte das Moos wie ein Schwamm: vollgesogen, ja tropffeucht mit Pfützen und Lachen in Regenwochen, aber wenn es länger trocken war und kontinentale Luft mit leichtem Ostwind die Wetterlage bestimmte, konnten die Wiesen schon mal austrocknen. Sie wurden bucklig, gelegentlich mit einem Gefälle von fast einem Meter, nämlich da, wo die uralten mumifizierten Baumstöcke unter der Grasnarbe lagen beziehungsweise da sogar rausschauen konnten, wo die dünne Grasnarbe durch Maschinen versehentlich aufgerissen wurde. Als die ersten von diesen Flächen umgerissen wurden, in den Achtziger- und Neunzigerjahren, um sie in Äcker zu verwandeln, weil Gras mangels Viehhaltung nicht mehr gebraucht wurde, wurden Hunderte dieser unverrotteten Wurzelstöcke rausgezogen und entsorgt.

Die Aubinger Mooswiesen konnten auch im Sommer nicht immer gefahrlos befahren werden, schon gar nicht mit schweren Schleppern, Maschinen oder Anhängern. Selbst leichtere Fahrzeuge konnten steckenbleiben. Immer mal wieder kam es beispielsweise vor, dass unser kleiner 32er Eicher mit einem 2,8-m^3-Güllefass oder mit dem kleinen Ladewagen einsank und manchmal bis auf den Grund absackte.

Dann musste Papa kilometerweit zu Fuß (was er gar nicht liebte) vom Moos heimgehen – wenn er nicht Glück hatte und ihn ein anderer Bauer unterwegs aufklaubte. Um das Gespann wieder freizubekommen, musste fleißig geschaufelt werden, um die Reifen des Anhängers und die Hinterreifen des Schleppers auszugraben. Anschließend hat Martl den kleinen 16-PS-Bulldog vorgespannt, der erst mal vorne einen halben Meter in die Luft stieg, bevor sich was rührte. Heute ist das Moos so trocken, dass auf vielen früher stark vernässten Flächen Mais angebaut werden kann – allerdings nicht ohne einschlägige Klagen der Maisanbauer, dass es immer mal wieder viel zu feucht wäre.

In Folge der Mechanisierung, die sich geradezu explosionsartig nach dem Zweiten Weltkrieg durchsetzte, schreibt Raphael Gerhardt, war man »fast ausschließlich an der Schaffung rationell zu bewirtschaftender landwirtschaftlicher Flächen interessiert«. Gerhardt wertet die Flurbereinigung als Paradebeispiel »einer modernisierungsfreudigen Epoche, die insgesamt wenig Verständnis für überkommene Strukturen hatte«, und einer »ab Mitte der 1950er Jahre vorherrschenden Fixierung der Agrarpolitik auf Produktivität«.

Bei uns war die Flurbereinigung formell bereits 1964 abgeschlossen. Trotz der Maßnahmen blieben die Strukturen immer noch vergleichsweise kleinteilig, mit kleinen Feldern und einer Vielfalt von Feldfrüchten, allerdings bereits weitgehend ausgeräumt, nunmehr möglichst ohne nicht nutzbare, die Bewirtschaftung behindernde Landschaftselemente wie Hecken und Bäume. Bei der Erhebung 1967 gab es keine Einträge mehr bei »Unkultivierte Moorflächen«. Eine Handvoll Betriebe immerhin hatte immer noch insgesamt 4,5 ha »Streuwiesen« und knapp 4 ha »Flächen, die seit einem Jahr oder länger nicht mehr abgemäht und abgeweidet wurden«; und etliche mussten sich noch mit insgesamt 6,68 ha »Öd- und Unland« rumschlagen. Gleichzeitig existierten im Dorf zumindest noch 36 ha Haus- und Nutzgärten.

Der Intensivierungs- und Rationalisierungsprozess war in Germering um 1960 also längst noch nicht an sein Ende gekommen. Aber dass er in vollem Gange war, zeigte sich auch daran, dass das Ackerland in zehn Jahren von 389 auf 438 ha angewachsen war. Das bedeutete nicht nur eine erhöhte Bewirtschaftungsintensität, sondern einen rasanten Schwund von Wiesen und Weiden. Ein paar hundert Hektar Grünland waren zusätzlich umgepflügt worden. Denn bis 1967 war bereits ein Drittel der vorherigen landwirtschaftlichen Nutzfläche bebaut worden, und zwar fast ausschließlich ortsnahe Äcker mit den besseren Böden.

Auch in dieser Hinsicht ist Germering ein Dorf wie jedes andere, nur ist es bei uns halt nicht bloß so wie überall, sondern alles noch ein bisschen mehr so. »Zwischen 1960 und 2017 hat sich die landwirtschaftliche Nutzfläche in Bayern um mehr als ein Fünftel (21,2 %) oder 839.000 ha verringert«, stellt das Umweltministerium im Bericht zum »Rückgang der Insekten- und Vogelfauna in Bayern« fest. Insbesondere Grünland habe massiv abgenommen, nämlich um 647.000 ha beziehungsweise 38 Prozent. Weniger Betriebe bewirtschaften mehr Fläche intensiver: »Mit der Vergrößerung der Betriebsflächen erfolgt oft eine Homogenisierung der Landschaft, d. h. es verschwinden Randstrukturen wie Hecken und Säume«.

Man muss sich ja immer in Erinnerung rufen, dass die viel zitierte, viel bewunderte, aber auch viel bedrohte bayerische Kulturlandschaft

Ergebnis einer jahrhundertelangen bäuerlichen Bewirtschaftung war. Die verschiedenen ökologischen Lebensräume, Habitate und Biotope sind dank vielfältiger landwirtschaftlicher Nutzung entstanden, die ihre Felder je nach Standort, Bodenqualität und Wasserhaushalt unterschiedlich bearbeitete. So war die Landwirtschaft »lange Zeit Garant für die Arten- und Biotopvielfalt in der Flur«. Aber jetzt beklagt das Ministerium einen dramatischen »Landschaftswandel«.

»Die starke Intensivierung der Landnutzung und Tierhaltung seit den 1950er Jahren durch Flurneuordnung (z. B. Melioration, Erhöhung der Schlaggrößen, Verkehrsanbindung, Entfernung von Landschaftselementen wie Hecken), Mechanisierung, Betriebsumstellungen (z. B. Spezialisierung, Rückgang der Diversität), Düngung und Pflanzenschutz führt in der Fläche zu Standorten mit gleichförmigerem Wasser- und Nährstoffhaushalt, hohen Nährstoffgehalten, Stoffeinträgen (z. B. Pflanzenschutzmittel) sowie zu größeren Schlägen.« Das ist schon ein erheblicher Erkenntnisfortschritt für ein bayerisches beziehungsweise ein CSU-Ministerium. Jedoch stört mich dabei dann doch, dass da eine quasi naturgesetzliche Zwangsläufigkeit unterstellt und die eigene politische Verantwortung nicht in den Blick genommen wird.

Wenn weniger Bauern mit weniger Leuten mehr Fläche intensiver bewirtschaften, bedeutet das auch, dass sie sich auf das Wesentliche, nämlich das konzentrieren müssen, was den optimalen Ertrag bringt. Alles andere lässt man links liegen. Manche Flächen, die zu wenig bringen oder zu schwer zu bewirtschaften sind, werden heute gar nicht mehr genutzt. Aber eine solche Brache zieht paradoxerweise ebenfalls eine ökologische Verarmung nach sich: »Gleichzeitig ist ein Artenrückgang durch Sukzession festzustellen. Auf Flächen, die beispielsweise zu nass, zu trocken, zu steinig oder zu steil für eine intensive landwirtschaftliche Nutzung sind (Grenzstandorte), wird die Bewirtschaftung mangels wirtschaftlicher Rentabilität eingeschränkt oder aufgegeben. Als Folge verschwinden die historischen Flurformen«.

Was sich nicht standardisieren lässt, wird aussortiert. Nun wird alles über einen Kamm geschoren. Es wird bereinigt und begradigt. Grenzen werden heute schärfer gezogen, vor allem zwischen dem ökonomisch Nutzbaren und dem vermeintlich Nutzlosen. Deshalb kommt es zu einem »Verlust an Saumstrukturen«, der laut Ministerium besonders folgenreich für das Artensterben ist: »Rund 85 % aller Hecken sowie 88 % der Waldränder weisen keine Saumstrukturen mehr auf, d. h. die landwirtschaftlichen Nutzflächen grenzen unmittelbar und ohne für Insekten und andere Tiere nutzbare Kleinlebensräume oder Ausbreitungslinien an die Hecken und Wälder an. Auf zwei Drittel der Feldraine und Wegränder fehlt ein ausreichendes Blütenangebot für Schmetterlinge«. Aber auch das ist noch nicht das Ende der Entwicklung.

Die Philosophin Eva von Redecker analysiert die Bedeutung der Grenzziehung in Eigentumsfragen, die sich auch in unserer »gegliederten Landschaft« ablesen lasse: »Hecken, Wälle und Zäune trennen einzelne Felder und Wiesen voneinander, Wälder haben Kanten und Gräben klare Konturen. Das Eigentum ist der Welt gewissermaßen eingewachsen.« Die Eingrenzung sei die Voraussetzung dafür, dass eine Sache als Eigentum kontrollierbar und beherrschbar sei. »Wenn uns Landschaften heutzutage klar in verschiedene Felder gegliedert scheinen, dann spiegelt sich in den Hecken und Wällen ihre jahrhundertelange Handhabung als Eigentum. Diese Gestalt hat die Natur erst gewinnen müssen.«

Damit ist die Geschichte der Landschaft aber noch nicht am Ende. Heute beginnt eine neue Phase. Denn, sagt die Philosophin, auf Basis der »Fortschritte in Kartographie und Verwaltung« und vor allem dank GPS und digitaler Flurverzeichnisse ist es möglich, »von den einverleibten Grenzmarken abzusehen. Nicht die Hecken, sondern die Katasterkarten im Grundbuch gliedern die Erdoberfläche heute, dass ihre Übertragung zügig und eindeutig vonstattengehen kann.« Und ein weiterer Aspekt kommt noch dazu. Denn der digitale, satellitengestützte Kataster ermöglicht heute den Landwirten, Nutzungsrechte und Flächen zu tauschen, zusammenzulegen und zu vereinheitlichen, ohne Eigentumsrechte übertragen zu müssen.

Die virtuelle Grenzziehung ermöglicht es, reale Grenzen auszulöschen. Ohne Rücksicht auf Grenzsteine, die immer schon gerne verschoben oder herausgeackert wurden, können jetzt der letzte Rest der Feldraine umgepflügt, verbliebene Hecken gerodet und Gräben eingeebnet werden. Denn die Eigentumsfragen blieben ja trotz Verlust der Grenzmarkierungen unstrittig. Als Folge digitaler Erfassung und darauf basierender flächenbezogener, quadratmetergenauer Agrarförderung wurden nicht nur die Bewirtschaftung behindernde und überdies nicht förderfähige Landschaftselemente entfernt, sondern auch die Wegränder auf das äußerste Minimum beschnitten. Alles, was nur irgendwie ging, wurde umgeackert, als hinge von der Nutzung noch des letzten Quadratmeters das wirtschaftliche Überleben des gesamten Betriebes ab.

Auch in den Sechzigerjahren waren viele Entwässerungsgräben in den früheren Mooswiesen bereits ausgetrocknet und teils schon komplett zugeschüttet, teils bis auf eine kleine Senke eingedrückt und zugewachsen. Aber in Gewässern wie dem Pfenningbacherl, Moosbach, Holzbach und den Mauken in Richtung Aubing plätscherte munter allerhand Wasser, noch hatte kein üppiger Bewuchs das Bachbett zugewuchert.

Am Pfennigbacherl, oberhalb der Wiesen, an deren Stelle sich heute der Germeringer See breitmacht, waren wir immer recht vorsichtig, weil es nicht nur viele Blindschleichen gab, die einen ja auch schon erschrecken konnten, jedenfalls einmal, vor allem aber weil uns andauernd damit Angst gemacht wurde, dass es dort Kreuzottern gäbe.

Da wolltest du wirklich keine unvermutet treffen.

Kreuzotter, der Name allein schon ließ dich einen Bogen um jedes uneinsehbare Büschel Gras machen.

Beim Beiwort »Kreuz« leuchteten alle Alarmglocken: »Kreuz« wie Warnkreuz oder Grabkreuz. Auch vor der Kreuzspinne wurdest du immer wieder gewarnt, als ob ihre Größe allein dich nicht bereits in Angst und Schrecken versetzt hätte.

Damals musste noch nicht alles bis auf den letzten Quadratmeter einer Nutzung oder wenigstens einer regelmäßigen Bearbeitung unterworfen werden. In Feld und Flur, aber auch in den Gärten der Höfe selber gab es etliche üppig überwachsene, zugewucherte Plätze, wo du nicht so genau wusstest, wer da drinnen im Gestrüpp hauste und ob du lieber doch nicht so nah hingehen solltest, jedenfalls nicht barfuß.

Überall zwischen den Äckern ließen die Anrainer, die ja deswegen so heißen, Feldraine als unantastbare Grenzlinie stehen. Es waren schmale Streifen von wildem Grün, von Mäusen durchlöchert, wer die antastete, konnte einen viele Generationen belastenden Streit auslösen. Auch entlang der Wege blieb ein breiter Rand unbeackert, schon allein, damit die

Fuhrwerke einander auf den aufgeschütteten Wegen ausweichen konnten, ohne mit einer Seite im tieferen Feld fahren zu müssen, in Schieflage zu geraten und umzukippen.

Das Getreide stand dünn, längst nicht so dicht, fett und anfällig für Pilzbefall und Halm- und Blattkrankheiten wie heute. Darin überall verstreut blühten Klee, Korn- und Mohnblumen, Margeriten und ein paar Distelarten. Der Wegerich wiederum heißt so, weil er wirklich an und auf den grünen Wegen wuchs, genauso wie die Kamille, die wir Kinder von uns aus gesammelt und sorgfältig getrocknet haben. Dieser Kamillentee hatte einen kräftigen Geschmack, ganz anders als die fade Krankenhausbrühe, die uns heute gesund machen soll. Allerorten stand auch Sauerampfer rum, ein Zeiger von Magerstandorten und deshalb ganz und gar nicht zu verwechseln mit dem Ampfer, der damals völlig unbekannten Plage heutiger mit Gülle überdüngter Intensivnutzungswiesen. Die Blätter dieser kleinen bescheidenen Pflanze haben wir gekaut wie Kaugummi. Immer auf der Suche nach Abwechslung, intensiven Geschmäckern, vor allem aber nach Süßem, haben wir die Blütenkelche von Taubnessel und Weißklee gezupft und daraus den süßen Saft gesaugt, unseren Nesselnektar, Bienchen gleich und emsig.

Wenn gar nix anderes da war zum Kauen, Zuzzeln und Saugen, dann mussten halt die Bändel an der Anorakkapuze herhalten. Für das Schulgehen hat es nämlich zum üblichen Wollzeug dazu eine moderne Überjacke gegeben, immerhin wind-, wenn auch nicht wasserdicht. Und zum Zuschnüren der Kapuze schauten an den Seiten Bändel raus, die einem zwar nicht wie die gebratenen Tauben in Tischleindeckdich in den Mund flogen, aber genau bis zu den Mundwinkeln hinlangten, sodass man nur die Zunge rausstrecken musste und schon hatte man was zum Auslutschen. Also man hat halt den Speichel, den man vorher reingeweicht hat, hinterher wieder rausgesaugt. Wenn die Bändel noch nass waren vom letzten Mal, waren sie auch kalt und lagen nicht ganz angenehm im Mund, aber nach kurzer Kauzeit waren sie wieder warm und säuerlich und wohlvertraut.

Bis heute wird mir so gut wie jeder historische Kostümfilm, ob Western, Austen oder Wikinger, vergällt, weil zwar bei Kleidung und Bauten meist so gut wie jedes Detail »originalgetreu« sein soll, aber dann ohne jedes Geschichtsbewusstsein die moderne, maschinengerechte, übel zugerichtete Landschaft abgelichtet und als »historisch« verkauft wird.

Drei Faktoren stechen mir dabei am meisten ins Auge: die Größe der Felder, die längst nicht mehr in einem menschlichen Maß wie Morgen oder Tagwerk gemessen werden kann, darauf ein Meer aus genau einer immergleichen Pflanze, egal ob Getreidefelder oder Wiesen, und in dieser monotonen, wüstengleichen grünen Weite Reifenspuren, ob nun als tiefe Fahrrinnen schwerer Maschinen oder als gezielt nicht eingesäte, ausgesparte, breite Fahrgassen für die Pestizid- und Kunstdüngerausbringung.

Was der heutigen Landschaft, ob in echt oder im Film, neben Vielfalt am meisten fehlt, ist die einstmalige Farbenpracht. Die Farbenfrage stellte sich auch damals drinnen anders als draußen, aber genau umgekehrt zu heute: In Haus und Hof, ob Hemden oder Hosen, Holzboden oder Handwerkszeug, früher war alles grau, abgetragen, ausgewaschen und ausgebleicht oder in irgendeinem blassen Braunton; wenn was mal bunt gewesen war, war es längst verblichen und verwaschen. Kräftige Farben leuchteten auf dem Dorf bloß im Freien, bunte Bilder bot nur die Natur. Und vielleicht noch die Kunst in den Kirchen.

34 KLEINE TEERGESCHICHTE

Einstmals waren höchstens die überregionalen Ortsverbindungsstraßen ausgebaut und geteert. Daher verfügen auch nur die überregionalen Behörden wie das Straßenbauamt oder der Kreis über die zugehörigen Maschinen. Aber das reichte längst nicht mehr. Im Januar 1957 schaffte die Gemeinde deshalb selber eine Teermaschine an. Folgerichtig beschloss der Gemeinderat ein halbes Jahr später, nämlich am 7. August 1957, erstmals die Erhebung von »Erschließungsbeiträgen« in Höhe von 0,10 DM/m².

Weil ab jetzt alles läuft wie geteert, wurde auch gleich der »Kauf einer Kehrmaschine und eines ›Unimog‹« beschlossen, und zwar, so die Begründung, »wegen des wirklichen Bedarfes«. Und wie es der Zufall wollte, hatte man ja jetzt für den Unimog auch einen Fahrer mit Führerschein, nämlich meinen Papa.

Bei der Ortsbesichtigung stellte die Rechtsaufsicht am 19. September 1958 fest: »Das Gemeindegebiet umfaßt eine Fläche von 1130 ha. Das gemeindliche Straßennetz ist ca. 29 km lang.« Davon war allerdings das Wenigste geteert. Obwohl noch Geld da war, wurde im gleichen Jahr die vom Bürgermeister vorgeschlagene Teerung der Streiflacher Straße vom Gemeinderat trotzdem nicht genehmigt. Stattdessen nahm die Gemeinde das Angebot des Straßenbauamts an, die innerörtlichen Wirtschaftswege parallel zur Landsberger zu teeren.

1959 bekamen die Dorf- und die Augsburger Straße Gehsteige. Der größte Bauer und 2. Bürgermeister war als Anlieger zwar betroffen, schlug aber in der Diskussion über »die Kostenbeteiligung der Grundanlieger« trotzdem vor, »man sollte erst die gesamten Kosten errechnen« und dann wieder beraten. Die Erhebung von Erschließungsbeiträgen war und blieb halt von Anfang an umstritten. Selbst ihre Abschaffung war wieder umstritten.

Als 1960 die Kanalisation in die Kirchenstraße kam, regte der führende Bauunternehmer des Ortes, der ebenfalls im Gemeinderat und bald auch Aufsichtsratsvorsitzender der Raiffeisenbank sowie mit der Grundstückssüdseite Anlieger war, mit Erfolg an, in Erwartung künftiger

Teerung schon mal ordentlich aufzukiesen. Prompt bekam die Untere Bahnhofstraße eine »Oberflächenbehandlung« und die Schmiedstraße wurde im gleichen Jahr geteert. Denn die Gelegenheit war günstig, schließlich konnte man die kreiseigene Straßenwalze gerade für eine Woche ausleihen. »Anschließend wird empfohlen, dass der Bauausschuß ein Straßenbauprogramm für die ganze Gemeinde ausarbeitet.« Jetzt ging's in die Vollen.

Das Jahr darauf wurde erst ein LKW gekauft, dann die Oberfeldstraße geteert. 1963 wurde, es ging weiter aufwärts, eine eigene Straßenwalze angeschafft, damit konnten dann auch die Straßen nach Alling und Nebel »staubfrei« gemacht werden.

Im Jahr darauf wurden auch »die Feldwege (Maukenweg und Fleckenweg)« geteert, also die heute noch einzigen Teerstraßen vom »Mittern« ins Moos. Daran kann ich mich selber noch erinnern, weil ich aus irgendeinem Grund rausgeschickt wurde und Papa entweder eine Brotzeit gebracht hab oder eine Nachricht.

Die Feldwege haben die Bauern mit eigenen Fuhrwerken und mithilfe der gemeindeeigenen Maschinen in Eigenregie ausgebaut und geteert. Dafür übernahm der Gemeinderat auf Vorschlag von Bürgermeister Kistler die Verwaltungskosten und die Löhne für die gemeindliche Teerkolonne von 2800 DM (bei Gesamtkosten von 24.000 Mark), »da ja nicht nur die Bauern allein diese Wege benützen«.

Kein Wunder, dass der alte Bauhof in der Kirchenstraße bald aus allen Nähten platzte, bis dann 1973 endlich neu gebaut wurde. Denn unser Bauhof war damals schon, wie die Lokalausgabe der Süddeutschen Zeitung stolz berichtet, »perfekt ausgestattet, um alle gemeindlichen Arbeiten und einfachere Reparaturen selbst durchführen zu können. Zwei Lastkraftwagen, ein Unimog, ein Caterpillar, ein VW-Bus, ein kleinerer Lader, eine Straßenwalze, eine Kehrmaschine, zwei kleine Schlepper, Rasenmäher, Kompressor und alle Werkzeuge bis zum Gewindeschneider, ein Baugerüst und Maurereinrichtungen« erforderten viel mehr Platz, als das »kleine Gebäude« in der Kirchenstraße und das ehemalige Rathaus an der Dorfstraße bieten konnten.

35 SCHERENSCHLEIFER, BESENMACHER, SCHERFANGER

Direkt überlaufen war die Dorfstraße damals nicht. Da waren wenige Leute unterwegs und noch weniger Fremde. Aber etliche von den Fremden waren nicht bloß auf der Durchreise. Sie waren nicht völlig fremd, sondern praktisch bekannte Fremde. Weil wir sie schon mal gesehen hatten. Weil sie sind immer wieder gekommen. Man hat sie daher schon vom Sehen gekannt und gewusst, was man von ihnen erwarten konnte. Das waren keine Flüchtlinge, Heimatvertriebene oder sonst wie vom Krieg Entwurzelte. Denn die waren längst wo gelandet. Wer jetzt noch »auf der Roas« war, war beruflich unterwegs und meist sogar in diese Berufssparte hineingeboren. Denn obwohl die Nazis, die Polizei und überhaupt die Ämter und Behörden alles probiert hatten, war das »fahrende Volk«, »Zigeuner«, Hausierer und andere Herumtreiber, nicht völlig ausgestorben.

Drum war auch nach den Nazijahren und dem Krieg immer noch viel »fahrendes Volk« unterwegs. Aber das hieß bloß so. Denn die hatten ja nichts zum Fahren, jedenfalls keine Fuhrwerke oder gar motorisierten Fahrzeuge. Sie hätten eher »laufendes Volk« heißen müssen. Denn sie mussten zu Fuß laufen. Sie konnten sich höchstens selber einspannen, vor einen kleinen, zweirädrigen Karren, einen Schleifstein auf Rädern zum Beispiel, oder ein hölzernes Leiterwagerl, und darauf vielleicht turmhoch gestapelte Körbe. Das waren meist versierte, ausgewiesene Handwerker, und zwar seit Generationen. Dann gab es natürlich auch Bettler, die sich von Haus zu Haus durchgefragt haben um eine »milde Gabe«. Und schließlich fahrende Händler, die auch bloß so hießen, aber nix zum Fahren hatten; dann auch noch Vertreter und manchmal sogar Vertreterinnen sowie Hausierer mit und ohne Kraxn, Koffer oder Karren. Die waren eine Vorstufe des Versandhandels, aber statt allein mit einem Packerl mit der Post wurden sie selber mit den Waren ausgesandt. Es handelte sich entweder um Spezialisten für ein Produkt oder eine Firma oder um eine Art mobile Warenhäuser, die alles dabei gehabt haben, was »die Hausfrau« vielleicht brauchen konnte: Knöpfe, Fäden,

Flicken, Schleifen, Bänder, Garn, Nadeln oder Werkzeug, auch mal was zum Anziehen, wie Schürzen, Schaber, Socken, Strümpfe oder Blusen.

Außerdem kamen gern Spendensammler vorbei, schon mal wer vom Müttergenesungswerk oder von der Kriegsgräberfürsorge, alle mit so scheppernden Blechbüchsen, und auch einmal ein Kriegsversehrter, mit vielleicht bloß noch einem Arm, oder mit mundgemalten Weihnachtskarten. Manche waren eine Mischung aus beidem, Hausierer und Sammler, also eigentlich Bettler. Die mitleidige Hausfrau, also meine Mutter, hat halt irgendeine Kleinigkeit gekauft, die sie gerade nicht unbedingt gebraucht hat, aber später vielleicht oder auch gar nie. So hat der Spendensammler oder Hausierer immerhin seine Würde wahren können und trotzdem was verdient. Das haben die sich natürlich gemerkt, und sie so sind zuverlässig wiedergekommen wie das Amen in der Kirche oder wenigstens einmal im Jahr wie Weihnachten. Und weil meine Mama nicht »Nein« sagen konnte und deshalb schon allerhand Vorräte hatte, hat sie manchmal nicht aufgemacht und wir Kinder mussten leise sein, bis der Hausierer oder die Hausiererin wieder aus dem Hof draußen war. Das hat natürlich das Problem nicht gelöst, weder das von den Hausierern noch von meiner Mama, und beim nächsten Mal sind sie dann doch wieder vor der Tür gestanden. »Die frühen Wetter und die frühen Bettelleit' kommen zweimal«, heißt's. Zu meiner Mama kamen alle Bettelleute wieder.

Geflochtene große und kleine Körbe und Körbchen, leichtere oder stabilere, elliptisch oder kreisrund gewölbt, flach oder tief und tonnenförmig, für Stroh, Heu, Schrot, Sägmehl, Obst oder Kartoffeln, wurden immer gebraucht. Weil die alten sich halt schnell abgenutzt haben. Bis die geflochtenen Eisenkörbe erschwinglicher wurden und wenig später die wirklich billigen aus Plastik. Die Plastikkörbe waren ein echter Fortschritt. Denn manche von den handgemachten Körben waren fast so schwer wie das, was man damit transportieren wollte. Da war man froh um jede Erleichterung.

Das Gleiche war es mit den Blechkübeln. Auch sie waren nicht gerade leicht und billig. Ganz anders dann die Plastikkübel. Die wurden dir später sozusagen sogar nachgeschmissen. Vitaminfutter, Waschmittel, Milchaustauscher und Melkmaschinenwaschpulver haben sich, möcht ich wetten, auch deshalb kurz darauf so rasend schnell durchgesetzt, weil sie in brauchbaren, leichten, doch halbwegs stabilen und dichten Plastikeimern verkauft wurden. Da hat man es kaum erwarten können, dass die letzte Portion Pulver endlich verbraucht und der Kübel leer war. Die konnte man für alles brauchen, zum Zusammenklauben von Fallläpfeln, zum Kälbertränken, Wasserschleppen oder Schüttgutstreuen.

Aber nicht für alles war das neue Plastik besser. Besen zum Beispiel machte mein Papa lieber weiter selber. Zum Glück auch noch in späteren Jahrzehnten, denn bestimmte Kehrgüter säuberte nichts so gut wie ein handgemachter Birkenbesen. Da konnten die neuen billigen, roten Kastenbesen mit Borsten aus Plastik nicht mithalten. Trockenes Laub auf Kies etwa ließ sich leicht und locker zusammenfegen, ohne dass allzu viel Steinchen mitgegangen wären, weil der Besen nur so drüberschwebte. War der Sand, Staub oder Schnee, den du wegkehren solltest, feucht, verschmierten sie nicht so schnell, während du die neuen Plastikbesen dauernd ausklopfen musstest, um die Kehrfläche nicht dreckiger als vorher zu hinterlassen.

Während sie sich abgenutzt haben, durchliefen die Reisigbesen verschiedene Nutzungsphasen beziehungsweise Tauglichkeitsstufen: Die ganz neuen Besen waren groß und schwer und haben selber anfangs erst noch viel trockene Blätter und kleinste Äste und damit Gewicht verlieren müssen. Die taugten höchstens dafür, leichtes Heu oder Stroh wegzufegen, auf dem Futtertisch zum Beispiel oder im Stallgang. Bis die sozusagen eintrainiert waren, musste man halt öfter mal den Besen wechseln. Am vielseitigsten und besten brauchen konnte man die Besen in ihrer mittleren Lebensphase, wenn sie leichter zu handhaben, aber noch mit viel Kehrfläche ausgestattet waren. Da kehrten sie dann eine Zeitlang so flugs wie die flugtauglichen Hexenbesen, denen sie so ähnlich sahen.

Für Kinder machte mein Papa, wenn er Zeit und Lust hatte, extra kleine Kinderbesen. Das war aber nicht gerade oft, dass er dazu Lust hatte. Praktisch überhaupt nie zu unserer Zeit. Erst viel später, für die Besucherkinder und vor allem dann für die Enkel. Damals aber musste er oft richtige Besen machen, denn es wurde nahezu permanent gekehrt. Vor der eigenen Haustüre kehren, das war nicht nur sprichwörtlich so dahin gesagt. Das war schon so gemeint. Das Fußwegl zum Beispiel wurde nicht nur für die Feiertage auf Hochglanz poliert, aber da war es unvermeidlich. Erst recht, wenn eine kirchliche Demonstration bevorstand. Denn man wollte ja nicht, dass einen die Leut ausrichten.

Aber auch da, wo die Leut nicht hinsahen, nämlich hintendraußen oder im Stadl oder im Stall, überall wurde andauernd gekehrt. Sogar auf den Feldwegen, wenn man Dreck oder Gras oder was auch immer auf die Straße rausgezogen hatte. Auf so eine Idee würde heute keiner mehr kommen.

In Wirklichkeit war das Besenreiser ein Bündel von Birkenruten, das wochenlang eingeweicht wurde. Das musste mein Papa zu einer ganz genau bestimmten Wachstumsphase im Jahr im Moos schneiden. Wenn du das zu früh oder zu spät geschnitten hast, hast es längst nicht so gut brauchen können. Deshalb hat er das auch nicht irgendwann gemacht, sondern zur rechten Zeit. Wenn das Reiser so weit war, hat er es mit dem Daxkrei zurechtgehackt, sodass die einzelnen Zweige gleich lang waren. Der Daxkrei war eine Art Fleischerbeil: eine breite Schneide, mit einem Haken zum Herziehen von Zweigen an der Oberseite. Diese Hacke diente zum Kleinmachen von Daxen, also von Tannengrün, Ästen oder Reisig. Die zurechtgehauenen Reiser hat mein Vater dann mit einem Sisalgarn gebunden und am oberen, dicken Ende in einen kleinen Eisenreif eingespannt. Da mitten rein kam der Besenstiel, dazu ein Keil und fertig war das neue Teil.

Einen guten Besen zu schwingen, war ein echtes Vergnügen. Vor allem Stroh, Heu und Streu flogen nur so nach links und rechts, wenn der Besen sauste. Die Besen wurden durch den Gebrauch immer kürzer und immer starrer, je mehr nur die oberen dicken Teile der Reiser übrigblieben. Aber selbst ihre vorletzte Phase, mit den schon relativ kurzen, nur noch harten, kaum noch biegsamen Reiserstummeln, zeigte sie noch mal als unübertroffene Spezialisten für hartes, schweres, feines Schüttgut wie nassen Sand, festgeklebte Heublumen oder anderes Zusammen- und Festpappendes wie Kuhmist oder schimmelndes Stroh. Mit diesen kurzen harten Besen ließ sich auch schwerer Schmutz zusammenkehren. Zur Not konnte mein Papa mit so einem Besen auch mal eine Maus derschlagen. Und in der allerletzten seiner Nutzungsphasen konnte man mit dem Besen auch den Ofen anheizen. Das trockene Reiser brannte wie Zunder! Nur selber fliegen konnte man mit keinem der Besen. In keiner Nutzungsphase.

Weil mein Papa da ausgewiesener Fachmann war, ist der Besenbinder umsonst zu uns gekommen, höchstens er hat auch Körbe dabei gehabt. Und der Scherenschleifer wenn vorbeikam, hatte der Papa auch nicht gerade auf ihn gewartet. Aber Mama gab ihm schon mal einen kleinen Auftrag für ein besonders gutes Küchenmesser oder eine Stoffschere, die extra scharf sein sollte. Damit er nicht ganz umsonst angeklopft hatte. Denn meistens schleifte Papa selber, auf einem aufgebockten Schleifstein, einer Art senkrecht stehendem Mühlstein, der mit einem Fußhebel angetrieben wurde. Die Papier- und die Blechschere, den Schebser, also das Flacheisen zum Entrinden von Stämmen und Ästen, den Daxkrei, das Hacke und die große Axt, alles hat mein Papa am Schleifstein geschärft. Und zwischendrin, auf die Schnelle, schärfte er die Klingen auch mal mit einem Wetzstein nach.

Die Messerblätter des Mähbalkens dagegen konnte man nicht nachschleifen. Sie mussten durch neue ersetzt werden, wenn sie abgenutzt und verschlissen waren. Die Sensen wiederum wurden mit einer anderen Methode geschärft: Sie wurden gedengelt. Zum Seges Dengeln gab es einen Dangelstock, also einen Holzbock, auf dem man saß; und zwar vor einer Art Hackstock, also einem kurzen Baumstamm, in dem ein stumpfes, keilförmiges Eisen eingelassen war, das aussah wie ein Satteldach; nur dass die Spitze abgeflacht war. Über diese schmale Kante hat Papa das Sensenblech mit seiner nicht mehr ganz so scharfen, zum Teil schartigen Seite gezogen, während er gleichmäßig mit dem Dengelhammer die Scharten wieder herausschlug und so die Schneide neu schärfte. Der Hammer wurde bei dieser Arbeit beständig benässt, aber er lag ohnehin die meiste Zeit in einem kleinen Blechnapf im Wasser, damit der Stiel aufquoll und das Hammereisen nicht ausließ.

Eine gut gedengelte Sense war beim Mähen von großem Vorteil, vor allem dann, wenn das Gras in der Sonne langsam trocken und damit selbst stumpfer wurde und weniger gut zu schneiden ging. Die Sensen wurden schon Wochen vorher, bevor sie zum ersten Mal gebraucht wurden, zu Ende des Winters, gedengelt. Mit einer scharfen Seges musste man höchst achtsam umgehen. Da hat mein Papa streng darauf geachtet. Weil man hätte damit ja schnell was zerschneiden und kaputt machen können. Mindestens die Schneid wär gleich hingewesen. Um die Schneid sollte man sich immer sorgen. Am wenigsten Angst musste man um den Segesträger selber haben. Außer er wär grad in die Schneid hineingefallen. Und wehe, irgendwer hat seine Seges beim Mähen zu tief reingehauen, in den Dreck zum Beispiel oder gar auf einen großen Stein. Das hat er sofort gehört. Einen lauten blechernen Klang. Ein Klang nach unnötiger Arbeit.

Da kamen dann auch die Maulwürfe ins Spiel. Die waren nicht bloß als Schädlinge unbeliebt. Die wurden vielleicht auch gefangen, weil man das Fell brauchen konnte. Dafür gab es extra einen Fachmann, nämlich den Scherfanger. Anders als bei den Feldmäusen. Von einem Mausfanger als Beruf hab ich nie was gehört. Dabei hätte das viel mehr Sinn gehabt. Weil die haben viel mehr Schaden angerichtet. In schlechten Jahren konnten sie die Felder regelrecht unterminieren und nicht nur Löcher und unterirdische Gänge graben, sondern auch die Wiesenoberfläche mit ihren Laufgräben so ruinieren, dass es erhebliche Ausfälle an Futter gab. Das machten Maulwürfe nicht. Aber Maulwürfe machten diese aufgeworfenen Erdhaufen, die nicht nur das Handmähen erschwerten, sondern erst recht das Mähen mit dem Fingerbalken. Wenn der Dreck zu dick war, blieb das Messer stecken, der Messerbalken zwickte Dreck und Gras zwischen den Fingern ein und die Kupplung des Balkenmähers sprang raus. Das hieß: halten, vom Bulldog absteigen, den Balken aufheben, säubern, einkuppeln und alles wieder von vorn. Wenn das öfter vorkam, konnte den Maulwurf und seinen Haufen schon mal ein Fluch treffen. Oder zwei.

Aber nicht bloß die Maulwürfe machten Ärger und Arbeit, auch der Frost. Zwengs den Maulwurfshaufen und weil im Winter die leichten Wiesen auffroren, der Frost den Boden anhob und nicht zuletzt Steine aus dem Unterboden an die Oberfläche trieb, mussten die Wiesen im Frühjahr mit einer umgedrehten Egge oder besser noch einer extra leichten Wiesenegge und einem Schleppbalken »o-g'schloapft«, also eingeebnet, und danach mit der großen, mit Wasser gefüllten, gusseisernen Wiesenwalze wieder festgewalzt werden. Walzen war auf Moosböden generell üblich, auf Wiesen wie Äckern, weil die leicht auffroren und im angehobenen Boden die Gras- und Getreidewurzeln abrissen. Festwalzen sollte dafür sorgen, dass die Kruste jetzt nicht auch noch austrocknete und Gras oder Getreide verdurstete. Außerdem sollten auch die Mäher, ob per Hand oder mit dem Bulldog, später ebenes Gelände vorfinden. Erst viele Jahre später, als das zapfwellengetriebene Kreiselmähwerk aufkam, das über alles und jedes hinwegmähte, waren die Maulwurfshügel wurscht. Akkrat. Wo es eh kaum noch Maulwürfe gab. Aber Steine gab es noch. Und mit denen haben die Kreiselmäher dann so manche Fensterscheibe und so etliche Spiegel am Bulldog zerschossen.

Ein Wort noch zu den Maulwurfshügeln. Ganz und gar unbeliebt waren die nicht, jedenfalls nicht immer und bei allen. Denn die Haufen schwarzer Mooserde, die beim Mähen so viel Ärger machten, waren die feinste Erde, die du dir vorstellen kannst. »Koad«, haben der Papa und der Martl dazu gesagt, »Koad-Haufa«. Das war die ideale Friedhofserde. Fürs Grab halt, wenn der Boden abgesackt war, weil der Sarg darunter nachgegeben hatte, oder wenn was rausgerissen und was anderes neu gepflanzt wurde, warst du froh um ein bissal Koad. Und mir haben schon ein bissal mehr gebraucht, jedes Jahr vor Allerheiligen. Denn da musstest du Gräber richten, also so herrichten, dass sich nicht die ganze Gemeinde das Maul zerreißen konnte beim Gräberumgang.

Und wir haben da schon ein paar mehr Gräber richten müssen als normal, weil wir eben nicht bloß von hier, sondern auch von dort und da waren: Das Hofgrab auf dem Germeringer Friedhof sowieso, aber dann auch noch das Grab vom Papa den Seinen in Gilching. Das Grab von der Mama den Ihren haben wir zwar nicht unbedingt jedes Jahr richten, aber an Allerheiligen aufsuchen müssen.

Allerheiligen war ein Großfamilien-Hochamt. Später, wo wir schon vorlaute Jugendliche waren, haben wir das »Gräber-Rally« genannt, aber wo wir noch jünger waren, hatten wir die höchste Gaudi. Weil da sind alle Geschwister meiner Mutter mit ihren Familien in Alling zusammengekommen, erst auf dem Friedhof, vor allem aber danach zum Kaffeetrinken, und nämlich meist bei der Tante Mare, und auch zum Kuchenessen, natürlich, nicht vergessen!

Mir Kinder waren jetzt gar nicht so scharf auf den Kaffee, aber schon auf den Kuchen, vor allem aber darauf, dass wir uns alle mal wiedergetroffen haben. Das war ja sonst nicht so oft. Und schon gar nicht alle miteinander. Da haben wir dann bei der Tante im Hof »Kirschenessen« gespielt. Da wurdest du, wenn du nicht aufgepasst hast, mit dem Ball abgeschossen. Dann hast du sagen müssen: »Kirschen gessen.« Beim nächsten Treffer: »Wasser trunken«, dann: »Bauchweh kriegt«, und schließlich bist du, nach der Zwischenstation »Krankenhaus«, wie es sich an Allerheiligen gehört, auf dem »Friedhof« gelandet.

Weg vom Sensenmann, zurück zum Mähen mit der Hand. Fürs Handmähen brauchte man schon ein gewisses Rhythmusgefühl. Mit dem richtigen Takt wurde das Schwingen schwereloser, fielen die Halme leichter und schön aufgereiht, und es ging in einer Art leichter Tanzschritt locker vorwärts. Hin und wieder blieb der Mäher stehen, um seine Sense zu wetzen, mit dem im taunassen Gras angefeuchteten Wetzstein. Für den Wetzstein gab es in der Arbeitshose an der Seite extra eine schmale, lange Tasche. Wetzen machte eine helle Musik und schon ein bisschen was her. Per Hand gemäht wurde jetzt allerdings nur noch, wo man mit dem Bulldog und dem Balkenmäher nicht hinkam, also in den Ecken, Rändern, Gräben oder in Gärten, unter Obstbäumen. Das gemähte Gras hat man, wenn es als das Grünfutter geholt werden sollte, zusammengerecht, damit man es einfacher aufgabeln und beim Aufladen nicht so weit tragen musste.

Wie beim Mähen geht man auch beim Zusammenrechen von Hand am besten systematisch und rhythmisch vor, also vor allem vorwärts. Das heißt, wenn das Mähgut rechts von einem liegt, sollte die rechte Hand vorne sein, wenn es links liegt, die linke. Weil wenn es andersrum ist, muss man rückwärtsgehen und das geht schwerer und dauert länger. Aber welche Hand vorne ist, hängt ja nicht bloß davon ab, wo das Mähgut flackt, sondern auch von der Art des Werkzeugs und vom Werkzeugträger selber: Wenn man Linkshänder ist, ist die Führungshand, also die stärkere und geschicktere Hand, wie bei der Heugabel, die Linke. Beim Rechtshänder ist das natürlich umgekehrt. Auch bei der Mistgabel ist es umgekehrt, weil ja das, was aufzulegen ist, sehr schwer ist, aber dafür nicht so hoch gespitzt werden muss wie etwa Heu oder Stroh. Dafür ist dann der Gabelstiel der Mistgabel deutlich kürzer, zwengs dem Hebel und dem Gewicht, damit er nicht so leicht bricht.

Die Führungshand hängt also theoretisch von der Art des Werkzeugs und der eigenen Seitenausrichtung ab. Auch praktisch. Wenn man einem anderen was lehrt, will man natürlich, dass er das richtig lernt. Das heißt in der Regel: Richtig ist, wie man es selber macht. Jetzt war mein Papa Linkshänder und er war sozusagen mein Hauptlehrer. Er hat mir also gezeigt, wie ein Linkshänder arbeitet. Martl und Mama aber waren Rechtshänder. Also meine Mama war eigentlich auch Linkshänder. Aber sie war auf Rechtshänderin umgeschult, ohne dass sie das gemerkt hätte. Weil der eine also auf links gedreht war, die anderen aber auf rechts, drum haben sie mir immer unterschiedlich, aber unmissverständlich gezeigt, wie man »richtig« mit dem jeweiligen Werkzeug arbeitet: das heißt jeweils genau umgekehrt.

Weil ich es »richtig« lernen sollte, haben sie mich dann immer auch nachkorrigieren müssen, wenn der aktuelle Oberlehrer gerade mal wieder gewechselt hatte, aber noch nicht meine Führungshand. Und ich war natürlich ein gelehriger Schüler und wollte es richtig lernen und vor allem jedem recht machen. Daher kann ich den Rechen links wie rechts bedienen. Nur bei der Heugabel hakt es aus. Die habe ich durchgehend falsch gelernt, als Rechtshänder bediene ich die auf links, wie die Schaufel und die Mistgabel. Drum muss ich beim Hochspitzen umgreifen, also mit der rechten Hand, wenn die Gabel in der Luft ist, die Mitte des Stiels auslassen und ans Ende fassen, damit ich das Aufgespießte hoch genug spitzen kann.

Die Schaufel und die Mistgabel dagegen bediene ich automatisch »richtig«, weil es sozusagen naturgegeben naheliegt, die kräftigere Hand da zu haben, wo das meiste Gewicht ist, also die größte Kraft gebraucht wird. Als Spätfolge dieses frühen Trainings hab ich dann viel später, als ich mit meinen Kindern auf dem zugefrorenen Germeringer See angefangen hab, Schlittschuh zu fahren und Eishockey zu spielen, auch den Eishockey-Schläger falsch gehalten: wie ein Linkshänder, obwohl ich Rechtshänder bin. Ich hab den Schläger halt genommen wie eine Mistgabel oder wie die – beim Eishockey sprichwörtliche – Schaufel. Also die Linke als Stockhand. Das konnte nichts werden. Kein Wunder, dass ich den Puck nie elegant führen konnte und meine Eishockey-Karriere schneller vorbei war, als sie angefangen hatte. Abgesehen davon, dass ich in dem Alter ja nicht mehr wirklich Schlittschuhfahren lernen konnte, was für Eishockey jetzt auch nicht so unwichtig ist.

36 BAUER BLEIBT BAUER

Selbst ein Bauer, der ja traditionell die Humanität im Umgang mit anderen nicht gerade gepachtet hat und gerne mal nach der Nützlichkeit, auch der eigenen, fragt, denkt deshalb trotzdem nicht automatisch ausschließlich ökonomisch. Im Gegenteil, die unmittelbare, kurzfristige Wirtschaftlichkeit und der größte und schnellste Profit haben ganz und gar keine Priorität. Denn von Haus aus muss er schon immer mindestens mehrere Jahreszyklen, wenn nicht gar Generationen, überschauen, vorausplanen, Rücklagen bilden und dergleichen. Aber in den letzten 50, 60 Jahren haben die europäischen Landwirte außerdem aufs Detaillierteste gelernt, schnell und wendig der jeweiligen Wurst zu folgen, die ihnen die Agrarpolitik als Anreiz hinhängt– sofern diese Hakenschläge wenigstens halbwegs in ihre sonstigen Pläne und in ihre strukturellen Voraussetzungen passen.

Dank der zunächst bundesrepublikanischen, dann zunehmend gemeinsamen europäischen Agrarpolitik »stand die Landwirtschaft ab Mitte der 1950er Jahre verstärkt unter dem Eindruck eines modernistischen Produktivitätsparadigmas, das insbesondere von der agrarischen Expertengesellschaft aus Wissenschaft, Agrarindustrie und Verwaltung vertreten wurde. Dabei entwickelte sich ein ökonomisches Leitbild vom Landwirt als Unternehmer, der zu betriebswirtschaftlicher Denkweise, rationellem Mitteleinsatz und Spezialisierung angehalten wurde«, beschreibt Raphael Gerhardt die »Agrarmodernisierung«: »Durch Subventionen, Strukturverbesserung, Ausbildung und Beratung sollten aus den in den 1950er Jahren vielfach noch nach überkommenen Methoden arbeitenden Höfen nun nach ökonomischen Kriterien wirtschaftende Betriebe gebildet werden.« Auch die als rückständig geschmähte Landwirtschaft wurde nun nach den Vorgaben der jüngsten wirtschaftswissenschaftlichen Trends »modernisiert« und nach rein betriebswirtschaftlichen Kriterien ausgerichtet.

Im Zentrum dieser Nachkriegstheorien stand zunehmend die lange erfolgreiche und dominante Lehre vom »Homo oeconomicus«, also vom wirtschaftlichen Akteur, der sich von Rationalitäts- und Wirtschaftlichkeitsüberlegungen leiten lässt. Dieser Grundannahme haben die unvorhergesehenen ökonomischen Krisen und extremen Ausschläge der letzten eineinhalb, zwei Jahrzehnte und das damit offensichtliche Versagen gängiger Wirtschaftstheorien einen schweren Stoß versetzt. Das »ökonomische Leitbild vom Landwirt als Unternehmer« wiederum gerät nicht zuletzt auch aus ökologischen Gründen schwer unter Druck. Aber wenn je keiner ein Homo oeconomicus war und sich eben nicht von angeblich »rationalen« Überlegungen dominieren ließ und lässt, dann war und ist das der bayerische Bauer. Denn wenn er das täte, und das gilt bis heute, und er wäre der »Unternehmer«, von dem Wirtschaftsliberale immer plappern, dann wäre er längst kein Bauer mehr und würde in lukrativere Wirtschaftszweige investieren.

Aber bei uns bleibt Bauer Bauer, so lang es irgend geht. Deshalb fanden und finden sich stets unzählige Familien, die ihre Landwirtschaft noch lange weiterbetreiben, obwohl sie sich schon viele Jahre nicht mehr rentiert – und obwohl sie daneben oder in der Hauptsache oft andere, einträglichere Wirtschaftszweige oder gut bezahlte Arbeit haben. Sie machen das ökonomisch Unsinnigste überhaupt, nämlich eine Art Quersubventionierung, und stecken außerlandwirtschaftliches Einkommen in ein Fass, von dem ihnen und allen anderen schon lang klar ist, dass es ohne ökonomischen Boden ist und bleibt. Weil's es braucht. Weil sie's nicht anders kennen. Wollen.

Bauer bleibt Bauer, selbst wenn er längst seinen Lebensunterhalt anderswo verdient. »Für viele ehemalige und Nebenerwerbslandwirte blieben ihr Besitz und ihre bäuerliche Herkunft identitätsstiftend und nicht ihre Eigenschaft als Industriearbeiter«, schreibt Raphael Gerhardt. Das galt und gilt bis heute erst recht für Bauern, die ihren Besitz teilweise kapitalisiert hatten und ihr überwiegendes Haupteinkommen aus Miet- und Zinseinnahmen erzielten.

Denn am Bauer-Sein oder Bauer-Seinwollen hängt ihre Identität. Gerade in einem Ort wie dem unseren gibt es noch viele Menschen, die sich als Bauern sehen, gesehen werden wollen und agieren, obwohl es ihren Einnahmequellen und auch Berufstätigkeiten nach durch nichts mehr zu rechtfertigen ist. Man muss ja nur mich anschauen. Dreimal darfst du raten, wer immer noch viel, viel mehr Kartoffeln anbaut, als er selber essen könnte, und wer überall und vor allem bei Wahlen mit der

Berufsbezeichnung »Landwirt« oder lieber noch »Biobauer« hausieren geht, obwohl er seit gut zwanzig Jahre bestens vom Staat alimentiert wird.

Ich weiß das natürlich. Genauso wissen meine Berufskollegen, dass sie nur noch bedingt etwas mit den Leuten gemein haben, die sich früher und noch überhaupt nicht lange her so schrecklich abrackern mussten. Sie wissen, dass sie dank des enormen Zuzugs schon seit Jahrzehnten einen Teil ihres Bodens in Baurecht umwandeln und kapitalisieren konnten und deshalb nicht mehr allein von ihrer Hände Arbeit leben müssen.

Aber gleichzeitig wollen sie das nicht wissen. Sie wollen Bauern bleiben und wie ein »echter« Bauer wirken. Einer hat sich mal in den Achtzigerjahren dazu verstiegen, meinem Vater zu erklären, dass er seinen neuen Traktor nur dank seines Fleißes erwerben konnte. Seitdem heißt er bei uns nur noch »der fleißige Baur«. Aber auch andere gefallen sich in Illusionen. Deshalb bewirtschaften sie ihre Felder ganz gründlich und ganz systematisch so, wie die Hochglanzbroschüren der Agrarindustrie und die Lehrbücher der staatlichen Landwirtschaftslehre das vorgeben. Nur noch gründlicher und systematischer. Heute darf ein Getreideacker nicht mehr bunt sein, sodass zwar in erster Linie Weizen oder Roggen wächst, aber zwischendrin immer mal eine Distel silbern oder eine Kornblume blau rausleuchtet oder eine rote Mohnblume. Das gilt auch für die hoch intensiv genutzten, früh und vielfach geschnittenen Wiesen: Die einzige Farbe, die geduldet wird, ist gleichmäßiges Grün, am liebsten ein tiefes, stickstoffgesättigtes Dunkelgrün, fast schon Blau. Kein Halm einer nicht gesäten Frucht darf durchwachsen; ein Feld muss »sauber« sein. Porentief rein.

Das Leitbild einer aufgeräumten, vermeintlich ordentlichen Landschaft mit sauberen Feldern lässt außer den Kulturpflanzen niemandem mehr Platz. Gegenwärtig reißt eine Bauerngeneration ein, was viele Generationen vor uns über Jahrhunderte aufgebaut haben. Eine zuvor vielfältige Kulturlandschaft wird monokultiviert. Mit falschen Weichenstellungen über die letzten Jahrzehnte führt die Agrarpolitik die meisten Bauern in eine ökologische und ökonomische Sackgasse: Immer weniger Bauern sollen auf immer weniger Flächen immer billigere Lebensmittel erzeugen – zu immer höheren öffentlichen Kosten und zulasten von Klima,

Wasser, Tieren und den Bauern selber: Die Zahl der Betriebe ist drastisch geschrumpft, ebenso wie die vieler Vögel und Insekten.

Wie gesagt, unsere Bauern führen alle ihre Maßnahmen nicht durch, weil sie boshaft wären oder Tierquäler. Sie machen, was ihnen Forschung, Beratung, Agrarindustrie und Bauernverband als Ziele vorgeben, versuchen die Leitstandards einzuhalten, die ihnen vorgehalten werden. Bei uns in Germering machen sie das nicht in erster Linie wegen wirtschaftlichen Drucks, sondern weil sie eben »richtige Bauern« sein wollen und nicht so ein rumpfuschender, unordentlicher Biobauer. Sie leisten sich ihre Ideologie, das heißt, sie halten an diesem Selbstverständnis fest, selbst wenn es sie Geld kostet. Wenn es ihnen aufgezwungen wird, nehmen sie nicht mal ein Stück Brot geschenkt.

Beispielsweise hab ich Anfang der Neunzigerjahre als Werkreferent im Germeringer Stadtrat versucht, die Nitratwerte im Trinkwasser durch freiwillige Bewirtschaftungsvereinbarungen mit den Bauern zu senken. Dazu hab ich ein Programm ausgearbeitet, das hohe Kompensationszahlungen für den völligen oder teilweisen Verzicht auf Kunstdünger und Spritzmittel vorsah. Außerdem habe ich mit dem Raiffeisenlagerhaus über eine separate Getreidelagerung gesprochen und einen hiesigen Bäcker davon überzeugen können, im »Germeringer Laib« dieses Getreide zu verbacken, das mit entsprechenden Auflagen im Schutzgebiet angebaut worden war. Also gab es alternativ zur Kompensation auch noch eine Vermarktungsmöglichkeit vor Ort, mit garantierten Abnahmepreisen.

Aber die Bauernversammlung, auf der ich dieses städtische Programm vorgestellt habe, wurde zum völligen Debakel. Meine Kollegen fühlten sich überrumpelt und vor vollendete Tatsachen gestellt. Für sie lautete die Botschaft des Programms: »Friss und stirb!« Da hat dann das Fressen noch so schmackhaft sein können. Sie wollten sich zu nichts drängen und nicht dreinreden lassen. Und sie wollen schon gar keine Auflagen, die ihre Verfügungsgewalt über ihr Eigentum einschränkt – selbst wenn diese Einschränkungen nur auf dem Papier stehen und keine faktischen Auswirkungen haben. Sie könnten ja irgendwann Auswirkungen haben. Uneingeschränkter Herr über den eigenen Grund zu sein ist ein unantastbarer Mythos, der mit ihrer Arbeits- und Lebenswirklichkeit längst nichts mehr zu tun hat. Denn längst können sie, wenn der Produktionsablauf gestartet ist, nicht mehr frei entscheiden: Sie fahren auf starren Gleisen und wie der Schaffner nach Fahrplan – gemäß Dünge- und Spritzmittelplan der Agrarindustrie. Und der zu erzielende Ertrag steht, wie früher im Osten das Plansoll, schon vor der Aussaat fest.

Irgendwelche Neuerungen wollen sie sich schon gar nicht aufzwingen lassen. Jedenfalls nicht durch politische Vorgaben. Vielleicht weil sie ja in den letzten Jahrzehnten immer wieder vermeintlichen Sachzwängen unterworfen waren und ausweglos hin und her gebeutelt wurden, von Schweinezyklus, Milchkontingentierung oder Herdenkeulung. Selbst wenn du sie, wie etwa bei unserem Wasserschutzprogramm, mit finanziell noch so attraktiven Bedingungen locken willst, sie wollen das machen, was für sie Stand der Technik ist und sie vermeintlich schon immer gemacht haben. Das Schon-immer-Machen ist noch nicht mal, dass sie immer schon gespritzt und überdüngt hätten. Sondern dass sie immer schon »ordentlich« wirtschaften wollten, auf dem neuesten Stand von Forschung und Technik, vor allem aber, dass sie schon immer das gemacht haben, was angeblich alle machen.

Nur ja nicht abweichen und ausbrechen aus der Gemeinschaft. Erst wenn auch der größte Bauer mitmacht und sie praktisch den Segen von oben und eine emotionale Absicherung haben, sind sie auch für kleinere Experimente zugänglich. Als wir Anfang der Achtzigerjahre unseren Betrieb auf Ökoanbau umgestellt haben, sind wir damit praktisch im ganzen Altdorf auf Kritik bis Widerstand gestoßen. Wir sind damit ausgeschert und zum Gesprächsstoff im ganzen Landkreis geworden.

Auch in anderen Dörfern, bis weit hinter Bruck, hat man sich über den Unkrautbesatz auf unseren Feldern ausgetauscht oder darüber, dass wir nachts zum Spritzen rausfahren oder bei uns die Kartoffelkäfer über die Straße laufen würden. Sonntags sind irgendwelche fremden Leute mit dem Auto in unseren Hof gefahren und haben sich umgeblickt, wie andere in den Zoo gehen. Am schlimmsten aber war die Angst vor Ansteckung und vor einem identitären Zusammenbruch, wie ihn später sonst nur viele Ostdeutsche schmerzlich erfahren mussten: »Wenn der Dirr recht hätt«, sagte der damalige Ortsobmann des Bayerischen Bauernverbandes, »hätt ich mein Leben lang alles falsch gemacht«.

»Ich will so bleiben, wie ich bin« ist natürlich nicht nur ein bäuerliches Motto. Aber hier sind die Beharrungskräfte und das Klammern an eine unter den Händen zerrinnende Identität besonders stark. Der niederländische Schriftsteller Geert Mak hat den »Untergang des Dorfes in Europa« beschrieben und dabei bäuerliche kulturelle Besonderheiten beobachtet: »Ein Bauer bevorzugt Kreisläufe in Naturalien; nicht das Geld, sondern die Produkte müssen von Hand zu Hand gehen. Geld ist nicht dazu da, im Umlauf zu sein, sondern als Versicherung für schlechte Zeiten, gegen Katastrophen, Krankheiten und Missernten. So kommt es, dass sogar reiche Bauern selten spendabel sind. Viele ältere Bauern, die ihren Betrieb aufgegeben hatten, konnten sich auf die Tatsache, dass sie mit einem mal steinreich waren, nicht mehr einstellen. Der neue Umgang mit Geld brachte nie gekannte Probleme mit sich.«

Das liegt nicht nur daran, dass Sparsamkeit Trumpf war und Bargeld Mangelware, sondern noch wichtiger war, dass Grund und Boden für einen Bauern nicht Kapital, sondern Existenz- und Bewirtschaftungsgrundlage sind. Weil man gelernt hat, »sein Sach zusammenzuhalten«, ist die »Reinvestition« so wichtig, nicht allein um Steuern zu sparen. Das natürlich auch. Aber eine sichtbare Reinvestition in große Maschinen oder Traktoren macht die Verluste an Grund und Boden gleich weniger schmerzlich. Und man zeigt, dass man immer noch ein »richtiger Bauer« ist, und erfolgreich noch dazu. Deshalb muss jeder einen großen Bulldog haben, mindestens so groß wie der nächste Nachbar mit einem vergleichbaren Betrieb. Auch wenn man ihn nicht unbedingt braucht, kann man doch zeigen, dass man sich ihn leisten kann und das Geschäft nicht bloß als Hobby begreift. Weil man ist durchaus fähig, viel Geld dafür rauszuschmeißen.

Selbst in einer Vorstadt wie Germering ist also die kulturelle Kluft zwischen Stadt und Land bis heute spürbar. Diese Kluft zieht sich durch alle Länder und Kontinente. »In vielerlei Hinsicht waren die Unterschiede zwischen Jorwerd und Amsterdam also erheblich größer als die zwischen Jorwerd und einem beliebigen Dorf in England oder Deutschland«, beschreibt Geert Mak »die ›Universalität‹ des dörflichen Lebens. Dörfer, wo auch immer auf der Welt sie sich befinden, sind einander erstaunlich ähnlich.« Das rührt vor allem daher, dass die Arbeitsbedingungen und die Arbeit mit Boden oder Tieren selber so ähnlich sind.

Als ich Mitte der 80er-Jahre Freunde in Tansania besuchte, habe ich nicht verstanden, warum alle Leute immer von der »Exotik« Afrikas schwärmen. Für mich war alles, was ich gesehen hab, »normal«. Etwa als wir einen Bananenbauern besucht haben und der uns gezeigt hat, wie er seine Plantage führt, mit welchen Werkzeugen und nach welchem Plan im Kopf; und dann hat er noch über seine Vermarktungsprobleme berichtet, und ich habe mich zu hundert Prozent mit ihm identifizieren können.

Der berühmte polnische Journalist und Schriftsteller Ryszard Kapuscinski hat in seinem Journal »Die Welt im Notizbuch« behauptet: »In unserem Denken über einen Fremden, einen Anderen, kommt die ethische, ja sogar die religiöse Kategorie vor der soziologischen. Wir sagen zuerst: Schwarze, Araber, Italiener, und dann erst: Bauern, Ingenieure, Beamte usw.« Ich weiß nicht, ob das nur Geistesarbeiter wie Kapuscinski gilt, die von der materiellen Wirklichkeit absehen können. Für uns Bauern gilt das jedenfalls nicht. Wir sehen sofort den Berufskollegen und die Mühen, die er hat und die unseren sehr gleichen.

Entsprechend hat mich, als wir durch die Steppe am Rande der Serengeti fuhren, von der sich alle begeistert zeigen, diese karge, trockene Landschaft trotz der eindrucksvollen Bilder und Begegnungen mit wilden Tieren abgeschreckt, weil sie – im Februar – so gar nicht grün war, so menschenfeindlich und so gar nicht kultiviert. Dagegen hab ich mich selbst im Mittleren Westen der USA auf den riesigen Sojafeldern und den hügeligen Rinderweiden der Prärie sofort daheim gefühlt. Weil mir die Situation auf dem Acker oder der Wiese genauso vertraut war wie die großen wirtschaftlichen und Vermarktungsschwierigkeiten, die für immer mehr Bauern immer größer werden oder sie zum Aufgeben zwingen.

Marx sagt ja, »das Sein bestimmt das Bewusstsein«. Ich meine, es müsste eher heißen: Das Tun bestimmt das Bewusstsein. Aber weder das eine noch das andere ist unveränderlich.

37 »ERZÄHL MIR NIX VOM KRIEG«

Von Juden und ihrer systematischen Ermordung wusste bei uns natürlich keiner was. Wie praktisch niemand nirgendwo, nachdem es vorbei war. Allerdings muss in Bruck irgendwann mal »eine jüdische Dame« gewohnt und ein jüdischer Viehhändler soll im Landkreis gelebt und gehandelt haben. Er sei, sagte Mama, ein ehrlicher, freundlicher Mann gewesen. Alle drei, Mama, Papa und Martl, zeigten eine deutliche Distanz zu den Nazis und ihren Methoden und keinerlei, auch nicht die geringste versteckte oder verdrängte Begeisterung.

Aber sie blieben auch völlig distanziert, ja sogar ablehnend und manchmal aggressiv gegenüber früheren Nazi-Gegnern und erst recht gegenüber heutigen Abweichlern und Ausbrechern aus welchem Ordnungsrahmen auch immer. Widerstandskämpfer, NS-Verfolgte oder Exilanten waren für sie keine Helden, noch nicht mal ihresgleichen. Ab und zu ließ Martl sogar den Satz los: »Hitler hätt' damit schon aufgeräumt«, alternativ: »kurzen Prozess gemacht«. Gefolgt von seinem typischen harten Auflachen. Aber darin steckten mindestens so viel Erschrecken sowie Erleichterung und Bedauern, dass es damit vorbei war. Ordnung musste schon irgendwie sein, aber jedes Mittel rechtfertigte sie jetzt auch nicht.

Am ehesten zeigte Mama noch gelegentlich vorsichtiges Mitgefühl gegenüber Außenseitern oder Ausgegrenzten, für »Geschwerl« und »Grattler«. Armut und soziale Abwertung war ihr aus eigener Erfahrung noch allzu deutlich in Erinnerung. Aber das war dann schon am Rande des Üblichen, denn der Gruppendruck im Dorf, nicht auszuscheren, aufzufallen oder auszubrechen und sich nicht auf die falsche Seite zu stellen, war groß und allenthalben greifbar. Du konntest leicht selber unter die Räder kommen, wenn du dich mit Ausgegrenzten solidarisiert hättest, also den Ausgrenzenden in die Quere gekommen wärst.

Wer nicht spurte, bekam es zu spüren. Schon weit bevor du hättest irgendwie auffällig werden können, wurde dir beständig mit allen möglichen Konsequenzen gedroht. Gerne hat man etwa die von den Nazis auf- oder ausgebauten Orte des Wegsperrens und Wegräumens aufgerufen und ihre Namen fast schon rituell, gleichsam mythisch, beschworen.

Man tuschelte und nuschelte von Leuten, die »nach Eglfing« gekommen waren oder demnächst kommen würden (erst später hieß es dann: »nach Haar kommen«), und noch vager und geraunter: »nach Dachau«. »So einer wa'r früher glei nach Dachau kemma«, diese verspätete, aus der Zeit gefallene Prognose wurde im Dorf noch lange im Ton eines sachlichen, finalen Urteils vorgetragen.

Ausgrenzen und Ausweisen lagen nah beieinander. Als Ziel- und Abschiebeadressen boten sich nicht nur solche legendären Orte wie Eglfing und Dachau an, sondern sogar ein ganzes Land: die sogenannte »DDR« in Anführungszeichen beziehungsweise »die SBZ«. Meist redete man bloß von der »Ostzone«. Wer die »Ostzone« aufrief, beschwor ein mythisches »Drüben«: »Drüben« war eine Art negativer Utopie. Ein Unort, ein weiter und offenbar weit offener Raum für politische Abweichler, »Kommunisten« aller Art, Meckerer und Stänkerer halt. »Geh doch nüber!« Damit sollten wir noch bis in die 70er- und 80er-Jahre diszipliniert und disqualifiziert werden, sobald wir nur einen Hauch von Kritik an irgendwelchen Zuständen oder Verhältnissen äußerten.

Wie die vielbeschworene »Hitlerei« war der Zweite Weltkrieg im Alltagsleben des Altdorfs faktisch immer präsent, als stummer Erfahrungshintergrund und dominante Bezugsgröße; über ihn musste man nicht reden, er war einfach da; und es wurde auch kaum offen darüber gesprochen. Der Erste Weltkrieg wiederum war, abseits der Kriegerdenkmäler und gelegentlicher Verweise auf jemand in der Verwandtschaft, der »gefallen« war, kaum noch existent, obwohl viele ihn erlebt und erlitten hatten. Als dunkles Grauen wurde er mehr verdrängt als erinnert. Das galt ganz besonders bei uns in der Familie, weil der Vater meiner Mutter wegen seines Verhaltens bei einem Gasangriff wegen Tapferkeit ausgezeichnet, aber so schwer verwundet worden war, dass er Jahre später an den Folgen verstarb.

Meine Oma blieb mit den vielen Kindern und dem bisschen Sach allein.

Das blieb das vorherrschende Trauma seiner neun überlebenden Nachfahren. Der Erste Krieg und der frühe Tod meines Opas wurden in der Familie selten angesprochen, hing aber stets als eine dunkle Wolke über allen Kindheitserinnerungen meiner Mama und ihrer Schwestern.

Der einzige Krieg, den zumindest der Martl gern und stets mit einem leicht spöttischen und gleichzeitig auftrumpfenden Unterton ansprach, war der »Siebzger Kriag«; gern auch im Zusammenhang mit »den Preußen«, die scheint's noch spottwürdiger waren. In dieser Version war der Krieg mit Frankreich 1870/71 längst kein militaristischer, nationalistischer Topos mehr, sondern seiner Erwähnung wohnte bereits ein gewisser humoristischer, anekdotischer Anklang bei: Der Krieg erschien wie eine Art Abenteuer oder Ausflug ins Nachbarland, etwas aufschneiderisch, aber schon legendär und aus der Zeit gefallen wie die Blattern, die ebenfalls kaum noch Angst machen konnten. Offenbar hatten die folgenden beiden »Großen Kriege« ihn bagatellisiert und verharmlost. Selbst die Pocken, die im Gefolge des Krieges zum letzten Mal im großen Stil epidemisch wüteten und fast so viele Menschen töteten wie die Kriegshandlungen selber, hatten ihren Schrecken verloren. Zum 150. Jahrestag von Krieg und Pocken erinnerte die Süddeutsche Zeitung in ihrem Brucker Lokalteil am 30. August 2020 an »etwa 180.000 Tote« infolge der Krankheit allein in Deutschland.

Wir kannten die Blattern nur noch als kreisrunde Narbe auf dem Oberarm. Man hatte uns als Kleinkinder zur Reihenimpfung geschickt, ich fing gerade an zu sprechen. Als mich der Arzt gepikst hatte, auf dem Arm meiner Mutter, soll ich ihm laut Mama nur mit einem Wort geantwortet haben: »Depp!«

Reihenimpfungen waren in Bayern übrigens nichts Neues. Deshalb starben die meisten Infizierten, weiß Peter Bierl, »in Preußen, denn in Bayern hatte der Staat bereits 1807 eine Impfung angeordnet«. Wie es im frühen 19. Jahrhundert zuging, berichtet Hans Kratzer in der SZ vom 21. November 2021: »In manchen Landesteilen wurde die Kuhpockenimpfung schon vorher auf freiwilliger Basis verabreicht«, aber die Impfquote blieb viel zu gering. Denn auch damals gab es schon erhebliche Widerstände, und zwar nicht nur in Bayern selber, sondern auch im besetzten Tirol. In Bayern »kursierten Horrorgeschichten, wonach Kinder nach der Impfung angeblich wie die Kühe brüllten«, und in Tirol verurteilte die Geistlichkeit »den Impfzwang als Versuch, Gottes Pläne zu durchkreuzen und der Bevölkerung bayerisches Denken einzuimpfen«. Aber anders als heute »verschärfte die Regierung die Strafen und hatte damit auch Erfolg. Nach dem Jahr 1810 hatte das Königreich Bayern die Seuche gut im Griff«, weiß Kratzer.

Trotzdem »wüteten die Pocken 1871 auch in Fürstenfeldbruck«. Denn wie die Pocken waren auch die Impfgegner und Verweigerer längst nicht ausgestorben. Nur das staatliche Verständnis war in dieser Zeit deutlich geringer. Denn im Kampf gegen die Seuche wurden »die Bürgermeister zum ›rücksichtslosesten, pünktlichsten und gewissenhaftesten Vollzuge‹ der polizeilichen Anordnungen verpflichtet. Es gelte ›strengste Isolierung‹ der Infizierten, die nicht in Kirchen und Wirtshäuser gehen durften. Die Impfung wurde erneut empfohlen.« Aber ob die Maßnahmen so radikal durchgeführt wurden, wie sich das anhört? Dass man drei inhaltlich faktisch identische Adjektive brauchte, um die Rigorosität der Quarantäne-Überwachungen zu beschreiben, spricht Bände.

Bei alle dem war der Krieg gegen Frankreich selbst offenbar nicht die große Gaudi, als der er nach den Gräueln der Weltkriege erscheinen sollte. Gerade die bayerischen Verbände müssen schon einiges von dem ausprobiert haben, wofür die deutschen Invasionstruppen in den späteren Waffengängen berüchtigt wurden. »Die bayerischen Soldaten, mehr als 130.000 Mann, waren in zwei Korps in der dritten Armee unter Führung des preußischen Kronprinzen Friedrich Wilhelm organisiert. Sie erwarben sich keinen guten Ruf, sondern waren 'zu ihrer Zeit für ihre Brutalität berühmt-berüchtigt«, zitiert die SZ den Historiker Mark Stoneman. Da war es also einmal aus mit der angeblichen Gemütlichkeit und Drolligkeit bayerischen Militärs.

Peter Bierl nennt dafür zwei Gründe: »Gemäß dem Grundsatz ›der Krieg muss den Krieg ernähren‹, nahm sich die Armee Lebensmittel und Futter von den Bauern, Soldaten marodierten, ganze Gehöfte wurden ausgeplündert. ›Es wird gesotten und gebraten, gesungen und getrunken‹, berichtet ein Soldat in seinem Tagebuch.« Ähnlich – noch nach Jahrzehnten freudetrunken – berichtete unser Vater gelegentlich vom Furagieren, also Verpflegung beschlagnahmen, in der besetzten italienischen Po-Ebene. Aber zu diesen praktisch mit allen Kriegen verbundenen Versorgungsfragen kam noch ein bewusster Akt verheerender Kriegführung: Denn in einer Art »planmäßige[m] Terror gegen Dörfer und Städte«, wie Stoneman dies nennt, »hatte der Kronprinz bereits im August angeordnet, Häuser anzuzünden, Geiseln zu nehmen und Zivilisten zu erschießen, wenn deutsche Soldaten von Freischärlern, sogenannten Franktireuren, angegriffen wurden«. Er konnte sich dabei auf Bismarck berufen, der, so der Historiker Michael Epkenhans vom

Zentrum für Militärgeschichte und Sozialwissenschaften der Bundeswehr, empfohlen hatte: »Man sollte alle Dörfer, wo Verrat vorkommt, sofort ausbrennen und alle männlichen Einwohner hängen«. Im Zweiten Weltkrieg wurde diese Strategie gegen Partisanen in den besetzten Ländern dann sozusagen vergröbert.

Die größeren Verbrechen stellten die kleineren in den Schatten, der vermeintlich »gute alte Siebzger Kriag« fiel gleich mit in die Dunkelheit des Vergessens und Verdrängens.

Vorher, in Vorbereitung von jedem der beiden »Großen Kriege«, hatte man noch allzu gern und frohgemut an diesen siegreichen Feldzug angeknüpft. Es wurden überall in ganz Bayern wie in Deutschland generell, praktisch flächendeckend, in den Städten wie auf dem Land, »Krieger- und Soldatenvereine« gegründet, die regelmäßig an den Sieg und an die »fürs Vaterland Gefallenen« erinnerten. Durch diese Vielzahl von Aktivitäten, Siegesfeiern, Versammlungen, Aufzügen bis Denkmälern entstand »ein Militarismus, der sich wegen der Veteranen in den kleinsten Dörfern ausbreitete«, so Peter Bierl in der schon zitierten SZ. Es gelte, so hieß es zum Beispiel in der Satzung des Brucker Vereins, »die Liebe zum Waffendienste von den alten auf die jungen Krieger zu übertragen, und denselben [sic!] auch ins bürgerliche Leben fortzupflanzen«. Wenn das kein Druckfehler ist, dann war diese Liebe überaus männlich. Nach zwei verheerenden Weltkriegsniederlagen allerdings war diese Liebe überaus kleinlaut geworden. Deshalb hat schließlich der deutsch-französische Krieg von 1870/71 »im Landkreis wenig Spuren hinterlassen. Der Konflikt mit etwa 200.000 Toten ist in der aktuellen Erinnerungskultur kaum präsent.«

Für den Martl stimmte das noch nicht. Für ihn war es noch der irgendwie legendäre »Siebzger Kriag«; vermutlich auch deshalb, weil es der letzte große Krieg war, den »wir« gewonnen haben. Aber leider war nicht eindeutig, wer denn »wir« gewesen wäre. Wenn »mia« den Krieg gewonnen haben, wer genau war'n dann »mia«?

Daher kam wohl auch der spöttische, fragende Unterton in allem Großtun, zum einen weil etwas wie Größe und Großtun so gar nicht recht in unsere kleinbäuerlichen Verhältnisse passte. Und zum anderen weil ganz und gar nicht klar war, ob »mia« tatsächlich etwas wie Größe durch den

Sieg gewonnen haben. Weil der Sieg sich ja nicht zuletzt »den Preußen« verdankte und das Ende bayerischer Eigenstaatlichkeit bedeutete. Weshalb sich der Martl nicht wirklich sicher war, ob »wir« ihn dann überhaupt gewonnen oder vielleicht am Ende gar verloren haben. Mit den Preußen wollte er nix zu tun und ihnen schon gar nichts zu verdanken haben; generell nicht, weil diese einst so richtig schneidige Siegertypen verkörpert haben, und das, wenn man es recht bedenkt, auf »unsere« Kosten; und jetzt erst recht nicht, wo ihr Staat zwar im Osten verloren, die Leute aber großteils hier waren.

Es gab also gute Gründe, nix vom Krieg zu erzählen, weder vom einen noch vom anderen, und schon gar nicht vom letzten. Jahre später, auf dem Gymnasium schon, wollten wir, die junge und ganz andere Generation, wie wir lautstark bekundeten, uns »nix vom Krieg erzählen« lassen. Wir ließen uns ohnehin nur schwer was erzählen. Aber schon gar keine ollen Kamellen, also angeberische Geschichten, die man nun schon zum x-ten Male hören musste, deren Wahrheitsgehalt schon beim ersten Mal zweifelhaft war und mit jedem weiteren Erzählvorgang immer fragwürdiger wurde, aber die uns in den Schatten stellen und eventuelle Ansprüche unterminieren sollten. Aber dass sich diese Redewendung festsetzte, konnte nur bedeuten, dass es, anders als in den frühen Nachkriegsjahren, inzwischen Männer gab, die oft und gern mit ihren vorgeblichen Kriegserlebnissen prahlten.

Bei uns daheim dagegen hat man kaum was erzählt, ohnehin nur wenig von früher und noch weniger vom Krieg. Unser kollektives historisches Gedächtnis war nicht skaliert, nicht linear geordnet, sondern eher zeitlos, in gewisser Weise gegenwärtig; es kreiste sozusagen in undatierten Ringbahnen um sich selber. Selten dass eine Erinnerung an etwas wie Geschichte aufblitzte. So raunte Martl, wenn wir auf dem Acker im Mittern wieder eines der vielen dort verlorenen kleinen Hufeisen fanden, mit schöner Regelmäßigkeit von kleinen Pferdchen, auf denen ganz früher Horden aus dem Osten gekommen seien, Panduren oder Kroaten oder wie die Schreckensnamen auch immer lauteten. Genaueres, wann das gewesen sein soll und warum oder dergleichen, war damit aber nie verbunden, ihm offenbar weder bekannt noch von Interesse. Ihm genügte das Wissen, dass die Horden wieder weg und er und die Seinen noch da waren.

Dafür wusste er bestimmt und aus eigener gelebter Erfahrung, auch wenn er darüber von sich aus überhaupt nicht sprach, noch nicht mal aus Versehen, warum man mindestens genauso häufig auf Granatsplitter und verrostete Teile von Sprengbomben traf oder mitten in Wiesen sich riesige Betonplatten über höhlenähnlichen, teilweise verschütteten und halb überwucherten Bunkern aufwölbten. Denn am nächsten lagen der geschichtlichen Erinnerung dann doch noch »die Hitlerzeit« und der verlorene Krieg, so ungern man sie auch aufrufen mochte.

Ende der Fünfzigerjahre war der Krieg lange vorbei. Einerseits. Andererseits waren seine Folgen noch so unmittelbar präsent, dass man sie schon nicht mehr als solche wahrnahm. Bei uns im Haus zum Beispiel und in etlichen Barackensiedlungen wohnten noch jahrelang Menschen, die man »Flüchtling« nannte, egal ob sie ihre alte Heimat freiwillig, aus Angst oder gezwungen verlassen haben, weil sie vertrieben oder ausgewiesen wurden.

Und natürlich waren überall die Taten alliierter Bomberflotten sichtbar. Bis heute gibt es selbst in den Boomregionen unseres Landes noch immer vereinzelt Häuser, deren nackte Brandmauern auf ihre weggebombten Nachbarn verweisen, Restbestände vermeintlich unbebauter innerstädtischer Grundstücke, die Holunder, Brennnesseln und kleinere Bäume überwuchern, oder aus der Reihe fallende Flachbauten in ansonsten mehrstöckigen Häuserzeilen.

Bei solchen Anblicken dachte aber längst niemand mehr an den verlorenen, eben vergangenen Krieg. Selbst Kriegsversehrte auf Krücken, mit einem oder zwei abgeknickten, nach hinten genähten Hosenbeinen, oder Einarmige mit einem schlackernden, leeren Ärmel wurden nicht als solche, sondern halt als Krüppel oder irgendwie Behinderte wahrgenommen. Viele ältere Menschen gingen ohnehin am Stock, denn an einen routinemäßigen Austausch von verschlissenen Hüften oder Knien war damals noch nicht zu denken. Nur beim Vater eines Klassenkameraden war unübersehbar, dass seine tiefe Delle im Kopf von einem Einschlag herrührte. Angeblich lag unter seiner Glatze eine Eisenplatte. Alles sehr geheimnisvoll, aber weniger des vorausgegangenen Kriegsgeschehens wegen, sondern der Frage, was in seinem beschädigten Hirn fehlte und was denn da ablief.

Der Martl hat nicht viel von der »Hitler-Zeit« erzählt, und Mama und Papa auch wenig. Abgesehen von einzelnen Kriegsepisoden. Papa war mit den Gebirgsjägern in Italien, als Muli-Führer, und seine eindrücklichsten Erinnerungen waren offenbar die endlosen Fußmärsche.

Aber selbst die wurden nur erinnert, um als Begründung dafür herzuhalten, warum er später keinen einzigen unnötigen Schritt mehr ging und selbst wenige Meter mit dem Fahrzeug fuhr. Von dem, was auf den Märschen passiert ist und wie er sich da gefühlt hat, haben wir nichts erfahren. Dafür hat er ebenfalls immer wieder gern erwähnt, dass sie sich offenbar nicht unerheblich mit Tomaten und Weintrauben ernähren mussten, wobei Erstere seinen ganzen Hass und seine lebenslange Verachtung abbekamen, während Letztere erstaunlicherweise weiter hoch in seiner Gunst standen. Als Besatzungssoldaten mussten sie schauen, wo sie blieben. Aber Genaueres erfuhr man nie, schon gar nicht über mögliche Gräueltaten, Geiselnahmen, Partisanen- oder Guerillakrieg.

Um mich zu erschrecken, haben allerdings schon seine Andeutungen gereicht, etwa dazu, wie sie »Fourage fassten«. Gelegentlich purzelten ein paar militärische Fachbegriffe, schnoddrige Sprüche oder Worte in Soldatensprache aus seinem Mund: Fremdkörper und Irrläufer in seinem sonst so konkreten, durch und durch mundartlich und umgangssprachlich geprägten Wortschatz. Sie purzelten raus wie so unverdaute, feste Brocken, wie wenn der Nachbarhund was hochwürgte, was er nicht hätte essen sollen. Beim »Fourage fassen« ging es darum, Futter und Stroh für ihre Zugtiere zu requirieren oder bei den Bauern Bestände für ihre eigene Ernährung zu plündern. Am liebsten erzählte er, wie er und seine Kameraden als gewitzte Bauernbuben erfolgreich auch gut versteckte Hühner und Eier aufstöberten. Da strahlte er vor Stolz auf die eigene Schlauheit und vor Freude über den endlich einmal erfahrenen Überfluss.

Dass man so ganz und gar nicht sparen musste!

Mit immer glänzenden Augen prahlte er, wie sie in der Po-Ebene, wo man Stroh zum Kochen und Erhitzen nutzte, mit vollen Händen einschürten und verheizten, was der glühende Ofen aushielt, um die Bude wohlig warm zu bekommen. Dass er sich so gar nicht mit seinesgleichen identifizieren und mit der Not der einheimischen Bauern mitfühlen konnte, wo er doch aus eigener lebenslanger Arbeit wusste, wie mühsam alles gehegt und gepflegt werden musste, was er und seine Kameraden jetzt rücksichtslos mit vollen Händen anschürten und aufkochten, traf mich wie ein erhellender Blitz: Wie leicht sich die Perspektive ändert, wenn man den Standort nur ein bisschen verschiebt, und wie gründlich und hundertprozentig man dann selbst die gegensätzlichste Position einzunehmen in der Lage ist.

Auch sonst konnte es passieren, dass in völlig unverfänglichen Alltagssituationen plötzlich Irrläufer in seinem Wortschatz und unter seinen Redewendungen auftauchten, die erkennbar Beutegut aus dem Krieg waren. Wenn er etwa bei der Arbeit zu schwitzen anfing und sich seine Jacke auszog, sprach er gerne mal von »Marscherleichterung«. Beim Mittagessen konnte er seine Vorfreude schon mal im Landser-Jargon ausdrücken: »Hast du Zwiebeln im Herzen, hast du Wonne im Bauch. Und furzen kannst du auch.«

Und bei entsprechendem Anlass erzählte er gerne den Ostfront-Witz vom russischen Kriegsgefangenen, der seine Notdurft in der Landschaft verrichtete und sich, wie er es von zu Hause wegen kommunistischer Mangelwirtschaft gewohnt gewesen sei, mit dem nächstbesten vermeintlichen Grasbüschel abwischte. Aber – andere Länder, andere Gewächse – er hätte zu seinem Unglück eine Handvoll Brennnessel erwischt, worauf er geflucht habe: »Verflixtes Deutschland! Alles elektrisch!« An solchen Episoden zeigte sich, wie kultiviert und weltmännisch der Bauernbub durch den Krieg geworden war.

Auch Mama hat uns allenfalls gelegentlich Erinnerungsfetzen hingeworfen. Von einem amerikanischen Tieffliegerangriff mit Maschinengewehrfeuer zum Beispiel: Der galt gezielt und ausschließlich ihr persönlich, als sie mit dem Kuh-Gespann zum Futterholen im Moos unterwegs war. Sie habe sich nur durch einen beherzten Sprung in den Straßengraben retten können. Ab und zu berichtete sie auch von Ami-Jeeps, die nach dem Kriegsende Alling durchquerten und deren Besatzung sie und ihre Schwestern mit großen Augen beobachtet hätten. Selbst eingefleischte Nazis muss es unter den Allinger Großbauern gegeben haben, aber dazu gab es nur ganz verstohlene Andeutungen.

Hin und wieder wurde auch von früheren Nazis geraunt, die es offenbar auch in Germering gegeben haben muss. Aber auch da blieben die Angaben eher unbestimmt, die Umstände vage, die Personen unidentifizierbar. »Kruzifix, was werd' da g'spuilt, im ganzen Haus koa

Hitler-Buid!« war noch lange ein Satz, mit dem der Martl spöttisches Erstaunen ausdrückte.

Spöttisch war der Tonfall, weil Martl wusste, wie der Spruch weiterging: »Des konn ned sei, des is ned wahr, im Keller hängen noch ein paar.«

Aber generell wurde allenfalls mal angedeutet, was der eine oder andere damals so gemacht oder angestellt hatte. Die Erwachsenen haben verdeckte Hinweise ausgetauscht, über die Köpfe von uns Kindern hinweg, und schon war das Thema wieder abgetaucht in den Orkus des Vergebens und Vergessens.

Beispielsweise hat der Martl manchmal einen Satz darüber verloren, dass ein Bauer im Dorf bei der Besetzung Germerings durch die Amis erschossen worden sei. Dieser Vorfall taucht auch in verschiedenen Zeitungsartikeln und Berichten über das Kriegsende in unserer Gemeinde auf, und überall wird es als tragisches Unglück dargestellt, zu dem es aus Versehen gekommen sei, weil der schwerhörig war und auf Aufforderung nicht rechtzeitig reagiert habe. Martl war da offenbar ganz anderer Meinung. Er hat immer nebenbei, verächtlich, mit gepressten Lippen und kaum verständlich etwas vor sich hingeworfen, in die Richtung, dass der alte Depp die Amis hätte aufhalten wollen oder sowas. Aber das war dann schon praktisch alles; recht viel mehr hat man uns nicht erzählt vom Krieg und auch nicht von seinem Ende.

38 WAS VOM NAZI ÜBRIGBLIEB

Die spätere Heimgarten- und damalige »Hindenburgstraße« war nicht die einzige Straße, die nach Krieg und Niederlage wieder umgetauft werden musste. Denn es gab auch eine Horst-Wessel- und eine Ritter-von-Epp-Straße. Selbst die Dorfstraße hieß damals noch nicht so. Sie war unter den Nazis umbenannt worden, von »Hauptstraße« in »Adolf-Hitler-Straße«. Bei der Reichstagswahl am 5. März 1933 wählte ca. ein gutes Drittel der Germeringerinnen und Germeringer die NSDAP, die beiden Wahlen im Jahr davor waren es halb so viel gewesen. Laut Stadtarchiv gab es in Unterpfaffenhofen 32 organisierte Nazis, in Germering elf, darunter auch der Bürgermeister und fünf Gemeinderäte. Etliche davon, in Germering und vor allem in Pfa'hofen, arbeiten als SS-Wachmänner in der »WIFO«.

Natürlich gab es wie überall einen »Jungbauernführer« bei uns und einen »Ortsbauernführer«, bei damals 52 namentlich – im »Adressbuch für Stadt und Landkreis Fürstenfeldbruck« von 1939 – verzeichneten Bauern. Auch unter den Nazis war Germering ein Dorf wie jedes andere. Als der ledige Maurer Johann Huber aus Unering nach Germering zog, bekam die Ortspolizei am 12. September 1933 eine Mitteilung mit »Betreff: Schutzhaft«: Huber, heißt es darin, »wurde aus dem Konzentrationslager Dachau mit der Auflage entlassen, sich jeden 2. Tag bei der Ortspolizeibehörde zu melden. Die Meldung ist zu überwachen«.

Huber war nicht der Einzige, der zuzog. Es ging aufwärts. Meinte man jedenfalls. Germering wuchs unter den Nazis nochmal deutlich, auch infolge politischer Lenkung: »Während schon in den Zwanziger Jahren für eine Ansiedlung in Germering geworben worden war, werden nun Germering und Unterpfaffenhofen zum Siedlungsgebiet erklärt.« 1938 wurden sie als »Wohnsiedlungsgemeinden« vorgesehen. Einen Extrawachstumsschub brachte bereits 1936 der Bau der »WIFO« mit sich, eines militärischen Tanklagers für 3 Mio. Liter Treibstoff. Das haben Bernhard Wildegger und Ulrich Beck für ihr Schülerprojekt recherchiert, mit dem sie sich um den Preis des Bundespräsidenten 1980/81 »Alltag im Nationalsozialismus« beworben haben.

In ihrer Broschüre »Ein Dorf unterm Hakenkreuz« heißt es weiter:

»Bis zum Dezember errichtet die Gesellschaft 22 Häuser.« »Als Wachpersonal werden SS-Männer verwendet. SS-Leute mit kinderreichen Familien werden in Doppelhäuser einquartiert. Das Personal für dieses Lager kam hauptsächlich aus Norddeutschland und brachte ihre Familien mit, sodaß die beiden nahe beieinanderliegenden Gemeinden beträchtlich anwachsen.« In der Folge rückten die beiden Dörfer »auch immer mehr zusammen, räumlich wie im politischen Bereich. So gab es z. B. eine Ortsgruppe der HJ für beide Dörfer, und die Kirche hatte nur eine Pfarrei«, meinen die beiden Schüler. Ein solches Gefühl der Gemeinsamkeit gab es aber allenfalls in den Neubaugebieten, im Germeringer Altdorf war und blieb Pfa'hofa selbst in meiner Generation weiter Ausland.

Wie wenig man von der »Hitlerei« wissen wollte, jedenfalls nachdem sie vorbei war, mussten die Schüler noch in den Achtzigerjahren erfahren, als sie in Germering und Unterpfaffenhofen Zeitzeugen zur Nazizeit befragen wollten. Die Angesprochenen waren selten begeistert; manche schlugen den Schülern »sogar die Tür vor der Nase zu; andere sagten, sie seien zu beschäftigt und wüßten außerdem nichts«.

Schlimmer war, dass das, was diejenigen äußerten, die doch was zu wissen vorgaben, ganz und gar nicht den Erwartungen der Schüler entsprach: »Wir mussten bei vielen Befragten die Erfahrung machen, daß sie der damaligen Zeit ziemlich positiv gegenüber stehen.« Beispielsweise gab Rupert St. junior zum Besten, dass »es den Bauern mit der Zeit besser gegangen sei, allein schon wegen der Preise für die Erzeugnisse. Georg S. ging sogar noch weiter: ›Den Bauern ist es noch nie so gut wie unterm Hitler gegangen, auch heut‹ nicht.'» Die Schüler waren von solchen Aussagen ziemlich irritiert, nicht nur weil sie sich intensiv mit den Verbrechen der Nazis beschäftigt hatten, sondern weil man so was zu der Zeit, anders als in den Sechzigerjahren, längst nicht mehr öffentlich hörte.

»Sätze, wie ›der Hitler war eigentlich ganz gut, bis auf die Sache mit den Juden‹, ›es ist eine Tatsache, daß Deutschland kommunistisch geworden wäre, wenn der Hitler nicht an die Macht gekommen wäre‹, […] und ›es ging den Bauern nie mehr so gut wie damals‹, stießen uns schon ganz schön vor den Kopf. Wie kann die Generation unserer Eltern und Großeltern, die den Wahnsinn der nationalsozialistischen Herrschaft am eigenen Leibe erfuhr, diese Zeit heute noch so naiv preisen? Stimmen wie ›wir könnten uns sowieso nicht vorstellen, wie es damals gewesen sei‹ und ›diesen Teil der Vergangenheit sollte man besser ruhen lassen‹, waren keine Seltenheit. Das Mißtrauen, das uns entgegengebracht wurde, – viele glaubten wohl, wir wollten sie für ihr damaliges Verhalten zur Rechenschaft ziehen – äußerte sich auch, indem uns vorgeworfen wurde, schon bevor wir irgendeine Frage gestellt hatten, daß wir durch Schule und Fernsehen falsch beeinflußt und voreingenommen seien.« Allein Fragen als solche, egal ob kritisch oder nicht, nach dieser Zeit wurden von den Zeitzeugen bereits als ungerechtfertigter Vorwurf gewertet.

Aber die Schüler ließen sich zum Glück nicht so leicht abwimmeln. Besonderes Interesse zeigten sie am damaligen Leben ihrer Altersgenossen. Manche Gesprächspartner erklärten ihnen dann die Attraktivität beispielsweise der Hitlerjugend: »Vorher hatte es für die Jugend ›nichts gegeben‹, sie waren in den ›elterlichen Betrieb eingespannt‹. (Walter K.) Im Gegensatz zu heute war es natürlich nicht möglich, seine Freizeit in Diskotheken, vor dem Fernseher und sonstwie zu verbringen. Für Walter K., der ein Einzelkind war, bestand keine Frage mitzumachen, als er von Gleichaltrigen am Gartentor aufgefordert wurde, in die neugegründete Schar der HJ einzutreten. [...] Hans D. schätzt, daß ungefähr 90 % aller Kinder in der HJ waren, davon 60 % freiwillig.« Auch wer zunächst nicht begeistert war, wurde in der Regel Mitglied: »wer nicht dabei war, wurde ›diskriminiert‹ (Rupert St.)«.

Die NS-Jugendorganisationen brachten Elemente der modernen Jugendkultur aufs Land: »In erster Linie wurde Sport getrieben oder die Lagerfeuerromantik bei Sonnwend- oder Albert-Leo-Schlageter-Feiern erlebt. Dabei war es allerdings viel leichter möglich, die Kinder und Jugendlichen zu beeinflussen.« Die ansprechendste Erfahrung war wohl das Gefühl, als Jugendliche – im Unterschied zu anderen Altersgruppen – etwas gemeinsam zu haben. »Die Begeisterung erzeugte ein starkes Zusammengehörigkeitsgefühl der Germeringer und Unterpfaffenhofener Jugend.« Für Jugendkultur war vorher nicht viel Platz gewesen in der Dorfgemeinschaft, wie generell für wenig, was nicht Nützlichkeitserwägungen standhielt und sich in die gewohnten Abläufe einpasste.

Kein Wunder, dass Hans D. sich noch heute beeindruckt zeigte: »Das größte Erlebnis bei der Hitlerjugend war für ihn, als einziges Mitglied der Schar Germering/Unterpfaffenhofen kostenlos zum Reichsparteitag nach Nürnberg zu fahren. Mit einigen anderen Auserwählten aus den umliegenden Nachbardörfern im Landkreis unternimmt er 1937 die erste Reise in seinem Leben. Nürnberg war für ihn schon ›unheimlich‹ weit entfernt, Ausland ›im Gegensatz zu heut‹ (Hans D.) für ihn war es ein großartiges Erlebnis. Hans D. mußte zwar sechst Stunden lang stehen, aber er sah ›den Hitler und den Schirach‹ vor einer Kulisse von 60.000 Zuschauern ›reden‹ und weiß noch, daß die Tiroler ›ganz begeistert‹ waren«. Erst der Krieg brachte den Bauernbuben wieder ähnliche neue, aufregende Möglichkeiten, von zu Hause wegzukommen und anderswo Land und Leute kennenzulernen. Deshalb durften wir auch noch Jahre nach Zusammenbruch und Katastrophe regelmäßig hören, dass »unter Hitler nicht alles schlecht« gewesen sei.

Die neuen Orientierungsangebote, Organisationsformen und -möglichkeiten, die die Nazis aufs Dorf brachten, standen in gewisser Weise auch in Konkurrenz zu den alten. Deren Verhältnis musste sich erst neu einpendeln: »Die Mitgliedschaft bei der HJ bedeutete aber nicht, daß man nicht mehr in die Kirche ging. … Einmal hielt der Germeringer Pfarrer sogar eine Messe eigens für die HJ, die dann auch geschlossen in Uniform antrat, weil er der Hitlerjugend anfänglich nicht ablehnend gegenüberstand. […] Ein anderes Mal traten Hitlerjugend, Jungvolk, Jungmädel und BDM am Bahnhof an, als ein neuer Pfarrer in Unterpfaffenhofen ankam. Walter K. marschierte damals in dem Fackelzug mit, der damals ganz offiziell veranstaltet worden war.« Auch wenn, wie ein Befragter zu Protokoll gab, »die weltanschauliche Erziehung nicht so streng gehandhabt« wurde, waren dennoch Konflikte und Übergriffe nicht zu vermeiden.

Gleiches galt für die Schule, die als zentrale Anlaufstelle aller Dorfkinder per se ein Ort war, um Einfluss zu nehmen. Insbesondere tat sich dabei eine gewisse Anny P. hervor, die auch »Ortsfrauenschaftsführerin« war und ab 1936 die Unterstufe der Volksschule unterrichtete. Sie wurde »von einem ihrer ehemaligen Schüler als ›sehr aktiv und national‹ charakterisiert«: »Sie sei eine überzeugte Nationalsozialistin gewesen und hätte, da sie noch jung war und deshalb schon die Lehrerausbildung des Dritten Reiches genossen hatte, nationalsozialistischen Unterricht par excellence gegeben.« Bereits davor, am 9. November 1935, hatte der Gemeinderat die »Pflanzung einer Hitlereiche« im Schulgarten beschlossen. Aber die junge Eiche ist prompt eingegangen, auch etlichen Nachpflanzungen ging es nicht besser.

Über »Das Ende des Zweiten Weltkriegs im Erzbistum München und Freising. Die Kriegs- und Einmarschberichte im Archiv des Erzbistums München und Freising« erstattet der Germeringer Expositus Anton Birkmeier im von Peter Pfister herausgegebenen, gleichnamigen Band, Teil 1, Bericht. Am 1. August 1945 notiert er: »Das Dorf Germering befand sich in den Kriegsjahren 1939/45 in arg gefährdeter Lage, weil nördlich [in] ½ Kilometer Entfernung eine Großkampfstellung der Flak aufgebaut wurde zur Abwehr der einfliegenden Feindflieger und südlich in 2 Kilometer Entfernung die großen Benzinlager des Wirtschaftlichen Forschungsinstitutes (Wifo) gelegen sind, zudem lag das hiesige Gebiet auch in der unmittelbaren Anfluglinie auf die nur 16 km entfernte Großstadt München, das Ziel vieler Feindangriffe. Trotzdem kam das Dorf fast ohne Schaden durch gefährliche Kriegszeit hindurch. Zunächst ist hauptsächlich nur Flurschaden zu benennen. Ungefähr 40–50 Bombentrichter wurden nach dem Angriff vom 19. Juli 1944 gezählt, die aber alle außerhalb der sich länglich hinziehenden Ortschaft festgestellt wurden. Bei dem schweren Angriff in der Nacht vom 7. Januar 1945 gingen 8–9 Luftminen nieder und weitere 10 Sprengbomben.« Auch später gab es noch Bombenschäden: »In der Nähe der Kirche gingen bei einem Nachtangriff auch in 150–200 Meter Entfernung bei der Scheinwerferstellung zwei Luftminen nieder, wodurch das Dach der Kirche etwas beschädigt und die Sakristeifenster zertrümmert worden sind«. Auch die Umgebung wurde in Mitleidenschaft gezogen, sodass »überhaupt bei den Häusern vor allem Dach- und Fensterschäden zu beklagen waren«.

Zum Kriegsende in Germering selber schreibt Birkmeier: »Ein besonders kritischer Tag schien zunächst der letzte Sonntag im April, der 29., zu werden. Zunächst marschierten 40 SS-Kampftruppen von Ostern her ins Dorf […] und die Zahl steigerte sich immer mehr.« Aber Germering hatte Glück: »Die SS zogen sich noch rechtzeitig zurück, so daß es zu eigentlichen Kampfhandlungen nicht kam, da sich die Bevölkerung sehr ruhig verhielt. Lediglich Zwischenfälle ereigneten sich, die aber sicher mehr auf Mißverständnisse zurückzuführen sind. So wurde ein Bauer, der wahrscheinlich den Anruf nicht hörte, im Fuß angeschossen und starb daran am 1. Mai«. Kein Missverständnis waren die ebenfalls berichteten Ereignisse: »Im Schulhaus wurden von den Amerikanern drei Handgranaten geworfen und mehrere Schüsse abgegeben, weil dort noch 5 SS-Männer auf Funkspruch warteten und Widerstand leisteten. Die im Schulhaus untergebrachten schlesischen Flüchtlinge kamen mit dem Schrecken davon.« So kam Germering insgesamt recht glimpflich davon.

39 ZWANGSARBEITER, »ZIGEUNER«, GRATTLER UND GSCHWERL

Das war auch etwas, was von den Nazis übrigblieb nach dem Krieg: Vorurteile und moralische Verurteilung bestimmter Personengruppen<– und diese Gruppen selber. Die Nazis hatten ja eine regelrechte Völkerwanderung in Europa mit Gewalt in Gang gesetzt und u. a. mehrere Millionen Menschen zur Zwangsarbeit gezwungen: »Fremdarbeiter«, Zwangsverschleppte, Kriegsgefangene oder KZ-Häftlinge, nicht zuletzt auch Juden, die aus den besetzten europäischen Ländern ins ansonsten »judenfreie« Deutschland verschleppt und von KZ-Außenlagern wie Kaufering, Happurg und Mühldorf aus vor allem zur Arbeit für die Rüstungsindustrie eingesetzt wurden.

Viele von ihnen waren nach dem Krieg »Displaced Persons«, die oft nicht mehr in ihre Herkunftsländer zurückkonnten oder wollten, etwa auch Soldaten, sei es, dass sie freiwillig dienten, oder sei es, dass sie zwangsrekrutiert worden waren. Die meisten waren heimatlos, mittellos, orientierungslos. Erst recht hatten Flucht und Vertreibung aus dem verlorenen Osten viel »Bagage« herübergeschwemmt: ganz eigentlich Menschen ohne oder mit nur wenig Gepäck oder deren ganzes Hab und Gut aus ihrem Gepäck bestand. Jedes bayerische Dorf hatte jetzt solche neuen Einwohnerinnen und Einwohner, ob es wollte oder nicht.

Die Tentakel der riesenhaften Krake Rüstungsindustrie hatten ja bereits vor dem Krieg nach Germering gegriffen, mit dem Tanklager der »WIFO«. Später setzte auch der Flugzeugbauer Dornier einen Fuß in unser Dorf, das so günstig zwischen seinen Standorten Neuaubing und Oberpfaffenhofen lag. In der auch heute noch so genannten Dornierstraße wurde in den letzten Kriegsjahren ein Außenlager des KZ Dachau errichtet. Im September 1943 genehmigte der Gemeinderat »den Dornierwerken Neuaubing, ein neues ›Gefolgschaftslager‹ an der Oberen Bahnhofstraße zu errichten. Ein Erweiterungsplan sieht schließlich »eine geplante Belegung des Lagers mit ca. 1600 Häftlingen vor«, heißt es in der »Geschichte der nationalsozialistischen Konzentrationslager«. In den Transportlisten vom KZ Dachau sind 245 Häftlinge genannt, die in den paar Monaten von Mai bis September 1944 nach Germering geschickt wurden. »Bewachungspersonal waren ausschließlich SS-Männer.« Aber danach wurde es offenbar »nie als Arbeitsstätte für Häftlinge genutzt«. Dafür wurden nach dem Krieg, wie auch andernorts, »die Baracken von Heimatvertriebenen und Wohnungslosen bewohnt«.

Zum Kriegsende hin und danach suchten mehrere entflohene beziehungsweise später befreite Insassen aus Dachau in Germering Unterschlupf. Zunächst waren es offenbar Häftlinge, die dem »Todesmarsch«, also der Verschleppung aus dem KZ durch die SS, entkommen waren: »Zwei Juden, die sich früher im Konzentrationslager Dachau befanden, flohen vom Transportweg mit unbekanntem Ziele, um ihr Leben zu retten und baten flehentlich um sicheren Unterschlupf im Expositurhaus – dieser wurde auch trotz der heiklen Situation, da die SS sich bereits im Dorfe befanden, gewährt«, berichtet Pfarrer Anton Birkmeier am 1. August 1945 an das Erzbistum München und Freising.

Nach der Befreiung des Lagers machten auch noch andere ehemalige Gefangene beim damaligen Expositus Birkmeier Station: »Zwei französische Pfarrer, die sich auf der Heimkehr vom Konzentrationslager Dachau befanden, suchten Zuflucht im Expositurhaus, ebenso hielten zwei polnische Geistliche – ehemalige Lagerinsassen – gottesdienstliche Handlungen für ihre Landsleute in der hiesigen Expositurkirche. Die Zahl der Expositur beträgt ca. 2500 Seelen durch die Evakuierten und Flüchtlinge«. Wegen des starken Zuwachses an Gemeindemitgliedern wurde die Expositur bereits im nächsten Jahr zur Pfarrei erhoben und Birkmeier Pfarrer. Neben den Flüchtlingen und den nur vorübergehend Zuflucht Suchenden hielten sich noch vielerlei andere Auswärtige oder Ausländer im Ort auf.

Laut dem von Reinhard Jakob herausgegebenen Sammelband »Nationalsozialismus im Brucker Land« wurden im Landkreis 6240 »Fremdarbeiter« eingesetzt, davon 108 in Germering und 277 in Unterpfaffenhofen. Darunter waren landkreisweit 2269 Kriegsgefangene; 30 im Altdorf und neun in der Nachbargemeinde.

»Ein Lager mit Russen, Ukrainern und Polen befand sich auf dem Stöhrgelände, und eine Gruppe von Serben war in einem Raum mit vergitterten Fenstern im Schulhaus an der Salzstraße untergebracht.

Kriegsgefangene – unter ihnen auch Franzosen – konnten von den Bauern als Arbeitskräfte angefordert werden. Zwangsarbeiter waren bei Dornier für Arbeiten am Bahngelände und zur Anlage eines Scheinflughafens nahe dem heutigen Modellflugplatz zwischen Puchheim und Germering eingesetzt, der feindliche Flieger von Fürstenfeldbruck ablenken sollte«, berichtet Irmgard Langewiesche in der Brucker SZ am 30. April 1985.

Laut Bayerischem Staatsarchiv waren im Altdorf während des Krieges elf Polen gemeldet, die auf größeren Höfen und beim Wirt arbeiteten und noch 1947 wurden 30 französische Kriegsgefangene in Germering registriert.

Noch während der NS-Zeit, im Januar 1944, ergeht folgender »Erfahrungsbericht über die Arbeitskräfte aus altsowjetrussischen Gebieten« an den Landrat (auch »vorgelegt der Geheimen Staatspolizei«): »Die Arbeitskräfte aus altsowjetrussischen Gebieten, die im Kreisgebiet Fürstenfeldbruck in der Landwirtschaft eingesetzt sind, arbeiten nach wie vor mit wenig Ausnahmen zur Zufriedenheit der Betriebsführer und stellen auch im allgemeinen Verhalten zufrieden.« Die Zufriedenheit war allerdings nicht wechselseitig: »Der Mangel an Arbeitskleidung und Schuhwerk ist das größte Übel und da und dort nicht ohne Einfluß auf die Arbeitsfreude. Viele Betriebsführer sind in diesem Punkte um ihre altsowjetrussischen Arbeitskräfte besorgt, während andere wieder keine Rücksicht kennen und ungeachtet des schlechten Schuhzeugs Arbeit im Freien bezw. im Walde auch bei schlechtestem Wetter verlangen. Hier wäre mehr Rücksicht am Platze.« Aber wenn sie oder andere ihre Lage verbessern wollen, gibt es Ärger:

Im Raum Moorenweis »hätten Ostarbeiter(innen) und Polen von Betriebsführern Lebensmittel (Mehl, Eier u. a.) erhalten, um sich dafür in München Arbeitskleidung eintauschen zu können.« Die wurden dafür angezeigt. »Offenbar aber handelt es sich um Betriebsführer, die ihre altsowjetrussischen Arbeitskräfte nicht ausschließlich als Arbeitstiere ansehen, sondern hinsichtlich der Arbeitskleidung auch für sie besorgt sind.«

So wie im Landkreis ist es damals überall in Deutschland. Ralph Heimrath berichtet über »Kriegsgefangene in der Landwirtschaft 1914–1918 und 1939–1945«, dass während des Zweiten Weltkriegs circa sieben Millionen Kriegsgefangene und mehr als sechs Millionen Zivilarbeiter aus den besetzten Gebieten zwangsweise nach Deutschland gebracht wurden.

Der von Michael Henker herausgegebene Band über »Bauern in Bayern« präzisiert: »Der Anteil der meist verschleppten Ausländer, die in der Landwirtschaft beschäftigt waren, steigerte sich im Reichsdurchschnitt auf über 46 Prozent, also auf fast die Hälfte«.

Insofern, sagt Heimrath, »war der Einsatz von Kriegsgefangenen in der Landwirtschaft nichts Ungewöhnliches, sondern gängige Praxis«. Denn, so ergänzt Michael Henker: »Im August 1944 waren im Reich über 5,7 Millionen ausländische Zivilarbeiter – ein Drittel Frauen – und fast zwei Millionen Kriegsgefangene in der Landwirtschaft beschäftigt«.

Die mit Abstand meisten »Fremdarbeiter« im Landkreis wurden übrigens in Olching eingesetzt, nämlich 723 (davon 145 Kriegsgefangene). Tobias Weger hat dazu 1998 eine Studie vorgelegt: »Nationalsozialistischer,Fremdarbeitereinsatz' in einer bayerischen Gemeinde 1939–1945. Das Beispiel Olching (Landkreis Fürstenfeldbruck)«. In einem SZ-Interview mit Elke Wagner »zur Situation der Zwangsarbeiter im Landkreis« (»Von Freiwilligkeit kann keine Rede sein«) schätzte er die Zahl der »Fremdarbeiter« im Landkreis (offenbar ohne Kriegsgefangene) auf etwa 4000 Personen.

Zeitgenössische Versuche – insbesondere auch vom Bauernverband –, Forderungen nach Entschädigungszahlungen abzuwehren, indem man den Zwangscharakter der Zwangsarbeit infrage stellte, wies Weger ausdrücklich zurück: »Selbst wenn Fremdarbeiter von einzelnen deutschen Arbeitgebern besser behandelt wurden als von anderen, unterlagen sie doch der NS-Gesetzgebung. Mehrheitlich wurden sie gewaltsam von einer Stunde auf die andere verschleppt– von Freiwilligkeit […] kann bei den meisten keine Rede sein. Sie durften sich nicht frei bewegen, erhielten kaum Geld und waren damit eingeschränkt gegenüber deutschen Lohnarbeitern.«

Auch Elke Wagner tritt Behauptungen entgegen, dass »die so ganz unfreiwillig nicht dagewesen sein konnten«. Sie kontert: »Der Quellenlage zufolge gingen Brucker Behörden noch in den letzten Kriegswochen mit aller Härte gegen Zwangsarbeiter vor. Arbeitsverweigerung,

›Hetzpropaganda‹ oder Liebesbeziehungen mit Einheimischen galten als Gründe, um gegen die Häftlinge vorzugehen.« Und Wagner führt ausdrücklich Beispiele aus der Germeringer Geschichte an: »Ein polnischer Arbeiter der Baufirma Stöhr wurde wegen Arbeitsverweigerung an die Gestapo ausgeliefert. Sieben Festnahmen von tschechischen, polnischen und italienischen Zwangsarbeitern meldete die Gendarmerie Germerings. Grund: Verstoß gegen die Lagerordnung. Vier Männer wurden der Gestapo übergeben.« Mit Zwang und Strafverfolgung wurden die »Fremdarbeiter« zur Arbeit angehalten.

Nach dem Krieg blieb die Situation der überlebenden Zwangsarbeiter und KZ-Insassen immer noch schwierig, weil sie – wie große Teile der Bevölkerung – um das nackte Überleben kämpfen mussten, aber gleichzeitig viele Einheimische in ihnen eine Bedrohung sahen. Tobias Weger sagt dazu: »Den Displaced Persons wurde von der deutschen Bevölkerung häufig Kriminalität nachgesagt. Es war eine Art Opfergruppe, auf die man die eigene Schuld projizierte. Aus der Aktenlage geht aber hervor, dass die Kriminalität der DP's nicht höher war als die der Deutschen.« Habenichtse und Wohnsitzlose wurden aber auch schon früher für ihr eigenes Schicksal verantwortlich gemacht und gleichzeitig kriminalisiert.

Das Schülerprojekt »Ein Dorf unterm Hakenkreuz« befragte Germeringer Zeitzeugen auch zu den Jahren der Arbeitslosigkeit vor der Machtübernahme durch Hitler. Diese Schilderungen tragen schon ganz den Tonfall der Hitler-Zeit: »Auf den Hauptstrassen hielten sich viele Nichtseßhafte, Zigeuner und junge Handwerker ›auf der Walz‹, die meist aus München kamen und durch die Dörfer zogen. Sie wurden nirgends erfaßt und verdienten sich ihr Brot meistens durch Bettelei und Gelegenheitsarbeiten. Dabei waren diese Leute oft sehr hartnäckig. Wenn die Haustüren nicht geschlossen waren, kamen sie sogar zu den Bürgern in die Wohnung, um dann Pfennigbeträge zu erhalten.« Das ist, wie gesagt, in der Sprache immer noch eingefärbt, und auch das Straßenleben selber war noch nicht völlig anders als früher.

Robert Castel kommentiert die Lage in seiner »Chronik der Lohnarbeit«: »Auf den Notleidenden lastet stets der Argwohn, dass sie auf

Kosten der Besitzenden leben.« Arbeitslose Zwangsarbeiter und »Fremdarbeiter«, »Displaced Persons«, »Zigeuner« und andere »Vagabunden« sind »Überzählige« im Sinne Castels: Sie sind »nicht einmal ausgebeutet, denn, um dies zu sein, müssten sie in gesellschaftliche Werte konvertierbare Kompetenzen besitzen. Sie sind schlichtweg unnütz.« Weil diese Personen verschleppt und enteignet wurden, besitzlos und heimatlos sind, sind sie fehlplatziert und überflüssig. Weil sie faktisch nicht integriert werden können, müssen sie systematisch ausgegrenzt werden, wie andere Habenichtse auch: »Die Verurteilung des Landstreichers ist einfach der kürzeste Weg von der Unmöglichkeit, eine Situation zu tolerieren zur Unmöglichkeit, sie grundlegend zu ändern«. In Zeiten der Massenarbeitslosigkeit kann die »soziale Frage überhaupt nur als eine polizeiliche Frage behandelt werden«: Arbeitsfähige, für die sich keine Arbeit findet, werden kriminalisiert.

Zuvorderst, weil schon traditionell Gegenstand polizeilicher Fragen, die »Zigeuner«. Auf sie Acht zu geben und sie im Zweifel vorbeugend zu maßregeln, war für staatliche Behörden, und dabei allen voran die Polizei, eine unumstößliche Handlungsmaxime. Eigentlich für die gesamte Bevölkerung. Dabei gab es auch nach dem Krieg keinen Bruch, weder bei der Bevölkerung insgesamt noch bei der Polizei. Was ja auch nicht verwundert, da es, wie wir aus Landtagsanfragen wissen, auch bei der Polizei eine hohe personelle Kontinuität gab: Drei Viertel aller Nachkriegspolizisten waren bereits unter den Nazis im Amt gewesen – das bedeutet wohl: Jeder Nazi, der überlebt hat, durfte auch unter veränderten Vorzeichen wieder ins Amt zurück. Diese Beamten behielten auch unter den neuen demokratischen Verhältnissen die tradierte politische Kultur bei: keine Eigenverantwortung, keine Fehlerkultur, Misstrauen gegen die Bevölkerung und Racial Profiling.

Beispielsweise übernahm das neue Landeserkennungsamt (später umbenannt in Bayerisches Landeskriminalamt) bruchlos die alten Nazi-Karteien mit ihren ideologisch eingefärbten, rassistischen Kriterien: »die Zehnfingerabdrucksammlung mit über 1 Millionen Einträgen, über 400.000 Personenakten von in strafrechtlicher Hinsicht auffällig gewordenen Bürgerinnen und Bürgern – und nicht zuletzt die sogenannte ›Zigeunerkartei‹, in der Aktenmaterial (z.T. von der sogenannten ›rassenhygienischen Forschungsstelle‹ im Reichsgesundheitsamt) von über 20.000 Sinti und Roma zusammengetragen worden war«, berichten Meinl und Schröder in ihrer Studie zur Frühgeschichte des Verfassungsschutzes. Aus der ehemaligen »Zigeunerpolizei« wurde die »Landfahrerzentrale«.

Auch ohne Verwendung des inzwischen inkriminierten Begriffs schafften es deutsche Polizeibehörden, Funktion und Raster der früheren »Zigeunerkartei« fortzuführen, schrieb die Süddeutsche Zeitung am 18. Januar 2021: »Etwa durch Vermerke wie ›mobile ethnische Minderheit‹, ›reisende Täter‹, ›Südosteuropäer‹ oder ›HWAO‹, eine Abkürzung für ›häufig wechselnder Aufenthaltsort‹.« Generalisierungen, Vereinfachungen und Vorurteile erleichtern halt das Leben – zumindest dessen, der sie anwendet.

40 ALLWEIL KARTOFFELN

Kartoffeln waren vermutlich fast überall im ländlichen, kleinbäuerlichen Europa unverzichtbar fürs Leben und Überleben. Aber bei uns in der Münchner Schotterebene spielten sie eine zentrale Rolle, wegen der besonderen klimatischen und Bodenverhältnisse. Kartoffeln prägten den Rhythmus des Arbeitsjahres und des Speiseplans von Menschen, Schweinen und Hühnern.

Übers Kartoffellegen hab ich ja schon einmal was erzählt. Aber die Arbeit ging danach, wenn die Kartoffeln im Boden waren, erst richtig los. Die maschinelle Pflege, also das Aufackern mit der zum Hack- und Häufelgerät umgebauten Legmaschine und das Runterstriegeln mit einem Netzstriegel mit langen Zinken, ist mich noch nichts angegangen. Das haben Papa und Martl allein machen können. Für mich nervend, aber dann richtig, wurde der Kartoffelanbau erst wieder, als es darum ging, die Kartoffeln nicht nur zwischen den Reihen von Unkraut zu säubern, sondern auch zwischen den einzelnen Stauden.

Wenn du die Reihen quer und nicht nur längs hacken hast wollen, ging das bloß mit der Hand. Mit einem Hackerl. Da wurde jede Hand gebraucht. Selbst eine kleine Hand. Oft war die Erde schon recht verkrustet, der Boden hart und trocken. Da musstest du schon ganz schön zuhauen, um einen Effekt zu erzielen. Wenn du dann am Kartoffeldamm vor dich hinhackeltest, wurde dir der Bife, also die Kartoffelreihe, schon ziemlich lang. Wir haben immer nebeneinander angefangen, oben an der Straße, Mama, Papa, der Martl und ich, gelegentlich auch noch Aushilfen aus der Verwandtschaft. Aber je länger die Reihe war und je länger es dauerte, desto mehr zog sich unsere Kolonne dann auseinander. Dreimal dürft ihr raten, wer die anderen immer im Blick hatte. Von hinten.

Noch länger kamen mir die Kartoffelreihen nur vor, wenn ich im Kampf gegen die Kartoffelkäfer eingesetzt wurde. Früher sind ja ganze Schulklassen vom Lehrer auf die Felder in die großspurig ausgerufene »Ernährungsschlacht« geschickt worden, um Kartoffelkäfer zu bekämpfen. Aber zu meiner Zeit war das nicht mehr in Mode. Da wurde aus der ganzen Schulklasse nur noch ein Einziger rausgeschickt ins Feld.

Eine Schlacht war's dann trotzdem noch. Denn wir haben die Käfer nicht eingesammelt, sondern derquetscht. Kartoffelkäfer waren und sind kein Gewinn der Natur. Selbst die Hühner waren nicht begeistert und hatten sie schnell über. Da war das Derdrucken von den Käfern eine echte Alternative. Die zwei Steine, mit denen man einen Käfer oder eine Larve zerdrückte, waren besser nicht zu klein. Alle paar Meter brauchte man neue, weil der rötliche Körpersaft schon überall runtertropfte. Aber an Steinen mussten wir in der Münchner Schotterebene ja nicht sparen.

Kaum war man mit den Käfern halbwegs fertig, bekamen die Kartoffeln meist die Krautfäule, eine ansteckende Pilzkrankheit, die sich alle paar Jahre rasend schnell ausbreitete. Je feuchter und gleichzeitig wärmer es war, desto schneller sind die Blätter braun geworden und die Bestände teilweise oder schlimmstenfalls gleich ganz abgestorben. Ich meine mich zu erinnern, dass in einem miserablen Jahr am Grünen Weg, also auf schwerem, lehmigem, nassem Boden, fast alle Kartoffeln im Herbst feucht, faul und stinkend aus der Erde rauskamen, wenn sie nicht sowieso drin verfielen. Auf den leichteren, luftigeren Böden waren es meist bloß einzelne Knollen, die verfault oder angefault waren. Wenn die Krankheit schon zu weit verbreitet war und die Kartoffeln vor dem Einlagern nicht richtig abtrockneten, konnte es leicht passieren, dass die eingelagerten Knollen weiter vor sich hinfaulten und sich zentnerweise in eine stinkende, selbst für Schweine ungenießbare Suppe verwandelten.

Das waren eher eklige Geschichten und Gerüche. Aber es war natürlich nicht alles schlecht am Kartoffel. Er selber und die Gerichte, die man aus ihm machen konnte, Brei, Suppe, Salat, Knödel, Nockerl, Reiberdatschi, haben ja alle ganz gut geschmeckt. Manche sogar sehr gut. Und die Ernte der Kartoffeln immerhin war einer der wenigen Höhepunkte im Anbaujahr. Eine rechte Freud! Denn da war wirklich was los! Da waren dann viele Leute auf dem Hof und auf dem Acker, viel Verwandtschaft, meist halbe Familien, Frauen und vor allem viele Kinder.

Auch wenn die Arbeit selber nicht weniger mühsam wurde, hat sie in solcher Gesellschaft doch deutlich mehr Spaß gemacht. Schon beim Hinausfahren saßen wir Kinder miteinander hinten auf dem Anhänger und beim Heimfahren wieder. Das allein war bereits ein Ereignis, nicht nur für die fremden Kinder, auch für mich. Und um die eigentliche Arbeit rum, davor und danach und dazwischen, hatten wir sowieso die höchste Gaudi.

Papa, wer sonst, hat die Kartoffeln rausgerodert, nämlich maschinell, mit dem Bulldog und dem Roder. Der war ein zweirädriger Karren mit Eisenreifen, dazwischen ein großes Schar, dahinter ein Sieb und ein durch Zugkraft über ein Getriebe in Gang gesetztes Schwungrad. Auf dem Rad saßen, sternförmig versetzt, jeweils vier parallel ausgerichtete, fingerähnliche Zinken. Die haben die Kartoffeln und die Erde, in der sie waren, wie ein eiserner Besen auf die Seite gekehrt und durch den Schwung von einander getrennt und neben der Reihe möglichst breit auf dem Boden verstreut, sodass man sie gut sehen und leicht auflesen konnte. Theoretisch. Denn das hat natürlich unterschiedlich gut funktioniert. Öfters musstest du trotzdem nach versprengten Kartoffeln unter Erdbatzen, Stauden oder Unkrauthaufen suchen. Wann und wo Suchen vielversprechend war, das hattest du schnell raus. Wir Kinder wurden wie die Frauen als Fußtruppen eingeteilt. Wir haben die gerodeten Kartoffeln körbeweise eingesammelt und auf den Anhänger geschüttet.

Daheim haben Martl und Papa sie mit der Hand abgeleert, also mit extra an den Spitzen abgestumpften, korbförmigen Kartoffelgabeln vom Wagen wieder runtergeschmissen. Und zwar in unterschiedliche Lager, je nach Sorte und Verwendungszweck: Als Viehfutter wurden sie zum Beispiel in vorbereitete Mieten, also ausgehobene Gruben, geworfen. Während des Winters hat man diese besonders stärkehaltigen Futterkartoffeln da nach und nach wieder rausgeholt, gewaschen, Steine und Verfaulte rausgeklaubt, und schließlich erst gekocht, dann zermantscht, nämlich mit einer Art Stoßmesser, das turbinenförmig gebogen und scharf war. Sie wurden hauptsächlich an Schweine, aber auch an Hühner verfüttert. Selbst Kühe mussten herhalten, weil sonstiges Futter knapp und Kartoffeln phasenweise reichlich waren. Aber sie bekamen die nur roh und in kleinen Portionen. Die wenigen Speise- oder Saatkartoffeln, die den Winter über eingelagert werden sollten, kamen in den Kartoffelkeller. Der Großteil der Speisekartoffeln aber wurde im Dehner, also der Tenne beziehungsweise Durchfahrt unserer Scheune, auf Haufen geschüttet und zwischengelagert oder, wenn das Wetter gerade keine weitere Kartoffelernte erlaubte, gleich sortiert.

Auch zum Kartoffelsortieren wurden allerhand Leute benötigt. Deshalb konnte man selbst Kinder brauchen, sprich: mich. Es gab immerhin einen Sortierer, einen Holzkasten mit Sieben, der die Kartoffeln nach Größe trennte, aber die grünen, angeschnittenen oder faulen Exemplare musste irgendwer sehen und rausklauben, und zwar in der kurzen Zeit, in der sie auf dem Gitter hüpften und bevor sie im Korb landeten.

Martl hat dazu mit Vergnügen den Witz erzählt vom Minister, der bei einem Besuch auf einem Bauernhof hätte mithelfen wollen, aber vom Kartoffelsortieren überfordert war: wegen der »blitzschnellen Entscheidungen«. Wahrscheinlich gehört diese Geschichte in dieselbe Kategorie Kulturkampf gegen die da oben wie der andere Witz von einem Ministerbesuch, den Martl gleichermaßen gern erzählte. Und genauso wahrscheinlich ist es, dass es der gleiche virtuelle Bauernhof war, auf dem derselbe oder ein anderer Minister durch den Stall geführt wurde. Dieses Mal soll der Herr aus der Stadt, als einen Stier von hinten sah, kommentiert haben: »Dieses Tier hat ein schönes Euter.«

Dass man sich da ländlich solidarisch über die lustig machte und erhob, die sich ihrerseits gern uns Bauern gegenüber überlegen zeigten und auf uns herabsahen, war mir schon klar, bevor ich überhaupt jemals einen Herrn aus der Stadt oder generell einen Anzug- und Krawattenträger geschweige denn einen Minister zu Gesicht bekommen hatte.

Zur Ehrenrettung des von Martl verspotteten Ministers muss ich sagen, dass die Zeit, die man hatte, um die Kartoffeln in Augenschein zu nehmen und diejenigen auszusortieren, die den vorgegebenen Anforderungen nicht standhielten, wirklich extrem kurz war. Das Gitter wurde vom Sortierer gerüttelt und geschüttelt, die Kartoffeln hüpften und Steine und Erdbrocken konnten auch noch dazwischen sein und mussten ebenfalls ausgelesen werden.

Überhaupt erforderte die Aufgabe eine ausgefeilte Arbeitsteilung und einen gewissen Grad an Synchronisation: Die Kartoffeln hat einer mit der Kartoffelgabel in den Auffangtrichter des Sortierers einwerfen, ein weiterer zeitgleich und gleichmäßig die Antriebskurbel drehen müssen, und schließlich mindestens noch einer hinten die Kartoffeln absacken, abwiegen, zubinden und auf die Seite oder den Anhänger stellen.

Das waren praktisch vier parallel zu vollziehende Arbeitsgänge, die einigermaßen aufeinander abgestimmt sein sollten: Die Gabel durfte nicht zu voll sein, der Antrieb nicht zu langsam und nicht zu schnell gedreht werden, die Aussortierer links und rechts der Maschine sollten schnell genug zugreifen und beim Abwiegen durfte sich auch nichts stauen. Da lernte man schnell, dass man aufeinander angewiesen war und sich im Tempo abstimmen musste. Genauso schnell lernte man aber auch, dass es nicht das schwächste Glied war, das das Tempo vorgab, auf das sich alle einstimmen sollten. Da musstest du dich sauber ranhalten.

Für den Großteil der Speisekartoffeln gab es bereits Abnehmer, und das meist seit vielen Jahren die gleichen. Die Ernte wurde »verstellt«, das heißt, mein Vater hat das Jahr über Bestellungen aufgenommen und gesammelt. Im Spätherbst, wenn die Erntearbeiten alle weitgehend erledigt waren, aber noch vor dem Frost, haben wir sie zentnerweise ausgefahren, mit Bulldog und Anhänger. In fast allen Häusern, in die wir angeliefert haben, lagen die Kartoffelkeller neben dem Kohlenkeller. Oft musste man, sprich mein Vater, mit den Zentnersäcken niedrige, dunkle Treppen runter. Noch niedriger waren meist nur die Türen und vor allem die Kellerdecken. Denn auch bei vielen Wohnhäusern in der Münchner Schotterebene waren die Keller des hohen Grundwasserstands wegen und mangels wasserdichten Betons eher eine Art Souterrain oder Halbkeller, eng, mit schmalen Gängen und oft verwinkelt. Dass sie dunkel waren, war für die Kartoffeln gut, aber für den Lieferanten eher hinderlich.

Die Säcke musste mein Papa meist in extra dafür gezimmerte Kartoffelkisten oder Verschläge leeren. In die ganz großen, sozusagen professionellen Kisten gingen etliche Zentner rein, ihr Boden war außerdem abgeschrägt und die Kartoffeln konnten unten aus einem Überlauf bequem entnommen werden. Kartoffelkundschaft war für viele Bauern bei uns eine der wenigen regelmäßigen und zuverlässigen Quellen für Bargeld.

Noch später im Jahr, praktisch fast am Ende aller Saisonarbeiten, ging es ans Nachklauben, meist um Allerheiligen rum, wenn es oft schon saukalt und neblig war oder wenigstens wolkenverhangen. Manchmal mussten wir bei leichtem Nieselregen oder gar windigem Schneetreiben raus, also bei so oder so ekelhaftem Wetter. Aber es musste möglichst noch rechtzeitig vor dem ersten richtigen Frost sein, weil sonst die Kartoffeln erfroren, weich und süß wurden und sofort verdarben.

Die Nachlese hat sich immer gelohnt, weil unweigerlich pro Acker etliche Zentner Kartoffeln bei der eigentlichen Ernte übersehen wurden. Diese Kartoffeln haben wir aber noch gut als Futter brauchen können. Wie viele liegen geblieben sind, ist erst nach dem ersten Eggen aufgekommen. Jedenfalls waren es immer so viele, dass sich das damals rentierte, wo doch Lebens- und Futtermittel knapp, aber Arbeitskraft reichlich vorhanden war.

Geeggt wurde aber nicht bloß, damit man nachklauben konnte, sondern auch um die Massen von Kartoffelkraut und Unkraut, die auf dem Acker rumlagen und zu lange gebraucht hätten, um zu verrotten, auf Haufen zusammenzuziehen. Wenn man die nicht entfernt hätte, hätte man nicht rechtzeitig vor dem Wintereinbruch noch Getreide einsäen können. Dazu hat der eine, mein Papa, geeggt, der andere, der Martl, ist mit dem Eggenhaken hinterhergegangen, um die Egge auszuheben, wenn sie einen Haufen zusammengezogen hatte und praktisch nicht mehr eggte, weil sie verstopft war. Wenn alles geeggt war, haben sie die Staudenhaufen angezündet, mit der Mistgabel für beständige Zufuhr gesorgt und das Feuer am Brennen gehalten. Wir übrigen mussten nachklauben. Bücken und gehen, gehen und bücken. Den voller werdenden Korb schleppen. Hier ein Kartoffel. Da ein Kartoffel. Aber allzeit klamme Finger. Und die feuchte Kälte zog auch überall ein und durch. So schnell hast dich gar nicht bewegen können, dass dir warm geworden wär.

Immerhin, einen kleinen Trost gab es. Das waren die Kartoffelfeuer. Die haben mindestens so geraucht wie gelodert, aber trotzdem gewärmt und gut gerochen. So appetitlich. Vor allem aber konnte man sich zwischendrin gegrillte Kartoffeln rausholen. Denn trotz allem Nachschauen und Nachklauben sind immer welche übersehen worden, weil sie in oder zwischen den Unkraut- oder Kartoffelstauden oder auch in Erdhaufen hingen und mit zusammengeeggt wurden. Die angelten wir uns mit einem Stecken raus aus dem Aschehaufen oder spießten sie mit der Mistgabel auf.

Heiß waren die Kartoffeln, und das nicht bloß sprichwörtlich, die Finger verbrennen war ein Leichtes, aber so nach und nach – halb fallen lassen, halb hin und her werfen, und blasen, blasen, vor allem auf die eigenen Finger – brachtest du die dicke, schwarz verkohlte Schale schon runter. Viel Mühe, die sich am Ende lohnte, denn diese gerösteten Dinger schmeckten dir auch ganz ohne Salz und Butter. Und die Finger wurden dann auch wieder warm. So erfreulich das für sich war, hat das unsereinen aber auch nicht wirklich mit dem Nachklauben oder dem Kartoffel generell versöhnen können. Getreu der Devise des Philosophen Theodor Wiesengrund Adorno: »Es gibt nichts richtiges im Falschen.«

Einmal sind wir zum Nachklauben zum äußeren unserer Äcker hinterm Moosbaur rausgefahren; der ist fast schon in Puchheim. Da haben wir die Käberle Rosl erwischt, wie sie schon ein gutes Säcklein voller Kartoffeln zusammengeklaubt hatte. Unsere Kartoffeln. Der Martl hat gleich losgeschimpft wie ein Narrischer und wie üblich seinen Hacklstecka drohend geschwungen. Und dann ist er vom Bulldog runtergesprungen. Weit hatte er in so einem Fall nicht. Weil er stand beim Mitfahren immer hinten auf der Ackerschiene, das war für ihn einfacher als mühsam aufsteigen, um unbequem zu sitzen. Und dann hat er ihr Sackerl genommen und bei uns auf den Wagen ausgeleert. Die ganze bucklerte Arbeit eingesackt. Eigentlich ja ausgesackt. Dreinfahrend wie der strafende Gott. Hämisch und keckernd lachend.

Das war eine kaltherzige Erniedrigung, die mir lange nachging. Dass er das getan hatte, war ja nun gewiss nicht ungerecht. Es war noch nicht mal eine regelrechte Strafe. Man konnte schlecht was dagegen sagen. Weil es waren halt nun mal unsere Kartoffeln. Aber es hat sich für mich trotzdem falsch angefühlt. Peinlich. Beschämend. Vielleicht noch nicht mal, weil es der Rosl seine Arbeit war, deren Früchte wir da einfach einkassierten. Eher, weil da war eine Härte und Kälte dabei in dieser Aktion, mehr als das Übliche, es hatte schon ein bisschen den Charakter einer Exekution. Das hat meinen Eindruck nachhaltig verfestigt, dass

Martl noch eine persönliche Rechnung offen hatte mit der Rosl. Und gerade das Persönliche dabei war besonders unschön.

Endgültig das Kraut ausgeschüttet hat mir der Kartoffel dann, bevor der Winter gar war. Denn im Naturlager und spätestens, wenn es wieder ein bisschen wärmer wird, fängt der Kartoffel an, munter auszutreiben und zu wachsen. Er meint, jetzt geht es los mit der Vermehrung. Er kriegt dann lange, weiche, weiße, wuchernde Triebe, mangels Sonneneinstrahlung oder Erdumgebung. Die wachsen wild drauf los, aber erst mal nur ins Nichts oder in wirren Windungen ineinander hinein. Da kannst du täglich zusehen, wie diese vielen Triebe den Kartoffel auszehren und schrumpfen lassen. Das aber kann kein Bauer: untätig zusehen.

Der Bauer lässt dann jemand tätig werden. Er setzt wen an die Arbeit. Wer grad Zeit hat. Da find't er schon wen. Da braucht er gar nicht lange suchen. Weil grad vor Frühjahrsbeginn, wo es pressiert hat und weil Martl damit nicht mehr allein zurande kam, mussten Hilfskräfte ran. Ich halt. Nachklauben und Kartoffelzupfen: Das hat meine Liebe zum Kartoffel auf Jahrzehnte belastet.

Bis ich selber angefangen habe, welche anzubauen. Seitdem ist unsere Liebe frisch erblüht und ungetrübt. Auch weil's bei mir das alles nicht mehr gibt: Käferderquetschen und Handhacken, Nachklauben und mit der Hand Abzupfen. Weil es da ein paar neue Techniken gibt, eine verbessere Mechanik, Technologie und Fertigkeiten. Das nennt sich Fortschritt. Spätestens daran könnte jeder sehen, dass Bioanbau eben nicht, wie früher gern behauptet, zurück in die Steinzeit bedeutet.

41 KLEINES KARTOFFEL-EINMALEINS

Natürlich hat es Kartoffeln auch schon in der Steinzeit gegeben. Sie gehören, wie Hansjörg Küster in kleinen Geschichte des Nahrungspflanzenanbaus schreibt, »zu den bereits früh kultivierten Gewächsen im tropischen Amerika«; sie »könnten seit etwa vier- bis fünftausend Jahren kultiviert worden sein«. Ihrem Nährwert und ihrer Lagerfähigkeit ist wohl auch die Größe und Stabilität des Inkareichs zu verdanken. Denn während es in den Staaten auf dem Hochland von Mexiko laut Wolfgang Reinhard ohne Kartoffelanbau »immer wieder zu katastrophalen Versorgungsengpässen« kam, brauchte gleichzeitig im Inkareich »trotz harter Herrschaft dank guter Organisation niemand zu hungern«: »Dieses Reich, das sich über ca. 2 Millionen Quadratkilometer erstreckte, war nämlich das einzige, das als politisches Gebilde diesen Namen verdient.« Kartoffel sei Dank.

Zu Beginn seiner »Weltgeschichte der Umwelt« mit dem Titel »Natur und Macht« denkt Joachim Radkau über »Scheuklappen der historischen Umweltgeschichte« nach, die oft »zu wenig Sinn für das Triviale entwickelt«. Da bin ich ganz bei Radkau, wenn er im nächsten Satz anschließt: »Misthaufen und Jauchegruben sind große Themen einer realistischen Umweltgeschichte; denn an ihnen hing die Erhaltung der Fruchtbarkeit der Äcker.« Und dann fährt er fort: »Kartoffel und Coitus interruptus sind umweltrelevante Schlüsselinnovationen des 18. Jahrhunderts.« Wobei, wie Radkau später selber ausführt, beide einen gegenläufigen Zweck verfolgen. Intensiver Kartoffelanbau war in vielen Regionen Basis eines massiven Bevölkerungswachstums, dagegen konnte der Coitus interruptus ein solches allenfalls abbremsen, aber nicht verhüten.

Die Kartoffeln ihrerseits boten nicht in allen Weltregionen eine dauerhaft zuverlässige Nahrungsgrundlage. Feuchtes Klima begünstigt die Ausbreitung der Pilzkrankheit Phytophthora infestans. Diese Kartoffelkrautfäule hat in Irland Mitte des 19. Jahrhunderts mehrere Jahre katastrophaler Missernten hintereinander verursacht und ebenso katastrophale Hungersnöte und von 1845 bis 1848 Massenauswanderungen ausgelöst. Da sind Millionen Menschen verhungert oder ins Exil getrieben worden.

Laut der »Geschichte der Ungleichheit« von Walter Scheidel »verhungerten infolge der Missernten eine Million Menschen. In Kombination mit der Massenauswanderung und sinkenden Geburtenraten hatte dieses Ereignis zur Folge, dass die Bevölkerung Irlands von 8,2 Millionen im Jahr 1841 auf 6,8 Millionen Menschen zehn Jahre später schrumpfte.« Insgesamt seien zwischen 1850 und 1914 vier Millionen Menschen ausgewandert, »sodass die Bevölkerung auf etwas mehr als die Hälfte der Anfang der Vierzigerjahre des 19. Jahrhunderts erreichten Anzahl schrumpfte«.

Die Geschichte dieser von Kartoffelmissernten ausgelösten Hungerjahre war für mich Bauernbub seit dem Moment mit mythischer Bedeutung aufgeladen, seit ich zum ersten Mal im Schulunterricht beiläufig von ihnen gehört hatte. Denn ähnlich wie beim für mich stets legendären Bauernkrieg von 1525 spielte meine vertraute kleine bäuerliche Welt plötzlich in der großen Weltgeschichte eine große Rolle.

Auch Radkau kommt in seiner »Weltgeschichte der Umwelt« auf »die große irische Hungersnot der Jahre 1845 bis 1850« zu sprechen. Er erkennt darin »das Fiasko einer intensiven Landwirtschaft ohne entsprechende Tradition, einer Subsistenzwirtschaft auf kleinstem Raum ohne die nötige ökologische Vielfalt«. In den sechs Jahrzehnten davor sei die irische Bevölkerung um mehr als 170 Prozent gewachsen: »Diese Bevölkerungsexplosion hatte ihre Basis in der Kartoffel, die in Irland besonders gut gedieh. Sie besaß einen höheren Nährwert als das auf dem gleichen Stück Land angebaute Getreide und steigerte sowohl die Fruchtbarkeit der Frauen wie die Kinderfreudigkeit der Männer; denn man konnte die Kinder beim Kartoffelsammeln brauchen.« Das kommt unsereins bekannt vor.

Die soziale Komponente dabei, die Radkau nur andeutet, hat Karl Marx im ersten Band des »Kapital« genauer in den Blick genommen. Denn dass die Iren so bereitwillig und am Ende übereifrig auf den Kartoffelanbau auswichen, hatte vor allem damit zu tun, dass die englischen Besatzer sie systematisch von ihrem Grund vertrieben und den Großteil der guten Ackerflächen entzogen hatten.

Marx verweist auf den Zusammenhang mit der beginnenden Industrialisierung, darauf, »dass das Aufblühen der mechanischen Wollfabrik mit der progressiven Verwandlung von Ackerland in Schafweide die massenhafte Verjagung und ›Überzähligmachung‹ der Landarbeiter hervorrief. Irland macht noch in diesem Augenblick den Prozess durch, seine seit 1845 beinahe um die Hälfte verminderte Bevölkerung noch weiter auf das Bedürfnis seiner Landlords und der englischen Herrn Wollfabrikanten exakt entsprechende Maß herabzudrücken.«

Am Bevölkerungswachstum oder an Missernten allein liegt es nicht, wenn es zu Hunger und »Übervölkerung« kommt. Viel entscheidender sind, wie der Wirtschaftsnobelpreisträger Amartya Sen nachgewiesen hat, die Machtverhältnisse, nämlich die Frage, ob die von Missernten betroffenen, vom Hunger Bedrohten über Kaufkraft oder wenigstens politischen Einfluss verfügen. Häufig wurde aus Ländern, in denen in bestimmten Regionen Hungersnöte wüteten, gleichzeitig aus anderen Gebieten Nahrungsüberschüsse ins Ausland exportiert. Auch aus Irland wurden in all den Jahren des »Great Famine« mehr Lebensmittel exportiert als importiert.

Heute machen wir uns ja zu Recht große Sorgen um die Artenvielfalt. Vor allem die industrielle Art der Landbewirtschaftung macht den Arten zu schaffen. Dabei hat die Landwirtschaft bis in die Mitte des letzten Jahrhunderts hinein erst die Kulturlandschaften und die vielfältigen Natur- und Lebensräume geschaffen, die sie in ihrer modernen Form wieder zerstört. »Immer schon musste zunächst der Boden für den Anbau von Pflanzen vorbereitet, also kultiviert werden. Dazu gehörte die Beseitigung von Gewächsen, die den Kulturpflanzenanbau behinderten oder störten«, sagt Hansjörg Küster. Die meisten Tier- und Pflanzenarten konnten bei uns erst heimisch werden, als ihnen Bewirtschaftung Platz gemacht hat: »In Europa bauen Landwirte seit Jahrtausenden Pflanzen an, die dort nicht einheimisch sind.« Sogar das explosionsartige Anwachsen der Menschheit selber wurde erst durch fundamentalen, Kontinente übergreifenden Artentausch möglich.

Wir alle leben von einem relativ kleinen Genpool aus wenigen über die Welt verstreuten Regionen. »Beurteilt Arten nicht nach ihrer Herkunft«, fordern Wissenschaftler deshalb laut Süddeutscher Zeitung vom 2. Juli 2011: »Die Unterscheidung zwischen einheimischen und fremden Art sei veraltet, da sich die Umwelt sowieso ständig in hohem Tempo ändere, vor allem durch menschliche Nutzung und Klimawandel.«

Offenbar toben sich auch in der Naturschutzdiskussion immer noch versteckte kulturelle Muster ungehindert aus. Der Kampf gegen vermeintliche Überfremdung wird häufig mit ideologischer Besessenheit und missionarischer Härte geführt. Dies zeige sich, so die SZ weiter, »schon in der Wortwahl, die an das Militär erinnert« oder an eine »sich unkontrolliert ausbreitende Krankheit«.

Hier lohnt es sich, noch mal an das Motto des Schweizer Nationalmuseums in Zürich zu erinnern: »Niemand war schon immer da.« Denn lustig ist, dass der vermeintlich naturschützende Kampf gegen Überfremdung sich gegen sogenannte »Neophyten« richtet, also »Pflanzenarten, die nach der Entdeckung Amerikas in eine neue Heimat gekommen sind«. Die Einwanderer früherer Jahrtausende aus Asien und Afrika gelten dagegen schon als Einheimische.

Selbst bei den »Neophyten« machen die Menschen offenbar heute bereits einen Unterschied, denn den weitaus meisten Pflanzen, die nach Kolumbus nach Europa kamen und bald in den Speise- und Anbauplan integriert wurden, hält man die fremdländische Herkunft nicht mehr vor. Schon gar nicht den Kartoffeln. Dabei, betont die SZ am 7. April 2019 mit der Emphase dessen, der eine Sensation verkündet, sind auch die Kartoffeln gar nicht von hier: »So heimisch uns die Kartoffel heute auch vorkommt, sie hat erst vor knapp 500 Jahren ihren Weg nach Europa gefunden.« Ja dann. Wie sehr Kartoffeln inzwischen gerade in Bayern eingebürgert sind, kann man auch an der Geschlechtsumwandlung ablesen: »Der Kartoffel« ist uns genauso ans Herz gewachsen wie der Butter und der Marmalad, bei denen es uns ja auch völlig wurscht ist, ob sie eingewandert oder von Haus aus bodenbürtig sind.

42 ZEIT UND RAUM

Raum und Zeit zu vermessen, mit Werkzeugen, Apparaturen, Maßstäben und Messgeräten, Meterstab und Uhr scheint uns das Natürlichste der Welt. Für uns verläuft die Zeit linear, immer vorwärts, in einem gleichmäßigen, ununterbrochenen und nicht unterbrechbaren Strom; und unser Raum wird durch Richtungen bestimmt, in die man sich scheinbar endlos und kontinuierlich bewegen kann.

Aber gemäß dem in meiner Kindheit noch dominanten Lebensgefühl bewegte sich die Zeit in Zyklen und Rhythmen, kreis- oder spiralförmig, um einen Mittelpunkt, nämlich uns. Räume blieben in sich geschlossen, aggregatförmig nebeneinander aufgereiht, wie Schachteln eine neben oder über der anderen hingestellt und gestapelt, Übergänge von einem Raum zum anderen erfolgten nicht stufenlos, sondern erforderten einen Schritt über eine Schwelle: Der Wechsel fand nicht unmerklich und fließend statt, sondern erst war man noch hier und dann war man plötzlich ganz woanders.

Zentrales Strukturelement des Alltagslebens war die regelmäßige, verlässliche Wiederkehr des Vorhersehbaren. Sie wurde nicht lediglich hingenommen, sondern ausgestaltet, inszeniert, ja regelrecht gefeiert: als erwartbare, regelkonform ablaufende Folge von Wiederholungen. »Repetitio mater studiorum«, heißt es seit mehr als 2000 Jahren: Wiederholung ist die Mutter des Lernens. Aber bei diesen alltäglichen Wiederholungen sollte nichts Neues, sondern das bereits Bekannte, Vertraute eingepaukt werden. Es ging um Selbstvergewisserung, Selbstbestätigung, Identität.

Nach den Maßgaben von Zeit und Raum ordnen wir unser Leben, wir strukturieren, segmentieren und portionieren es, um uns zu orientieren und zu verorten. Jedoch sind die Maßgaben selber eben weder gottgegeben noch sonst unveränderlich. Das war in diesen nun auch schon wieder längst vergangenen Tagen, in denen Fallzahlen und Inzidenzen die Nachrichten beherrschten, kaum zu übersehen.

In Zeiten von Lockdown und Homeoffice »hat man jetzt genug Anlass, über das Wesen der Zeit neu nachzudenken«, schrieb Johan

Schloemann, als die – von den nach uns Kommenden vielleicht vergessene – Corona-Krise gewohnte Strukturen und Abläufe durcheinandergewirbelt, verdrängt und neue in Kraft gesetzt hatte: »Die Menschen sind zu Hause wieder darauf zurückgeworfen, dass zyklische Bewegungen die Zeit strukturieren. Innerhalb eines Tages kann sich das in festen, wiederkehrenden Ritualen abbilden, das lernt man von Mönchen und Kindern. Sonst verschwimmen die Stunden und Tage, und die Zeit fühlt sich an, so ein Betroffener,‚wie Kaugummi'.«

Die bäuerliche Zeit, die das Leben vieler auf dem Dorf noch weit nach dem Krieg prägte, war von Haus aus zyklisch und rhythmisiert, auch ganz ohne klösterliche Chronologie und Chronometer. Sie war so dehnbar wie die Tage, nicht mehr und nicht weniger.

Es war eine unhistorische Zeit, in gewisser Weise eine zeitlose Zeit, ereignislos und gegenwärtig: »Das Ereignis beansprucht für sich Einmaligkeit; das Alltägliche wiederholt sich und wird durch die Wiederholung zum Allgemeingültigen oder, richtiger, zur Struktur«, analysiert Fernand Braudel den bäuerlichen Alltag als »Bereich, in dem die Geschichte stagniert«. »Dieses allgegenwärtige, ausufernde, sich stetig wiederholende materielle Dasein steht im Zeichen der Gewohnheit: Man sät den Weizen wie immer, man pflanzt den Mais wie eh und je«.

Gewohnheit und Routine entlasten, weil Entscheidungen nicht stets neu getroffen, aber Fertigkeiten eingeübt werden, sodass Handeln vereinfacht und trotz Energiesparmodus beschleunigt wird. Man macht es, wie man es schon immer gemacht hat, und reiht sich ein in eine Kette von Handlungsroutinen, in der Tradition das Feld von Überraschungen und Neuerungen einschränkt und die Vergangenheit die Gegenwart beherrscht. Das hat allerdings auch Folgen für Lebensgefühl und sogar Lebensdauer derer, die ihr unterliegen. Laut Braudel »zehrt eine aufdringliche, allgegenwärtige Vergangenheit in monotoner Wiederholung die kurze Lebensspanne der Menschen auf«.

Routinen und Rituale sind die beständige Wiederkehr des Immergleichen, die Vorherrschaft der Vergangenheit und ihre Verlängerung in die Zukunft. Die Vergangenheit ist die Gegenwart, die Zukunft entfällt. »Ein echtes Dorf hat etwas Zeitloses«, weiß Geert Mak. Wiederkehr und Wiederholung sind die bestimmenden Strukturelemente des Dorflebens: »Bestimmte Spiele, bestimmte Feste, bei einer Beerdigung dreimal um die Kirche herum, das alles gehört zu den festen Ritualen, die gerade in ihrer Unabänderlichkeit bewirken, dass die Gemeinschaft sich weiterhin als Einheit empfindet. Wie starr diese Regeln sind, merkt man erst, wenn eine Abweichung von ihnen droht«. Gemeinsame, für alle verbindliche Regeln schaffen Gemeinschaft, und sei es eine Zwangsgemeinschaft.

Gemeinschaft braucht Gemeinsamkeiten. Gemeinsam, gleichzeitig oder auf die gleiche Art und Weise ausgeführte Tätigkeiten üben und stärken das Gemeinschaftsgefühl. Gleichzeitigkeit setzt Gleichklang voraus. »Mit der Kirchenglocke, die regelmäßig zum Gebet rief, konnte die Arbeit einer bäuerlichen Gemeinschaft synchronisiert werden: Man begann zur gleichen Zeit mit der Feldarbeit, man unterbrach sie zur gleichen Zeit, und man machte zur gleichen Zeit Feierabend. Der Kirchturm musste so hoch sein, dass seine Glocken auf der ganzen Feldmark zu vernehmen waren«, schreibt Hansjörg Küster in seiner »anderen Geschichte der Menschheit«. Man lebte, wie Geert Mak es nennt, »nach dem Rhythmus des Dorfes und den Schlägen der Turmuhr – einem völlig anderen Zeitbegriff als dem unsrigen. Jahrhundertelang wurde das Leben im Dorf davon bestimmt – in alten Akten gab es dafür sogar einen Ausdruck: ›wohnend unter dem Glockenschlag von Jorwerd‹«.

Diese Zeitvorgaben zielten nicht auf die Einzelnen, sondern auf die Gemeinschaft. Es sollte nicht die individuelle Arbeitszeit gemessen oder gar beschleunigt, sondern die Arbeitsvorgänge und Tagesabschnitte der Dorfbewohner sollten vereinheitlicht werden. Auf dem Land schlägt die Stunde noch heute weithin vernehmbar. Draußen auf den Feldern kannst du vielleicht mal den Stundenschlag, aber kaum das Zwölfe-Läuten und das abendliche Angelus-Läuten überhören. Das schallt aus allen Richtungen, auch von den Kirchtürmen der benachbarten Dörfer. Wir in Germering leben nicht nur unter unserem eigenen Glockenschlag, sondern auch unter dem unserer Nachbarorte.

Die individuelle Arbeitszeit zu intensivieren, hätte auch wenig Sinn gehabt. Denn die Arbeitszeiten waren ausgedehnt und in ihrem Ablauf festgelegt. Hans Schmid berichtet über die Arbeits- und Lebensbedingungen derjenigen, die man »Gesinde« nannte, dass »vor allem die sich während des Jahres verändernden Zeiten des Morgengrauens und der Dämmerung der Arbeit Grenzen setzten. Im Sommer begann die Arbeit um fünf Uhr, wenn gemäht werden musste allerdings schon ein paar Stunden früher. [...] Im Winter wurde zumindest von den Frauen auch nach Einbruch der Dunkelheit weitergearbeitet, nämlich Butter gestoßen, abgehaspelt, gesponnen und gestrickt«. Der damalige Arbeitstag hatte »durchschnittlich etwa 12 bis 14 Stunden, in Stoßzeiten konnte er jedoch auch einmal bis zu 18, ja sogar 20 Stunden dauern«.

Extensivierung und Intensivierung der Arbeitszeit verhalten sich wie kommunizierende Röhren. Auf Dauer geht nur das eine oder das andere: länger oder schneller arbeiten. An diesem menschlichen Naturgesetz sind schon viele Ausbeuter gescheitert. Wer lange Arbeitszeiten durchhalten muss, braucht einen gleichmäßigen Arbeitsrhythmus, erst recht wenn so gut wie alle Handarbeiten mit anderen und mit den Arbeitstieren synchronisiert werden müssen. Alles hatte seine Zeit und brauchte seine Zeit, konnte kaum beschleunigt werden. Und wie die Zeit, so der Raum: »Alles hat seinen angestammten Platz, Pflanzen, Tiere und Menschen«, beschreibt Fernand Braudel den bäuerlichen Alltag. Strukturelle Ereignislosigkeit prägt auch den Raum. Auch im Raum gibt es keine Veränderungen oder gar Überraschungen. Orts- und Landschaftsbilder bleiben über Jahrzehnte unverändert.

In einem taz-Interview wurde Alexander Kluge mit dem »Satz von Rousseau: Zeit gewinnen, indem man Zeit verliert, also verlangsamt« konfrontiert. Diesen Gedanken greift Kluge auf: »Goethe spricht ja davon, unsere Zeit sei veluziferisch. Das kommt von Velocitas, Geschwindigkeit, das ist Lateinisch, und von Luzifer, also teuflische Übereilung.« Genau auf diese »teuflische Übereilung« setzen »Markt und Herrschaft in der Ökonomie der Unknappheit«. Laut Philipp Staab »geht es bei den Praktiken von Internet- und Finanzunternehmen im Kern um Wetten auf die Homogenität von Zeit«.

Genau genommen geht es um zweierlei Zeit: eine für die Subjekte der Spekulationen, eine andere für deren Objekte. Denn die Homogenität, auf die die einen wetten, sollen die anderen herstellen, mit deren Verhalten gerechnet und auf das gesetzt wird: »Optionen, Futures etc. beispielsweise sind nur unter der Annahme überhaupt auspreisbar, dass sich Verhaltensmuster replizieren werden.« Die anderen, mit deren gleichförmigen, sich wiederholenden Verhaltensmustern buchstäblich gerechnet wird, sind sprichwörtlich die Dummen. Und es sind die Langsamen. Die Schnellen übertölpeln die Langsamen, »weil mittels der Hochfrequenztransaktionen […] Zeitdifferenzen zwischen Börsenkursen kapitalisiert werden. Es wird Geld damit verdient, dass andere langsamer sind, also letztendlich mittels einer Verknappung von Zeit.«

Gegen dieses Prinzip zunehmender Beschleunigung in Moderne und Postmoderne setzt Alexander Kluge die alte bäuerliche Geschwindigkeit, wenn er fortfährt: »Erfahrung ist aber sehr langsam. Sie ist bäuerlich. Jeder hat so einen Bauern in sich. Den behält er lebenslänglich und der ackert auf den Feldern der Erfahrung. Dessen Zeiten muss ich respektieren. Ihn kann ich nicht beschleunigen.« Kluge vollzieht damit am Ende eine Ehrenrettung der bäuerlichen Geschwindigkeit – am Ende, weil posthum: Denn diese Art ist nunmehr ausgestorben.

In den vielen Jahrhunderten, wenn nicht Jahrtausenden davor, war Langsamkeit bäuerlich. Allerdings hatte dieses Urteil nur selten einen so positiven Beiklang wie bei Alexander Kluge. Langsamkeit im Denken und Sprechen und behäbiges Bewegen galten und gelten gerne auch als Zeichen von Beschränktheit, wenn nicht Dummheit. Bis heute. Wie tief dieses Vorurteil sitzt, zeigt sich immer dann, wenn ihm das Verhalten Einzelner zu widersprechen und es damit zu widerlegen scheint. Aber das ist dann noch lange kein Grund, das Vorurteil infrage zu stellen, sondern man nimmt – stillschweigend – die angebliche Ausnahme als Bestätigung der Regel.

So zeigt sich die Süddeutsche Zeitung am 28. Januar 2011 gleich von zwei wundersamen Entdeckungen überrascht. Zwei Frauen haben was gemacht, was die SZ ihnen wegen ihrer Klassenzugehörigkeit nie nicht zugetraut hätte: In den USA wurden Fotos des unabhängig von ihrem Alter sogenannten »Kindermädchens« Vivian Maier entdeckt und als »große Kunst« gefeiert und im Allgäu auf einem Dachboden ein »Jahrhundert-Fund« gemacht und die »Fotokünstlerin vom Bauernhof« entdeckt.

Ausgerechnet eine Dienstbotin! Ausgerechnet eine Bäuerin! Dabei, meint die SZ, »fotografierten nicht einmal die Städterinnen« um 1900. Ja dann. Der gute alte Bourdieu muss herhalten für die steile These, »einfache Leute, zumal Bauern, hätten sich in der fraglichen Zeit niemals mit Fotografie abgegeben. Das sei ihnen zu bürgerlich, zu fortschrittlich, zu protzig gewesen – ein ›leichtsinniger Luxus‹, eine ›kostspielige Marotte‹.« Als ob nicht genau diese Ablehnung von »Luxus« und »Marotte« nicht auch im damaligen Bürgertum verbreitet gewesen wäre.

»Das Sein bestimmt das Bewusstsein.« Mit diesem berühmten Satz beschreibt Karl Marx zunächst nur, dass unsere soziale Lage ganz entscheidend beeinflusst, wie wir über soziale Verhältnisse allgemein und diejenigen, in denen wir uns befinden, im Besonderen denken. Aber er ist anders, als viele meinen, kein vollständiges oder finales Urteil, sondern eine Kritik: Wer seine ökonomischen und sozialen Verhältnisse und Verhaltensmuster als solche begreift, hat eine Chance, sich aus ihrer Prägung zu lösen und sie neu einzurichten.

Das ist nicht leicht. Marx selber ist das ja bekanntlich auch nur mit wechselndem Erfolg und im Privaten kaum gelungen. Nirgends aber ist festgelegt, dass Abweichungen von der dominierenden Klassen- und Rollenzuschreibung nur ab einer bestimmten Einkommensklasse und mit einem bestimmten Geschlecht möglich sind. Nicht nur Bürger, auch Bäuerinnen, Bauern oder Dienstboten können gelegentlich von vorgegebenen Gewohnheiten und Gepflogenheiten abweichen und aus Verhaltensmustern ausbrechen.

43 GESCHICHTEN BILDEN GEMEINSCHAFT

Etwas neu und anders zu machen als bisher, ist in einer auf Wiederholungen und Bestätigung angelegten Kultur eher widersinnig. Viele der wiederholten Handlungen und Geschehnisse waren mehr oder weniger rituell angelegt und kehrten so regelmäßig wieder wie Weihnachten oder die Jahreszeiten. Im Jahreslauf wiederkommende Ereignisse, Rhythmen, Zyklen, Bräuche gaben sonst kaum voneinander unterscheidbaren, gleichförmigen Tagesabläufen und Wochen Struktur und Sinn.

Das damalige Altdorf ist, um mit Marc Augé zu sprechen, einer der »Orte, deren Analyse Sinn hat, weil sie mit Sinn aufgeladen sind und jeder neue Weg, jede rituelle Wiederholung ihre Notwendigkeit bestärkt und bestätigt«. Diese Sinnaufladung erfolgt mit Werkzeugen und Bausteinen aus dem bäuerlichen Erfahrungsfeld, denn »der religiöse oder soziale Kalender orientiert sich an den landwirtschaftlichen Zyklen«.

Aber auch umgekehrt findet eine Ausrichtung statt: Quasireligiöse Elemente wandern in den Alltag ein. Es wirkt, als ob »schützende Mächte in den regelmäßigen Abständen eines präzisen Ritualkalenders geweckt und reaktiviert werden müssen«, meint Augé. Das Rituelle dieser Beschwörungspraktiken hat damit etwas Magisches: Sie sollen nicht nur zur Selbstvergewisserung, sondern auch zur Absicherung und Selbsterhaltung dienen und vor Abweichungen, also negativen Überraschungen schützen.

Den rituellen Anfang im Jahr machten die Neujahrswünsche. So wie es im Alltag einen Grüß-Zwang gab, man also jeden, den man unterwegs traf, grüßen musste, so war man an Neujahr verpflichtet, jedem, dem man im neuen Jahr erstmals begegnete, Segenswünsche zu entbieten. Der Anfang des Zeitraums, in dem diese Pflicht bestand, war eindeutig festgelegt. Dazu musste das Jahr bereits begonnen haben, vorauseilende gute Wünsche erreichten sicher das Gegenteil: Sie brachten Unglück. Dafür war das Ende der Verpflichtungszeit eher diffus. Es war nicht ganz klar, wann das Jahr nicht mehr als neu galt, ob nach zwei oder drei Wochen. Ein bisschen hing das auch davon ab, wem man so spät im

Jahr zum ersten Mal begegnete. Zeit war relativ. Ob es für etwas spät oder zu spät war, ließ sich nicht ein für alle Mal klar regeln.

Als Nächstes nach diesem Brauch der Neujahrswünsche kam im sich jährlich wiederholenden Ritualkalender Heilig-Drei-König, mit dem feierlichen Umgang der Sternsinger von Haus zu Haus. »Die Heiligen Drei Könige sind ja glei fünfe!«, hab ich laut Überlieferung empört oder erstaunt ausgerufen, als die Sternsinger bei uns durchs Hoftor sind. Auch wenn die als Weise aus dem Morgenland verkleideten Ministranten nicht viel älter als ich waren, hatten ihr festlicher Aufzug und zeremonieller Einzug trotzdem noch Jahre etwas Geheimnisvolles, mit dem ich nicht so recht umzugehen wusste. Sie waren, soweit ich das verstanden hatte, »hogeborn«, also mit irgendeiner okkulten Macht ausgestattet. Selbst wenn ich das Wort »Hochgeboren« richtig gehört hätte, hätte ich doch nicht mehr begriffen, als dass sie mit einer höheren Macht im Bunde waren.

Die irgendwie heiligen drei bzw. fünf Könige wussten ihrem Auftritt etwas Besonderes, ja Feierliches zu geben. Dabei half sicher nicht zuletzt ihre Verkleidung und dass sie der Kronen wegen den Kopf hochhalten mussten. Und es lag auch daran, dass Inhalt und Ablauf ihrer Inszenierung vorgegeben waren und auf jedem Hof buchstabengetreu wiederholt wurden: Sie haben ihre Verslein gesungen, das Weihrauchfass im Gang geschwenkt und ihre drei Buchstaben an der Haustür hinterlassen. Danach hingen noch stunden-, wenn nicht tagelang Rauch- und Geruchsschwaden im Flur, und über allem schwebte noch länger ein mysteriöses, nicht zu entschlüsselndes Rätsel, was ihr Treiben zu bedeuten hatte.

Rituelles Räuchern und Weihen waren eine gute Vorbeugemaßnahme gegen allerlei Unbill, hielten aber offenbar nicht ewig vor. Das feierliche Weihen von Räumen und Gegenständen musste das ganze Jahr über in gewissen Abständen beziehungsweise zu festlichen Gelegenheiten wiederholt werden. »An Hl. Dreikönig werden in den Kirchen Wasser, Weihrauch, Salz und Kreide geweiht«, beschreibt der frühere Heimatpfleger Wolfgang Völk das »Volksbrauchtum im Brucker Land«: »Mit einer alten Pfanne, darin Glut und Teile des alten Kräuterbüschels, Weihrauch dazu, begibt sich der Bauer in alle Räume seines Bauernhofes, um so die Dämonen durch das Ausräuchern zu vertreiben. Denselben Zweck erfüllt das Weihwasser. Gesundheit verleiht den Tieren die Salzscheibe.« Sagt das Volksbrauchtum.

Weil sie allen möglichen und unmöglichen Unbillen hilflos ausgeliefert sind, versuchen Bauern bei allen passenden Gelegenheiten, Ackerbau und Viehzucht mit himmlischen Beistand und Segen abzusichern. Als weiteres Beispiel nennt Heimatpfleger Völk die Osterwochen. Das war eine Zeit besonders konzentrierter Kraftanstrengung im Kampf gegen die Unwägbarkeiten von Natur und Schicksal: »Der Palmsonntag verbindet die Kirche mit den Gläubigen durch die Weihe der Palmzweige, die dann im Herrgottswinkel und im Stall einen Ehrenplatz einnehmen.« Geweihte Palmbuschen sollten auch uns und unser Vieh vor Seuchen schützen, ein Art Zauber, der am Ostersonntag selber noch mal wiederholt und intensiviert wurde, mit der rituellen Salz- und Speiseweihe.

All diese religiös aufgeladenen Bräuche waren in meiner Kindheit noch in vollem Schwunge, von Vater wie Mutter in Ehren gehalten, aber im Laufe der Jahrzehnte haben sie sich nach und nach fast alle verloren. Auf den meisten Höfen sind davon meist nur noch die Riten übriggeblieben, die von den Kirchen selber durchgeführt werden. Jedoch gibt es selbst heute noch Häuser in Germering und in Alling, in denen man noch selber mit Weihrauch und Kräutern ausräuchert, und zwar nicht bloß ein bisschen im Hauseingang, sondern in allen Räumen, und alle Türstöcke mit Kreide beschriftet, damit Christus dieses Haus segnen möge, und das in jedem Winkel. Meistens aber ist höchstens noch der zeremonielle Bettelumgang an Heilig-Drei-König üblich. Doch selbst der ist schon mal wegen einer Seuche ausfallen. Dabei hätten wir ja gerade da ihren wundertätigen Zauber am meisten gebraucht, um uns vor selbiger schützen.

Nicht alle Beschwörungsriten im religiösen Kalender sind astrein katholisch, schon gar nicht im Ursprung, aber gelegentlich auch in der Inszenierung. Im mancher dieser rituellen Übungen will auch Heimatpfleger Völk einen »Hauch altüberlieferter Dämonenvertreibung« gespürt haben. Der Übergang von Glauben zu Aberglauben war – und ist vermutlich – fließend. Antonio Gramsci spricht im Zusammenhang mit den quasi magischen Ritualen der bäuerlichen und städtischen Unterschichten von »Volksreligion« und führt aus: »Die Volksmoral ist das Brauchtum und ist, wie der Aberglaube, eng mit ihren wirklichen religiösen Überzeugungen verbunden«.

Das bestätigt auch Geert Mak, der meint, im Dorf »konzentrierten sich in Magie und Gespenstergeschichten die Ängste eines Lebens, das ständig am Rande des Abgrunds balancierte. Man konnte vom Bauernhof leben, man konnte es sogar zu einem gewissen Wohlstand bringen, aber sobald ein außergewöhnliches Unglück zu verkraften war – Krankheit, Krieg, Hochwasser, eine Mäuseplage –, konnte die Familie von einem Augenblick zum anderen in bittere Armut geraten. Katastrophen zogen weitere Katastrophen nach sich. Missernten führten zu Hunger, Hunger zu Krankheit, Krankheit zu Arbeitskräftemangel, so dass Äcker und Deiche nicht mehr instand gehalten werden konnten. Die Natur war eine große Tombola, und das einzige, was eine Bauernfamilie tun konnte, war, kein Risiko einzugehen und sehr vorsichtig zu sein, Generation für Generation.«

Gramsci begreift das vielschichtige Gemenge von Glaube, Aberglaube und Brauchtum »als ›Weltauffassung‹ bestimmter Schichten der Gesellschaft, die von den modernen Denkströmungen nicht berührt werden«, und nennt sie »vielfältig in dem Sinne, dass sie ein mechanisches Nebeneinander etlicher Weltauffassungen ist, wenn nicht geradezu ein Museum von Bruchstücken aller Welt und Lebensauffassungen, die in der Geschichte aufeinander folgten. Auch das Denken und die moderne Wissenschaft liefern der Folklore Elemente, weil gewisse wissenschaftliche Behauptungen und gewisse Meinungen, aus ihrem Zusammenhang gerissen, dem Volk anheimfallen und ins Mosaik der Tradition ›eingebaut‹ werden«.

Am Bewährten festhalten, Unheil Bringendes vermeiden, mit magischen Ritualen für Stabilität sorgen: Wann man mit welchem Fuß aufsteht, wie man bei welchen Gelegenheiten unverzüglich oder unvermeidlich handelt, hatte Bedeutung weit über den Moment hinaus. Nicht nur Freitag, der 13. hatte es in sich. Die Zahl 13 war überhaupt mit Vorsicht zu genießen. Offenbar gibt es sogar einen Namen für Menschen, die sich vor der Zahl 13 fürchten, besonders aber vor Freitag, dem dreizehnten. Die heißen Triskaidekaphobiker.

Auch mein Vater war ein Triskaidekaphobiker, auch wenn er es gar nicht wusste. Er war generell abergläubisch. Aber er selber hätte das ganz und gar nicht so gesehen. Er war recht zurückhaltend, was alle Arten Glauben und vor allem Glaubensäußerungen anging. Aus seiner Sicht handelte er bloß vorsichtig und vorbeugend. Und zwar mit guten Gründen und auf Basis von vielerlei Erfahrungen, eigenen, miterlebten und überlieferten. In manchen Situationen hieß es halt, auf der Hut sein. Zum Beispiel sollte man nicht unter einer Leiter durchgehen, sondern außen rum. Wer mal einen Film mit Buster Keaton gesehen hat, weiß auch warum. Zumindest wenn oben jemand auf der Leiter steht oder unten Zugriff auf sie hat. Aber Papa war sicher kein Buster-Keaton-Kenner oder gar ein Fan. Und das Unglück, das zwangsläufig folgte, musste ja überhaupt nix mit der Leiter selber zu tun haben.

Unheil dräuend schien ihm auch, wenn etwa eine schwarze Katze den falschen Laufweg hatte. Sie sollte nicht von links kommen, oder war es von rechts? »Schwarze Katze von links, gelingt's; schwarze Katze von rechts, bringt schlecht's«, das wars. Die schwarze Katze als solches war noch kein schlechtes Omen, schließlich hatten wir davon immer mindestens eine. Eine lange Folge von Generationen schwarzer Katzen: die Musch, den Karli, den Peterl und wie sie alle hießen. Lauter treue Begleiter und Nagetierbekämpfer. »Dreimal schwarzer Kater!« hätte uns nicht geschreckt, auch wenn meist nur einer oder zwei gleichzeitig bei uns gelebt haben. Aber auch ansonsten gab es zur Genüge schlechte Vorzeichen, Warnungen und Ahnungen; jedoch war es nicht immer leicht, seinem Schicksal auszuweichen.

Was nicht jedem gleich eingefallen wäre: Auch das Auftauchen eines anderen Tiers oder eher Tierchens eignete sich für Vorhersagen: »Spinne am Morgen bringt Kummer und Sorgen. Spinne am Mittag bringt Freude am dritten Tag.« Das war ganz praktisch, weil Spinnen hat man damals ja praktisch ununterbrochen getroffen, den ganzen Tag über, sodass für einen schon irgendwas dabei war, wenn man nur aufmerksam genug war und ein Drama daraus machte. Meine Tante Emilie, eher an weniger materialistischen Dingen interessiert als mein Vater, hat das Spinnenthema dann sozusagen noch fortgesponnen, ob aus eigener Kraft oder in Folge einer Tradition könnte ich nicht sagen. Bei ihr hieß dann der dritte Teil: »Spinne zur Brotzeit: baldige Hochzeit.« Aber für

Papa war das eher keine so spannende Frage, während meine Tante darüber noch Stunden laut sinnieren konnte, wen es treffen konnte, mit wem und warum.

Es waren also nicht alle Vorzeichen negativ. Wenn dir etwa ein Brot aus Versehen, ungewollt, in Suppe, aufgewärmte Milch oder Kaffee fiel, war überraschender Besuch zu erwarten. Besuch war jetzt nicht überaus häufig, aber so selten auch nicht. Und fast immer kam er unangemeldet, meist sogar, ohne dass jemandem was in Suppe, Milch oder Kaffee gefallen wäre.

Mama gab uns manchmal nebenbei zu verstehen, aber ohne offen zu widersprechen, was davon zu halten war. Manchmal glaubte sie aber auch selber daran. Zumindest ein bisschen.

»Wenn's matzt, dann matzt's glei greisli«, war einer von Papas Standardsprüchen. »Matz« war ein oft genutztes Schimpfwort, etwa für eine widerspenstige Kuh oder als allgemeiner Ausruf der Verzweiflung. Gerne auch »Hura-Matz«, also eine verdoppelte Beschimpfung bestimmter Art von Frauen. Aber das »Matzen« als Verb hatte mit der holden oder unholden Weiblichkeit nicht mehr viel zu tun. Es war ein anderes Wort dafür, dass etwas schiefging, und in so einem Falle hieß die Redensart schlicht: »Ein Unglück kommt selten allein.« Das Leben war voller Verhaltensregeln, gegen die man Unglück bringend verstoßen konnte, oft auch unwillentlich.

Diese Art von Spruchweisheiten war lediglich ein gern zitierter Sonderfall aus einem überaus üppigen Repertoire von familieninternen Sprüchen, gern aufgegriffenen Stichwörtern und oft zitierten Kurzerzählungen. Gemeinplätze sind allgemein, jedem bekannt und bis zum Überdruss vertraut; sie verbinden und schaffen Gemeinschaft. Solche Sprüche haute man in die Alltagskommunikation wie Pfosten für Pfahlbauten in den Sumpf.

Mein Papa war ein Liebhaber solcher rituellen Sprüche. Er sagte sie öfter auf als der Pfarrer das Amen in der Kirche. »I frieß an Schlecht'n a«, antwortete er prompt, wenn jemand ihm vor dem Essen »einen Guten!« wünschte. Wenn wer ihre Haare hochgesteckt hatte, foppte er sie gern:

»Wuist verreisn? … Weil'sd deine Haar schon einpackt hast.« Solche Sprüche konnten dank ihres wiederholtes Gebrauchs auch eine Legitimationsfunktion haben, etwa um etwas aus dem Rahmen fallende Handlungen zu rechtfertigen: »Mit Gwoit hebt der Schneider d'Goaß ume«, wenn es mal etwas grober zur Sache ging.

Aber sie konnten auch zur Abgrenzung beitragen und das eigene Standesbewusstsein schärfen, etwa indem sie so ganz nebenbei obrigkeits- und kirchenkritisch waren, wie die regelmäßig wiederkehrende Erzählung vom gefräßigen Dorfpfarrer. Als er nach einem üppigen Fest- oder Leichenschmaus noch Käse vorgesetzt bekam, soll er gesagt haben: »Käse schließt den Magen.« Deshalb haben besonders Bauernschlaue beim nächsten Mal gedacht, sie könnten etwas an dem Aufzutischenden einsparen und haben den Käse einen Gang früher präsentiert. Worauf der Pfarrer konterte: »Käse erregt den Appetit.« Kannst drauf zählen, dass kein Käse ohne einen dieser zwei Sätze auf den Tisch kam.

Auch in Sachen kommunikativer Gemeinschaftsbildung war Germering ein Dorf wie jedes andere. Laut Geert Mak unterschied sich die Unterhaltung in einem französischen Dorf des frühen 14. Jahrhunderts »kaum von dem Konversationstyp, der üblicherweise in der Jorwerder Kneipe gepflegt wurde und den man gewöhnlich als ›Schwatzen‹ bezeichnet: das Springen von Assoziation zu Assoziation, das Wiederholen kleiner Geschichten, die gerade in ihrer Wiedererkennbarkeit ein Gefühl der Geborgenheit vermitteln; man umhegt und laust sich gegenseitig wie Affen in der Sonne.«

Hier wie dort diente der Austausch von Kommunikationsschablonen dem gegenseitigen Einstimmen, also dem Synchronisieren der Gestimmtheiten. Der Witz an dieser Sorte Geschichten ist, dass sie eben gerade keine überraschende Pointe haben, sondern dass man sich in aller Ruhe gemeinsam auf das zugespitzte Ende einstimmen kann, man also schon beim ersten Satz weiß, wie das Ganze ausgeht. Diese Geschichten waren gern humoristisch eingefärbt, sodass man gemeinsam etwas zu lachen hatte.

So hieß es beispielsweise über den alten Zengerle, der für seine langsame Fahrweise mit dem Pferdefuhrwerk so bekannt war wie später nur der

Lippe mit dem Traktor: Als er wieder mal so lahm vor sich hinzockelte, habe sein Knecht Xare, der neben ihm auf dem Kutschbock sitzen musste, gesagt: »Obacht, fahr auf d'Seitn, da will dich einer überholen!« – »Wer?« – »Der Schneck.«

Noch öfter, weil praktisch so gut wie jede Woche sagte einer von uns anlassbezogen und zuverlässig den Spruch auf, und zwar mit leichter Empörung in der Stimme: »Herr Reger! Heit is Freitag!« Das hat der fromme Bub vom Schusterbaur angeblich eingewandt, als der Reger, vermutlich als Genossenschaftsvorstand, bei der Schor-Arbeit für die ganze Mannschaft eine Runde Würste ausgegeben hatte. Die hat man sich wahrscheinlich trotzdem schmecken lassen, nach der schweren Arbeit, Frömmelei hin oder her. »Der Hunger treibt Bratwürst nei«, hätte man da gesagt, auch wenn es sich bei uns wohl um gekochte Würste gehandelt hat.

Der alte Reger oder vielleicht eher sogar schon sein Vater war es auch, von dem erzählt wurde, dass er, als er Bananen zum ersten Mal gesehen hat, sie so, wie sie waren, probiert haben soll, also mit Schale. Worauf er gesagt habe: »Ich weiß nicht, was die immer haben mit de Banana.«

Aber diese oder ähnliche Geschichten gibt es ja sonder Zahl über Leute, denen man sich überlegen fühlte, obwohl man selber ja bloß so von Armut und demzufolge Unkenntnis strotzte. Immer wieder im Laufe der Jahrhunderte wird von Leuten berichtet, die unverzagt in ganze Zitronen, ungeschälte Orangen oder Bananen gebissen haben sollen. Zuletzt kam das im großen Stil bei der Wiedervereinigung vor, als über die sprichwörtliche »Zonen-Gabi« und ihre angebliche Entdeckung der Banane gespottet wurde.

Ähnlich bei den ersten auf europäischem Boden angebauten Kartoffeln: Auch da sollen Unkundige erst mal die ungenießbaren weißen Früchte statt die unter der Erde unsichtbaren Knollen gegessen haben. Wichtiger als die Wahrheit ist da auf jeden Fall, der fraglichen Frucht die Exotik auszutreiben, und vor allem die Gelegenheit, sich selber über die vermeintliche Dummheit anderer zu erheben. Darüber konnte es gar nicht genug Geschichten geben.

Ein bekannter Bauer aus Unterpfaffenhofen hatte nach einem Blick auf den Barometer Heu gemäht. Der hatte schönstes Hochdruckwetter vorhergesagt. Als es am nächsten Tag trotzdem regnete, warf er das Messgerät in hohem Bogen aus dem Fenster. Darüber konnte mein Vater sich köstlich amüsieren. Dabei war er selbst kaum weniger geneigt, Dingen und unbelebten Sachen Schuld zuzuschreiben und sie dafür zu strafen oder wenigstens mit einem »Glump, verreckt's!« oder Ähnlichem zu verfluchen.

Mit einem seiner Buben hab ich mich später als 15-Jähriger vorübergehend angefreundet, als wir uns regelmäßig auf unserem jeweiligen Schulweg in der Vorortbahn nach Pasing getroffen haben. In den Ferien sind wir zwei dann ein paar Tage nach Hamburg gefahren, um mal von daheim rauszukommen. Auch wenn die Bahn im Prinzip noch deutlich pünktlicher war als in späteren Jahrzehnten, unser Zug war es nicht und so haben wir trotzdem den Nachtzug nach Hamburg verpasst. Wir mussten uns dann bis zum frühen Morgen in der Stadt rumdrücken und haben versucht, auf den Parkbänken an der Isar vor dem Deutschen Museum zu schlafen. Denn mein Spezi wollte nicht noch mal heim. Weil sein Vater schon tagelang gemahnt hatte, wir sollten lieber einen Zug früher zum Hauptbahnhof nehmen. Da wollte mein Reisepartner ihn nicht ein weiteres Mal rechthaben lassen.

Unser Familienfundus an gern erzählten Geschichten speiste sich auch aus Nachbargemeinden, wenn nicht gar aus dem ganzen Landkreis. Weil meine Eltern waren ja weit herumgekommen. So wurde über ein paar Allinger Bauern erzählt, die auch namentlich genannt wurden: Als sie in die Stadt, also nach Minga fuhren, sei einer auch zum Friseur gegangen. Und weil er sich angemessen städtisch, also vornehm, also nach der Schreibe ausdrücken wollte, versuchte er eine Übersetzung aus dem Bayerischen, um sein Anliegen vorzutragen. Er bat also darum, man möge ihm die »Haare schief ra schoren!«. Soll heißen: schiaf ro schern bzw. schräg herunter schneiden. Als er schon bei der Tür draußen war, fiel ihm auf, dass er seinen Schirm vergessen hatte. Er ging zurück und nahm ihn mit den Worten: »Ehen, da leint er ja, mein Schieben!« Weil eh klar: Wenn in der Übersetzung ins Schriftdeutsche aus »schiam« wie »oschiam« »schieben« wird, wird aus »Schiam« wie »Rengschiam« logisch »Schieben«.

In eine ähnliche Kategorie gehört die Erzählung vom Allinger Bauernbuben, der in der Schule von der Lehrerin abgefragt wurde. Aber statt wie gewünscht die richtige Antwort auszuspucken, sagte er: »Fräulein Lehrerin, Sie weißen es schon, Sie wollen es nur von mir weißen.« Auch über den dummen Buben, der daran scheiterte, »nach der Schreibe zu reden«, wurde umso lieber und herzlicher gelacht, als man diese Hürde selber gerade noch so umschiffen konnte. Dabei war der Bub ganz und gar nicht der Depp, als der er ausgerichtet wurde, sondern seiner Zeit in pädagogischen Fragen weit voraus. Er hat nämlich, indem er die Frage des Schulfräuleins wörtlich genommen hat, einerseits die Lehrerin als Gesprächspartnerin auf Augenhöhe und gleichberechtigte Lösungsfinderin einbezogen und andererseits bereits damals die langweiligste und primitivste Version der sogenannten »Hebammen-Technik« hinterfragt.

Diese und andere Geschichten oder Redensarten wurden gern am Mittagstisch hin und her geworfenen, oft als Gesprächsfetzen, meist nur kurz angetippt oder mit einem fast schon rituellen Spruch angedeutet. Es war ein bisschen wie beim Bulldog mit dem Zwischengas. Das musste man auch nach dem Auskuppeln geben, damit sich die Scheiben im Getriebe wieder synchronisieren konnten. Wenn so ein Spruch oder Geschichtchen ein wohlvertrautes Geräusch und zugehöriges Gefühl erzeugten, lief der Familienmotor wieder rund.

Mich hat irgendwann nur gewundert, wie solche Geschichten Eingang ins Repertoire unserer Familienerzählungen finden konnten. Denn von uns war ja jeweils niemand dabei, als die Ereignisse passiert sind. Und auch sonst niemand außer denen, die in den Geschichtchen meist dem Spott preisgegeben wurden. Aber warum haben die diese Schmonzetten, in denen sie oder die Ihrigen in schlechtem Licht dastanden, überhaupt selber weitererzählt? Weil sie wenigstens einmal im Licht standen? Oder weil man mit einer guten Geschichte auch dann Eindruck schinden kann, wenn sie einen selber schlecht wegkommen lässt? Oder weil gute Geschichten so dringend als sozialer Schmierstoff benötigt wurden, dass die eigene Rolle darin nebensächlich schien?

Das Phänomen quasi ritueller Geschichtchen und Sprüche, die der Vergewisserung dienten, dass man unter seinesgleichen und die Welt unverändert ist, gab es natürlich auch außerhalb Germerings. Und manche dieser Gemeinplätze waren auch überregional populär. So kann sich beispielsweise fast der ganze Landkreis, allerdings wohl abgesehen von den betroffenen Dörfern, darauf einigen und auch prompt einsingen, sobald einer der Ortsnamen genannt wird: »Landsberiad und Babariad, 18 Häuser, 19 Diab.«

Ein weiteres Beispiel: Im Puchheimer Ortsteil Bahnhof machte die Münchner Hausmull schon seit vorletztem Jahrhundert Mülltrennung und Recycling, also lang bevor es den Begriff gab. Offenbar produzierte man in der Fabrik auch Verpackungsmaterialien, unter anderem aus Stroh. Ein Plakat am Bahnhof, so geht jedenfalls die Rede, muss eines der Produkte beworben haben, nämlich »Strohhülsen«, ein Bündel aus Stroh, in dem sich Flaschen einpacken und schützen ließen. Zu der Zeit und noch lange später hat der Zugschaffner die jeweils kommende Haltestelle für die Fahrgäste ausgerufen. Und als einer von ihnen, der auf der Strecke offenbar neu war, beim Blick aus dem Zugfenster nicht gleich das Namensschild des Bahnhofs erkennen konnte, nahm er das erste Wort, das sich aufdrängte, und rief »Stroh-Hülsen!« – mit Betonung auf der zweiten Silbe.

Uns Heutigen erschließt sich der Witz da nur noch bedingt – und auch nicht ohne Weiteres, auf wessen Kosten er ging. Denn es ist ja klar, dass alle, die da gelacht haben, sich selber schwer und vermutlich schwerer taten mit dem Lesen als der Schaffner. Da ist das doch nur gut, dass andere auch mal auf die Nase fallen. Außerdem lässt sich mit dem angeblichen und lächerlichen Ortsnamen auch gleich die Nachbargemeinde Puchheim verspotten, und schließlich auch die vermeintliche Lesefertigkeit und vorgeblich überlegene Geschwindigkeit der Städter der Lächerlichkeit preisgeben und den angemaßten Überlegenheitsanspruch ihrer Zivilisation zurückweisen. Der Wunsch nach Selbstüberhöhung, Zusammengehörigkeit und Gemeinschaftsbildung half da bestimmt beim Lachen.

Ein vergleichbarer Effekt zeigte sich gewiss auch beim nächsten Geschichtchen. Bei uns sind Bauern nicht geritten auf ihren Pferden. Die waren nur zum Einspannen da. Also konnte auch jemand, der sein ganzes Leben viel mit Pferden umgegangen war wie mein Vater, nicht reiten. Die Anekdote, die ebenfalls im weiten Umkreis und vielleicht sogar darüber hinaus erzählt wird, muss außerdem auch noch allerhand

Jahrzehnte mehr auf dem Buckel haben. Vermutlich stammt sie aus den Anfängen des letzten, wenn nicht gar aus dem Ende des vorletzten Jahrhunderts, als die ersten Masseneinberufungen stattfanden. Vielleicht sogar aus der Zeit des ebenfalls regelmäßig zitierten, legendären »Siebzger Kriegs«.

Ein Bauernbub, der aus welchen Gründen auch immer, vielleicht seiner Länge wegen, offenbar als Reitersoldat ausgebildet werden sollte, wurde angehalten, sein Pferd zu besteigen. Dabei hat er angeblich, in der Aufregung und ohne Übung, die Seiten verwechselt und saß plötzlich verkehrt rum drauf, begann zu rutschen und konnte sich nirgends festhalten. Als er über das Hinterteil hinunterglitt, rief er angeblich: »Herr Leutnant, das Pferd wird alle!«

Diese immer wiederkehrende, familieninterne Spottgeschichte galt allen aus den eigenen, bäuerlichen Reihen, die vergeblich den gesellschaftlichen Aufschwung versuchen und sich dabei doch bloß lächerlich machen.

Gerade die Probleme, die der Wechsel von einer auf eine andere Sprachebene mit sich bringen konnte, nicht zuletzt wenn diese Ebenen auch noch mit einem sozialen Gefälle verbunden waren und gesellschaftliche Ebenen gewechselt werden sollten, wurden gerne spöttisch aufgegriffen – wie etwa auch bei der Schmonzette über den Stadtbesuch der Allinger Bauern. Daher waren auch Sprach- und Namenswitze durchaus populär. »In der Sprache, in der Wiederholung und im Wiedererleben liegt ein Zusammengehörigkeitsgefühl, das durch die Zeiten weitergegeben wird«, meint Geert Mak. Und das konnte gelegentlich auch mal eine klassenspezifische Komponente haben. Da ging es dann nicht mehr um den eigenen Platz in der Gemeinschaft, sondern um deren Platz in der Gesellschaft.

Ein wichtiger Baustein der dörflichen Gemeinschaft waren natürlich auch die Mahlzeiten, und zwar sowohl was, aber auch wann man gegessen hat: »In Jorwerd aßen noch fast alle meine Nachbarn warm zu Mittag – auch diejenigen, die mit der Landwirtschaft nichts mehr zu tun hatten«, berichtet Mak aus seinem holländischen Dorf.

Was auf den Tisch kam, war ebenfalls durch Tradition festgelegt, diente also genauso der Gemeinschaftsbildung. »Die Bauern auf dem

Land hielten lange an ihrer traditionellen Ernährung fest, die überwiegend aus Getreide bestand. Man hielt Bauern stets für wenig innovativ, war ihre Nahrung betrifft, und hatte damit wohl recht: ›Was der Bauer nicht kennt, das isst er nicht‹», erklärt Hansjörg Küster in seiner »anderen Geschichte der Menschheit«. Er kennt auch den wesentlichen Grund für diese hartnäckige Tradition: »Samen von Gewürzen und Gemüsen musste man damals schon über den Samenhandel beziehen [...]. Der Erwerb der Pflanzen kostete Geld«, Geld, das man nicht hatte. Die bäuerliche Beschränktheit, die von anderen gerne verspottet wurde, war also nicht in erster Linie geistiger Natur.

Aber wie öfter in der Geschichte haben die Betroffenen einer negativen Etikettierung auch in diesem Fall die abwertende Auszeichnung in eine positive Selbstzuschreibung umgewandelt. Denn auch mein Vater hat gern selber und nicht ohne Stolz von sich gegeben: »Was der Bauer nicht kennt, das frisst er nicht«, wenn eine Erweiterung der Speisefolgen erörtert wurde oder gar Neues auf den Tisch kam. Vieles hat er dann trotzdem gegessen, als wir die eigene Anbaupalette und den Speiseplan umgestellt und deutlich ausgeweitet haben, aber nie ohne den rituellen Kommentar. Wirklich lustig dabei ist halt, wie schnell wir Menschen aus einer Not eine Tugend bzw. eine Tradition zu machen verstehen und einen Mangel um unseres Selbstbildes willen in vermeintliche Überlegenheit verwandeln können. Wir lieben es, so zu tun, als hätten wir eine Wahl und dafür gute Gründe.

44 ALTE STANDES- UND KLASSENKÄMPFE

Als Lehre aus den verheerenden Niederlagen in den Bauernkriegen und vor allem dank der unvorstellbaren Grausamkeiten der siegreichen Grundherrn haben die deutschen Bauern schon früh gelernt, vor der Macht zu kuschen und sich mit dem Unveränderlichen abzufinden haben. Seit dem frühen 16. Jahrhundert existieren sie nicht mehr als aktive politisch aktive Klasse. Sie haben das Wegducken genauso verinnerlicht wie das beständige nörglerische Bocken, das aufflackernde Aufbegehren und unpolitische Opponieren. Im unpolitischen Widerstand bleibt ihnen nichts als das Ausbremsen jeder Veränderung, das Jammern, statt das Protestieren und das Vor-sich-hin-Wurlen und bauernschlau, aber beschränkt auf den eigenen privaten Vorteil achten, und das alles in einem gesellschaftlichen Rahmen, den sie nicht gut finden, aber hinnehmen.

Gleichzeitig rührt vielleicht aus dieser Zeit auch ihr störrisches Zusammenrotten in der Herde. Wie Schweine auf dem Weg zum Schlachthof haben sie keine wirkliche Ahnung davon, was ihnen bevorsteht, aber sie glauben, alles Schrecken Einflößende verringern zu können, wenn sie sich nur nicht auseinanderdividieren lassen. Deshalb war nach dem Krieg die Strategie eines Einheitsverbandes trotz der nationalsozialistischen Vorgängerorganisation eines »Reichsnährstandes« bei uns, anders als in anderen europäischen Ländern, so erfolgreich. Während dadurch »die« Landwirtschaft als Lobbygruppe stark bleibt, werden, wenn man »mit einer Stimme spricht«, die Interessen der Agrarindustrie, der Großbetriebe und Klein- und Nebenerwerbsbauern über einen Kamm geschoren. Klar, wer dabei rasiert wird.

Nun wissen wir ja aus den Erfahrungen der letzten drei Jahrzehnte, dass »Klassenkämpfe« nicht einfach aufhören, nur weil man nicht mehr über sie spricht und den Begriff selber in der öffentlichen Rede – und diejenigen, die ihn nutzen – als toxisch aussortiert. Auch dass unterlegene Klassen, etwa die der abhängig, prekär oder gar nicht Beschäftigten, darauf verzichten, sich weiter als Klasse zu verstehen und als solche zu agieren, reicht nicht für ein »Ende der Geschichte«. Jedenfalls nicht, wenn die andere Seite, also diejenigen, die Kapital besitzen oder für Kapitaleigner agieren, den Klassenkampf nicht einstellen, also weiter die Vorherrschaft über alle behaupten, die nicht in erster Linie von und fürs Kapital leben.

Das »Ende der Geschichte« (»End of History«) wurde ab 1989 vom amerikanischen Politikwissenschaftler Francis Fukuyama ausgerufen. Er behauptete, dass sich nach dem »Zusammenbruch des Kommunismus« und dem Ende der sowjetischen Staaten liberale Demokratie und Marktwirtschaft endgültig und in allen Ländern durchsetzen würden. Wenn Marx und Engels mit ihrem berühmten Satz aus dem »Kommunistischen Manifest« Recht hätten, das die »Geschichte aller bisherigen Gesellschaft [...] die Geschichte von Klassenkämpfen« ist, dann gäbe es demnach tatsächlich keine Klassenkämpfe mehr.

Jedenfalls nicht für die, die sie gewonnen haben. Und zwar mit so großem Vorsprung, dass vom Kampfvorgang gar nicht mehr gesprochen wird. Wenn der Goliath den David fertig macht, ist das kaum der Rede wert.

Aber nur weil die anderen haushoch verloren haben, ist der »Klassenkampf von oben« ja noch lange nicht vorbei. Auch den Bauern, als den spärlichen Resten einer ehemals wenigstens zahlenmäßig vorherrschenden Klasse, hilft es nichts, wenn sie selber auf offensive und politische Klassenkämpfe verzichten. Alle anderen führen sie weiter gegen sie, und sei es als Kulturkämpfe. Eines der erfolgreichsten Mittel im Kulturkampf ist das Stereotyp vom »tumben Bauer«. Das existiert, seit es Krieger- und Priesterklassen gibt und Stadtgründungen. Weil die Neuburger und Neubürger sich absetzen und überheben mussten: über das gerade eben verlassene Land, das ihnen noch in den Knochen saß und von dem sie weiter abhängig blieben.

Alle, die sich im Laufe der Menschheitsgeschichte ein besseres Leben leisten und sich daher als etwas Besseres fühlen konnten, traten das auf der Basis der Überschüsse, die die Bauern mühsam produziert hatten. Und wenn die Überschüsse mal witterungsbedingt zu gering ausgefallen wären, schnallten die Herrschenden den Gürtel der Bauern enger. Dafür braucht es eine überzeugende Legitimation: die Herrschenden wollen guten Gewissens davon überzeugt sein, dass beide Seiten ihr Los verdienen. Da nützt natürlich üble Nachrede. Aber ganz tief drin bleiben immer ein Unbehagen und Angst vor den Untermenschen.

Als die Bauern dann als hauptsächliche Überschussproduzenten durch eine neue Klasse abgelöst wurden, von der sie sich nicht zuletzt auch dadurch unterschieden, dass sie nunmehr Eigentümer ihrer Produktionsmittel waren, musste auch das Feind- und Zerrbild nachjustiert werden. Sie galten weiter als rückständig, aber jetzt mischte sich immer wieder auch Neid darein, wegen ihrer Sonderexistenz.

Diese kulturelle Scheidung hat Bestand, seit andere Gruppen und Klassen sich absetzten, also seit Bauern als eigene Klasse existieren. Es ist eine Absetzbewegung auf beiden Seiten. Richtig aufgeflackert ist dieser Gegensatz als handfester materieller Konflikt nach dem Zweiten Weltkrieg, wie der 1946 durch Bayern reisende schwedische Journalist Stig Dagerman berichtete: »Die Bevölkerung in den Städten werfe den Bauern vor, sie schleusten Lebensmittel auf den Schwarzmarkt, und die Bauern behaupteten ihrerseits, die Städter reisten auf dem Land umher und plünderten sie aus.« Diesen Kampf um Ressourcen gab es ja bereits in den letzten Kriegsjahren, und zwar auch daheim, nicht nur in den besetzten Gebieten, in denen er mit Gewalt ausgetragen wurde.

Das war eine der Phasen unserer Geschichte, in denen die übrige Gesellschaft gleichzeitig neidisch auf die Bauern blickte und nicht bloß verächtlich herab. Aber für diese kurze Zeit, in der die bürgerliche Gesellschaft ihre unmittelbare Abhängigkeit von der Lebensmittelproduktion schmerzhaft erfahren musste, hat sie die Bauern lange und bis heute büßen lassen. »‚Bauer sucht Frau' konnte wohl nur deshalb zu einer Erfolgsgeschichte des Trash-TV werden, weil Bauern eine der letzten gesellschaftlichen Gruppen sind, die man gefahrlos diskriminieren kann«, beschreibt Frank Uekötter den »Niedergang nach 1945«.

Ein kulturelles und zudem materiell unterfüttertes Gefälle gab es bis in die jüngere Zeit auch zwischen adeligen Grundherrn und selbstständigen Bauern. Daran haben nicht nur die Adeligen geglaubt, sondern auch die umwohnenden Dörfler. So sind die Germeringer Bauern, darunter mein Vater und seine Spezln, noch bis in die Siebzigerjahre wie selbstverständlich bei der Treibjagd Stöcke klopfend durchs Unterholz, wenn der Freiherr rief. Aber umgekehrt saß der Hass – und vermutlich auch die Furcht vor erneuter bäuerlicher Auflehnung – noch nach Jahrhunderten erstaunlich tief. Das hat mir ein Beispiel aus der zweiten Grünen Mitregierungsperiode 2002 gezeigt.

Renate Künast hatte grüne Agrarpolitiker aller Ebenen eingeladen, um sich mit uns im Vorfeld der Koalitionsverhandlungen zu beraten. Während andere mit Einzelheiten kamen oder Linien festlegen wollten, die ohnehin feststehen, habe ich die strategische Aufstellung dem Bauernverband gegenüber thematisiert: Sie solle dem Bauernband inhaltlich mit Härte, aber formal verbindlich entgegentreten, aber unterhalb der Führungsriege um die Bauern werben. Es gehe darum, die Schafherde, die sich aus Angst vor der Wölfin Renate zusammentreiben lasse, auseinander zu dividieren, und ihnen gleichzeitig deutlich zu zeigen, wo's lang geht.

Darin hat mich ein Europaabgeordneter und adeliger Landwirt unterstützt. Als ich dann noch anfügte, dass die Bauern seit 1525 gerne kuschten und sich Siegern unterwürfen, brach es aus dem Freiherrn raus wie vor 500 Jahren: »Die Bauern brauchen die Knute.« Es wird niemand wundern, dass ich als Bauer da anderer Meinung bin und war. Aber auch Bauern brauchen klare Perspektiven, das ist das Wichtigste, und die sind auch eine Machtfrage.

Es sind ja nicht nur die Adeligen. Wir Bauern treffen ebenso von bürgerlicher Seite, und zwar vor allem von bürgerlichen Vertretern der Arbeiterklasse, auf wenig Begeisterung. Wir haben halt mit den Kapitalisten – und mit den Handwerkern – gemein, dass wir über Eigentum an Produktionsvermögen verfügen. Dass das ein Klassenhass ist, lässt sich daran erkennen, dass er Handwerker ganz und gar nicht trifft. Denn die Verfügung über Produktionsmittel hat das Bürgertum ja selbst mal ausgezeichnet, jedenfalls bis es großteils der kapitalistischen Industrialisierung zum Opfer fiel.

Auch hier nur ein Beispiel: Ein sozialdemokratischer Ex-Kollege als Abgeordneter hat sich mal nicht entblödet, mir vorzuhalten, ich sei gar kein Biobauer. Denn ich hätte nur von Grundstücksverkäufen gelebt. Selbst wenn das gestimmt hätte, hab ich damit wohl kaum jeden moralischen Anspruch und jedes Recht auf richtiges Handeln verloren. Es waren die alten klassenspezifischen Neidreflexe, die ihn blind gemacht haben, u. a. auch dafür, dass er selber ganz und gar kein Arbeiterdasein, sondern ein ausgesprochen privilegiertes, bürgerliches Leben geführt hat.

45 RUHE IM KUHSTALL

Unsere Menschenleben waren früher viel stärker den Jahreszeiten ausgeliefert als heute. Weil wir viel mehr draußen waren, aber auch weil das Draußen viel leichter reinkam. Das Drinnen war bei Weitem nicht so abgeschottet, isoliert und separiert, Durchgänge oder Türen waren nie dicht, überall konnte der Wind reinpfeifen und die Kälte leicht durch Fenster und Wände dringen. Andererseits verlängerten sich mit zunehmender Sonnenscheindauer im Frühjahr nicht nur die Arbeitstage, sondern spürbar auch unser Bewegungsradius und unsere Bewegungsfreiheit.

So sehr wir Menschen die Jahreszeiten fühlten, so wenig änderte sich für die Kühe. Sie waren angebunden und kamen das ganze Jahr nicht raus. Das Futter wechselte. Das war's. Aber sie freuten sich wie narrisch, wenn im Mai endlich frisches Gras auf den Futtertisch kam. Da konnte es passieren, dass eine von ihnen einen Grashaufen packte und vor Freude in die Luft warf, und eine andere deutete eine Art Luftsprung an, angekettet und auf der Stelle.

Immerhin hatten sie praktisch Familienanschluss. Papa hat jede Einzelne persönlich angesprochen, beim Füttern und bei jeder Gelegenheit. Er war freundlich zu allen und geduldig. Außer sie wollten partout nicht so, wie er wollte. Dann war es mit der Freundlichkeit und Geduld rasch vorbei. Es gab den Stecken für die Kuh, den dicken Prügel für den Stier, und der Ochsenfiesel lag auch noch irgendwo rum, obwohl wir schon lang keine Ochsen mehr hatten.

Nachts war es still, aber nicht völlig still. Viele kleinere Geräusche, vertraute Geräusche machten sich breit, sobald die Melk- und Futterzeit vorbei war und das Licht aus. Ein dünner Klangteppich der Stille. Oft war es tagsüber auch nicht viel lauter. Nur ab und zu rasselte eine Kuh mit ihrer Kette. Das Kettengerassel der Kühe war zwar laut genug, um durch Wände zu dringen, aber zusammen mit den Geräuschen, die das Wiederkäuen, Aufstehen, Niederlegen machten, dazu der kräftige Strahl im Stroh, das Platschen der Kuhfladen: All das war mit ein bisschen Abstand nicht mehr als einzelnes Geräusch auszumachen.

Nur wenn du im ruhigen Stall selber etwas zu tun hattest, zwischen den Mahlzeiten, oder nachts, wenn man auf das Kalb wartete und nach der werdenden Kuhmutter schaute.

Trotzdem ergab das eine Art Geräuschgrundierung, die sich auch im Haus bemerkbar machte und eigene Geräusche abdämpfte.

Alles lief jeden Tag mit der gleichen Routine ab, mit dem immer gleichen Rhythmus von Bewegungen, Tönen und Klängen. Deshalb fiel ein abweichender Vorgang, eine unverhoffte Bewegung oder ein ungewöhnliches Geräusch sofort aus dem Rahmen. Ungewohntes oder gar Überraschendes erschreckte und löste Alarm aus. Im Stall herrschte sofort höchste Aufregung und eine je nach Vorfall unterschiedliche Unruhe: Die Kühe muhten anders, je nach dem ob eine Kuh oder ein Stier abgekommen war und frei rumlief, weil seine Kette gerissen oder ausgehakt war; ob eine Maus über den Futtertisch oder im Futterbarren rumlief oder ob jemand Fremdes in den Stall schaute. Selbst wenn eine Wasserleitung geplatzt oder durchgerostet war, gaben die Kühe Signal. Die Art des Muhens verriet schon von Weitem, um welche Sorte von Problemen es sich handelte und wie dringend unser Eingreifen erforderlich war.

Die Kühe reagierten nicht nur auf Problemfälle, sondern auch auf Vorzeichen, auf Ankündigungen von Erwartbarem, vor allem wenn sich Großes abzeichnete, etwa weil in der Scheune oder später in der Futterküche hörbar die Vorbereitungen für die Morgen- oder Abendmahlzeiten liefen. Da nahmen sie dann die kommenden Ereignisse mit einem freudigen Begrüßungsgemuhe vorweg. Besonders große Aufregung herrschte jeden Frühsommer, wenn Ende Mai das erste Mal Grünfutter eingeholt wurde. Das bekamen die Rinder schnell mit und machten in froher Erwartung entsprechenden Radau, wenn der Futterwagen beladen heimkam.

Später im neuen Stall zeigte sich erst richtig, wie fein ihr Gehör war. Obwohl der Geräuschpegel und insbesondere der Verkehr im Dorf die letzten fünf, zehn Jahre dramatisch angestiegen war, hörten sie den Bulldog mit dem Ladewagen und dem frischen Grünfutter trotzdem schon, wenn er vorn von der Augsburger Straße kam, und allerspätestens, wenn er in die Dorfstraße einbog. Dann ging das erwartungsvolle

Gemuhe und Gebrülle los und wir konnten damit rechnen, dass Papa gleich beim Hoftor reinrauschen würde.

Die Uhrzeit »wusste« man früher nicht, man »kannte« sie bestenfalls. Aber man musste sie ja meist gar nicht kennen. Denn außer Schule, Kirche und Molkerei setzte nichts Termine. Verabredungen traf man für »hernach« oder vage »in der Früh« oder »auf d'Nacht«, wenn man sicher gehen wollte, dass der andere daheim und nicht auf dem Feld oder seinerseits unterwegs war. In der Regel kam man ohnehin unangemeldet vorbei. Wenn man niemand vorfand, kam man halt später wieder.

Dass wer etwas länger, also außer für die zu erledigende Angelegenheit und ein paar Sätze Geratschtes, Zeit hatte, erwartete man höchstens am Sonntag oder wenn der Nachbar auf der Sonnenbank saß oder eben mal von sich aus über den Zaun schaute. Spätestens zu den Stallzeiten mussten ohnehin alle wieder daheim sein. Sonntags wie werktags. Die Kühe wussten sowieso von sich aus und sagten das auch lautstark, wann Stallzeit war, Zeit zum Füttern und, genauso dringlich und pünktlich, zum Melken.

Die Tages- und Arbeitsabläufe standen auf allen Höfen weitgehend fest. Jedem war in etwa klar, was gerade beim anderen zu erwarten stand: nämlich das, was man selber gerade in eben dem Moment zu tun hatte. Flurzwang, also die Pflicht, auf festgelegten Feldern das gleiche anzubauen, gab es längst keinen mehr. Aber alle wesentlichen Arbeiten liefen praktisch weiter synchron. Wenn unsereins die Wiesen »oschloapfte«, also nach Winter und monatelang ungestörter Maulwurfsarbeit einebnete, machten das alle anderen, genauso ackern, eggen, säen, aufackern, ernten: Immer waren zeitgleich auch die Nachbarn auf ihren Wiesen und Feldern, und unvermeidlich hast du auch die Pfahofener, Puchheimer, Allinger und Aubinger Bauern dort angetroffen, wenn du Felder in ihren Fluren hattest.

Im Winter war man froh, dass man im Stall arbeiten durfte. Kuhwarm war nicht nur ihre Milch, sondern ihre gesamte Umgebung. Eine große Kuh war ein kleines Heizkraftwerk, selbstverständlich mit Kraft-Wärme-Kopplung. Die hatten eine jede ganzjährig ihren eigenen Ofen eingebaut oder vielleicht sogar mehrere, was man vor allem im Winter merkte – und umgekehrt und weniger angenehm natürlich auch im Hochsommer.

Eine Kuh anlangen war angenehm. Ihre Haut war immer glatt, trocken und warm und roch ganz leicht und unverwechselbar. Sich an eine Kuh anlehnen, gab Ruhe und Geborgenheit. Eine Kuh war eine verlässliche Größe. Auch selber brauchten Kühe Verlässlichkeit. Nichts schlimmer für eine Kuh als etwas, mit dem sie nicht rechnen konnte und von dem sie überrascht wurde. Selbst Kleinigkeiten konnten sie furchtbar erschrecken. Dann haute sie auch gern mal aus, wenn du etwa unvorhergesehen von hinten herangetreten bist.

In Acht nehmen musste ich mich außerdem nicht nur vor ihren Hörnern, was auf den ersten Blick einleuchtet, sondern auch vor ihren Zungen. Die Hörner waren in allen vorstellbaren Varianten gebogen, manche Longhorn-ähnlich, der Wilde Westen ließ grüßen; je älter die Kuh, desto länger die Hörner. Kühe hatten Hörner. Erst neulich hab ich wieder eine Art Neo-Western gesehen. Wenn's um Leute geht, wie sie wohnen, was sie anziehen, wie sie essen: alles möglichst historisch genau, aber dann hornlose Kühe! Und dann waren offenbar noch ein paar schwarz-bunte Holsteiner eingekreuzt, die liefern gscheckert mitten in der Rinderherde rum. Aber war eh egal, weil der Film nicht in Montana, sondern vor den staubigen Bergen Neuseelands gedreht wurde.

Eine Kuhzunge wiederum ist ein rauher und kräftiger Muskel, mit dem konnte die Kuh dich leicht am Hosenbein packen. Damit zog sie alles in ihr Maul hinein, was an Beweglichem oder Losem in ihrem Einzugsbereich rumlag oder sonst wie erreichbar schien; etwa wenn das Gras einen Meter weiter deutlich grüner war, gab es Spezialisten, die sie sich niederknieten, ganz vorlehnten und den Hals so lang machten, wie die Kette das zuließ. Und wenn die Kühe einen antremsten, also ansabberten, dann war man ordentlich durchgeweicht. Ihr Speichel floss da gern in Strömen, besonders wenn so etwas Appetitliches wie eine Bubenhose in Reichweite schien.

Freundliche Geschöpfe. Die meisten. Nur ab und zu gab es ein Biest darunter, eine Kuh, die nicht nur ihren eigenen Willen hatte und zeigte, sondern offenbar auch ränke- und rachsüchtig war. Oder zumindest uns so vorkam. Wenn sie unversehens die Nachbarkuh mit ihrem Horn zu stoßen versuchte oder einen von uns, wenn wir ihr zu nahekamen; wenn sie Mama beim Melken mit dem Schwanz genau in dem Moment ins Auge traf, in dem sie unaufmerksam, aber perfekt in Reichweite war; wenn sie versuchte, mit dem Hinterhax den Milcheimer umzuhauen oder hineinzusteigen, dann waren wir vorerst wieder vorgewarnt. Bis sie wieder einen günstigen Moment erwischte.

Ein Kuhschwanz konnte durchaus eine wirksame Waffe sein. Allein schon gegen Fliegen oder andere Insekten. Aber auch sonst. Weil so bereits leicht peitschenmäßig in der Ausführung. Aber in der Regel waren am Ende auch noch allerhand Boiterl dran, also kleine, harte Klumpen aus knochentrockener Kuhscheiße. Jedenfalls bis zum nächsten Frühjahrsputz. Und diese festgepappten Brocken verstärkten die Schlagwirkung beträchtlich.

Im Stall war ohnehin immer Vorsicht angesagt. Nicht nur, weil Kühe erschrecken konnten, sondern auch weil sie vorne beim Füttern oft in blinder Gier auf das vermeintlich beste Fressen zustoßen und du im Weg stehen konntest, und weil du auch hinten auf dem Stallgang immer Obacht geben musstest. Wenn die Kuh ihren Schwanz hob, war höchste Alarmbereitschaft angesagt: ganzjährig, weil dich zwar nicht der Strahl, aber eine Vielzahl kräftiger Spritzer treffen konnte, und vor allem in den Übergangsmonaten im Frühjahr und Herbst, wenn sie ernährungsbedingt zu Durchfall neigten. Dann plätscherte das schlecht Verdaute nur so heraus, letten- und suppenförmig, und spritzte schon auch mal meterhoch die Stallwände rauf. Trockener Kuhdung, der dann schnell auch an Besen- oder Mistgabelstielen festpappte, war nicht leicht wieder wegzukriegen. Und auch unterhalb der Schwalbennester, die den Sommer über immer gut belegt waren, machtest du besser einen kleinen Bogen.

Auch wenn die Kühe nie rauskamen, nur einmal im Jahr, wenn der Klauenpfleger auf seiner Tour vorbeikam, und schließlich am Ende ihres Lebens, wenn es zum Metzger ging, waren die Jahreszeiten im Stall trotzdem spürbar. Im Winter, wie gesagt, warst du froh über den warmen Kuhstall, wenn es draußen eisekalt war. Gleichzeitig warst du immer in Gefahr, dich zu erkälten, wenn du erhitzt und verschwitzt rausmusstest, um den Mistkarren auf den Misthaufen zu leeren oder die Milch in die Molkerei zu bringen.

Auch die Gerüche wechselten mit den Jahreszeiten. Im Winter, wenn draußen Eis und Schnee fast jeden Geruch erstickten, dominierte drin im Kuhstall der warme Mistgeruch; dazwischen erfreute dich der Duft von Heublumen; Heu, Grummet, Stroh, alles wird aufgeschüttelt und duftet dann erst recht. Jedenfalls wenn es trocken geerntet und nicht verregnet war; sonst kann's auch mal graabeln, also nach Schimmelpilzen stinken oder nach Stängeln und Stauden. Auch der Bruch, also das geschrotete Mischgetreide, hat einen eigenen mehlähnlichen Duft, wenn er in den Futtertriegel gestreut wird, zusammen mit dem Mineralfutter, das wiederum selber stark riecht, unter anderem künstlich frisch nach Vitamin C.

Wenn du aus dem Kuhstall rausgegangen bist, hast noch lang nach Kuh gerochen, im Winter hing die Wolke aus verschiedensten Düften am hartnäckigsten an dir fest, vor allem in den Haaren. Noch schlimmer und hartnäckiger war nur der rasselnde Gestank aus dem Schweinestall, da bist besser hinterher nirgends hingegangen, wenn du dich nicht eine Zeitlang von oben bis unten eingeweicht und geschrubbt hast.

Im Kuhstall eingeweicht und geschrubbt haben wir im Frühjahr oder eher noch im Spätwinter auch fleißig, die Stallgänge und die Wände da, wo sie gefliest waren; kräftig und ausdauernd musstest du da bürsteln, denn wie gesagt der angepappte Kuhdreck war hartnäckig. Danach wurde dann der Stall geweißelt, mit dem Waschl, die Wände mit dem kurzen, die Decke mit dem langen Stiel. Dafür hat man in der Kalkgrube den Kalk gelöscht, später kam er dafür in die blecherne, frei stehende, alte Badewanne. Wird der Branntkalk gelöscht, also die weiße Masse mit Wasser angegossen, erhitzt er sich mit einem Schlag, er brennt praktisch, Dämpfe steigen auf, und du hast plötzlich einen extrem trockenen Geschmack auf der Zunge, der sich im ganzen Mund breitmacht und auch von hinten in die Nase steigt.

Gelöschter Kalk ätzt und desinfiziert. War der Stall mehrmals gestrichen, kamen die Kühe selber dran. Sie wurden gesäubert, gestriegelt, gebürstet, ganz hartnäckig verklebte Kotbatzen an den Knien etwa und am Schwanz musstest du mit der Schere abschneiden. Die Kühe haben sich gern auch selber sauber geleckt oder einander, wenn und wo sie hinkamen. Aber wegen der Ketten war der Radius ziemlich klein. Allein hätten sie sich also nie sauber gekriegt. Vor Ostern und auf jeden Fall bevor die Außensaison richtig los ging war das Großreinemachen im Kuhstall fertig. Dann konnten auch die Schwalben einziehen.

Wenn die Schwalben da waren, musste immer ein Fenster aufbleiben, zwengs uneingeschränktem Flugverkehr. Im Hochsommer wurden die Stalltüren und die Fenster sowieso aufgerissen oder sogar ausgehängt, aber einen kalten Zug sollten die Kühe trotzdem nicht erwischen. Weil sonst Euterentzündung und so. Mastitis. Die machte das Euter empfindlich, die Milch flockig, und vor allem wegen der Antibiotika-Behandlung, die später üblich wurde, ungenießbar – und, wenn sie bei Proben nachgewiesen wurde, wertlos. Wenn du eine Kuh mit Mastitis melken solltest, war es angeraten, einen eisernen Bügel einzusetzen, der oben ins Hüftgelenk und unten in den Bauch geklemmt wurde, damit sie nicht ausschlagen konnte. Weil's halt erst mal wehtat, bis das Euter ausgemolken war. Aber wenn die Kuh nicht ausgemolken wurde, hat es ihr erst recht wehgetan.

Im Spätsommer wurden im Garten hinten draußen riesige Strohhaufen aufgetürmt und mit alten Lastwagen-Planen zugedeckt. Wenn die nicht gut genug verschnürt oder, weil alt, schon brüchig waren, konnte ein Sturm massive Verheerungen anrichten – insbesondere weil in der Regel nach einem starken Wind meist ebensolcher Regen fiel. Wurde das Stroh nass und nicht mehr trocken, faulte oder schimmelte es, auf jeden Fall war es längst nicht mehr so gut brauchbar. Ohnehin waren die Strohqualitäten von Haus aus unterschiedlich: Roggen, Weizen, Gerste, Hafer. Sie unterschieden sich nicht nur in Länge, Dicke und Härte, sondern auch darin, ob sie gut zum Einstreuen, mit genug Saugkraft, weich und reißfest zu verarbeiten waren oder als Zufutter und Ausgleich für eiweißreiches Frischfutter wie Raps oder Rübsen taugten.

Eiapopeia, was raschelt im Stroh? Das war bestimmt eine Maus. Stroh, ob in Büscheln, Ballen, Batzen oder Haufen war, ein beliebtes Mäuseversteck. Und so gründlich konnte gar nicht gedroschen sein, dass nicht noch ein paar Körner übersehen worden wären. Eine Maus hat sie dann schon gefunden. Oder ein Spatz, wenn das Stroh irgendwo ausgebreitet worden war, als Isoliermaterial zum Beispiel. Aber auch im Stall haben sie gern nach Körnern gesucht, die Mäuse wie die Spatzen; und nach ihnen wiederum die Katzen. Wenn ein Strohbatzen oder -ballen aufgeschüttelt wurde, waren Katz und Maus meist nicht weit.

Wenn es Herbst wurde, kam der Wanderschäfer, der jedes Jahr die abgeernteten Felder abweidete. Dünger war knapp, deshalb waren der Schäfer und seine Schafe normalerweise gern gesehen. War auf einer Wiese allerdings ein Pflock reingerammt, mit einem Querbrett draufgenagelt, wusste er, dass der Bauer noch selber das letzte Grünfutter holen wollte. Der Wanderschäfer musste sich beim Ortsobmann ankündigen, wenn er auf Germeringer Flur seinen Karren abstellen und seine Schafe pferchen und weiden lassen wollte. Ich vermute, dass eine Teilverköstigung auch zum Dienstleistungspaket gehörte und dass er deshalb reihum zu allen Bauern zum Essen kam. Aber wissen tu ich das nicht. Ich weiß bloß, dass er bei uns jeden Herbst einmal zu Gast war, zum Abendessen.

Anbau von Zwischenfrüchten zur Gründüngung war noch überhaupt nicht verbreitet. Dafür hätte man kein Geld gehabt zum Rausschmeißen. Geld und Arbeit aufwenden dafür, dass man nichts erntet, soweit kommt's noch! Deshalb waren allein die Halm-, Herbst- beziehungsweise Stoppelrüben bei den kleineren Milchviehhaltern beliebt. Die konnte man nach dem Wintergetreide noch aussäen und im Herbst rechtzeitig einbringen.

Ein schnellwachsendes Gewächs. Spitz und weiß-violett, wurden sie auch »Soachruam« genannt, weil so wasserhaltig und wassertreibend. Wir haben Wagenladungen voll geerntet, sie waren mit einem scharfen, radiähnlichen Geruch gesegnet, aber nicht mit ganz so scharfem Geschmack. Halmrüben verdarben fast schneller, als sie gewachsen waren, und mussten deshalb relativ zügig verfüttert werden. Allerdings war die Aufnahmekapazität der Kühe begrenzt. Ich war da gern behilflich und tat mein Bestes. Am liebsten hab ich sie gleich vom Anhänger runter gefuttert. Jahrzehnte später wollte ich sie aus nostalgischen Gründen mal anbauen, aber entweder hatte sich mein Geschmack gewaltig geändert oder sie konnte einfach nicht gegen die sonstigen vielfältigen Varianten schmackhafter Gemüse anstinken. Jedenfalls hat sich die alte Begeisterung nicht mehr eingestellt. Und ein überragender Verkaufserfolg waren Soachruam auch nicht gerade.

46 MIT DEN BAUERN STERBEN AUCH DIE ARTEN

Wenn wer nicht ans Ziel kommt, weil er auf dem falschen Weg ist, hilft es nichts, wenn er noch schneller läuft. In der Landwirtschaft würde es schon ein bisschen helfen, das Tempo rauszunehmen. Wenn die Agrarpolitik die Konkurrenz um die billigsten Produktionsverfahren wenigstens nicht mehr anheizen würde, müssten vielleicht ein paar Betriebe weniger sterben. Erst recht natürlich, wenn sie sich vom Niedrigpreisprinzip verabschiedete und neue Produktionsziele ausgäbe, die sich – statt nach quantitativen – nach qualitativen, ökologischen Kriterien ausrichten. Aber trotzdem muss kein Bauer auf die revolutionäre Wende in der europäischen und bayerischen Agrarpolitik warten. Jeder Einzelne hat auch heute einen gewissen – auch ökonomischen – Spielraum.

Selbst bei der gegenwärtigen konventionellen Produktionsmethode wäre weniger mehr. Vielen Arten und Einzelexemplaren würde es nutzen, wenn unsere Landwirte ihre Gifte mit etwas weniger Gründlichkeit ausbrächten und ihre Vorstellung von »Ordnung« weniger »gründlich« umsetzten. Es kann mir keiner erzählen, dass bäuerliche Existenzen davon abhängen, dass noch der letzte Quadratmeter bis ins Nachbargrundstück, in Straßenbelag und Bachrand geackert, gespritzt und gedüngt wird. Kein Rain darf stehenbleiben, kein Strauch und kein noch so kleines Fleckchen Unkraut.

Dabei konnte doch auch vor dem völligen Sieg von Totalherbiziden, Insektiziden, Nematiziden, Fungiziden etc. die konventionelle Landwirtschaft große Erträge erzielen. Aber als Pestizide noch nicht prophylaktisch gegen alles Mögliche, sondern nur anlassbezogen ein- oder zweimal im Jahr gespritzt wurden, hatten Lebewesen, die nicht als »Schädlinge« umgebracht werden sollten, noch eine Chance aufs Überleben. Deshalb galten Rebhuhn, Kiebitz und Hase zwar schon als bedrohte Arten, aber regional waren sie noch da. Nunmehr sind sie flächendeckend verschwunden.

Wenn ich vor zwanzig Jahren auf meine Äcker rausfuhr, um beispielsweise Kartoffeln aufzuackern, habe ich auf allen Fluren, ob in Germering, Alling, Puchheim oder Eichenau, immer ganze Rebhuhnketten, also in Formation vor mir davon rennende Familien, getroffen. Weil sie bei mir ganzjährig viel Futter wie etwa Unkrautsamen fanden. Ich war froh, weil ich an die Kartoffelkäfer dachte, die sie mir im Zaum halten.

Und auf den weiten freien, flachen Feldern kurz vor Alling waren immer Dutzende von Kiebitzpaaren aktiv; einer brütete, der andere jagte neugierige und bedrohliche Rabenvögel. Das machten sie, wenn es sein musste, gern auch im Geschwader, alle paar Meter stieg ein Kiebitz auf und flog im Sturz- oder Steigflug auf den Raben los und gemeinsam schafften sie es schnell, dass der Rabe die Lust verlor und nicht mehr an eine leichte Beute glaubte. Vor drei Jahren hab ich noch zwei Nester gesehen, zwei Paare und insgesamt zwei Biberl. Letztes Jahr gar nix mehr. Nur noch viele Dutzend Saatkrähen und ein paar Bussarde.

Das ist ja leider kein lokal beschränktes Phänomen, sondern insgesamt spielt sich »in Europa ein Vogelschwund von historischem Ausmaß« ab. Von den »Vogelarten, die auf Äckern, Wiesen und Weiden brüten und dazu noch über weite Strecken in ihre Winterquartiere ziehen«, gebe es, so zitierte die Süddeutsche Zeitung (24.11.2021) eine länderübergreifende Bestandsaufnahme, »heute sogar fast eine Milliarde Vogel-Individuen weniger in der EU als vor 40 Jahren«. Das liege vor allem daran, dass »ihnen Pestizide und eine immer intensivere Landnutzung das Überleben schwer machen«. Solche Studien über einen alarmierenden Artenschwund in der Agrarlandschaft werden leider seit Jahren, wenn nicht Jahrzehnten, veröffentlicht, ohne dass sie Konsequenzen hätten.

Nur ein Beispiel: »Es wird still. Die Zahl der Vögel in Europa schrumpft dramatisch«, titelte die Süddeutsche Zeitung schon knapp drei Jahre vorher (29.1.2019): »Besonders schlecht geht es der Untersuchung zufolge den so genannten Agrarlandarten.« Demnach haben sich die Zahlen dieser Vögel in Europa im Schnitt mehr als halbiert (um 57 Prozent); beim Kiebitz waren es 58 Prozent und bei der Feldlerche 53 Prozent. »Vögel sind ein Indikator: Wo sie leiden, geht es dem ganzen Ökosystem schlecht«, schrieb die SZ damals. Etwa zur gleichen Zeit (SZ/FFB, 22.1.2019) warnte auch der Landesbund für Vogelschutz vor dieser dramatischen Entwicklung: »In 40 Jahren haben wir mehr als die Hälfte der Feldvögel verloren. Außerdem drei Viertel der Fluginsekten in den letzten 27 Jahren.«

Die Intensivierung der Landwirtschaft ist schuld an einem Artensterben von erschreckendem Ausmaß. Da beißt die Maus kein' Faden ab. Intensivierung der Landwirtschaft bedeutet nicht nur intensivere Nutzung und Monokultur, sondern auch Aussortieren von solchen Flächen, deren Bewirtschaftung sich unter verschärften Konkurrenzbedingungen nicht mehr rentiert. Der Sieg des Rentabilitätsprinzips erzwingt auch das Aussortieren von Bauernhöfen, deren Bewirtschaftung sich nicht mehr lohnt. Bauernsterben heißt in der Sprache der Agrarpolitik: »Strukturwandel in der Landwirtschaft«. Hinter diesem nüchternen Begriff wird das dramatische Schicksal vieler Bauernfamilien versteckt und verleugnet.

»Die Anzahl der landwirtschaftlichen Betriebe in Bayern hat seit 1979 von 274.273 um etwa zwei Drittel auf 88.100 im Jahr 2013 abgenommen. Die durchschnittliche Betriebsgröße hat sich gleichzeitig von etwa 12,7 ha auf 35 ha erhöht. Bis zu einer Betriebsgröße von 50 ha ist die Zahl der Höfe rückläufig«, heißt es im Bericht des Umweltministeriums vom Mai 2018. »Wachse oder weiche«. Bauernsterben und Artensterben verlaufen parallel.

Denn mit den Höfen und den Kulturlandschaften verschwinden zudem viele auf sie angepasste Arten: »Der Rückgang der Bauernhöfe hat Einfluss beispielsweise auf die Populationsdichten von Mehl- und Rauchschwalbe sowie Haussperling in den Dörfern. Mit der Vergrößerung der Betriebsflächen erfolgt oft eine Homogenisierung der Landschaft, es verschwinden Randstrukturen wie Hecken und Säume« allein dadurch, dass Flächen zusammengelegt und vergrößert werden. »Wenn ein Pferd scheißt, finden hundert Spatzen ihr Futter«, lautet ein italienisches Sprichwort.

Insekten und Vögel werden aufgrund des verstärkten Einsatzes von Pestiziden also nicht nur direkt getötet oder gesundheitlich beeinträchtigt, sondern sie sterben häufig wegen Nahrungsmangels: »Der Einsatz von Herbiziden auf Feldern und Wegrändern als auch die zunehmende Versiegelung von Flächen durch Siedlung, Gewerbe und Verkehr vernichtet die Nahrungsgrundlage zahlloser Insekten. Einen ähnlichen Effekt hat die Düngung mit Gülle oder der Umbruch und die anschließende Neueinsaat von Grünland – beides führt zu einer deutlichen Verarmung der Pflanzenvielfalt, v. a. der Blumen«, weiß das Bayerische Umweltministerium.

Weiter heißt es speziell zum Schicksal meines früheren, leider ausgestorbenen Lieblingsvogels, dem zuverlässigen Helfer jedes ökologischen Kartoffelbauern: »Während das Rebhuhn früher Getreidefelder als Lebensraum für die Kükenaufzucht nutzen konnte [...], führte die durch den Herbizideinsatz bedingte Verarmung der Felder an Wildkräutern dazu, dass zu wenige Insekten als Kükennahrung zur Verfügung stehen. Die Rebhühner werden dadurch in die wenigen vorhandenen nahrungsbietenden Biotopstrukturen und Säume zurückgedrängt. Der Population stehen damit im Vergleich zu früher nur noch sehr kleine Nahrungsflächen zur Verfügung, der Prädationsdruck steigt.«

Sprich: Dem Rebhuhn hat es auf Dauer nichts genützt, dass es auf meinen Flächen genügend Samen und sogar Insekten gefunden hat, und zwar auch dann, wenn es während der Brutphase am meisten gebraucht hat. Denn auch der Fuchs hat irgendwann verstanden, dass es da eine kleine Insel gibt, ein ökologisches Rebhuhn-Paradies – ein Paradies auch für Prädatoren, für Beutemacher und Räuber.

Begonnen hat diese Entwicklung, die zum größten Artensterben seit den Dinosauriern führte, in der Umbruchszeit der Fünfziger- und Sechzigerjahre, an die wir uns hier erinnern. Das »Sterben von Schmetterlingen, Käfern und Bienen begann schon kurz nach dem Zweiten Weltkrieg«, mit der zunehmenden Intensivierung der Landbewirtschaftung: »Intensive Landwirtschaft beeinträchtigt Insekten aus vielen verschiedenen Gründen: Monokulturen verringern sowohl das Nahrungsangebot als auch die Zahl ihrer Lebensräume; der Einsatz von Dünger erhöht den Nitratgehalt in Gewässern und Böden, was allen Insekten schadet, die an eine nährstoffarme Umgebung angepasst sind; und die meisten Pestizide dezimieren nicht nur Schädlinge, sondern auch viele andere Insekten.« Diese Kernaussagen der Zusammenfassung von elf Studien durch 56 Wissenschaftler gibt die Süddeutsche Zeitung in einem Artikel über das Artensterben wieder, der den »Mensch als Todesursache« identifiziert.

»Lange wurde vermutet, die Veränderung des Klimas habe bereits um 1800 mit der Industriellen Revolution begonnen. Inzwischen nehmen die meisten Wissenschaftler an, dass diese Entwicklung viel später, nämlich erst um 1950, eingesetzt hat. Was in unserem Dorf im Kleinen geschah – der Traktor und andre Maschinen ersetzen das Pferd, die Landwirtschaft wurde intensiviert, Freizeit und Konsum spielten im Leben der Menschen eine immer größere Rolle –, vollzog sich in der gesamten ›entwickelten‹ Welt. Klimaforscher sprechen von der Great Acceleration, der auffälligen Intensivierung menschlicher Aktivitäten auf zahlreichen Gebieten in der Zeit nach dem Zweiten Weltkrieg. Welchen Aspekt man auch betrachtet, von Konsum und Industrieproduktion bis zu Autobesitz und Ressourcenverbrauch, für die Zeit nach 1950 zeigen sämtliche Kurven steil nach oben«, beschreibt Geert Mak den einschneidenden Umbruch in »Große Erwartungen«.

Dieser Umbruch ist ja ganz und gar nicht nur negativ, ebenso wenig wie unsere Erinnerungen an die Zeit um 1960 nur positiv sind: »Die Great Acceleration führte zu einer enormen Verbesserung des Lebensstandards und der Lebensqualität. Die Kindersterblichkeit ging stark zurück, die Bevölkerung wuchs schnell«, schreibt Mak. Aber das hatte einen Preis, den wir gerade erst zu zahlen anfangen. Denn die Entwicklung »blieb nicht ohne Folgen. Drei Viertel der gesamten Menge CO_2, die von der Menschheit in ihrer Geschichte produziert wurde, gelangte nach 1950 in die Atmosphäre. Gleichzeitig nahm der Abbau von CO_2 dramatisch ab, denn Millionen Hektar Wald wurden in so hohem Tempo gerodet und verbrannt«.

Veränderte Konsumgewohnheiten, und darunter vor allem der rasante Anstieg des Konsums von Fleisch und Milchprodukten trugen einen wesentlichen Teil dazu bei: »Allein die Viehhaltung war mit der Absonderung von Methan weltweit für 12 bis 15 Prozent der Emissionen von Treibhausgasen verantwortlich. Zum Vergleich: Der allgemein kritisierte Flugverkehr trug nur zwei bis drei Prozent dazu bei.« Die Tiere verschwanden fast völlig aus den Dörfern und wurden in großen, auf wenige »Produkte« und Produktionslinien spezialisierte Fabrikanlagen konzentriert, mit gewaltigen Emissionen, aber bei ebenso gewaltig reduzierten Erzeugungskosten und damit Verbraucherpreisen.

Intensivierung und Industrialisierung bedeutet Monokulturen, auf den Feldern, aber auch in den Ställen: Die »Vielfalt, der Reichtum an Tier- und Pflanzenarten«, kritisiert Marlene Weiß, »ist es, die derzeit in bestürzendem Tempo verlorengeht, sie muss geschützt werden. Aber wer Vielfalt will, muss auch Vielfalt schaffen«. Weiß fordert »die Rückkehr der naturnahen Kulturlandschaft«: »Was auf pestizidbelasteten Äckern, Intensivweiden und in immer neuen Gewerbegebieten zerstört wird, können ein paar Biotope nicht retten.« Die Artenvielfalt zu schützen genügten keine Reservate, »keine Wildnis, sondern eine menschengeprägte Landschaft, die trotz oder gerade wegen der Nutzung ihren Artenreichtum erhält«. Die Landbewirtschaftung müsse »zurück zur Kultur«.

Aber diese Art von Kulturwandel darf sich nicht allein auf die Landwirtschaft beschränken. Oft sind Städte und Hausgärten zu letzten Rückzugsorten für Arten geworden, die früher in Dörfern und Fluren heimisch waren. Aber leider nehmen falsch verstandener Ordnungssinn und deutsche Gründlichkeit nicht nur bei vielen Bauern überhand, sondern auch bei Gartenbesitzern. Für viele muss auch rund ums Eigenheim und in den Vorgärten alles aufgeräumt und weggeräumt sein. Deshalb hat der LBV auch damals schon erklärt, bedrohten Bienen und Vögeln zu helfen, »sei denkbar einfach«: nämlich durch weniger Rasenmähen und den Verzicht auf Pflanzengifte. »Am besten ist es, wenn Sie einige Stellen im Garten einfach in Ruhe lassen.«

Manchmal ist nichts tun oder wenigstens weniger gründlich einfach am wirkungsvollsten. Aber einerseits ist »nichts tun« für viele heute eine der schwersten Übungen. Andererseits haben die Bewohnerinnen und Bewohner der Wohlstandsregionen überschüssige Energien und zu viel freie Zeit, weil sie nicht mehr ums nackte Überleben kämpfen müssen. Deshalb und dank neuer Technologien konnte sich die Ideologie vom »aufgeräumten« Garten und »ordentlichen« Acker überhaupt erst durchsetzen. Sie ist ein Aspekt eines um sich greifenden Sauberkeitswahns. Alles soll »sauber« sein.

Wie Hans Kratzer berichtet, hat sich eine Ausstellung im Freilichtmuseum Glenleiten der Entwicklung der »Hygiene auf dem Land« und den »ins Philosophische hineinlappenden Fragen des Sauberkeitskults und der Hygiene« gewidmet. »Was sauber ist, wird sozial vereinbart, ist geschichtlich wandelbar und individuell geprägt«, zitiert Kratzer den Volkskundler Martin Ortmeier. Heute haben sich eine gewisse Radikalität und »Gründlichkeit« breitgemacht: »Körper, Kleidung, Bett,

Tisch und Boden sollen möglichst klinisch rein sein, die Nahrung soll keimfrei und unverdorben sein. Das führt dazu, dass ein schrumpeliger, gesunder Apfel aus dem Naturgarten weniger Ansehen genießt als eine gelackte Schönlingsfrucht aus dem Supermarkt.«

Dieser Sauberkeitswahn ist raumgreifend, er erstreckt sich schließlich auch auf Feld und Flur. Kein ungehöriges Unkraut, kein eigenwilliger Halm, kein abgebrochener Ast oder herbeigewehtes Blatt soll das Bild eines »sauberen« Gartens oder Ackers stören. Der Hygienekult trifft hier auf einen anderen, gleichzeitig raumgreifenden Trend, den einer Industrie-«Ästhetik«. Das Naturbild vieler wird auch geprägt vom »perfekten« Industriedesign mit glatten, makellosen Oberflächen. Daher die Vorliebe für Rasen, Betonpflaster, Schotter- und Steinwüsten.

Der Philosoph Byung-Chul Han beschreibt das so: »Das Glatte ist die Signatur der Gegenwart. Es verbindet Skulpturen von Jeff Koons, iPhone und Brazilian Waxing miteinander«: »Wie auf dem Smartphone begegnet man angesichts der auf Hochglanz polierten Skulpturen nicht dem *Anderen*, sondern nur sich selbst.« Diese Dominanz des Glatten in der Kunst »eröffnet einen Echoraum, in dem ich mich meiner selbst, meiner Existenz versichere. Ganz eliminiert ist die *Alterität* oder die Negativität des *Anderen* und des *Fremden*.« Deshalb ist es für viele so schwer erträglich, wenn auf ihren Feldern oder in ihren Gärten sich etwas anderes breit macht als das, was dort geplant und gepflanzt ist. Wenigstens hier will man sich uneingeschränkt und total durchsetzen.

47 FRÜH ÜBT SICH

Als ich nach Abschluss meines Germanistikstudiums vorübergehend daheim auf dem Hof ausgeholfen hab, weil die wen gebraucht haben und ich ohnehin nicht wusste, was ich hätte sonst tun sollen, war ich überrascht, wie leicht mir diese Arbeit fiel – und dass sie mir sogar Freude machte. Es hat gepasst wie die Faust aufs Auge. Der Gabel- oder Rechenstiel liegt halt genau in meiner Hand und das Werkzeug arbeitet praktisch von allein. Ich bin wie geschaffen für diese Arbeit. Was Hänschen gelernt, verlernt Sepp nimmermehr. Wie Radfahren, das verlernt man ja angeblich auch nie.

Dabei hatte ich mein ganzes Schüler- und Studentenleben voller Inbrunst hinausposaunt: »Ich werde nie Bauer!« Eingedenk meiner tiefsitzenden Erfahrungen mit kindlicher und jugendlicher Sklavenarbeit. Mir ging es wie Josef Hader, der in einem Interview (»Quarantäne«, SZ, 9.5.2020) erklärte, »ich bin ja geflohen vom Land. Auf dem Bauernhof hab ich immer Heu rechen müssen und Getreide dreschen, da habe ich ganz ohne Virus dauernd Husten gehabt.« Mehr als die Nebenwirkungen von Staub und juckenden Hautrötungen belastete mich die Art der Arbeit selber, zu der ich eingeteilt wurde. Es lag nicht an der Tätigkeit an sich, sondern an der portionsweisen Stückelung, in der sie mir zugeteilt wurde. Dadurch wurde sie zur Depperlarbeit. Diese Fron- und Handlangerdienste, aber das hab ich erst Jahrzehnte später kapiert, als ich selber der Chef war, waren nicht deswegen so unbefriedigend, weil es sich um Handarbeit ohne große geistige Herausforderung handelte, das Erarbeitete nicht mein Eigentum war oder ich nicht der Chef, sondern weil ich nie das Gefühl haben konnte, Herr des Arbeitsvorgangs zu sein. Und damit waren seine Ergebnisse auch nicht mir zuzurechnen; es waren eben nicht auch »meine« Kartoffeln, also die Früchte einer gemeinsamen Arbeit. Ich habe dabei nie empfunden, dass ich einen wesentlichen oder gar eigenständigen Beitrag geleistet hatte. Die jeweilige Arbeitsbeschreibung nämlich, die ich von meinen Vater bekam, war stets sehr detailliert, in Einzelabschnitten zerstückelt wie beschränkt und genau zu befolgen. Wie eine Betriebsanleitung. Und wehe es gab eine Abweichung, aus welchen Gründen auch immer. Daher das Gefühl der Sklavenarbeit.

Mir hat man nie erklärt, zu welchem Zweck oder Behufe ich jeweils tätig werden musste, worauf meine Arbeit zielte. Denn dann hätte ich mir ja vielleicht überlegen können, ob ich das Ziel nicht auf nicht hergebrachte Weise besser, schneller, weniger aufwendig oder was auch immer erreichen könnte. Aber Eigeninitiative und spontane Abweichungen von der Routine waren in routinierten Arbeitsabläufen nicht vorgesehen.

Sie fürchtete mein Vater wie sonst kaum etwas, vielleicht weniger aus persönlichen als aus sozusagen professionellen Gründen. Angesichts unseres Arbeitsverhältnisses am Ende zu Recht. Denn natürlich hab ich nicht alles buchstabengetreu ausgeführt und schon aus Langeweile oder Spielerei auch mal was anderes und erst recht was vermeintlich Besseres ausprobiert. Das ging natürlich mangels Wissen und Kenntnissen, weil ich Sinn und Zweck eben nicht überblicken konnte, häufig schief. Was die Strategie meines Vaters, auf detailgetreuer Ausführung zu beharren, scheinbar bestätigte.

Dabei war ich nach ein paar Jahren geübter und geschickt in den nötigen Handarbeiten und im Umgang mit jedem Werkzeug. Man glaubt es kaum, wie oft in meinem Leben ich Leute getroffen habe, die kein Gespür dafür haben, wie man ein Arbeitsgerät in die Hand nimmt, und sei es ein Besen oder Feger. Viele wissen also nicht, wie man anderen helfend zur Hand geht. Sie wissen auch nicht, dass man das tun kann und dass es das manchmal braucht. Ja, viele wissen noch nicht mal, wie man auf die Seite geht, damit man den Arbeitenden nicht im Weg steht. Da kannst du die Hände noch so voll haben und in ihre Richtung wollen, sie bleiben mitten im Weg stehen, reden auf dich ein und spüren keine Sekunde, wie schwer das ist, das du trägst. Ich hab sie dann oft einfach mit meiner Last auf die Seite geschoben.

Kinder wurden wie selbstverständlich in alle Vorgänge des Alltags- und Arbeitslebens einbezogen. Das beschreibt auch Geert Mak in seinem Buch über den »Untergang des Dorfes in Europa«: »Väter, Söhne, Mütter, Töchter, Großeltern und Enkel verbachten den größten Teil des Tages in körperlicher Nähe zueinander, und die meiste Arbeit verrichteten sie gemeinsam. Weil es nie genügend Hände gab, wurden auch die Kinder schon früh eingespannt, und so lernten sie fast spielend die wichtigsten Handgriffe des Bauernhandwerks: jäten, mähen, ernten, melken. Fast allen Bauernkindern, mit denen ich in Jorwerd sprach, waren schon mit sechs, sieben Jahren kleine Aufgaben zugeteilt worden«. Wir konnten sogar noch deutlich früher kleine Arbeiten und Pflichten übernehmen.

Immerhin konnte man sich zu unserer Zeit schon spielerische Freiräume erkämpfen. Das war in der Kindheit meiner Eltern noch anders. Da ging die innerfamiliäre Kinderarbeit sozusagen nahtlos in die aushäusige Berufstätigkeit über. Wie Hermann Heidrich das in seinem Überblick über die Lage der »Mägde, Knechte, Landarbeiter. Zur Geschichte einer schweigenden Klasse« (in: »Mägde, Knechte, Landarbeiter« 1997, S. 7–38) beschreibt, »waren die Mägde und Knechte von klein auf an die Arbeiten, die sie in ihrer ersten Stelle erwarten sollten, gewöhnt: Sie hatten in ihrer eigenen Familie bereits als Kinder kleinere Aufgaben übernommen, Geschwister betreut, im Stall und auf den Feldern mitgeholfen. Insofern erfuhren die Jugendlichen, wenn sie nach der Schulzeit mit 13 oder 14 Jahren ihre erste Dienststelle antraten, keine grundsätzlich neuen Arbeits- und Lebensbedingungen.«

Diese grundsätzlich anderen Erfahrungen machten wir erst, als wir unser dörfliches Umfeld verließen, z. B. als ich aufs Gymnasium ging. Dort herrschte ein völlig anderes Verhältnis zur eigenen Körperlichkeit und der der anderen vor. Unter meinen Klassenkameraden und erst recht während des Studium beispielsweise herrschte bei den meisten eine regelrechte Scheu vor körperlicher Arbeit, das ist der Hauptvorteil und damit das wichtigste Signal eines weißen Kragens: Er zwingt den Träger geradezu, Arbeit, bei der man sich schmutzig machen könnte, zu meiden. Wer sich bewegen will, macht Sport. Er verausgabt seine körperlichen Kräfte ohne einen materiellen Zweck, spielerisch oder zur eigenen Vervollkommnung, zu »Leibesübungen«. Und selbst Sport galt manchen auf unserem Gymnasium schon als anrüchig, als »ungeistig« und plebejisch.

48 GENDERFRAGEN

Madeln hat man nicht so oft gesehen, jedenfalls nicht außerhalb von Familie und Schule oder gar auf freier Wildbahn. Da musste man schon auf die Höfe gehen und bei manchen sogar hinein in die Küchen. Aber selbst als wir sie dann in der Volksschule jeden Tag getroffen haben, konnten wir wenig miteinander anfangen. Irgendwie waren das getrennte Welten, auch wenn man nicht so genau wusste, was denn jetzt so anders war. An mir lag's nicht. Ich hätte bestimmt auch gern mit Puppen gespielt, wenn ich welche gehabt hätte. Aber mir hat das Christkind ja nie welche gebracht. Und wo hätte ich sonst welche herbekommen sollen?

So hab ich halt meine kleinen Manschgerl einsetzen müssen, egal welcher Größe und Herkunft, Funktion oder Gewandung; hab sie in Familienaufstellung gebracht oder in dramatische Szenen; später dann die Osterhasen. Denn bei uns gab es nicht nur welche aus Schokolade, sondern einer war auch aus Stoff und Holz, mit einem kleinen Körbchen auf dem Rücken, mit dem er jedes Jahr zuverlässig eine kleine Handvoll bunt verpackter Schokoeier brachte. Selbst wenn er im Lauf der Jahre aus der Form ging, sein geflochtenes Körbchen nach und nach ausfranste und immer kleiner wurde, sein Wanderstock mehrfach ersetzt werden musste und sein samtrotes Leibchen über seinem grünen Bäuchlein nach und nach verblasste, weil er unter den Zugriffen meiner kleinen Schwester, der natürlichen Vergänglichkeit und meinen künstlerischen Anforderungen litt, füllte er doch noch lange voll zufrieden stellend die Hauptrolle aus in meinen wenig geistlichen und schon gar nicht christlichen Osterspielen.

Neben den gekauften gab es natürlich gefärbte und gekochte Hühnereier, was jetzt auch nicht zu verachten war, vor allem weil sie länger vorhielten als die paar aus Schokolade. Zu meinem Glück kamen noch etliche Schokohasen unterschiedlicher Größe dazu. Mit diesen Hasen und anderen Figuren hatte ich eine etwas ungleiche Besetzung für allerlei Aufführungen. Wenn ich den letzten Mohikaner, den einzig Überlebenden meiner Inszenierungen, also den großen Schokohasen dann endlich doch schlachtete, war er längst gräulich verfärbt, aber immer noch gut genießbar – ein feiner Vorrat für viele Tage. Danach musste ich mich nach neuen Ensemblemitgliedern umsehen.

Madeln waren vermutlich nicht wie mir. Aber so genau konnte man das ja nie feststellen. Geschweige denn überprüfen. Und wo hätt man da anfangen sollen mit dem Überprüfen? Unübersehbar war: Madeln hatten Zöpfe. Blonde, braune, dicke, dünne, fast immer lange. Die hingen meist weit den Rücken runter, gern auch mal über die Lehne der Schulbank. Manchmal auch von der Bank vor einem. Klar, dass man da mal die Glocken läuten lassen wollte. Bim bam. Bim bam. Klar, dass nicht so gut ankam. Aber was will man machen. Reflex. Unwiderstehlich.

Und noch einen kleinen Unterschied gab es. Das hatte meine Cousine früh erkannt. Sie wurde lange Zeit Puppi genannt, aber blöd war sie nicht und hat mit nix hinterm Berg gehalten und es gleich rausposaunt, sobald sie halbwegs reden konnte. Schon früh hat sie sich, mit dem Blick auf die Teller, beim Mittagessen empört: »Buama hom mehra!« Das hat man gern noch Jahrzehnte später in unseren Familien spöttisch zitiert, zum Gaudium aller Geschlechter. Denn geändert hat das natürlich nichts. Aber lustig war's.

Ich hatte hauptsächlich im familiären Umkreis direkten Kontakt zu weiblichen Wesen. Aber diesen Frauen und Mädchen hat man den so merkwürdigen Geschlechtsunterschied meist nicht angesehen, denn man hatte mit ihnen ja nicht als »Frauen« oder »Madeln« zu tun, sondern ihre jeweilige familiäre Rolle und Individualität waren ungleich dominanter als die Geschlechtszugehörigkeit. Oma war in erster Linie Oma, Mama Mama, meine Schwester Agnes, und da war es völlig egal, dass sie weiblich waren. Selbst wenn mir was an ihnen als »weiblich« aufgefallen wär, hätte ich es jeweils ihrem individuellen Charakter zugeschlagen.

Bei den Frauen und Mädchen, die ich nicht oder nicht so gut kannte, war das genau umgekehrt. Die waren für mich nur ausnahmsweise oder erst nach längerer Zeit als Individuen wahrnehmbar. Denn die waren offenbar durch die Bank von einem anderen Stern.

Am sichtbarsten wurde das in der Kirche, wo die Geschlechter säuberlich auseinandergehalten wurden: links die Frauen, rechts die Männer. Da brauchtest du dich auch als kleiner Bub nicht in die falschen Bankreihen verirren.

Die Männer natürlich ohne Hut. Sie mussten dem Herrn wie früher dem Grundherrn die Ehre erweisen. Man denke nur an den Geßler-Hut aus dem Schiller seinem Tell. Dafür mussten die Frauen ihre Köpfe bedecken. Vielleicht waren damals die Haare der christlichen Frauen so sexuell aufgeladen und aufreizend wie heute die der muslimischen. Frauen mussten ein Kopftuch tragen, bei der Arbeit und am Sonntag. Dann halt ein schöneres. Oder einen Hut. Aber den hast dir erst mal leisten können müssen. Ein Hut war schon was Besseres.

Auch kleine Buben wie ich haben manchmal ein Kopftuch getragen; manche haben sich eins auch umgebunden, oder einen Schal, unter oder über einen Hut, wegen der Kälte oder damit es ihn nicht wegblast. Schönheit oder Männlichkeit waren dann nicht so wichtig, weil es um deine Ohrwaschel ging. Die Ohrläppchen sind gern mal abgefroren. Darüber hat man sich allerhand Gruselgeschichten erzählt, da musste die Kälte noch nicht mal sibirisch sein. Außerdem haben Bauern und Handwerker auch gerne mal Schürzen umgebunden. Einen Schaber für alle einschlägigen körperlichen Arbeiten: einen aus Leder wie beim Schmied, aus festem Tuch zum Körbeschleppen, Getreide schroten, Kartoffeln waschen oder dämpfen, einen leichteren, blauen für Binnenarbeiten.

Papa hatte auch sonst keine Scheu, wegen irgendetwas als »weibisch« dazustehen. Er wusste ja, wer den Ton vorgab, jedenfalls nach außen. Er hatte sich ja auch viele Jahre allein durchschlagen und selber für sich sorgen müssen. Da war keine weibliche Hand, die sich gerührt hätte. So flickte er problemlos alles, was dessen bedurfte. Zum Wollhandschuh oder Socken stopfen gab es ein hölzernes, schon etwas abgenutztes Stopfei, von dem die oberste Schicht schon fast überall abgeplatzt und abgeschabt war. Später kamen Lederhandschuhe dazu, bei denen die Nähte aufgeplatzt waren. An manchen Winternachmittagen war mein Papa nur am Handschuhflicken. Dafür hatte er extra eine dickere, gebogene Nadel.

Das Stopfei erinnerte von Form und Farbe an das Gipsei. Das hat man in das Hühnernest gelegt, damit die jungen, anzulernenden Legehennen den vorgesehenen Platz fanden und ihre Eier nicht irgendwo auf dem Hofgelände verstreuten, versteckten, also verlegten. Denn Ei und Ei gesellt sich gern. Weil ein Huhn nicht ein Ei allein, sondern ein Gelege von mehreren Eiern legt, will es jedes neue Ei zu schon vorhandenen legen. Wenn's sein muss, sogar zu Gipseiern.

Öffentlich für beide Geschlechter gleichzeitig zugängliches Terrain war außerhalb der Kirche, jedenfalls solang wir noch in gemischten Klassen unterrichtet wurden, vor allem die Volksschule. Ganz vorne stand meist die Lehrerin und zog alle neugierigen Blicke auf sich.

Wir sagten Fräulein, eigentlich »Freilein!«. Da war wurscht, wie alt sie war. Wurscht war auch, ob verheiratet oder nicht.

Der Zölibat, also das Eheverbot für Lehrerinnen, war in Bayern von der Revolution 1918 zwar abgeschafft, danach durch die Hintertür wieder eingeführt, aber vor drei Jahren vom Bundesarbeitsgericht endgültig verboten worden. Die Anrede hatte sich trotzdem gehalten. Nun halt nicht bloß für alle unverheirateten Frauen, sondern auch für alle Schulfreilein.

Wo die Schule größer wurde, blieb der Rektor nicht der einzige Mann. Aber ein neuer Lehrer wurde nie »Männlein« genannt. Dafür hieß der Lehrer später in den ersten Jahren am Gymnasium noch »Herr Professor«. Aber hier gab es ja auch lange keine Frauen. Außer die vom Hausmeister. Lehrerinnen waren da zunächst nicht vorgesehen.

Dass Frauen anders und nicht für alles geeignet waren – um das zu lernen, hätten wir die Schule nicht gebraucht. Das hatten wir schon daheim gelernt, mehr oder weniger. Ich eher ein bisschen weniger, weil meine Eltern wichtige Entscheidungen tatsächlich nur gemeinsam getroffen haben. Und respektlos zu sein, hätte sich Papa auch nicht getraut. Vielleicht sogar nicht mal gewollt. Er hat auch, wenn er wo anders war und Mama nicht dabei, nie dumm dahergeredet. Aber manchmal hat er »d'Frau« gesagt, wenn sie dabei war. Als ob sie nicht dabei gewesen wäre. Als ob sie keinen Namen gehabt hätte. Und als ob sie nicht selber hätte sprechen können. Mama war jedes Mal tief beleidigt, wenn er von ihr als »die Frau« sprach. Noch nicht mal: »meine Frau«. Da hat sie ihm dann daheim was gepfiffen. Das hat sie ihm abgewöhnt.

Aber selbst das hat er nicht aus Respektlosigkeit gemacht, sondern weil er halt öffentlich nicht über Privates reden wollte, und schon auf gar keinen Fall im Ton der Vertrautheit. Am Ende hätte ja jemand gemeint, dass er irgendwelche Gefühle haben könnte, die in seinem Leben eine Rolle spielen. Vielleicht könnte ja auch jemand glauben, dass er nicht nur seine Gefühle, sondern sich selber hätte wichtig nehmen wollen.

Auch Geert Mak ist diese Scheu aufgefallen, die Menschen auf dem Land daran hindert, über sich und Persönliches zu sprechen: »Das Wörtchen ›ich‹ stand auf dem Lande nicht hoch im Kurs.« Wie Mak berichtet, hörte er in dem holländischen Dorf Jorwerd, dessen Entwicklung er begleitet hat, »Ältere regelmäßig von sich selbst in der dritten Person sprechen. Viele Bauern redeten von ›der Frau‹, während ihre Ehepartnerin neben ihnen saß, Frauen bezeichneten ihren Mann als ›den Bauern‹ oder mit seinem Nachnamen«. Das wiederum wäre Mama nicht passiert. Aus Respekt. Nicht weil sie sich wichtiger genommen hätte. Aber ihre Mitmenschen hat sie immer für wichtig gehalten.

So was wie romantische Gefühle hatte bei uns nix verloren. Eltern- und Geschwisterliebe zeigte sich vorwiegend stumm und nicht immer direkt, noch nicht mal indirekt, sondern oft sogar in möglichen Erwartungen völlig entgegengesetztem Handeln. Wenn du aus Sorge eine Pretschn gekriegt hast. Zum Beispiel. Das musste auch gar nicht im Verborgenen passieren. Im Gegenteil. Dafür scheute man jeden anderen als groben körperlichen Kontakt in der Öffentlichkeit und erst recht jede Art von Zärtlichkeiten. Da hätte man sich ja gleich beim Liebesakt zuschauen lassen können. Das ging nun wirklich niemand was an.

Es gab nur eine sozusagen legale, nicht tabuisierte Möglichkeit, die physische Distanz zu überwinden und einen fremden Körper zu berühren: Prügel oder eine Rauferei. Deshalb waren die unter Kindern und Halbwüchsigen auch so beliebt, vorzugsweise Raufen, und wenn es irgendwie ging, gerne auch mal Rangeleien mit dem anderen Geschlecht. Und deshalb war ein paar Jahre später die pubertäre Kontaktaufnahme auf dem Volksfest mittels Autoscooter so populär. Da musste man einander nicht vorgestellt sein, konnte den schicklichen Abstand wahren und trotzdem super ineinander rumpeln.

49 KONSERVATIVES GLÜCK

Beständigkeit ist der Dreh- und Angelpunkt konservativen Glücks. Die einen brauchen davon mehr, die andern wünschen sich weniger. Aber ohne geht's nicht. Über viele Jahrhunderte mussten Bauern sich mit der bloßen Sicherung der Existenz begnügen, der eigenen, aber auch der Kinder und nicht zuletzt der eigenen Lebens- und Arbeitsweise. Die Voraussetzungen dafür wurden in einem ununterbrochenen Abnutzungskampf der Natur abgerungen. Da gab es kaum Überschüsse, keinen Spielraum oder Experimentierfreude. Man orientiert sich an dem, was gestern auch funktioniert hat, am Bewährten.

Deshalb soll und darf sich nichts ändern: »[H]eute am Leben zu bleiben bedeutet, nichts von dem zu verlieren, was gestern den Lebensunterhalt sicherte – und nicht viel mehr als das«, schreibt Zygmunt Bauman in seinen Essays zu postmodernen Lebensformen: »Überleben hat vorrangig damit zu tun, dass die Dinge nicht schlechter werden als vorher.« Es sei »im wesentlichen konservativ«. So lange es nur ums Überleben gehen kann, scheint konservativ zu sein ein Erfolgsrezept. Wenn Menschen sich einmal darauf eingeschworen haben, dass Überleben heißt, am »Bewährten« festzuhalten, dann ist für sie selbst eine Veränderung zum möglicherweise Positiven eine Bedrohung ihrer Existenz.

Jede Veränderung ist nicht nur ein Versprechen, sondern gleichzeitig eine Bedrohung. Deshalb haben sich Menschen früher oft nicht gegen ungerechte Verhältnisse als solche aufgelehnt, sondern erst, wenn deren herkömmliche Form geändert werden sollte. Denn, schreibt Bauman, »als ungerecht empfanden sie in der Regel die *Abweichung* von der Unterdrückung, die sie täglich und gewohntermaßen erfuhren, wie streng und inhuman dieses ›habitualisierte‹ Elend auch sein und wie ›ungerecht‹ es nach dem Maßstab irgendwelcher abstrakter ›objektiver‹ Prinzipien des Anstands auch erscheinen mochte; die Bauern erhoben sich, um die krude Realität der feudalen Ausbeutung als ihre *Rechtsgewohnheiten* [i. O. deutsch] zu verteidigen.« Wer nur Angst vor Verlusten hat bzw. haben muss, dem scheint das vertraute Unglück verteidigenswert. Auf keinen Fall will man oder frau Veränderungen.

»Wunschloses Unglück«: So hat Peter Handke das Leben seiner Mutter genannt.

Aber auch jenseits solcher Lagen tun uns Menschen Stabilität und Zuverlässigkeit gut. Dagegen bringen mehr Flexibilität und Mobilität, wie sie heute von Wirtschaftsexperten und Selbstoptimierern gefordert werden, laut Richard Layard »Kosten in Form von Kriminalität und familiären Problemen« mit sich: »Wir lieben das Vertraute. In einer sehr mobilen Umgebung häufen sich daher Verbrechen und psychische Erkrankungen. Das sind die Kosten der Mobilität.« Scheinbare Unveränderlichkeit, Immobilität und Stabilität sind in bäuerlichen Gesellschaften Forderungen, die an das Dorf als Gemeinschaft sowie an den Einzelnen gestellt werden.

Die Vergangenheit soll die Zukunft bestimmen, die Gegenwart spielt keine zentrale Rolle. »Die für die Gesellschaft von Produzenten typische Verknüpfung der ›Systemanforderungen‹ mit individuellen Motiven erforderte die Abwertung des ›Jetzt‹ und insbesondere die Abwertung der sofortigen Bedürfnisbefriedigung und des Vergnügens im Allgemeinen«, beschreibt Zygmunt Bauman in seinem Buch über unser gegenwärtiges »Leben als Konsum« die prinzipielle Freudlosigkeit damaliger Existenzen.

»Der entscheidende Umbruch, der das kulturelle Syndrom des *Konsumismus* am deutlichsten von seinem *produktivistischen* Vorgänger unterscheidet«, so Bauman, »scheint *die Umkehrung der Werte* zu sein, *die der Beständigkeit beziehungsweise der Vergänglichkeit jeweils beigemessen werden.*« Unser gegenwärtiges Lebensmodell »stellt den Wert der Neuartigkeit über den der Langlebigkeit. *Beim ›konsumistischen Syndrom‹ dreht sich alles um Geschwindigkeit, Überschuss und Abfall*« – alles im Gegensatz zum früheren Dorfleben.

Individueller Antrieb dieses neuen konsumistischen Lebensmodells ist die Konkurrenz mit anderen. Im alten Lebensmodell war Konkurrenz wenig dominant, weil die Rahmenbedingungen jeden einzelnen Lebens nur schwer veränderlich und deshalb die individuellen Chancen von vornherein beschränkt waren. Die Sieger standen sozusagen von Haus aus fest. Ganz anders heute. Und der Mechanismus, mit dem wir uns in Beziehung zu anderen setzen, verhindert gleichzeitig, dass wir mit unserem Leben zufrieden sind: »Der wichtigste Grund für unsere Unzufriedenheit ist unsere Angewohnheit, uns mit anderen zu vergleichen«, meint Richard Layard: »Unsere Sicht der Realität wird ständig durch unnütze Vergleiche verzerrt.«

Ihr Leben mit dem anderer zu vergleichen, wäre meinen Eltern nicht eingefallen. Wozu hätte ein solcher Vergleich nützen sollen? Dafür waren sie mit ihrem Leben im Großen und Ganzen zufrieden. »Eines der Geheimnisse des Glücks ist es, Dinge zu genießen, so wie sie sind, ohne sie an etwas scheinbar Besserem zu messen«, kennt Layard einen der Gründe dafür. Vieles, worüber wir Heutigen gerne mal vergeblich zetern und klagen, weil wir ja doch kaum etwas daran ändern können, haben meine Eltern geradezu stoisch hingenommen, gleichsam als fatalistisches Los. Und dass ihre Mühen nicht vergeblich waren, sondern dass das, was sie angefangen haben, von den nächsten Generationen fortgesetzt wurde, hat sie tief befriedigt.

»Menschen, die es schaffen, ihrem Leben Sinn und Richtung zu geben, sind in der Tat glücklicher als solche, die von einer Belustigung zur nächsten eilen«, meint Richard Layard und fordert deshalb einen »Kurswechsel für Politik und Wirtschaft«. Und er gibt auch gleich einen Hinweis, wie das zu machen wäre. Wichtig sei, »herauszufinden, was uns wirklich glücklich macht«. Layard benennt »sieben Glücksfaktoren: unsere familiären Beziehungen, unsere finanzielle Lage, unsere Arbeit, unsere Umgebung und unsere Freunde, unsere Gesundheit, unsere persönliche Freiheit und unsere Lebensphilosophie.« Weil »wir uns bedeutend glücklicher fühlen, wenn wir in einer Umgebung leben, in der wir anderen vertrauen können« und die uns selber vertraut ist, spricht vieles dafür, im Leben nicht nur auf Veränderungen zu setzen, sondern immer auf das zu achten, was bewahrenswert ist. Glück gibt es nicht ohne wenigstens eine winzige konservative Ader.

50 FÜNF JAHR KAUF ICH SCHON EIN!

Vom vergleichsweise kleinen Germeringer Altdorf konnten, bevor das rasante Wachstum und ebenso schnell sich ändernde Gewohnheiten und Bedürfnisse auch die Einzelhandelsstruktur völlig umkrempelten, erstaunlich viele Geschäfte existieren. In denen hat man fast alles bekommen, was man brauchte. Getränke gab es, soweit man sich mehr als Wasser leisten wollte oder konnte, in den Gaststätten, wie dem Mayerwirt und dem Hartlwirt. Später kam noch das Café Sonnenhof dazu; in dem durfte ich mir als Schuljunge manchmal sonntags ein Eis holen, und zwar nicht irgendeins, sondern ein Capri! Gleich dahinter, an der Ecke Obere Bahnhofstraße/Heimgartenstraße, lag der Bestenreiner, ein Gemischtwarenladen, in den ich aber erst ging, als die naheliegenden Einkaufsmöglichkeiten im Kerndorf nach und nach wegfielen.

Die wichtigsten Läden für den regelmäßigen Einkauf lagen alle zentral, das heißt in der Nähe von Kirche, Schule und Wirt, an der Augsburger: die Metzgerei Baumgartner; schräg gegenüber, auf der andern Straßenseite der Bäcker Brunner; nebenan der Kathrein, beim Stefani; dort im Hinterhof gab es auch noch eine Kohlehandlung. Weiter dorfeinwärts, gleich nach der Unteren Bahnhofstraße, war der Zengerle, wo die Frau Zengerle Milch und Milchprodukte verkaufte, darunter vor allem mein Leibgericht, den Emmentaler: Ich riech noch heute, wie er duftete, wenn sie eine frische, dicke, gelbe Scheibe vom großen Laib herausschnitt. Versetzt auf der anderen Straßenseite, fast gegenüber der Dorfstraße, wiederum lag der Pemsl: Poststelle und, wie über der Tür geschrieben stand: »Kolonialwarenhandlung« – was immer das auch heißen sollte. Das alles war mein Einkaufsrevier. Nur wenn wir Sachen gebraucht haben, die ich nicht alleine heimtragen konnte, wie zum Beispiel Koks und Briketts, hat die mein Papa geholt.

Weißes Limo und dunkles Bier haben wir, als es wirtschaftlich aufwärts ging, bald von einem Ausfahrer aus Aubing ins Haus geliefert bekommen, vom Gögging, bestimmt auch eine Fernfahrerbekanntschaft vom Papa. Umgekehrt hat der, das war selbstverständlich, von uns im Herbst Kartoffeln gekriegt. In Geschäfte im bereits etwas ausufernden neuen

Ortsteil links und rechts der Germeringer Unteren Bahnhofsstraße und im Umkreis um den Pfaffenhofener Bahnhof oder den Kleinen Stachus sind meine Eltern zum Einkaufen bloß dann, wenn es etwas im Dorf selber nicht gab, aber man nicht nach Bruck oder »in die Stadt« fahren wollte.

Nur ein wichtiger Laden lag ein bisschen abseits, aber dafür gleich bei uns um die Ecke: Dem Schwarzfischer sein Schreibwarengeschäft in der Schmiedstraße. Weil dessen Grundstück hinten an unseren Hof angrenzte, konnte ich, wenn's pressierte und ich privat unterwegs war, also als Besucher, nicht als Kunde, zur Not auch mal über den Zaun steigen.

Bei all diesen Läden war ich bestens bekannt. Meinerseits kannte ich nicht nur die Einkaufszeiten, sondern besonders auch die Zeiten und Gelegenheiten, bei denen man noch später, außerhalb der Geschäftszeiten, in die Geschäfte reinkam und einkaufen konnte. Denn wenn wir auf dem Feld arbeiten waren, sind wir sehr oft recht spät zurückgekommen; meist so knapp zum Stallarbeiten, dass wir unsere Milch gerade noch in der Molkerei abliefern konnten, bevor die zumachte. Wir betrieben praktisch Milchlieferung just in time, und zwar nicht als Ausnahme, sondern strukturell. Gewohnheitsmäßig waren wir auch dann spät dran mit der Stallarbeit, wenn wir zuvor nicht auf dem Feld waren. Mama war bei allem überaus verlässlich. Sie war pünktlich immer gerade ein bisschen zu spät dran. Sie hatte aber auch viel am Hals und bei der Arbeit hetzen und gerade noch rechtzeitig, im allerletzten Moment, damit fertig werden, war für sie normal. Ich dagegen war, wenn es irgendwie ging, lieber pünktlich. Schon weil ich mir dann keine blöden Sprüche anhören musste und keinen Tadel einhandelte. Wenn wir also vorher nicht auf dem Acker, sondern schon daheim waren, schaute ich, dass ich wenigstens kurz vor sechs, also gerade noch während der Geschäftszeiten, Einkaufen gehen konnte.

Am Samstagvormittag musste ich sowieso ganz früh dran sein; manchmal war der Laden noch gar nicht auf und ich stand mit ein paar Frauen aus dem Ort draußen im Dunkeln an, bis die Baumgartners so weit waren und alles hergerichtet hatten. So früh musste es deshalb sein, weil sonst manche Ware beim Metzger aus gewesen wäre. In der Warteschlange, bevor man bedient wurde, entspann sich so mancher Dialog, in den auch gerne der gesamte Laden inklusive Verkäuferinnen einbezogen wurde oder sich selber einbezog. Wenn sich einige von den eiligen Hausfrauen vordrängen wollten, hab ich das nicht widerspruchslos hingenommen, selbst wenn es nicht immer was genützt hat. Wenn mir eine schön tun wollte, ebenso. So hätte ich, hat man sich daheim später oft und gern erzählt, als mich eine gelobt hat, dass ich Kleiner doch schon so fleißig sei und so gut einkaufen könne, das vermeintliche Lob als wahre Beleidigung empört zurückgewiesen und protestiert: »Fünf Jahr kauf ich schon ein!« Da muss ich also acht gewesen sein.

Jedenfalls war ich längst ein Experte. Wenn es Regeln gab, kannte ich sie. Manchmal waren die informellen Regeln wichtiger als die formellen, also beispielsweise die Voraussetzungen, unter denen man noch was bekam, auch wenn der Laden schon geschlossen hatte. Ich hatte natürlich einen Einkaufszettel dabei und die ersten Jahre hab ich ihn einfach über die Theke geschoben. Später hab ich dann schon selber meine Aufträge erteilt. Bei kleineren Einkäufen, die ich dann bereits ohne Zettel erledigte, hab ich mir die drei, vier Waren, die ich holen sollte, so oft vorgesagt, aus Angst, sie zu vergessen, dass ich mir bei den Mengen am Ende nicht mehr ganz sicher war, ob ich sie nicht den falschen Produkten zuordnete vor lauter Aufregung. Aber irgendwie hat es dann doch immer geklappt.

Beim Bestellen musste man ja ohnehin genau aufpassen. Auch das wollte gelernt sein. Man durfte auf keinen Fall vier Wiener wollen oder gar fünf, andererseits aber dafür Weißwürste bloß nicht im Paar verlangen, sondern als Stück. Denn dann kriegte man erst mal nicht, was man gewünscht hatte, sondern von den Umstehenden Hohn und Häme. Klar war auch, wenn man unverlangt ein Radl Hirnwurst geschenkt bekam, machte man ein glückliches Gesicht und sagte »Danke!« und nicht etwa: »Kann ich lieber eine Bierwurst haben?« Obwohl das gestimmt hätte. Aber ob du ein Experte warst, zeigte sich halt gerade in der Unauffälligkeit, mit der du zu Werke gingst: dass du eben unfallfrei und zielorientiert einkaufen konntest und ohne dass sich wer daheim über dich beschwert hätte. Wenig überraschend wurde ich fast immer freundlich und zufrieden stellend bedient. Wenn Mama mich zum Einkaufen geschickt hatte, kam ich zuverlässig mit dem gewünschten Produkt zurück.

Auch weil ich wusste, wo ich was bekam und was Qualität war. Bestimmte Mängelprodukte, älteres Brot vom Vortag etwa oder nicht mehr frische Wurst von der Vorwoche, konnte man mir höchstens einmal unterjubeln. Beim nächsten Versuch setzte ich mich entschieden zur Wehr – denn zu Hause erwartete mich ja schließlich die mütterliche Qualitätskontrolle. Beim Metzger musste ich, wenn sie vorne die Ladentür schon geschlossen hatten, nur durch Schlachthaus und Wurstküche gehen, um in die Geschäftsräume zu kommen. Dort waren die Baumgartners ja eh noch mit dem Aufräumen beschäftigt. Da konnten sie mir noch leicht was verkaufen. Ebenso beim Zengerle, wenn der Laden bereits zu war, dann ging ich halt beim Seiteneingang von hinten rein. Die Tradition des späten Einkaufs hat danach, und zwar zusammen mit der Aufgabe selber, meine Schwester geerbt. Die hat sie so genauso verlässlich weitergeführt, sodass die Frau Zengerle einmal zur Ladenhilfe sagte: »Urschel, stell das Teewasser hin, d'Agnes is scho da.« Spätestens dann, wenn wir da gewesen sind, war es offenbar Zeit für den Feierabend.

Beim Pemsl wurden wir erst Stammkunden, als der Bäcker in der Augsburger Straße zumachte. Danach musste man Brot- und Backwaren teilweise vorbestellen, weil die von woanders her angeliefert wurden. So gab es z. B. samstags bestellte Brezen beim – ausgerechnet – Metzger, und gefüllte Krapfen für den Kaffee am Sonntagmorgen beim Pemsl. Weiche Brezen – wenn das Salz das Wasser nicht mehr aus-, sondern wegen der feuchten Luft in der Papiertüte in die Brezen zog – waren meinem Papa ein Gräuel. Wenn sie also nicht rechtzeitig abgesalzen wurden oder – dank Vorbestellung und früher Verpackung – schon in der Tüte feucht und schlapp wurden oder weil das Wetter ungünstig war, waren Ärger und Wutausbruch vorprogrammiert. Genauso wie man sich darauf verlassen konnte, dass er praktisch jeden Sonntag in der Früh losschimpfte: »San de Pemslweiber wieder auf de Krapf'n g'sessen!« Zerdatschte Krapfen konnte mein Vater nicht ausstehen, offenbar genauso wenig wie die Schwestern Pemsl.

Das wöchentliche Drama war faktisch unvermeidlich, denn selbst bei nur wenigen Stunden Lagerung in der hohen Papiertüte reichte das Eigengewicht der Krapfen, um Luft und Lockerheit aus mehr oder weniger allen drin aufeinander gestapelten Gebäckteilen raus und die krosse braune Kruste einzudrücken. Als die eigenen Kinder, also meine Schwester und ich, aus dem Gröbsten rauswaren, sind immer wieder jüngere Cousins und Cousinen ein paar Wochen in den Ferien bei uns geblieben, zu einer Art Urlaub auf dem Bauernhof. Viel mithelfen konnten sie in dem Alter nicht, aber sie kamen mal von daheim raus und wir alle, auch meine Eltern und vor allem mein Papa, hatten Abwechslung und eine gewisse Unterhaltung. Wenn wir schon selber nicht wegkonnten in die Ferien. Einmal war eine Trautner-Tochter aus Türkenfeld mit dabei beim Pemsl einkaufen. Als sie später wieder hingeschickt wurde, aber beim Namen unsicher war, lautete ihre Nachfrage: »Das Geschäft wo's so wenig gibt?« Danach hatte der Laden der Pemsls bei uns einen neuen Namen. Reisen bildet halt. Sogar wenn bloß andere die Reise tun.

51 GROB- UND GEMEINHEITEN

Auf dem Dorf wurde niemand geschont. Jedenfalls abgesehen von Großbauern. Raphael Gerhardt hat das ganz nüchtern beschrieben, wenn er von der »Bereitschaft der Bauernfamilie zur Selbstausbeutung« spricht. Diese Bereitschaft wurde natürlich bei dem, der's konnte, ergänzt durch eine ebenso große Bereitschaft zur Fremdausbeutung.

Das Landleben war nichts für sensible Gemüter. Gut, dass dir gleich eine innere Hornhaut gewachsen ist. Denn du wurdest ja von klein auf abgehärtet. Nur ned verzärteln. Ein Indianer kannte keinen Schmerz. Und mir haben uns keinen anmerken lassen. Jedenfalls nicht, wenn er dir von den anderen mutwillig zugefügt wurde. Umgekehrt konntest du dir mit allerlei Grobheiten die anderen vom Leib halten.

Allen sozialen Kontakten zugrunde aber lag ein angewandtes Wissen um soziale Verhältnisse und die aktuelle Position, die man jeweils in ihnen einnahm. Nicht nur in der Beziehung herrschte ein nüchterner Materialismus vor. Ein primitiver Materialismus. Kosten-Nutzen-Kalkulationen bestimmten nur allzu häufig auch das Familien- und Liebesleben. »Liebe vergeht, Hektar besteht.«

Das Landleben war nichts für Schwache und Arme. »Gesindel« kommt von Gesinde. Der Begriff wird »für verschiedenste Personenkreise verwendet, von Personen ohne festen Wohnsitz, Arbeitslose und Personen ohne geregeltes Einkommen bis hin zu Personen, die wegen Armut nicht den gesellschaftlichen Sollvorstellungen entsprechen«, weiß Wikipedia. Das sind alles Habenichtse – auch dieses Wort ist nicht lediglich eine Beschreibung, sondern eine Bewertung.

»Das abgeleitete, stark abwertende Wort Gesindel bezeichnet im modernen Sprachgebrauch pauschal Personen, denen sich der Sprecher moralisch und/oder in der sozialen Ordnung übergeordnet sieht und denen aus Sicht des Sprechers unkultivierte, oder asoziale, möglicherweise auch kriminelle Verhaltensweisen zugesprochen werden.« Denn die Armen sind nicht nur selber schuld an ihrer Lage, sondern auch eine mögliche Bedrohung für die, die was haben. Deshalb ist es wichtig, dass sie in ihrer Lage verbleiben, und zwar möglichst einvernehmlich. Sie sollen ihre Schuld und damit ihr Schicksal annehmen.

Trotzdem besteht immer die Gefahr, dass die Armen ihre Lage nicht mehr aushalten und gegen die Verhältnisse aufbegehren. Letztlich reicht der soziale Zwang allein nicht: Die wirtschaftliche Notlage der Armen ist nicht immer ein ausreichender Grund zur Unterordnung. Die soziale Ordnung muss eingeübt und sichtbar werden. »Unterordnung unter die hausherrliche Gewalt war ein zentrales soziales Ordnungsprinzip der alten Gesellschaft. Unterordnung bedeutete Ehrerbietung, Gehorsam und Treue des Gesindes gegenüber seiner Herrschaft«, beschreibt Hermann Heidrich die »Geschichte einer schweigenden Klasse«.

Diese Ordnung wurde auch rechtlich festgeschrieben: »Die im Gesinderecht enthaltenen Bestimmungen waren so einseitig an den Interessen des landbesitzenden und herrschenden Teils der Gesellschaft ausgerichtet, dass man von einem rechtlichen Unterdrückungsinstrument sprechen kann.« Heidrich spricht von einem »feudalen Relikt in einer Gesellschaft mit formalen bürgerlichen Rechten und Freiheiten«. Denn die »Einführung des reichseinheitlichen Bürgerlichen Gesetzbuches im Jahr 1900 hatte auf die rechtliche Stellung des Dienstpersonals kaum einen Einfluss«. Sogar das Züchtigungsrecht blieb noch bestehen, jedenfalls wenn die Eltern der Untereinundzwanzigjährigen der Dienstherrschaft dieses Recht übertragen hatten. Alle diese Vorrechte waren zwar nach der Nazizeit alle abgeschafft worden. Aber faktisch blieben trotzdem manche üblen Gewohnheiten bestehen, etwa die uneingeschränkte Bereitschaft Erwachsener, Kindern von Kleinhäuslern oder anderen Habenichtsen jederzeit eine pädagogische Hand zu verabreichen.

Auch an der grundsätzlichen Missachtung und Verachtung für Menschen ohne Sach hatte sich nichts geändert. Wer nichts hatte oder nichts vermochte, war nutzlos und damit wertlos. Das traf chronisch Kranke wie Alte gleichermaßen, insbesondere wenn sie bettlägerig waren und gar nichts mehr arbeiten konnten, und genauso die »Tagediebe«. Und es waren nicht in erster Linie die Vermögenden oder die Jungen und Gesunden, sondern die Betroffenen selbst, die dieses finale Urteil über sich fällten. So hat sich Martl, obwohl er finanziell unabhängig war und schon lange in seinem eigenen Haus wohnte, in all den Jahren seiner Bettlägerigkeit beklagt, dass er nicht sterben konnte – wo er doch zu nichts mehr nütze war. Wenn man nutzlos ist, ist es besser, schnell zu sterben. Aber das geht halt nicht immer so leicht.

Michael Wildt beschreibt in seiner Studie über »Die Ambivalenz des Volkes«, wie stark nationalsozialistische Werte sich im »Dritten Reich« durchgesetzt und auch danach noch vielerorts überdauert hatten: »Nur wer arbeitsfähig war, hatte Wert für die ›Volksgemeinschaft‹.« Auch lange nach der NS-Zeit blieben »unnütze Esser« eine Last für die Gemeinschaft. Nirgends wurde das so unverhüllt sichtbar wie auf dem Land. Wenn also jemand, wie neulich der Vizepräsident des Bayerischen Bauernverbandes, auf die soziale Leistung der Landwirtschaft verweist, wo man sich seit jeher bemühe, die Altenteiler auf dem Hof zu versorgen und sie nicht abschob, dann ist das formal sicher richtig. Aber angesichts dessen, wie das oft aussieht, kommt mir das kalte Grausen.

52 HÖHERE WEIHEN

Ich wüsste nicht, dass noch wer im Dorf außer meiner Schwester und mir auf die »höhere Schule« gehen durfte und Abitur gemacht hat. Und zwar nicht, weil sie das nicht geschafft hätten. Sondern weil Gymnasium »nichts für sie« war. Noch heute sind die Übertrittsquoten im ländlichen Raum deutlich niedriger als im Großraum München. »Stadt-Land-Unterschiede sind kennzeichnend für das Übertrittsgeschehen«, nennt das der »Bildungsbericht Bayern«. Noch Ende der Zehnerjahre schafften in mehr als einem Dutzend ländlicher Landkreisen gerade mal zwischen 25 und 31 Prozent der Schülerinnen und Schüler den Übertritt. Dafür lagen in manchen Gemeinden im städtischen Umland die Quoten damals schon bei 90 Prozent. Das heißt, es gibt dort keine weiterführenden Schulen außer dem Gymnasium und keine eigenständige Mittel- oder Realschule mehr.

Immerhin können viele ländliche Schülerinnen und Schüler die Hochschulreife heute über andere Wege und Umwege erreichen. Aber das Gymnasium hat fast wieder den Nimbus wie vor 60 Jahren. Wir sind wieder so weit, dass alle zu wissen glauben, wer »dort hingehört« und wer nicht. Das gilt für diejenigen, die drin sind, genauso wie für die, die draußen bleiben müssen. Beide Seiten sind sich einig, dass das nichts »für die« beziehungsweise »für uns« ist. Man lebt in vermeintlich scharf getrennten Welten. Deshalb teilen die dörflichen Eltern, Bauern-, Handwerker-, Arbeiterfamilien, weiter die Angst mit ihrem Nachwuchs, dass sich die Kinder über den Bildungsaufstieg entfernen und entfremden.

Wir haben auf dem Gymnasium Dünkel gelernt. »Du Bauer!« war ohnehin ein gängiges Schimpfwort, nicht allein auf der höheren Schule. Sogar beim Fußball versuchten noch viele Jahrzehnte später Mannschaften aus Großhadern oder Sendling ihre Gegner aus dem Münchner Umland mit dieser Klassenzuschreibung abzuwerten und zu schwächen. »Du Bauer!« war noch nicht mal spezifisch gemeint, also auf meine persönliche Herkunft gemünzt. Erst viel später verfügte ich gelegentlich über so viel Gelassenheit, dass ich sagen konnte: Stimmt. Auf dem Gymnasium hab ich mich natürlich dagegen gewehrt, erst bauerngemäß handgreiflich, später dann mit Worten. Worte waren das Wichtigste, wenn man soziale Unterlegenheit in Überlegenheit ummünzen wollte oder wenigstens in Unangreifbarkeit.

So wie alles, was man hätte brauchen können, rar war, war im Dorf auch alles Geschriebene und Gedruckte selten. Auch das Ungedruckte und Ungeschriebene. Stifte und Papier waren eine Rarität. Nicht umsonst wurde in der Schule so viel vorne mit der großen Tafel und von uns hinten mit kleinen Schiefertafeln gearbeitet. Ein Füller war das höchste der Gefühle, den man sich nach Jahren schulischen Fleißes verdienen musste.

Auch wenn wir nicht mehr mit der Feder schreiben mussten, waren in unseren Schulbänken noch die Aussparungen für die Tintenfässer, das Holz drumrum mit blauen Flecken übersät. Und mit allerlei Inschriften und Gravuren natürlich auch. Anfangs, als wir endlich nicht mehr mit Bleistift schreiben mussten, brauchten wir ebenfalls Tintenfässer für unsere Kolbenfüller. Immerhin konnte man die schon mit einem Deckel zuschrauben. Trotzdem lief immer wieder etwas aus. Bis endlich die Patronen aufkamen. Aber blaue Flecken und Finger gehörten noch lange zur schulischen Grundausstattung.

Bei uns im Haus gab es wenig Gedrucktes, keine Bibel, aber ein Gebetbuch und einen Katechismus, wahrscheinlich aus Mamas Schulzeit, eine Art Almanach bzw. Bauernkalender, in dem der Jahresverlauf mit Geschichtchen, Viten, Namenstagen etc. begleitet wurde. Vermutlich von ihrer Mama geerbt oder vielleicht auch als Hochzeitsgeschenk hatte sie ein Dr.-Oetker-Kochbuch, eventuell aus der volksbildenden Nazi-Zeit, in Frakturschrift, aber mit farbigen Bildern von Süßspeisen und Kuchen, Abbildungen von essbaren Pilzen und Kräutern sowie Zerlegeanleitungen für Schwein, Hammel und vor allem Rind. Dieses Buch wurde von ihr fleißig genutzt, verschlissen und am Ende zerfleddert, sodass später ein weiß-blaues »Bayerisches Kochbuch« ins Haus kam.

Richtiggehend Neues ausprobieren, systematisch, gern und mehrmals im Monat, hat sie sich erst erlaubt, als wir in den Achtzigerjahren auf Bioanbau umstellten und selber viel Gemüse angebaut haben, auch außergewöhnliche Raritäten wie Kürbisse, Pastinake, Topinambur, Schwarzwurzel, Radicchio, aber auch, nach langer Pause, wieder

Kartoffeln. Erst ab da konnte man auch bei uns Gemüse essen, war der Wirsing nicht mehr in bayerischer Tradition verkocht, sondern knackig und überbacken, die Bohnen nicht weich, sondern blanchiert.

Fleisch gab es in der Regel, außer es wurde was geschlachtet, nur sonntags – und halt montags die Reste. Die Resteküche war meist ein Highlight und mir lieber als der Hauptgang: g'röste Knödel, Rindfleischg'röstl, Rindssuppe, Brotsuppe. Dienstag und Freitag waren Mehlspeisentage, freitags kam gelegentlich auch Fisch auf den Tisch. Rohrnudeln oder Auszog'ne und vor allem der Hefezopf hielten etliche Tage vor, zum Kaffee in der Früh oder Tee am Nachmittag.

Immerhin hing Gedrucktes an der Wand unserer Küche: ein Abreißkalender, als Werbegeschenk eines Futtermittel- oder Chemieunternehmens, und ein Halbjahresüberblick, ein Kundenpräsent des »Fürstenfeldbrucker Tagblatts«. Papa war ein fleißiger Zeitungsleser, sowohl vom »Tagblatt« wie auch dem »Wochenblatt«, also dem landwirtschaftlichen Fachorgan.

Für Zeitunglesen Zeit hatten eigentlich höchstens Großbauern, die andere die Stallarbeit machen lassen konnten. Mama hat von ihrem Großvater mütterlicherseits erzählt, der nachmittags in der Stube Zeitung las und sich gelegentlich dabei räusperte. Und die Kinder durften keinen Lärm machen, damit er nicht in seiner Konzentration gestört war.

Lesen war scheinbar nicht so einfach. Lesen lernen eigentlich schon. Aber es gab Tücken. So hat mich Martl noch über Jahre gehänselt, nur weil ich einmal abends, als ich wie immer brav meine Hausaufgaben gemacht habe, die Tür zwischen Gang und Kuhstall aufgerissen habe und gerufen: »Mama, was heißt denn he-ute?« Da erklären sei dir monatelang, dass du jeden Konsonanten und Vokal für sich aussprechen sollst, dann lachen sie dich aus, wenn du es tust.

Unsere Grundschule hatte eine Bücherei, da konnte ich mir ab und zu was ausleihen. Aber viel interessanter, weil auf dem neuesten Stand, auch was Kinder- und Jugendliteratur anging, war die Druckerei Schwarzfischer in der Schmiedstraße. Die hatten ein Schreibwarengeschäft dabei, mit einer Leihbücherei und einem Buchladen. Der Schwarzfischer hatte auch eine Auslage, ein Schaufenster, auch mit Büchern drin. Das allein war schon ein Magnet.

Ich konnte mir lange keine eigenen Bücher leisten. Aber während meiner Grundschuljahre bekam ich schon ein bisschen Taschengeld, da konnte ich für ein Zehnerl oder zwei welche aus der Leihbücherei dort holen. Bücher gegen Geld ausleihen war einmal ein Geschäftsmodell. Ich hab das nach Kräften unterstützt. Wegen Crowdfunding und so. Später hab ich mir auch mal ein Buch kaufen können, z. B. weil es zu Geburtstagen von Tanten und anderen Anverwandten oder Ähnlichem manchmal kleinere Geldgeschenke gab.

Schenken war überhaupt eine erfreuliche Angewohnheit vieler Erwachsener in unserem Bekanntenkreis. Es war zwar oft nicht, was man wollte oder unbedingt gebraucht hätte, aber es lief nach dem Prinzip Schrotflinte, nur viel angenehmer in den Folgen. Hin und wieder war auch bei nicht so guten Schützen ein Treffer dabei, und das machte aus meiner Sicht den ganzen Aufwand durchaus wett. Uns Kindern etwas zu schenken war ohnehin ziemlich leicht. Da war die Auswahl noch groß, Enttäuschungen Mangelware. Kaum etwas, was wir nicht hätten brauchen können. Und mit neuem Lesestoff lag man bei mir ohnehin richtig.

Das reinste Paradies war in dieser Hinsicht dann die Gemeindebücherei im neu gebauten Rathaus im 6. Stock. Das war dem Himmel schon recht nah. Später hatte sie einen Leiter, Herrn Zeilnhofer, der was von Büchern verstand, auch von Jugendbüchern, und schon viele gelesen hatte. Durch die vielen, scheinbar endlosen Regalreihen zu stöbern, immer wieder auf Türöffner zu stoßen, die völlig neue Welten aufsperrten, war rauschhaft.

Nur Herrn Zeilnhofer musste man besser aus dem Weg gehen. Er war zu unsereins wenig freundlich und flößte mir ziemlich Respekt ein; er machte mir fast Angst, dunkel umwölkt, sparsam in der Mimik, streng in der Diktion. Es hat lange gebraucht, bis ich den menschenfreundlichen Mann hinter dem abweisenden Eindruck entdeckte, und noch mal viele Jahrzehnte, bis ich von seinem Schicksal erfuhr: von der Bedrohung durch das NS-Euthanasie-Programm und dessen einschüchternden Folgen. Als 83-Jähriger hat er seine Familiengeschichte erforscht und öffentlich gemacht, denn, sagte er, »ich will nicht, dass im

Flüsterton über dieses Stück Zeitgeschichte gesprochen wird«. Genau diese Aura von Flüsterton, meine ich, hat mich als Jugendlicher eingeschüchtert, wenn ich dort oben auf ihn selber getroffen bin und nicht bloß auf die freundliche Frau an der Theke.

Schule und Pfarrer gehörten zusammen. Nicht nur dass die Schule direkt neben der Kirche stand und die Lehrerwohnung und das Pfarrhaus nah beinander waren, auch pädagogisch passte kein Blatt Papier zwischen diese zwei Säulen höherer Bildung. Der Pfarrer konnte dich an den Ohren und Haaren ziehen, der Lehrer dir spontan eine runterhauen, wenn du nicht gespurt hast. Da hab ich lieber gespurt. Außerdem hat mich auch interessiert, was sie außer ihren Korrektionsmaßnahmen so im Angebot hatten, an Geschichten, Fertigkeiten und neuen Perspektiven.

Stellvertretend für Mama musste ich nicht nur einkaufen, sondern sie hat mich auch in die Kirche geschickt. So wie es bei den meisten Beerdigungen im Dorf reicht, wenn einer aus der Familie hingeht, scheint es bei uns daheim auch am Sonntag gereicht zu haben, wenn ich den Job verrichtete. Mama und Papa hatten einfach zu viel zu tun. Bis sie im Stall fertig war, musste sie schon mit dem Kochen anfangen. Erst später, mit dem neuen Haus, blieb am siebten Tag die Küche kalt. Bis dahin gab es immer einen Sonntagsbraten.

Sonntäglicher Kirchgang war Pflicht. Das wurde zwar nicht mehr ganz so streng gesehen wie noch bei meinen Eltern, bei denen es am Montag vom Lehrer Tatzen gab, also die Hände mit einem Stock eine übergezogen bekamen, weil nicht nur der Pfarrer, sondern auch der Lehrer genau Buch führten, wenn wer nicht da war. Aber natürlich hat auch unser Pfarrer genau notiert, dass ich ein pflichtbewusster Kirchgänger war.

Um Weihnachten rum gab es ja nicht nur die Geburt Jesu zu feiern, sondern auch sonst allerhand kirchliche Feiertage. Etwa die »Unschuldigen Kinder«, die mich besonders ergriffen: Mitleid und Furcht, weil ja auch »Kind«, wenn auch meinem Gefühl nach nicht unbedingt »unschuldig«. Oder der Heilige Stefan, der mir als Namensheiliger meines Geburtstages bekannt war. Auch weil Mama immer erzählte, dass sie mich nach ihm hätte nennen wollen. Weil man das gern gemacht hat, den Namenstag auf den Geburtstag legen. Aber Papa habe die Abkürzung »Steffe« gescheut, weil zu sehr nach »Stoffe« geklungen. Da hat er sich mal durchgesetzt, wenngleich außerhalb seiner eigentlichen Zuständigkeit.

»Sepp« war dann wohl am naheliegendesten. Weil wie der Vater so der Sohn. Und später dann auch die Tochter wie die Mutter. Und zu mehr als einem Namen hat es damals bei den ärmeren Schichten der Bevölkerung sowieso meist nicht gereicht. Vielleicht weil man die paar, die man kannte, unter den vielen Kindern verteilen musste. Früher hat man die Reichen und Adeligen auch daran erkannt, dass sie sich viel mehr Vornamen leisten konnten. Bei mir in der Gymnasialklasse war ein rundköpfiger, blondlöckiger, glupschäugiger Freiherr von Aretin, der gerne die nicht enden wollende Litanei seiner Vornamen runterbetete, eine Liste, die mindestens so lang war wie die von einem Lügenbaron.

Obwohl ich also nicht Stefan getauft wurde, war ich, als unser Pfarrer mal im Religionsunterricht Fragen nach dem Leben des Heiligen stellte, trotzdem der sozusagen geborene Antwortgeber. Wenn ich nicht akkrat am Stephanstag, zwei Tage nach meiner Mama, ihrer Schwester und Christus auf die Welt gekommen wären, hätte keiner in der Klasse darauf antworten können. Diese quasi naturgegebene Expertise gab schließlich, neben meinen fleißigen Sonntagsgottesdienstbesuchen, den Ausschlag, dass ich in Religion einen Einser bekam.

Damals noch keine Bagatelle. Ich war zwar auch sonst aufgeweckt und nicht schlecht in der Schule, aber aufs Gymnasium gingen von uns 40 Buben allenfalls eine Handvoll – und zwar ausschließlich die Kinder Zugezogener. Aus dem Dorf überhaupt niemand. Nur ein Jahr später hat man in Germering ein Gymnasium gebaut, dann haben sich auch die Übertrittsquoten geändert. Wenn auch nicht im Dorf. Und bei mir gab der Heilige Stefan – oder eben mein Geburtsdatum – letztlich den Ausschlag, dass ich für Höheres infrage kam.

Ich ging schon eine Weile in die Vierte Klasse, da war »Missionstag«, nämlich während der Sonntagsmesse. Es predigte ein echter Missionar, der selber Jahre bei den Dunkelhäutigen gewesen war, in Afrika oder Neuguinea, da wo halt die Passionisten ihre Missionsstationen hatten. Er warb für ihr Priesterseminar in Pasing. Weil ihnen ging der Nachwuchs aus. Bisher hatten sie vor allem Bauernbuben aus der Oberpfalz. Aber auch die wurden rarer. Deshalb gingen sie jetzt auch im Münchner Umland auf Anwerbetour. Eltern, die Interesse hätten, ihre Buben aufs Seminar zu schicken, sollten nach der Messe in die Sakristei kommen. Ich kann mich nicht erinnern, dass viele Eltern gekommen wären. Aber ich schon. So kam es, dass wenig später unser Pfarrer und ein Passionistenpater bei meinen überraschten Eltern auftauchten. Meine Mutter war begeistert. Mein Vater weniger.

Papa hatte immer gesagt, ich dürfte »alles werden, nur kein Pfarrer und kein Polizist«. Das mit dem Polizisten hatte ich verstanden. Da gab es berufsbedingte Allergien aus seiner Fernfahrerzeit. Polizisten, die einen anhielten, durfte man besser nicht widersprechen, weil sie sonst nur zeigen mussten, wer der Chef war. Blieb man freundlich, konnte man mit einer Verwarnung davonkommen. Aber lieb machte das einem die Polizisten auf Dauer nicht.

Aber was sprach gegen Pfarrer? Die Scheinheiligkeit? Die Hartherzigkeit? Dass bei seiner bigotten großen Schwester Glauben und Taten so weit auseinanderklafften? Welche Bedenken er auch immer hatte, sie waren offenbar nicht stark genug. Gegen die Hoffnungen meiner Mutter. Mit dem Gang in die Sakristei hatte ich selber den Weg zu höheren Weihen eingeschlagen und den zur Höheren Bildung geebnet. Aus mir Bauernbub sollte erst ein Pfarrer und dann überhaupt irgendein Akademiker werden. Zeitgleich wurde aus meinem Bauerndorf eine Stadt. Oder wenigstens eine Vorstadt.

53 SITTEN UND GEBRÄUCHE

Gepflogenheiten, die einmal eingerissen sind, halten sich in der Regel ewig, und meist wissen wir gar nicht, wie alt sie eigentlich sind. Unsere Art, Sachen zu machen, kommt uns meist so selbstverständlich vor, dass wir uns gar nicht vorstellen können, dass andere anderswo das anders machen könnten. Wenn wir dann mit einer fremden Praxis konfrontiert werden, wie es zum Beispiel auf Reisen schon mal passieren kann, dann kommt uns leicht was befremdlich vor. Dabei müssen wir, um solche exotischen Erfahrungen machen zu können, gar nicht so weit gehen. Nur ein paar Schritte zurück. »The past is a foreign country; they do things differently there«, sagt der britische Schriftsteller Leslie P. Hartley. Die Vergangenheit ist ein fremdes Land; die machen die Sachen dort anders.

Nicht alle Sitten, Gebräuche und Traditionen haben sich gehalten und auch unter neuen Verhältnissen durchgesetzt. Manche Gepflogenheiten sind von einem Tag auf den anderen verschwunden, ohne dass sie irgendeine Spur hinterlassen hätten oder von jemandem vermisst worden wären. Andere wirken völlig aus der Zeit gefallen. So etwa die wenig spielerische Art, das Leben anzugehen, der wenig herzliche Umgang miteinander oder die hilflosen Versuche, die eigene Existenz abzusichern. Manchem, was damals üblich war, merkt man an, wie viel Unwissenheit da noch im Spiel ist, aber oft fehlen einfach bloß die Voraussetzungen und Möglichkeiten, über die wir heute verfügen.

Das Leben war todernst. Man erlaubte sich keine billigen Späßchen. Jedenfalls keine solchen, die Autoritäten oder die soziale Ordnung infrage gestellt hätten. In Scherzen steckt ja gern eine Prise Aggressivität. Die durfte sich allenfalls gegenüber Schwachen und unmündigen Kindern austoben. Schadenfreude war die schönste Freude. Weil wer den Schaden hat, braucht für den Spott nicht zu sorgen. Und wer nicht recht ernst zu nehmen war, weil er sich nicht richtig wehren konnte, zu schwach, zu klein, zu arm, war ein leichtes Opfer schäbigen »Humors«. Selbst in scheinbar harmlosen Scherzen konnte Bosheit stecken. Nun werden manche sagen, das hat sich nicht geändert. Aber Kritik daran oder gar Missbilligung gab es damals nicht. Denn das war doch ganz normal. Und was normal war, stand über jeder Kritik.

Es gab auch Tage des organisierten Humors. Noch nicht so professionell inszeniert und ritualisiert wie später die Übertragungen rheinischen Frohsinns auf allen beiden Kanälen, die mein Vater so liebte. Aber es gab feste Termine, an denen man närrisches Treiben vorführen durfte. »Anlaß zu allerlei Späßen und Gaudi bietet der ›Unsinnge Donnerstag‹, während der ›Ruaßige Freitag‹ geschwärzte Gesichter findet und der ›Gschmoizige Samstag‹ mit besonders fetten Schmalznudeln, Küachaln und Braunudln erfreut. Viel Gelächter bringen die ›Maschkaraumzüge‹. Es gehört schon viel Humor und auch Idealismus dazu«, beschreibt der Brucker Heimatpfleger Wolfgang Völk die Anstrengungen, die mit der Zeit der »Fasenacht« verbunden waren.

Dass es bestimmte Tage gab, an denen man den Humor rauslassen durfte, könnte auch ein Hinweis darauf sein, wie wenig es sonst zu lachen gab. Ein weiterer fester Termin im Humor-Kalender war der 1. April. »In-den-April-Schicken« war ein beliebter Volkssport. Er war mit Demütigung verbunden. Deshalb war klar, wer wen wohin schickte. »Gehst ins Gschäft und kaufst für ein Fünferl ein I-bi-dumm« konnte man nur unmündigen Kindern vorschlagen. Von unten nach oben zu spotten hat man sich nicht trauen brauchen. Höchstens wenn man erfolglos blieb, etwa mit dem Versuch, einen Erwachsenen seinerseits in den April zu schicken. Weil dann konnten der oder die den kleinen Gernegroß ihrerseits auslachen und die Ordnung war wiederhergestellt. Aber wehe wenn man Erfolg hatte!

Derblecken, Verspotten und Aufs-Glatteis-Führen waren gerichtete Tätigkeiten: von oben nach unten. Wie Mobbing. Auch hier drangsalieren Stärkere Schwächere. Deshalb wohnt ausgeübtem Gruppenhumor, wie er sich etwa in einem närrischen Treiben, einem Haberfeldtreiben oder einem Winteraustreiben in Raunächten zeigen mag, immer eine unterdrückte Aggression inne, Grobheit und manchmal Grausamkeit, ein allzeit aktivierbares Potenzial von Gewaltausbruch und Hatz- und Hetzjagd. Da war es klug, jederzeit auf der Hut zu sein. Der Spaß hat schließlich schnell vorbei sein können. Heute hat sich das umgekehrt. Auf der Hut sind wir, wenn Leute ernst machen. Wer heute eine Sache ganz ernsthaft angeht, gibt gleich Anlass zu Beunruhigung. Denn er könnte nicht nur humorlos sein, sondern ein rechter Kreuzritter, Fundamentalist oder Aluhut-Träger und gleich in den Bürgerkrieg ziehen.

Etliche Dinge tat man damals auch deshalb anders, weil einem bestimmte Möglichkeiten gar nicht offenstanden, aus finanziellen oder schlicht aus technologischen Gründen. So gab es auch nach dem Weltkrieg auf dem Bauernhof noch lange keinen Kühlschrank. Es gab eine Art Kühlraum, die fensterlose Speis, an der Nordseite des Hauses; mit einer Türschwelle, die schon mehr eine Stufe war, auf der ich küchenseitig oft und gerne hockte oder meine Figuren für Spiele aufbaute. Drinnen waren gelegentlich Wurst und Geräuchertes aufhängt, mäusesicher. Im Fass das Sauerkraut, in Gläsern die Essiggurken, das Brot im Kasten. Die Küche selber war so fleisch- wie gewürzarm. In Summe mit einem idealen, für uns Heutige faktisch unerreichbaren CO_2-Fußabdruck.

Vor ein paar Jahren gab es im Radio einen Werbespot für Mineralwasser. »Opa, mit was seid ihr eigentlich großgeworden?«, fragte der Bub den Alten. Und der zählte in seiner Antwort eine Reihe fragwürdiger Bräuche auf, wie Brot über Feuer rösten, und schließt: »und mit Frankenbrunnen. Das gibt es schon, seit ich denken kann.« So jung kann der angebliche Opa gar nicht sein, dass das stimmen könnte. Denn Wasser in Flaschen wollte und konnte sich niemand leisten. Höchstens eine dünne international ausgerichtete Oberschicht in der Großstadt. Also niemand im Dorf. Trinkbares, sauberes Leitungswasser war als Errungenschaft noch nicht so alt, dass man es nicht wertgeschätzt hätte. Stattdessen Wasser in teuren Flaschen zu kaufen und aufwendig zu transportieren, statt es einfach aus dem Hahn laufen zu lassen, wäre denen, die diese Marotte nicht kannten oder teilten, nicht als beneidenswerter Luxus, sondern als dümmlicher Spleen erschienen.

Auch Kleidung und Heizung waren nachhaltig, schon allein weil an beiden immer gespart werden musste. Das Gewand wurde aufgetragen, bis es so fadenscheinig war, dass es nicht mehr geflickt werden konnte. Und dann musste es noch als Lumpen dienen. Geheizt wurde nur mit Holz, etwas Koks und ein paar Briketts, um über die Nacht zu kommen und am nächsten Morgen im Ofen noch genügend Glut für ein frisches Feuer zu haben. Manche Kleidungsstücke wurden selber gestrickt und später gestopft. Alles aus Wolle: Pullover, Jacken, Handschuhe, Schal, Mützen, selbst Unterhosen – pfui Deifi! Die kratzigen Bärn!

Im Winter stieß man in der Küche mit dem Kopf überall an Sachen, die zum Trocken aufgehängt waren. Weil ja praktisch nichts wasserabweisend war, jedenfalls nicht lang. Die Wollhandschuhe zum Beispiel waren, wenn es nicht durchgehend knackig kalt blieb, sofort durchweicht, erst recht wenn der Schnee schon etwas matschig war oder man ins Warme kam. An den Wollfasern, die sich gerne vom verstrickten Faden lösten, klebten Eisbatzen fest und froren Schneeklumpen an.

Immerhin konnte man daran zuzzeln, an den vereisten, nassen Handschuhen, wie andere an einer Weißwurst; und dann konnte man noch kauen auf den aufgeweichten Kapuzenschnüren, und den eigenen Speichel wieder raussaugen. Die feuchte Masse war bloß ganz am Anfang, bis man sie wieder richtig aufgewärmt und durchgekaut hatte, ein bisserl kalt und abgestanden. Einen Kaugummi hatten wir ja keinen, den kannten wir noch nicht mal. Der war gleich nach dem Krieg mit den spendablen Amerikanern wieder spurlos aus den Dörfern verschwunden, also weit, bevor ich beide zu Gesicht hätte bekommen können.

Wenn man sich im Dorf begrüßte, wahrte man einen gewissen Abstand. Man gab niemand die Hand. Umarmungen oder gar Bussibussi war undenkbar. Erst später, im aufkommenden Wirtschaftswunder, mussten wir das Handgeben mühsam lernen wie andere bürgerliche oder kleinbürgerliche Gepflogenheiten auch: »Gib die schöne Hand!« Der Handschlag war so ungewöhnlich, dass er problemlos als feierlicher Geschäftsabschluss fungieren konnte und auch als solcher erinnert wurde. Sogar von allen anderen, die dabei waren. Dass man zu bestimmten Leuten »Sie« sagen musste, ja dass man überhaupt »Sie« sagen musste, haben wir übrigens auch erst in der Schule gelernt. Im Dorf hielt man problemlos auch per Du Distanz.

Als ich schon ein paar Jahre Berufspolitiker war, habe ich mal bei einem Termin einer Reihe von mir persönlich bekannten bäuerlichen Berufskollegen die Hand geschüttelt. Das allein war schon eine merkwürdige Erfahrung. Etwas wie ein Tabubruch oder wenigstens eine Grenzüberschreitung. Ihre Hände spürten sich auffallend groß an, rauh und fleischig – nur die des Geschäftsführers des Maschinenrings nicht. Daran hab ich gemerkt, wie klein und relativ zierlich meine eigenen Hände mittlerweile geworden waren. Aber mehr noch als die so ungewohnte Berührung hat mich der Wechsel meiner Rolle irritiert. Denn unter Bauern ist Händeschütteln nicht üblich. Allenfalls bei offiziellen Anlässen. Gegenüber Autoritäten.

Das Verhältnis und Verhalten meines Vaters gegenüber Autoritäten war eher zwiespältig. Für ihn war es kein Widerspruch, dass er einerseits Leuten, die sich selber »für etwas Besseres hielten«, bescheiden, ja fast unterwürfig begegnete und dass er andererseits für seinen Sohn eine Karriere ablehnte, die zu etwas »Höherem« hätte führen können. Antonio Gramsci meint zwar in seinen »Gefängnisheften«: »[A]uf dem Land stellt der Intellektuelle (Priester, Rechtsanwalt, Lehrer, Notar, Arzt usw.) für den durchschnittlichen Bauern ein soziales Modell dar beim Bestreben, aus seiner eigenen Lage herauszukommen und sich zu verbessern. Der Bauer denkt stets, dass zumindest einer seiner Söhne Intellektueller (besonders Priester) werden, das heißt ein Signore werden könnte«.

Demnach war mein Vater kein »durchschnittlicher« Bauer, er hatte sich ja auch von unten nach oben gearbeitet und die Demütigungen, die ihm unten von allen oberhalb zuteilwurden, noch nicht vergessen. Gramsci unterstellt dem Bauern generell eine gespaltene Haltung: »[E] r bewundert die gesellschaftliche Stellung des Intellektuellen und im allgemeinen des Staatsangestellten, aber er tut manchmal, als ob er sie geringschätzen würde«. Das traf auf meinen Vater ganz und gar nicht zu. Er teilte die »instinktive Bewunderung« nicht, die »von Elementen des Neids und leidenschaftlicher Wut durchsetzt« sei, sondern lediglich die bäuerliche »tatsächliche Unterordnung unter die Intellektuellen«. Er nahm gesellschaftliche Hierarchien fatalistisch hin, ohne darauf irgendwelche Gefühle zu verschwenden. Seine eigenen Ambitionen hatten sich ja bereits erfüllt, er hatte seinen Platz gefunden.

Geert Mak benennt in seiner Studie über das europäische Dorf »das klassischste aller Dorfprinzipien: den Vorrang der Gemeinschaft vor dem Individuum. Der letztgenannte Grundsatz hatte zur Folge, dass man in vielen traditionellen Dörfern nichts von individualistischem Benehmen hielt. Wenn jemand mehr als nötig auf sein Aussehen achtete oder sich ein wenig anders benahm, dann galt das schon bald als lächerlich.« Dafür gibt es in meiner Familie ein paar Beispiele.

Unser jüngster Onkel durfte oder musste, als er frisch verheiratet war, das kleine Anwesen meiner Oma übernehmen, das seine Schwestern, und dabei vor allem meine Mutter, bis dahin in Schwung gehalten hatten. Aber seine junge Frau kam nicht vom Dorf, sondern aus Bruck. Kein Wunder, dass sie den kleinen Hof nur ungern und mehr recht als schlecht weiterführte, nicht zuletzt, weil klassischerweise die Hauptarbeit an ihr hängen bleiben sollte, während er in die Arbeit ging. Als sie nun eines Tages mit dem Kuhgespann ins Moos zum Futterholen fuhr, hatte sie des Regens wegen einen Schirm dabei. Und sie hatte ihn kaum aufgespannt, da ging diese brisante Nachricht schon rasend schnell herum im Dorf. Und jedem war klar, dass das nicht die richtige Arbeitshaltung war. Das konnte nichts werden.

Arbeit war nichts, was man leicht nahm. Sie musste mit tierischem Ernst verrichtet werden. Deshalb haben Papa und Martl es ähnlich skandalös aufgefasst, als ich, als schon kräftiger Halbwüchsiger zum Kurbeln des Kartoffelsortierers verpflichtet, eine kleine technologische Innovation einführen wollte. Ich hab mir nämlich einen Stuhl geholt, auf den ich mich bei Verrichtung dieser Tätigkeit setzen wollte. Das war wieder einer meiner völlig wahnwitzigen Einfälle: ein Angriff auf Disziplin und Arbeitsethos, denen sie sich verpflichtet sahen, und damit auf ihre persönliche Integrität.

Zu den auffälligsten Gebräuchen gehörten die relativ hilflosen, aber dennoch hartnäckigen Versuche, die Unwägbarkeiten der Weltenläufe und vor allem der Wetterverläufe doch noch irgendwie in den Griff zu kriegen oder damit wenigstens eine Spur mehr Planbarkeit zu erreichen. Neben der häuslichen Anrufung verschiedener Hausheiliger, für Vieh, Seuchen oder Wachstum Zuständiger, hausgemachtem christlichem Segen mit Weihwasser oder Räuchergut, sollten vor allem rituelle gemeinschaftliche Aufmärsche unter professioneller Anleitung helfen.

»Flurumgänge haben eine lange Tradition«, schreibt Michael Henker: »Im katholischen Bereich haben die bäuerlichen Bittprozessionen durch die Feldflur Bußcharakter; sie enden in einer Meßfeier. Mit dem Umgang erbitten die Gläubigen den Segen für das Dorf, für gutes Wetter und das Gedeihen der Feldfrüchte. Es werden Fahnen, Heiligenfiguren und Reliquiare mitgeführt. In enger Verbindung dazu steht die Fronleichnamsprozession. Sie hat den Charakter eines Flurumganges angenommen. Von diesem wurde z. B. das Ritual übernommen, an vier Stellen zu halten und nach den vier Himmelsrichtungen segnend die vier Evangelienanfänge zu singen.« Flurumgänge, Fronleichnamsprozession, Bittumgänge: Bei uns machte man alles, von dem man sich nur irgendeine Wirkung erhoffte.

So verlässlich wie die regelmäßigen, kleinen, familiären Sonntagswallfahrten nach Andechs, Grünsink oder Maria Eich gab es im Bauernjahr auch wiederkehrende kirchliche Bittgänge: jährlich einmal ein Umgang durch die Germeringer Flur, bei dem der Pfarrer mit großem Aplomb die Feldfrüchte segnete, den Bittgang über den Parsberg nach Holzkirchen und die Fronleichnamsprozession. Für die Fronleichnamsprozession, die auch durch die Dorfstraße führte, war es für die Anlieger natürlich unverzichtbar, dass sie die sichtbare Hofseite aufräumten, alles kehrten, was sich kehren ließ, und rote kirchliche Festtagstücher aus den Fenstern hängten. Diese öffentlichen Demos hielten nicht nur die Gemeinschaft unter einem katholischen Dach, einem Baldachin sozusagen, zusammen, sondern sollten auch die Naturgewalten einhegen und den Menschen helfen, sich im nicht Beherrschbaren häuslich einzurichten.

»Grundlage dieser Religiosität war ein vitales Überlebensinteresse. Krankheit, Unwetter, Viehseuche und Schädlingsbefall bedrohten die bäuerliche Arbeit und ihren Ertrag, ja die gesamte Existenz, und veranlassten den Menschen auf dem Land zu verschiedenen Frömmigkeitsformen«, heißt es in »Bauern in Bayern«. Und weiter: »Wetterschutzheilige, Wettersegen, Flurumgänge, Gebete und Beschwörungen sollten vor Unwetter, Blitzschlag, Hagel, Überschwemmung und Dürre bewahren und der bäuerlichen Arbeit guten Ertrag sichern.«

Gerade weil sich prinzipiell an dieser schwierigen Lage nichts änderte, alle menschlichen Anstrengungen also im Grunde für ein Umsonst waren, blieb die religiöse Zuflucht faktisch ein Selbstläufer, eine Art Perpetuum immobile: »So wie die bäuerlichen Ängste und Nöte durch die Jahrhunderte prinzipiell gleichblieben, haben sich auch die Formen religiösen Handelns kaum geändert.« Da müssen die Nöte und Ängste groß gewesen sein und mögliche Alternativen rar, wenn immer wieder auf das zurückgegriffen wird, was schon bisher nicht wirklich geholfen hat. Aber vermutlich wäre es ohne himmlischen Beistand noch schlimmer gekommen.

Religiöse Vorschriften waren Regeln, die sich die dörfliche Gemeinschaft selbst zu eigen gemacht hatte. Sonntagsarbeit war strengstens untersagt, mit der Ausnahme allerdings für die Versorgung der Tiere sowie der saisonal und wettergebundenen Heu- und Getreideernte. Alles andere wurde geächtet. Niemand hätte gewagt, Tiere oder Schlepper für andere Arbeiten an Sonn- und Feiertagen einzuspannen, gar in der Osterwoche Mistzuführen, an Karfreitag Kartoffeln zu legen oder am heiligen Sonntag und während der Messe zu ackern, wie man das heute immer wieder beobachten kann.

Bei mir saß dieses Verbot so tief, dass ich mir noch Mitte der 80er-Jahre bei nötiger Arbeit auf dem Acker Gedanken machte, ob mich Leute nicht nur ausrichten, sondern sogar anzeigen würden. Denn Sonntagsarbeit war ja auch gesetzlich verboten und die Polizei dazu da, für die Einhaltung der Gesetze zu sorgen. Dabei war man natürlich auch bei Anbau und Pflege von Gemüse und Kartoffeln sehr stark von der jeweiligen und erwarteten Witterung abhängig und auf jeden schönen Tag, ob Sonntag oder nicht, angewiesen. Trotzdem hab ich mir immer »Ausreden« überlegt für den Fall, dass die Polizei käme, etwa dass neben unserem Gemüseacker die Tennisspieler die Sonntagsruhe viel lauter und andauernder stören würden.

Manche der Sitten und Gebräuche haben sich nicht verloren im Laufe der Jahrzehnte, sondern bis heute erhalten. So sind Bauern weiter berühmt dafür, dauernd zu klagen und zu jammern. Über das Wetter. Den Staat. Die Leute. Immer hat ein Bauer Probleme. Nie brächte er einen Satz über die Lippen, der nahelegen würde, dass es ihm gut geht. Weil das über Jahrhunderte eingeübt und ihm quasi mit der Muttermilch eingeflößt wurde. Fernand Braudel ist dem auf den Grund gegangen, und dabei ist ihm aufgefallen, »dass sich der Bauer fast überall hinter dem Elend verschanzt, das er zum Schutz gegen den Grundherrn oder den Steuereintreiber betont zur Schau stellt«. Solche über Jahrhunderte erfolgreiche Gewohnheiten legt man nicht so einfach ab.

54 SOZIALE NETZWERKE

Ein dichtes soziales Netzwerk aus teils realen, teils virtuellen »Kontakten«, das kennen die meisten Leute nur aus den Social Media. Aber mein Papa hatte das schon Jahrzehnte früher, weit vor Facebook und Co. In seinem Kopf spann er ein räumlich verortetes Geflecht aus unterschiedlichsten Verbindungen und Zusammenhängen: Bekannte, Schul-, Kriegs- und sonstige Kameraden, frühere und jetzige Kollegen, dazu die vielen Verwandten, wenn auch zum geringsten Teil Mitglieder der eigenen Familie, setzte er alle zueinander und zu ihren jeweiligen Wohn- und Herkunftsorten in Beziehung. Dieses weit versponnene, dichte Netz existierte allerdings in dieser jederzeit abrufbaren, in vielen Details sich entfaltenden Form nur dank des ihm eigenen Gedächtnisses, seines ausgefeilten Raumsinns und seiner ganz persönlichen virtuellen Raumgestaltung. Er brauchte dieses Netzwerk als Orientierung gebendes Koordinatensystem und verlässliches Navi. Es half ihm, Räume und Regionen zu sortieren, neue Bekanntschaften einzuordnen und sich mit diesen vertraut zu machen.

Es gibt wissenschaftliche Untersuchungen und ganze Bücher darüber, dass praktisch die gesamte Menschheit über wenige Verbindungen miteinander bekannt ist und dass es vor allem eine bestimmte Art von Leuten ist, ein, wie es heißt, »Menschentyp, der jeden kennt«, der diese schnellen Kurzschlüsse ermöglicht. Meinen Papa hätte das nicht überrascht. Denn Fragen nach der Herkunft, nach konkret und im Detail nachvollzogenen Bekanntschafts- und Verwandtschaftsverhältnissen dienten ihm als Einstieg und meist unverfänglicher Gesprächsstoff, wenn er wo auch immer mit einem Tischnachbarn ins Gespräch kam.

Meist kam er nicht einfach so ins Gespräch, sondern er hat es selber angezettelt. Dieses Raster aus räumlichen und persönlichen Beziehungen erklärte ihm, mit wem er es zu tun hatte. »Bist du bei der Firma, dann kennst du doch die Irma«, singt Ringsgwandl spöttisch über die vermeintlich abwegigen Identifikationspotenziale großer Firmen wie Siemens. Mein Papa hätte Irma bestimmt gekannt. Mindestens hätte er durch Fragen herausgefunden, dass er wen kannte, der sie kannte und wusste, wo Irma daheim und mit wem sie verwandt war.

Mit diesem Personen- und Beziehungsregister erschloss er sich auch Räume, Ortschaften und Gegenden. Er war dafür nicht allein auf gängige Instrumentarien angewiesen wie eine Straßenkarte oder das Erfahrungswissen eines ehemaligen Fernfahrers über Landstraßen, Autobahnabfahrten und -zubringer, Tankstellen und Rastplätze. Das kam noch obendrauf. Bausteine daraus waren fester Bestandteil jeglicher Erörterungen, von Erwägungen und Erläuterungen. Aber als Basis griff er auf das alte Erschließungsmodell zurück, mit dem er aufgewachsen war: die schrittweise Erkundung und Aneignung fremder Gebiete, also sozusagen ihre Eingemeindung, anhand identifizierbarer Personen. Indem er Namen und Verhältnisse benennen und dort, wo er scheinbar fremd war, Bekannte und Bekanntes auffinden konnte, schaffte er sich in zunächst unüberschaubarem Gelände gleichsam einzelne Trittsteine.

Im Auffinden von Leuten, die mit Leuten bekannt oder verwandt waren, die er schon kannte, hatte er ein funktionierendes System, sich de facto unbekannte Orte anzueignen: Er spürte im Unbekannten Vertrautes auf. Bekanntschafts- und Verwandtschaftsverhältnisse aber dienten nicht nur als nützliches Koordinatensystem in unübersichtlichem Gelände, sondern als Schablone und Andocksystem ökonomischer Verbindungen und Transaktionen. An manche knappen Güter kam man gar nicht ran ohne Beziehungen oder Verwandtschaften, etwa an Pachtflächen oder rare Rohstoffe wie Grünfutter oder Stroh. Stroh zum Beispiel hat man überall brauchen können, nicht nur zum Einstreuen, auch als Abdeckung und Unterboden, zum Beispiel auf den Rüben- oder Kartoffelmieten, oder als Beifutter für eiweißreichen Klee oder Raps. Deswegen sind wir im ganzen Landkreis umeinandergefahren, um es bei den ersten viehlosen oder viehschwachen Bauern zusammenzukratzen.

Bekannte und Verwandte waren die ersten Ansprechpartner, nicht nur für größere Anschaffungen wie Landmaschinen und Traktoren oder für Geschäfte, bei denen Vertrauen wichtig war, wie etwa beim Kuhhandel, sondern stets und ständig, sofern nur der Aufwand halbwegs vertretbar war. Entscheidend war dabei nicht, dass Verwandte es günstiger bekamen, sondern dass das Geschäft in der Familie blieb. So fuhren wir unser Getreide regelmäßig zentnerweise nach Alling und ließen es dort in der Unteren Mühle mahlen – denn Mama war mit dem Müller verwandt. Zu Reparaturen kam jemand aus der Werkstatt von Onkel Otto oder wir fuhren dazu nach Türkenfeld. Wir mähten im Verpächter- und

Verwandtenkreis jeden Garten aus, der sich nur halbwegs lohnte. Das nützte uns und den Gartenbesitzern. Bekannte und Verwandte kauften ihrerseits unsere Kartoffeln oder bezogen unsere Milch, wann immer Gelegenheit dazu war. Mein Papa übernahm jeweils das alte Auto eines meiner Onkel, wenn die ein neueres kauften, und bekam die alten Lastwagenplanen von meiner Tante, bei der er früher Fernfahrer war. Und natürlich haben später, um nur noch ein weiteres Beispiel zu bringen, auch zwei Brüder meiner Mutter den Neubau von unserem Haus und Hof geplant und gemacht.

Diskriminierungsfrei war so ein priorisierter Zugang für Verwandte und Bekannte natürlich nicht. Er war halt die Regel. Und dank dieses Verwandtschaftsprivilegs und sozialen Geflechts konnten auch Kleinhäusler und die Kinder von Kleinhäuslern gut über die Runden kommen. Dabei spielte nicht nur eine Rolle, dass man sich gegenseitig Hilfe leisten konnte, sondern wichtig war immer auch, über alle Veränderungen in Verhältnissen und Verwandtschaften auf dem Laufenden zu bleiben. Wer wohin geheiratet, mit wem ehelich oder nicht welche Kinder hatte oder wohin wer umgezogen, ausgewandert oder wo er oder sie verschollen war, zählte für meinen Vater zum existenziellen Basiswissen. Und er wurde es, anders als ich, nie müde, genealogische oder lokale Litaneien im Stile der Abstammungs- und Zeugungslisten im Alten Testament herunterzubeten.

Damit stand er in einer bewährten Tradition und war nur ein besonders typischer Protagonist einer Art tradierter Welterschließung, die im Nahraum, in Verwandtschaftsverhältnissen und Ausdrucksformen mit hoher Konkretion und niedriger Abstraktionshöhe gründete. Ich hab mir, wie ich manchmal heute beklagen muss, leider fast gar nichts gemerkt davon. Weil mich Leute nicht interessiert haben, die ich überhaupt nicht kannte und vermutlich auch nie kennenlernen würde. Aber es war noch nicht mal so sehr, weil ich es für unnützes Wissen gehalten hätte, sondern es war unnütz, sich was zu merken. Denn dieses Wissen war nicht nur permanent verfügbar, sondern wurde auch ununterbrochen bereitgestellt. Allzeit präsent, wie sonst nur eine virtuelle Cloud. Es war sinnlos, selber etwas abzuspeichern. Mein Vater stellte ja seine Kenntnisse beständig, uneigennützig und so unentgeltlich wie vernehmlich zur Verfügung. Auch in Sachen Commons, geistige Gemeingüter oder allgemein zugängliches Wissensportal war er halt seiner Zeit schon weit voraus.

Für ihn war das praktisch, jede Konversation mit Fremden mit dem jeweiligen Wohn- oder Herkunftsort beginnen zu lassen. Nicht von ungefähr meldete er sich sein ganzes Leben lang am Telefon, ob eigen oder fremd, mit der örtlichen Markierung: »Dürr, Germering«. Da wusste gleich jeder, woran er war. Erst die anderen, aber dann, im logisch folgenden Austausch, eben auch er. Indem er nachvollziehen konnte, wer wo her war und mit wem über welche Ecken verwandt oder bekannt, war er auch in zunächst fremden Verhältnissen schnell daheim. Denn überall erklärte er seine eigene Herkunft und Verflechtungen und erfragte gleichzeitig die der anderen, sodass das gemeinsame Gespräch über Orte und Personen und die Suche nach Verbindungen wie eine Art Echolot dazu diente, den gegenseitigen Abstand auszumessen. Durch das gemeinsame Ausmessen selber wurde der Abstand schon verringert.

55 BAUERNREGELN

Bauernregeln waren immer schon ein recht bemühter Versuch, Klima und Wetter etwas von ihrem Schrecken zu nehmen. Man war davon existenziell abhängig, konnte es aber noch nicht mal vorhersagen, geschweige denn beeinflussen. Die zuverlässigste Bauernregel lautet zweifelsohne: »Kräht der Hahn auf dem Mist, ändert sich das Wetter oder es bleibt, wie's ist.« Konnte man sich schon früher nicht auf Bauernregeln verlassen, geht es jetzt überhaupt nicht mehr. Nicht nur, dass heutzutage fast überall der Misthaufen fehlt, es lebt auch nirgendwo ein Hahn mehr, der auf ihm krähen könnte. Und selbst Bauern gibt es kaum noch in den Dörfern.

Es fehlt sozusagen vom Boa weg. Sogar die wenigen Faustregeln, an denen sich ein Landwirt bislang halbwegs verlässlich orientieren konnte, hauen nicht mehr hin, weil das Wetter Kapriolen schlägt und Extreme in wilder Abfolge eintreffen können – oder eben auch nicht; also in einem Jahr eine vertrocknete Saat, im nächsten Frühjahrsnässe, dafür ein paar Monate Sommerdürre oder eine verregnete Ernte.

Bauernregeln stammen aus der Zeit, in der – so die Philosophin Eva von Redecker – »das Wetter zwar nie vorhersehbar war, das Klima aber verlässlich. Dass es eine verlässliche Reihenfolge gab, in der im Frühjahr die Kräuter am Wegesrand zu blühen begannen. Schrittweise, eine Art nach der anderen, weil es überhaupt so etwas wie Frühjahr gab, in dem die Frostnächte langsam seltener wurden und die Sonne langsam kräftiger. Nicht so ein plötzliches Kippen in den Sommer wie in den letzten Jahren.«

Auch das letzte Jahr, 2021, war nicht »normal«, allein schon deshalb, weil es rund ein Grad Celsius über dem Durchschnitt lag. Laut Süddeutscher Zeitung (4.1.2022) war es außerdem »geprägt von Extremen: ein Februar mit Frösten und Schneefällen in der Mitte Deutschlands, Ende März fast frühsommerliche Temperaturen, dann der kälteste April seit 40 Jahren und dann der drittwärmste Juni seit Beginn der Aufzeichnungen, gefolgt von den Starkregenfällen und katastrophalen Überschwemmungen im Südwesten des Landes.« Wenigstens blieben die vielen Hitzetage im Sommer aus, an die wir uns bereits gewöhnt haben.

Frühlingsähnliche Tage um Weihnachten herum, mit milden Nächten, überraschen in unseren Zeiten niemand mehr, eher schon die knackige Kälte, die davor oder danach plötzlich auftreten kann. Der April, der ja ohnehin als wankelmütig bekannt war, ist mittlerweile nicht mehr der einzige Monat, in dem die Wetterphasen rasch und extrem wechseln können. Dafür kann die Aprilsonne nunmehr ein paar Tage lang unerträglich sommerlich heiß herunterbrennen, um danach wieder sang- und klanglos zu verschwinden.

»Die Bauernregeln über das Wetter, die natürlich nie ganz gestimmt haben, sind nicht nur deshalb außer Kraft gesetzt, weil ihre Anhaltspunkte wegfallen, weil zum Beispiel eine Baumsorte gar nicht mehr ausschlägt. Sie sind außer Kraft gesetzt, weil das Klima aufgehört hat, verlässlich zu sein. Das Wetter war nie vorhersagbar. Aber das Klima war es.« Redecker folgert: »Das stabile Klima, an dem man das wechselhafte Wetter maß, gibt es nicht mehr.« Die menschengemachte Klimakatastrophe bricht sich Bahn: »Was den Wandel so bedrohlich und unabsehbar mach, ist, dass wir in gewisser Weise den Rahmen der Natur gesprengt haben.«

Im ökologischen Anbau werden wir die Folgen des Klimawandels vielleicht noch unmittelbarer spüren, weil wir auch bisher schon weniger Möglichkeiten hatten, Fehler und Mängel während der Bewirtschaftung im Vegetationsjahr auszugleichen. Für mich als ökologischen Kartoffelbauern ist beispielsweise entscheidend, dass die Kartoffeln einer möglichen Unkrautkonkurrenz gut davon wachsen, weil wir dieses ja nicht auf einen Schlag totspritzen können. Deshalb lassen wir sie zu Hause schon mal vorkeimen, damit sie nicht erst auf dem Acker aus ihrer Keimruhe erwachen, sondern gleich nach dem Legen richtig loswachsen können.

Noch vor zwanzig Jahren sind wir mit dem alten Leitsatz gut gefahren: »Legst mi im Aprui, kumm i, wann i wui. Legst mi im Mai, kumm i glei.« Wenn der Boden schon angewärmt war, haben die auf Keimen gestimmten Knollen bessere Wachstumsbedingungen vorgefunden als in den kühleren Wochen davor. Deshalb hatte ich es früher nicht eilig mit dem Legen, sondern hab lieber noch ein bisschen mehr Zeit auf die Saatbeetbereitung gelegt, vor allem auf den Kampf gegen Wurzelunkräuter wie insbesondere die »Weißwürz«, also die Quecke. Aber jetzt haben wir ja schon so oft einen warmen oder zumindest trockenen April, dass man nicht zu lange abwarten darf, sonst fehlt den jungen Pflanzen in einer wichtigen Wachstumsphase das Wasser. Und wenn du den Boden im Frühjahr zu oft bearbeitest, fehlt außerdem der Bodenschluss, das bedeutet, dass, wenn von oben kein Regen kommt, um den Boden wieder zu verdichten und die Kapillarkräfte wiederherzustellen, auch von unten kein Grundwasser aufsteigt.

Manchmal stimmt es noch, dass der Bauer »im Märzen die Rösslein einspannt«, sprich: den Bulldog. Manchmal geht es erst im April, dann wieder schon im Februar. Da musst du aufpassen wie ein Luchs, damit du die ersten Tage für die Frühjahrsarbeiten nicht verpasst. Weil danach kann der Winter wieder für Wochen zurückkommen; wenn auch meist nur nass und kühl, aber so, dass du den Acker ewig nicht befahren kannst.

Im Frühlingslied heißt es: »Amsel, Drossel, Fink und Star, alle Vöglein sind schon da«. Das ist mittlerweile ja auch kein Wunder mehr, weil Amsel und immer öfter auch Star waren gar nie weg. Die bleiben von Haus aus da. Weil die Winter milder werden. Immerhin hat das Vorteile auch für den Freilandgemüsebauern, wenn fast italienische Verhältnisse vorherrschen.

Radieserl, Endivien, ja sogar Herbstsalate bis Mitte November ernten oder sogar Anfang Dezember, Rosenkohl, der sich auf dem Feld bis in den Februar hinein hält, all das wäre früher bei uns im Alpenvorland undenkbar gewesen. Dafür halten die Herbst- und Lagergemüse nicht mehr so gut wie früher, jedenfalls nicht im Naturlager. Weil sie viel hitzigeren Wachstumsphasen ausgesetzt waren und weniger gleichmäßig vor sich hinwachsen durften, lagern Zwiebeln und Knoblauch schlechter und Wurzelgemüse wie Gelbe oder Rote Rüben schrumpfen schneller im Lager.

Selbst auf die Eisheiligen kann man sich nicht mehr verlassen. Bisher war jedes Jahr Anfang, maximal Mitte Mai bei uns im Münchner Westen noch mit Spätfrösten zu rechnen. Heuer blieben sie aus. Deshalb hab ich frostgefährdete Pflanzen wie Kürbisse, Zucchini, Gurken und

Bohnen deutlich früher gesät, nämlich schon Anfang der letzten Aprilwoche. Das war sozusagen bauernschlau. Denn es gab zwar keinen Frost, war aber trotzdem wochenlang kalt. April und Mai waren deutlich kühler und regnerischer als sonst.

Vor allem die Gurken haben mir das sehr übel genommen und viele sind lieber erst gar nicht gekeimt. Aber auch die anderen Wärmeliebenden sind das ganze Jahr über schwer in die Gänge gekommen. Dafür hatten sie, genauso wie die Kürbisse, eine recht kurze Lebensdauer und sind vorzeitig abgereift und abgestorben. Die rascher reifen Kürbisse halten sich dann natürlich auch schlechter im Lager. Insgesamt eine Art Turbosommer: schnell angeknipst, voll durchgeheizt, ruckartig abgewürgt.

Nicht nur im Winter, wie die SZ weiter hervorhob, auch zwischendrin bräuchte die Natur »ausgerechnet ein Wetter, das der Mensch am wenigsten mag: die Temperaturen leicht im Plus und hin und wieder Regenschauer. Schmuddelwetter.« Leichter Landregen. Nieselwetter, wochenweise gern auch in der Wachstumsphase. »Ist der Mai kühl und nass, füllt's dem Bauern Scheun' und Fass«, heißt's.

Aber wenn der Mai, wie dieses Jahr, tatsächlich mal nicht heiß und trocken, sondern fast ununterbrochen feucht ist, nützt es dem Bauern auch nichts. Weil er halt keine Scheune mehr hat und kein Fass. Kraut macht außer uns keiner mehr ein; die Silage (in den Plastikballen) kommt nur noch selten in die Scheune und sie muss anders als das Heu früher schon im Mai geerntet werden; aber dafür braucht es wenigstens eineinhalb trockene Tage. Zum Pflanzen von Aufzucht und zur Pflege des Gepflanzten war es dann wiederum zu nass, nicht zuletzt weil es immer wieder zu ergiebigen Regenfällen kam, die es nicht in die Zeitungen schafften.

»Durch den Klimawandel sind die Temperaturen in der Region im Schnitt um zwei Grad Celsius gestiegen. Damit ist die Luft wärmer und hat mehr Feuchtigkeit« und deshalb kommt es häufiger zu heftigen Gewittern, sagten die Meteorologen von Hohenpeißenberg der SZ. »Definitiv ein Jahrhundert-Ereignis«, diese Feststellung werden wir in den nächsten Jahren definitiv häufiger hören. Das nächste Jahrzehnt wird wettermäßig voll von Jahrhundert-Ereignissen. Trotzdem sind viele immer noch nicht auf diese wiederkehrenden Starkregenfälle vorbereitet, am wenigsten die Böden selber.

So rapide und schnell Wetterlagen wechseln können und das auch tun, so unerwünscht sind stabile Extremwetterlagen. Also wenn es sich beispielsweise »einregnet«, wie letzten Frühsommer, oder wenn es zu Dürreperioden kommt. An sich ist dieses Wetterphänomen natürlich auch nicht neu. »›S Wetter am Siebenschläfertag sieben Wochen bleiben mag«, heißt es dazu im Volksmund. Tatsächlich liegt diese Bauernregel oft gar nicht so daneben.

Laut RTL-Meteorologen Björn Alexander ist der zu betrachtende Zeitraum allerdings »nicht nur ein Tag, sondern ein Zeitfenster, das sich von Ende Juni bis ins erste Juli-Drittel hinein erstreckt. Stellt sich nämlich in dieser Zeit eine stabile Wetterlage ein, dann hat diese eine hohe Wahrscheinlichkeit, sich über einige Wochen zu halten.«

Statistische Analysen ergaben, dass die Siebenschläferregel »für die erste Juliwoche in Süddeutschland in 60 bis 70 Prozent, in München sogar in 80 Prozent der Fälle zutrifft«, so Franziska Knöttner. Dass diese Regel vollumfänglich erst mit ein, zwei Wochen Verspätung gilt, dafür kann der Klimawandel ausnahmsweise nichts, noch nicht mal der Siebenschläfertag selber. Daran ist die gregorianische Kalenderreform von 1582 schuld: Seitdem ist der Siebenschläfertag vorgezogen worden und nicht mehr am (heutigen) 7. Juli, sondern am 27. Juni.

Wir Bauern sind und bleiben vom Wetter existenziell abhängig und sind ihm im Prinzip ausgeliefert, wenn auch nur noch selten so extrem wie früher, als etwa Missernten Hungersnöte zur Folge hatten. Aber der Siegeszug der Wissenschaften hat uns nur bedingt geholfen. Denn die Wettervorhersagen sind nach wie vor nicht viel zuverlässiger als die alten Spruchweisheiten, jedenfalls nicht wenn es um drei oder bei stabilen Wetterlagen über sieben Tage hinaus oder um die genaue Verortung einer drohenden Hagelkatastrophe gehen soll.

Weil das Wirtschaftsjahr und seine Resultate nur bedingt planbar sind, haben die Bauern, zumindest da, wo es ihnen möglich war, schon früh angefangen, ihre Ernährung durch vielseitigen Anbau unterschiedlicher Pflanzen und die Zucht allerlei Viecher abzusichern. Genau von diesem Vielseitigkeitsprinzip haben sich die verbliebenen hochspezialisierten Betriebe der EU-geförderten Monokulturen und Massentierhaltungen allerdings aus betriebswirtschaftlichen und arbeitsökonomischen Gründen längst radikal verabschieden müssen.

Auch unser Biobetrieb ist schon lang nicht mehr so breit aufgestellt, wie er das mal war, weil der Tag nur 24 Stunden hat, man selber aber Vorlieben und bessere Absatzwege für einzelne Produkte. Aber zumindest beim Gemüse bauen wir fast alles an, was sich im Freiland ohne Bewässerung großziehen lässt. Und falls im einen Jahr das Kraut nix wird, werden die Rüben was. Oder umgekehrt. »Wenn der Kohl gut gerät, verdirbt das Heu«, verheißt eine uralte Bauernregel. Wenn das kein Grund zum Jammern ist.

56 ALLE JAHRE WIEDER

So hilfreich und gut wie die Entdeckung des Bekannten im Fremden war die regelmäßige, erwartete, geradezu rituelle Wiederkehr des Vertrauten. So wie Räume durch Beziehungsnetzwerke vermessen und erschlossen wurden, wurde auch die Zeit durch Namen und Ereignisse gemessen, eingeteilt und schließlich erschlossen. Namenstage, von Menschen wie von Heiligen, und kirchliche Feiertage generell halfen mit, das bäuerliche Jahr zu strukturieren, zu datieren, zu organisieren und mit Bedeutung aufzuladen. Vor allem die Namenstage, die Heiligen gewidmet waren, von denen wir auch jeweils unsere Taufnamen hatten, waren die Dreh- und Angelpunkte auch des kollektiven wie individuellen Lebensablaufs.

»Gedenktage wie Josefi (19. März), Johanni (24. Juni), Sankt Anna (26. Juli) oder Mariä Geburt (8. September) wurden sogar statt einer Datumsbenennung verwendet«, schreibt Hans Kratzer. Namenstage gaben praktische Orientierung: »Pauli‹ Bekehr', der halberte Heustock hin, der halberte her«, das heißt, um den 25. Januar herum war die wachstums- und futterlose Zeit zur Hälfte um und besser, wenn die Wintervorräte höchstens zur Hälfte aufgebraucht waren. »Mariae Geburt fliang d'Schwaiberl furt« soll heißen, um den 8. September kann man mit den ersten Herbsttagen rechnen.

Auch Martl und mein Papa gehörten zu den »Menschen, die gewisse Ereignisse mit ›14 Tage nach Josefi‹ oder ›um Michaeli herum‹ einordnen«, also sich mehr am Heiligenkalender als am Jahreskalender orientierten. Und natürlich gehörten sie, wie alle im Dorf, auch zu denen, deren Namensgebung sich »an den Ahnen und Heiligen orientierte. ›Sie waren jene Bezugspersonen, an denen sich zu Beginn des Lebens durch die Übertragung des Namens eine erste Einordnung des Menschen in sein soziales Umfeld orientierte‹,« zitiert Kratzer das 1993 erschienene Standardwerk von Michael Mitterauer über »Ahnen und Heilige«.

Mein Vater konnte mit dem Konstrukt »Geburtstag« und seiner Feier noch lange wenig anfangen, auch nachdem die Geburtstage seiner Kinder längst zeitgemäß und wiederkehrend gefeiert wurden und selbst nachdem auch an seinen immer wieder erinnert und er sogar mit Geschenken bedacht wurde. Für ihn war und blieb der »Namenstag« der zentrale Jahrestag, der mit ihm persönlich verknüpft war. Ohnehin war »Josephi« ja die meiste Zeit seines Lebens auch ein öffentlicher Feiertag.

Namenstage waren nicht nur individuelle Festtage, sondern auch Familientage. Am Namenstag meiner Mama kamen Tanten zu Besuch, an dem meines Papas gingen die Bauern auf Josephi-Feiern und Jahrmärkte. Geburtstage wurden höchstens in der Kleinstfamilie gefeiert, für die Kinder. Feiertage waren Referenzpunkte, nicht nur jeder für sich, sondern auch das Modell Feiertag als solches stand hoch im Kurs. Im Reden und Redewendungen wurde im familiären wie geselligen Gespräch oft und gern daran erinnert, dass es früher viel mehr den Arbeitsrhythmus unterbrechende Feiertage gegeben hatte.

In den »Erinnerungen einer Magd aus dem Rupertiwinkel« heißt es dazu: »Weniger gearbeitet wurde an Feiertagen wie zum Beispiel Kirchweih oder den sogenannten ›Bauernfeiertagen‹ (Mariä Lichtmeß 2. Februar, Peter und Paul 29. Juni, Mariä Himmelfahrt 15. August, Michaeli 29. September). Nach der Stallarbeit hatten die Dienstboten frei für den obligatorischen Kirchgang, zum Wirtshausbesuch und zum Tanz. Dies war eine der wenigen offiziellen Möglichkeiten für ledige Frauen und Männer, sich zu treffen. Daneben boten die ›Bauernfeiertage‹ und Markttage die seltene Gelegenheit mit dem Ersparten etwas zu kaufen – Stoffe oder Handarbeitsutensilien für die Aussteuer. Eine Möglichkeit zum privaten Beisammensein und Knüpfen von Kontakten«, wie sie diese Anlässe boten, musste man nutzen. Denn sie war selten. Darauf verweist auch Hans Schmid: »Angesichts des mit Arbeit ausgefüllten und ereignisarmen Tagesablaufs mussten die wenigen lokalen und regionalen Feierlichkeiten zur Erweiterung des Bekanntenkreises und zur eventuellen Anbahnung einer späteren Heirat genutzt werden.«

Feiertage waren nicht nur teilweise arbeitsfreie Tage und Gelegenheiten, andere in vergleichbarer Lage zu treffen, sondern auch Festtage. Und Festtage, das hieß vor allem: Esstage. Ein Festessen war eine willkommene Abwechslung vom sonst so eintönigen Speiseplan – und mindestens so wichtig wie Qualitätsfragen war auch die Frage nach der Quantität. Essen war knapp. Weil viele Bauern und manchmal auch Bäuerinnen dazu neigten, den Dienstboten die Lohnkosten vom Munde abzusparen, konnte der Essenstisch auch eine tägliche Kampfzone sein.

Das zeigte sich gerade auch dann, wenn es, wie an Festtagen, nicht an Mengen fehlte. »Hinsichtlich der verspeisten Essensmengen besagt ein Dienstboten-Sprichwort: ›Lieber einen Darm im Leib versprengt, als dem Bauern ein Stück Brot geschenkt‹. Es wirft ein deutliches Licht auf das hierarchische Verhältnis zwischen Gesinde und Herrschaft. Da die Verköstigung während der Dienstzeit unentgeltlich war, bot sich hier die Möglichkeit, die Dienstherren unterschwellig und von Aufmüpfigkeit weit entfernt, nochmals zur Kasse zu bitten«, weiß Hans Schmid über das Leben der »Arbeitskräfte in der Landwirtschaft in Süddeutschland« zu berichten. So oder so brachten die kleinen und erst recht die großen kirchlichen Feiertage Abwechslung in Speiseplan sowie generell in den Lebens- und Arbeitsrhythmus.

Ostern ging eher düster los. Der Palmsonntag war liturgisch bereits überschattet durch das, was Ende der Woche folgen sollte: Zwischen »Hosianna« und »Kreuziget ihn!« lagen nur wenige Tage. Familiär überschattet war der Palmsonntag dadurch, dass an diesem Tag der »Palmesel« gekürt wurde, ein Spottname für den Langschläfer, für den ich leider lange keine ernsthaften Mitbewerber hatte. Und nachdem die anderen schon in der Früh in den Stall gingen und es meine kleine Schwester rasch aus dem Bett trieb, war mir diese Rolle praktisch auf den Leib geschneidert.

Eigentlich kündigte sich die österliche Leidenszeit ja bereits mit dem Ende des Faschings an, nach dem Kehraus. Der Aschermittwoch brachte ein makabres Ritual mit dem Aschekreuz, das einem in der Kirche auf die Stirn gezeichnet und nicht abgewaschen werden durfte. Ungewöhnlich genug, musste ich da unter der Woche und noch vor der Schule in die Frühmesse gehen und dieses merkwürdige Kainsmal den ganzen Tag mit mir herumtragen. Sonst hat man sich sofort jeden Fleck und Dreck aus dem Gesicht waschen müssen, aber heute musste man so verschmiert rumlaufen und sogar damit ins Bett gehen.

Dass jetzt auch die Fastenzeit begann, war, wie gesagt, für einen bekennenden Mehlspeisenfanatiker nun wirklich kein Unglück. Aber viele andere fühlten sich da schon beeinträchtigt und ausgebremst. Vor allem aber war der Aschermittwoch nur der frühe Vorbote der finsteren

Tage, die folgen sollten. Gerade in der Karwoche war alles darauf angelegt, den Lebensrhythmus, wo immer es ging, zu verlangsamen und unsere Lebensfreude drastisch zu dämpfen.

Am Gründonnerstag musste ich noch einmal außer der Reihe in die Kirche gehen, überdies am Abend, wie sonst nur bei der Maiandacht. Aber anders als die Maiabende war das ganz und gar keine fröhliche Angelegenheit. Das »Letzte Abendmahl« war eine eher traurige Veranstaltung. Aber dann kam erst der Karfreitag. Der brachte den trostlosesten Tag im Kirchenjahr. Alles lief anders als sonst. Schon der Gottesdienst mitten am Nachmittag. Gesungen wurde auch nicht. Alles wurde gedämpft, mit Tüchern verhangen, die Altartüren zugeklappt, statt Glocken wurde in der Messe mit hölzernen Glöppeln geläutet. Die Feier der Grablegung, das nur für zwei Tage errichtete »Heilige Grab« aus bemaltem Holz: die Trauer um den Herrn war kein Spaß und für jemand Mitfühlenden kaum erträglich. Karsamstag dagegen war lediglich eine fade Angelegenheit. Die Grabesruhe war nicht bloß eine Erinnerung an das Leiden Christi, sondern herrschte auch in der Kirche und im ganzen Dorf. Mistführen oder laute Arbeiten hätte sich an so einem Tag keiner getraut. In der sogenannten Osternacht wiederum war ich hin und wieder bei der Abendandacht, aber fürs Osterfeuer, das mitten in der Nacht angezündet wurde, war ich eindeutig zu jung. Hieß es.

Am Ostersonntag gab es eine Segnung mitgebrachter Lebensmittel, die »Speisweih«: im geflochtenen Körbchen vor dem Altar ausgestellt ein Osterlamm aus Kuchenteig mit einer papierenen Osterfahne oben drauf, ein Hefezopf und gefärbte oder bemalte gekochte Eier, Salz und Speck. Schon Tage, bevor der Osterhase überhaupt kommen konnte, war ich an einer schönen, sonnigen Stelle im Garten damit beschäftigt, ihm ein Nest zu bauen. Aus Zweigen und Ästen formte ich Bögen und rammte Pflöcke in den Boden. Damit er sich ja nicht verlaufen konnte und zielsicher auf mein Nest zusteuerte, habe ich den Zielort mit einer Art Zufahrtsallee versehen. Hoppeln hätte er unter meinen hölzernen Bögen kaum können, eher so kriechen wie eine Katze. Aber dafür war das Nest selber mit Moos ausgepolstert, dass er es ja bequem hatte und in aller Ruhe genügend Eier legen konnte.

Ostern hieß Eier. Eier allerorten. Auch die speziellen Osterspiele drehten sich ums Ei. »Oarbecka« (Eierpicken) war ein eher einfaches

Spiel: Einer schlug mit dem eigenen gekochten Ei auf das eines anderen ein, und es verlor, wem seine Eierschale kaputt ging. Im schlimmsten Fall gewann der andere dann das kaputte Ei und aß es gleich auf. Aber selbst wenn es nicht zum Äußersten kam, war es doch sehr unschön, mit einem zerschlagenen Ei dazusitzen und sich fremdes Triumphgeheul anhören zu müssen. Ich versuchte alle Tricks. Klar war schon mal, nicht die stumpfe Seite hinzuhalten, sondern allenfalls die spitze, weil unten das Ei unter der stumpfen, breiten Seite einen Hohlraum hatte. Außerdem, so meine Erkenntnisse, war es vernünftig, selber zu schlagen und nicht zu warten, bis der andere dir das Ei eindätschte. Am besten kurz und heftig. Ich meine, dass ähnlich wie beim Autocrash der Unfallgegner mit dem dickeren Auto auch hier der mit der höheren Geschwindigkeit und Wucht im Vorteil war. Aber wirklich fundiert und seriös waren meine Versuche natürlich nicht. Dafür spielten die Angst um das Ei und Sorge um eine mögliche Niederlage eine zu große Rolle, dass ich zu sachlicher Analyse fähig gewesen wäre. Und hin und wieder durften ja auch die anderen als Erste schlagen – und nicht jedes Mal war dann mein Ei, auf das eingeschlagen wurde, kaputt. Eine Wissenschaft für sich. Kein Wunder, dass sich die Forschung neuerdings auch für diese offene Frage interessiert hat. Und wenn ich mich recht erinnere, war das Alter der Hühner, die das Ei gelegt hatten, entscheidend. Jüngere hatten, mein ich, Eier mit der dickeren Schale. Oder umgekehrt. Aber es ist ja eh wurscht. Weil man sieht ja dem Ei nicht an, wie alt das Huhn war. Da nützt das ganze theoretische Wissen nichts.

Nicht ganz so barbarisch wie das Eiereinschlagen gestaltete sich das »Oarwalgeln«. »Walgeln« heißt »rollen«. Wir ließen also dabei unsere Eier rollen, und zwar eine Bahn vorzugsweise ins Gras hinab, die aus zwei mit geringem Abstand parallel nebeneinander gelegten Besenstielen gebildet wurde. Wessen Ei am weitesten rollte, der hatte gewonnen.

Kein Feiertag ohne Festtagsessen. Die Hungerträume vom Schlaraffenland und vom Tischlein-deck-dich kamen ja nicht von ungefähr. Bei allen bäuerlichen Feierlichkeiten, ob aus individuellen Anlässen wie Hochzeiten, Taufen, Beerdigungen oder sozialen wie Festen und Feiertagen, spielte Essen immer noch die Hauptrolle. Auch wegen der besonderen Qualität, vor allem aber wegen der außerordentlichen Menge. Das galt selbst für Feiertage, die sonst nicht mehr richtig oder allenfalls nur noch symbolisch gefeiert wurden. Auch sie waren mit Festessen verknüpft, oft faktisch untrennbar verschmolzen: beim Kirta, also der Kirchweih, gab es Kiachal, auch ausdrücklich Kirtanudeln genannt; diese aus Schmalz herausgebackenen Nudeln oder auch Ausgezogenen gab es ebenso an Fasching. An Ostern gab es, wie gesagt, die Speiseweihe in der Messe und jede Menge Geräuchertes und Eier im Speiseplan, ein Lamm eher nicht, das hätte man ja kaufen müssen; zu Erntedank eine Palette von Herbstfrüchten, die in der Kirche präsentiert wurde, und vielleicht eine Ente mit Kartoffelknödeln und Blaukraut, zu Martini und zu Weihnachten gehörte eine Gans, wenn man sich's leisten konnte.

Selbst Blühzeitpunkte und Erntetermine von Pflanzen wurden anhand der Namenstage von Heiligen erinnert beziehungsweise prognostiziert: Johanni, z. B. stand für das Ende der Wachstumsphase von und damit auch der Erntezeit von Rhabarber; das Wetter an Siebenschläfer war ein Fingerzeig für die nächsten sieben Wochen; aber auch Peter und Paul, Barbara-Zweige und Lichtmess gaben Orientierungen im Rhythmus von Jahres-, Sonnen- und Wachstumszyklus. Lichtmess war, als Dienstboten noch eine wichtige Rolle spielten, ein Termin für einen möglichen Wechsel zu neuen Brotherren. Dass man da »sein Ränzchen schnüren« konnte, wurde auch später noch, als es längst nirgendwo mehr Knechte oder Mägde gab, jedes Jahr zitiert. Auch andere frühere Feiertage wurden noch lange erinnert und aufgerufen, selbst wenn nur noch die wenigsten miterlebt hatten, wie sie noch in Würden standen, begangen und gefeiert wurden.

Mindestens zu Ostern war es auch, dass meine Eltern zum Beichten gingen, und zwar beide, nicht nur meine Mama, die mit ihrem christlichen Bekenntnis nicht hinterm Berg hielt. Da ging auch mein Papa, von dem man sonst unterm Jahr nicht so genau wusste, an was er eigentlich glaubte. Dafür machten wir extra einen Ausflug nach Andechs, wo wir Kinder dann vor den Beichtstühlen warten mussten, bis das Großreinemachen vorüber war. Andechs war ein wichtiger Wallfahrtsort, ebenso wie Maria Eich oder Grünsink bei Weßling. Überall da gab es auch Buden oder mobile Verkäufer mit interessanten Kleinigkeiten für Kinder, ein Eis, was Süßes, Luftballone oder in Grünsink, wo ein richtiger Jahrmarkt war, auch irgendein kleines Blechspielzeug.

Die Jahreszeiten waren früher ausgeprägter, also bilderbuchmäßiger und überhaupt herrlicher. Mit anderen Bauern und Dörflern hinter der Molkerei Eisstockschießen, am Mondscheinweiher Stroheinführen und Fudermachen, während daneben andere badeten, Maikäfer fangen in der warmen Abendluft oder unreife Frühäpfel vom Baum essen sind Erinnerungsbilder wie von Brueghel selber gemalt. Man spürte den Jahresverlauf direkt auf der Haut, im Frühjahr die milde Luft, im Sommer die Hitze, im Winter drang die Kälte manchmal durch die Klamotten bis auf die Knochen durch. Und die saisonalen Gerüche brannten sich so stark ein, dass sie jederzeit aus den Tiefen der Erinnerung überfallartig nach oben steigen können.

Den Frühsommer verschönerte der nach Wachstum duftende Mairegen, der Spuren von warmen Staub hochwirbelte und der heute noch auf dem aufgeheizten Asphalt zu riechen ist; der Hochsommer brachte den Duft von reschem, wohlriechendem, reifem, aber auch von modrigem, verregnetem, ausgewaschenem Heu, und aus den klaren Wassergräben im Moos stieg ein Aroma von frischer Minze, wenn du das welke Gras an den Rändern hochgerecht hast; im Spätsommer lagen in der wabernden Hitze heiße Schwaden von frisch gedroschenem Getreide oder aufgeheiztem Stroh in der Luft, die einen auch im aktuellen Sommer plötzlich durch das offene Autofenster anfallen können, wenn man über Land fährt.

Die Sommer waren sommerlicher, die Winter winterlicher. Eh klar. Das lag vielleicht noch nicht mal am Klimawandel. Vielleicht gibt es auch etwas wie eine erinnerte Temperatur. Sicher ist, es gibt die gemessene und es gibt die gefühlte Temperatur. Und die war früher halt extremer. Wenn es kalt war, war es schnell saukalt. So durchgefroren zu sein, schafft man heute kaum noch in dem ganzen Thermozeug. Dann war man ja praktisch immer draußen. Wann ist man das heute noch. Und wenn man nicht draußen war, kam die Hitze oder die Kälte rein. Wenn wir morgens im Winter aufwachten, waren nicht bloß die schönsten Eisblumen am Fenster, sondern unsere Bettdecke, da wo wir ausgeatmet hatten, war mit »Reim« überzogen, mit selber gemachtem Reif, also angefrorener Atemfeuchtigkeit.

Wer morgens von den Erwachsenen als Erster aufstand, musste einheizen. Nicht nur wegen der Wärme, sondern auch weil mit dem Herd gekocht und Wasser warmgemacht werden musste. Außer dem Stall war die Küche im Winter der einzige warme Raum. Aber die Küche war wirklich warm. Denn Papa hat offenbar in seiner Jugend für zwei gefroren. Ihm konnte es nicht warm genug sein. Er hat eingeheizt, bis die Ofenplatte glühte und Mama vor Hitze und Genussfreude aufstöhnte: »Den zreißt's noch mal, den Ofen!« Da hat er dann selber geglüht, vor Wärme und Zufriedenheit.